बीसवीं शताब्दी का हिन्दी साहित्य

बीसवीं शताब्दी का हिन्दी साहित्य

विजयमोहन सिंह

राजकमल प्रकाशन

ISBN : 978-81-267-1090-4

मूल्य : ₹695

पहला संस्करण : 2005
तीसरा संस्करण : 2019

प्रकाशक : राजकमल प्रकाशन प्रा. लि.
1-बी, नेताजी सुभाष मार्ग, दरियागंज
नई दिल्ली-110 002

शाखाएँ : अशोक राजपथ, साइंस कॉलेज के सामने, पटना-800 006
पहली मंजिल, दरबारी बिल्डिंग, महात्मा गांधी मार्ग, इलाहाबाद-211 001
36 ए, शेक्सपियर सरणी, कोलकाता-700 017

वेबसाइट : www.rajkamalprakashan.com
ई-मेल : info@rajkamalprakashan.com

मुद्रक : बी.के. ऑफसेट
नवीन शाहदरा, दिल्ली-110 032

BISVIN SHATABDI KA HINDI SAHITYA
by Vijay Mohan Singh

यह किताब

बीसवीं शताब्दी के अन्तिम वर्ष अर्थात् सन् 2000 में हिन्दी 'इंडिया टुडे' ने एक 'शताब्दी अंक' प्रकाशित किया था। मुझसे कहा गया था कि मैं उसके लिए बीसवीं शताब्दी की प्रायः सभी साहित्य विधाओं का सर्वेक्षण करते हुए एक लेख लिखूँ। निश्चित रूप से यह एक दुःसाध्य कार्य था : सौ वर्षों के साहित्य को समेटते हुए एक लेख लिखना।

फिर भी मुझे यह प्रस्ताव दिलचस्प लगा और मैंने स्मृति के सहारे बीसवीं सदी के साहित्य पर वह लेख लिखा। जाहिर है वह लेख अनमने और अटपटे ढंग से ही लिखा गया था। लेकिन प्रकाशित होने पर जो प्रतिक्रियाएँ मिली वे बेहद दिलचस्प थीं : कुछ लोगों ने लेख के लिए निर्धारित समय तथा स्थान का ध्यान न रखते हुए जो प्रतिक्रियाएँ व्यक्त की वे मेरे अज्ञान तथा पूर्वग्रहों की ओर संकेत करनेवाली थीं। कुछ लोगों को लेख में व्यक्त मेरी मान्यताएँ विवादास्पद ही नहीं 'फतवेबाजी' भी लगी। लेकिन आधुनिक हिन्दी साहित्य से अल्पपरिचित लोगों को उससे न केवल उसके बारे में नई सूचनाएँ मिली बल्कि अनेक उद्घाटक नए तथ्यों का भी पता चला। स्पष्टतः वह लेख बीसवीं सदी के हिन्दी साहित्य का पर्याप्त सर्वेक्षण नहीं था। लेकिन उसे 'परिचयात्मक' भी नहीं कहा जा सकता था क्योंकि साहित्य के विद्यार्थी, अध्यापक तथा लेखक होने के कारण मेरी अपनी कुछ रुचियाँ तो निर्मित हो ही चुकी थीं, एक समीक्षक के रूप में मेरी निजी दृष्टि भी उसमें शामिल थी, जिसके पीछे एक सुदीर्घ चिन्तन परम्परा भी थी।

बाद में मेरे अनेक मित्रों ने कहा कि उसमें व्यक्त मेरे विचार, मान्यताएँ और स्थापनाएँ विस्तृत विश्लेषण और विवेचन की माँग करती हैं, इसलिए अच्छा हो कि बीसवीं सदी के हिन्दी साहित्य पर केन्द्रित मैं एक पूरी पुस्तक लिख दूँ। कुछ दिनों बाद राजकमल प्रकाशन के संचालक श्री अशोक महेश्वरी भी यही प्रस्ताव लेकर मेरे पास आए। किन्तु यह कहना कि केवल इन्हीं कारणों से मैंने यह किताब लिखने का निर्णय लिया शायद सच नहीं होगा। वस्तुतः प्रायः आधी शताब्दी तक हिन्दी साहित्य की विभिन्न विधाओं का घनघोर पाठक रहने के कारण स्वयं मेरे मन से एक दुर्दमनीय जिज्ञासा उत्पन्न हो गई कि वह सब जो पीछे छूट चुका है, छूटता जा रहा है और जिसका मेरे होने, सोचने-समझने तथा एक सीमा तक जीवन का अर्थ तलाशने की प्रक्रिया में लक्षित या अलक्षित रूप में अहम् भूमिका रही है, उसे फिर से देखा परखा जाए : अगर मैं उसे नए सिरे से देखूँ और पाठक के रूप में फिर उसी प्रक्रिया से गुजरूँ जिससे गुजरता हुआ, यहाँ पहुँचा हूँ, तो वह (वह सब) अब कैसा लगेगा ? क्या मेरे निर्णय, निकष और मेरी दृष्टि बदल चुकी है या उसके पुनर्परीक्षण की आवश्यकता है ? शायद इस प्रक्रिया में अपने को भी नए सिरे से समझ सकूँ यानी अपनी साहित्यिक समझ को ? यह दुर्दमनीय आकर्षण ही मुझे बीसवीं शताब्दी के उस विपुल साहित्य संसार की ओर दुबारा ले गया। यह कहना भी गलत होगा कि इसके पीछे एक प्रकार की 'नाट्रेलजिया' भी काम नहीं कर रही थी। बहुत से उपन्यास, कहानियाँ, कविताएँ, नाटक, समीक्षा पुस्तकें—जिन्होंने मुझे न जाने कितनी बार, कितनी तरह से उत्तेजित, आन्दोलित तथा विचलित किया होगा—उन सबके करीब जाने पर अब वे कैसी दिखेंगी, कैसी लगेंगी ? क्या वे मुझे अब निराश करेंगी और मुझे तब की नासमझी पर शर्म आएगी कि क्यों मैंने तब लगभग एक बुखारी-जुनून में उनका साक्षातकार किया था ?

अतः कहना चाहिए कि यह सब कुछ मुझे उस बीसवीं सदी के हिन्दी साहित्य की ओर ले गया जिसे आधुनिक हिन्दी साहित्य और उसका विकास कहा जा सकता है।

किन्तु उसका किंचित कष्टप्रद तथा जटिल पक्ष यह था कि यह कार्य केवल कल्पना तथा स्मृति के सहारे नहीं किया जा सकता था जैसा मैंने उस पर केन्द्रित अपने 'भ्रूण निबन्ध' में किया था। अतः यहीं से लेखन के इस कठिन पक्ष का प्रारम्भ हुआ : पुस्तक को यथासम्भव प्रामाणिक, तथ्यों पर आधारित सत्यपरक तथा वस्तुपरक बनाने के लिए

मुझे डेढ़ वर्षों तक तो केवल वह सबकुछ-जो जब और जहाँ से उपलब्ध हो सका उसे पढ़ने नए सिरे से समझने और नोट्स लेने में लग गए। उसके लिए पर्याप्त सन्दर्भ सामग्री भी चाहिए थी—मुख्यतः अंग्रेजी साहित्य की वे पुस्तकें जिन्हें पुनः पढ़ने और विश्लेषित किए बिना हिन्दी साहित्य के निर्माण के सन्दर्भों तथा स्रोतों को भी नहीं जाना जा सकता था। इस कार्य को सम्भव बनाने में मेरे मित्र तथा पड़ोसी, अंग्रेजी साहित्य के मर्मज्ञ, प्राध्यापक और समीक्षक श्री के.जी वर्मा ने मेरी जो सहायता की वह किसी भी कृतज्ञता से परे है : जब, जिस पुस्तक (किसी भी विधा की) की आवश्यकता पड़ी या मुझे लगा कि उसे भी पढ़ना और देखना जरूरी है, श्री वर्मा ने प्रायः चमत्कारिक ढंग से मुझे उपलब्ध करा दिया। यह सब उन्होंने कैसे, कहाँ से और किन साधनों द्वारा सम्भव किया यह मेरे लिए आज भी एक सुखद रहस्य है। अतः कायदे से यह किताब उन्हीं को समर्पित यानी बनानी चाहिए। समय-समय पर मैं अपने अन्य अभिन्न मित्रों, गुरुजनों डॉ. नामवर सिंह, डॉ. केदारनाथ सिंह, विष्णु खरे, प्रयाग शुक्ल, अशोक वाजपेयी आदि से भी विचार-विनिमय करता रहा तथा नई सूचनाएँ प्राप्त करता रहा। विशेष रूप से डॉ. केदारनाथ सिंह तथा डॉ. नामवर सिंह से विचार विनिमय तो हुआ ही उन्होंने मेरे अनेक विचारों में संशोधन भी किए और अनेक उपयोगी जानकारियाँ भी दीं।

यहाँ यह कहना आवश्यक है कि इस पुस्तक को किसी भी अर्थ में इतिहास न माना जाए। यह इतिहास तो है ही नहीं, इसमें साहित्य सम्बन्धी विधिवत रचनाएँ, सुसम्बद्ध पूर्वाचर सम्बन्ध और क्रमिकता भी नहीं मिलेगी। हाँ, यदि कोई सुसम्बद्धता रखने की कोशिश है तो वह चिन्तन तथा विश्लेषण ही है और वह भी मेरी सीमित मति, पद्धति और अवधारणाओं पर आधारित है। इसके अतिरिक्त चूँकि मेरी एक निश्चित जीवन दृष्टि भी है, उससे मैं मुक्त नहीं हो पाया हूँ, बल्कि वही हर जगह प्रमुख तथा प्रधान रही है।

मैं लेखन में भाषा, चिन्तन और दृष्टि के किसी भी प्रकार के उलझाव को पसन्द नहीं करता बल्कि उसे, भ्रम में डालनेवाला और स्वयं ऐसे लोगों को मतिभ्रम का शिकार मानता हूँ जो अपनी अस्पष्टता, आलस्य तथा प्रमाद के कारण अनावश्यक जटिलता और उलझावपूर्ण कौशल को ही गम्भीर चिन्तन तथा सत्यान्वेषण का पर्याय मानते हैं। भाषा का समझ की स्पष्टता से सीधा सम्बन्ध है—उलझावपूर्ण तथा अबूझ शब्द तथा वाक्य विन्यास लिखना मेरी समझ में लेखक की ही

'समझ' का दिवालियापन हैं। अतः मैंने इससे बचने का कोई प्रयत्नपूर्वक प्रयास नहीं किया है–बल्कि मैं प्रारम्भ से ही तर्क संगत, सीधे तथा स्पष्ट ढंग से सोचने-लिखने का अभ्यस्त रहा हूँ। हो सकता है कि मैं उतनी गम्भीरता, जटिलता तथा अतिविश्लेषणात्मक ढंग से लिखना नहीं जानता। इसे मेरी मति और चिन्तन क्षमता की सीमा समझना चाहिए।

लेखकों, पुस्तकों, नामों स्फुट रचनाओं आदि के चयन में मेरी भूमिका प्रायः 'रुचि के राजा' की रही है जो मुझे नहीं जँचा, मेरी रुचि के निकष पर खरा नहीं उतरा, जिसने मेरा ध्यान आकृष्ट नहीं किया, जो मुझे बहुत महत्त्वपूर्ण और अर्थवान नहीं लगा–वह मैंने छोड़ दिया या मुझसे छूट गया। यदि इस क्रिया में मुझसे कोई गहरी चूक हो गई हो तो मुझे-क्षमा माँग लेनी चाहिए। लेकिन जैसा मैंने पहले भी संकेत दिया मेरी अपनी तर्क तथा चिन्तन पद्धति रही है, जिससे मुक्त होकर लिखना मेरे लिए असम्भव था।

इसीलिए यह पुस्तक अधूरी है, एकांगी है। बीसवीं शताब्दी के साहित्य का आधा-अधूरा परिदृश्य जिसे मैं जितना देख और समझ सका। अधिक से अधिक इसे बीसवीं सदी के हिन्दी साहित्य का ऐसा पुनरावलोकन कहा जा सकता है जिसमें मेरी 'मायोपिया' भी शामिल है।

–विजयमोहन सिंह

क्रम

यह किताब *5*

बीसवीं शताब्दी का हिन्दी साहित्य :

पार्श्व तथा पृष्ठभूमि 11

कविता 20

उपन्यास 81

कहानी 159

नाटक 194

समीक्षा 216

बीसवीं शताब्दी का हिन्दी साहित्य : पार्श्व तथा पृष्ठभूमि

1857 के विद्रोह (या क्रान्ति ?) के दमन के पश्चात लगभग यह सुनिश्चित हो चला था कि अंग्रेजों को अभी भारत में रहना है। 'ईस्ट इण्डिया कम्पनी' की विदाई के बाद अंग्रेजों ने नए सिरे से शासन व्यवस्था को सुदृढ़ करना शुरू किया : नई आर्थिक नीतियाँ बनी तथा नई शिक्षा प्रणाली अपनाई गई। इसके साथ ही नई नौकरशाही का भी जन्म हुआ। किन्तु भारत की अर्थव्यवस्था पर सर्वाधिक प्रभाव नई आयात तथा निर्यात नीति का पड़ा। इसने भारत के परम्परागत समृद्ध कुटीर उद्योग को ध्वस्त कर दिया : देश का सारा कच्चा माल विदेश जाने लगा और वहाँ से तैयार माल का बड़े पैमाने पर आयात होने लगा।

इसके साथ ही भारत की कृषि प्रधान संस्कृति का ह्रास भी होने लगा जिसका प्रभाव सम्पूर्ण जीवन पद्धति तथा मानव मूल्यों पर पड़ा।[1] शताब्दी के आरम्भ में देश की 80% जनता गाँवों में रहती थी। उनकी जीवन पद्धति में इस परिवर्तन ने खलबली मचा दी। अब तक 'ग्रामीण जीवन' एक सामूहिक जीवन पद्धति पर आधारित था जो क्रमशः बिखरने लगा। इसके साथ ही इस जीवन के मूल्य भी बदल गए। बिखरने की इसी प्रक्रिया में ही 'शहरी पक्षी' का जन्म हुआ। लोग बड़ी संख्या में शहर की ओर जाने लगे। जहाँ नए स्थापित उद्योगों के कारण रोजगार की अनेक सम्भावनाएँ थीं। कृषि व्यवस्था भी छिन्न-भिन्न होने लगी थी।

किन्तु इस सन्दर्भ में पहले यह देखने की जरूरत है कि बीसवीं सदी के साहित्य ने विरासत में उन्नीसवीं सदी से क्या पाया ?

इसे समझने के लिए हिन्दी की तत्कालीन दो अत्यन्त महत्त्वपूर्ण पत्रिकाओं और उनके सम्पादकों के योगदान का आकलन आवश्यक है। उनमें छपी रचनाओं ने ही नहीं उनके सम्पादकों के लेखन तथा चिन्तन से भी तत्कालीन सामाजिक, राजनैतिक, आर्थिक तथा सांस्कृतिक पृष्ठभूमि का पता चलता है जिससे उस समय का साहित्य भी प्रेरित तथा प्रभावित था। ये दो आचार्य प्रवर हैं : पं. बालकृष्ण भट्ट तथा पं. महावीर प्रसाद द्विवेदी।

यह संयोग ही था कि तत्कालीन साहित्य निर्माण में सबसे महत्त्वपूर्ण भूमिका निभानेवाली पत्रिका 'सरस्वती' का प्रकाशन शताब्दी के ठीक प्रारम्भ के वर्ष 1900 में

---

1. "Agriculture is not one industry among many, but it is a way of life, unique and irreplaceble in it human and spritual values."

हुआ। अतः जिसे हम बीसवीं सदी का हिन्दी साहित्य कहते हैं उसके निर्माण का आरम्भ स्वतः ही 'सरस्वती' के साथ संयुक्त हो जाता है।

लेकिन जैसा मैंने कहा इन दो सम्पादकों के लेखन तथा चिन्तन से भी उस समय के बौद्धिक परिवेश का बहुत कुछ पता चल जाता है। उस समय के साहित्य तथा साहित्यकारों पर महावीर प्रसाद द्विवेदी का प्रभाव या कह लें अंकुश इस हद तक था कि विनोद भाव से उन्हें 'साहित्य का डिक्टेटर' कहा जाने लगा और उनकी तुलना अंग्रेजी के प्रख्यात साहित्यकार डॉ. जॉनसन से की जाने लगी थी।

स्वयं महावीर प्रसाद द्विवेदी के चिन्तन को विश्व के जिन विचारकों ने आकार दिया होगा उनमें फ्रांसिस बेकन, हरबर्ट स्पेंसर तथा जॉन स्टुअर्ट मिल आदि प्रमुख थे। द्विवेदी जी ने उनकी कुछ कृतियों का हिन्दी में अनुवाद भी किया था। जो लोग इन नामों से परिचित हैं वे जानते होंगे कि इन तीन महान चिन्तकों ने अंग्रेजी की शिक्षा, संस्कृति तथा राजनैतिक परिवेश को किस सीमा तक प्रभावित किया था। निश्चित रूप से जॉन स्टुअर्ट मिल के स्वतन्त्रता सम्बन्धी विचारों ने भी द्विवेदी जी को प्रभावित किया होगा और अंग्रेजी शासन से भारत को मुक्त कराने के लिए सक्रिय शीर्षस्थ नेताओं बाल गंगाधर तिलक, महात्मा गांधी और अरविन्द घोष पर लिखते हुए उन्होंने 'स्वाधीनता' के प्रश्न को साहित्य की केन्द्रीय उत्प्रेरक शक्ति माना होगा। इसी प्रकार अर्थशास्त्र तथा अर्थतन्त्र जैसे विषयों पर भी द्विवेदी जी का अद्‌भुत अधिकार था। उन्होंने तत्सम्बन्धी सम्पत्तिशास्त्र की भूमिका, सम्पत्ति का वितरण, भारत पर कर्ज, रेलों पर सरकारी खर्च, शिक्षा का प्रसार आदि विषयों से चमत्कृत कर देनेवाले लेख लिखे थे। स्पष्टतः वे इन प्रश्नों तथा विषयों को भी साहित्य की सीमा में ले आने के हिमायती थे। उन्होंने मैथिलीशरण गुप्त जैसे कवियों को भी ऐसे विषयों पर लिखने के लिए प्रेरित किया था।

लगभग ऐसा ही कार्य पं. बालकृष्ण भट्ट अपनी पत्रिका 'प्रदीप' के माध्यम से कर रहे थे। उसके माध्यम से बीसवीं सदी के आरम्भिक वर्षों (प्रायः ढाई दशकों) के साहित्य को रूपायित करनेवाले अनेक महत्त्वपूर्ण तथ्य सामने आते हैं : इस पत्रिका ने पत्रकारिता तथा साहित्य को भी स्वाधीनता संघर्ष का अनिवार्य अंग माना तथा उन्नीसवीं सदी के नवजागरण की जो छाया बीसवीं सदी के साहित्य, जीवन तथा चिन्तन पर पड़ रही थी उसमें बहुत कुछ फेर-बदल तथा संशोधन की जरूरत समझी। स्वयं द्विवेदी जी ने भी 'आर्य समाज का कोप' जैसा निबन्ध लिखना आवश्यक समझा। इसीलिए उनके लेखन में 'वैदिक रुझान' ही नहीं था, नए अर्थ शास्त्र, अंग्रेजों के शोषण तन्त्र तथा नई शिक्षा पद्धति आदि पर भी कहने को बहुत कुछ था।

दरअसल द्विवेदी जी ने उस समय के साहित्य को ढेर सारा 'कच्चामाल' दिया। उनके विचारों के क्षेत्र विस्तार का पता उनके निबन्धों से ही चल जाता है : वे वेद, ब्राह्मणग्रन्थ, अर्थशास्त्र, कॉपीराइट ऐक्ट, मुसलमान विद्वानों का संस्कृत प्रेम, पुलिस व्यवस्था राज, कर्मचारियों का वेतन, विज्ञान, साहबी हिन्दी, प्रेस, कुनैन, बनारस हिन्दू विश्वविद्यालय, खुदाबक्श लाईब्रेरी, रोजगारी स्त्रियाँ आदि न जाने कितने विषयों पर एक

साथ सोच रहे थे।

इस तरह वे एक ऐसा विचार परिवेश बना गए जिसकी नींव पर ही आनेवाले कई दशकों की साहित्यिक इमारतें खड़ी हुई। वे 'नवजागरण' के अंग थे लेकिन एक ओर तो उन्होंने 'नवजागरण' के 'आभिजात्य' को तोड़ा और सामाजिक समस्याओं को रोजमर्रा के जीवन से जोड़ा तथा दूसरी ओर अंग्रेजियत से घृणा करने के बावजूद पश्चिमी विद्वानों के भारत तथा प्राचीन भारत प्रेम सम्बन्धी उनकी गवेषणाओं के समादृत किया। अतः द्विवेदी जी के विचारों में हिन्दूवाद तथा ब्राह्मणवाद देखनेवालों को उनके लेखन का विधिवत अध्ययन करके ही कोई निष्कर्ष निकालना चाहिए : वैदिक युग में स्त्रियों के लिए वेदों की शिक्षा वर्जित थी, सामान्यतः यही समझा जाता है किन्तु द्विवेदी जी ने 'वैदिक रचना करनेवाली स्त्रियों' की खोज की और उनके नाम गिनाए। वे न तो आर्य समाज के अन्ध प्रवाह में बहे और न सनातन धर्म के विचारों को अन्धभाव से स्वीकार किया। वे शताब्दी के प्रथम सम्प्रदाययुक्त (सेक्युलर) साहित्यिक चिन्तक थे। इससे जो वातावरण बना उसने प्रारम्भ से ही हिन्दी साहित्य को एक सम्प्रदाययुक्त (सेक्युलर) स्वरूप प्रदान किया। शताब्दी के प्रारम्भ की इस विशेषता को रेखांकित करने की जरूरत है क्योंकि यही क्रमशः विकसित होती हुई शताब्दी के उत्तरार्द्ध के दशकों में एक व्यापक जनाधारवाले साहित्य के निर्माण का आधार तथा विचारों में प्रगतिशील तथा जनवादी चेतना का वाहक बनी।

पं. बालकृष्ण भट्ट वैसे तो मूलतः उन्नीसवीं सदी कि साहित्यकार माने जाएँगे किन्तु उनकी पत्रिका 'प्रदीप' 1910 तक निकलती रही। इसके अतिरिक्त यदि उनके विचारों का अध्ययन करके देखें तो पाएँगे कि वे 'भारतेन्दु युग' के नहीं बल्कि 'द्विवेदी युग' के विचारों के अधिक निकट थे। कुछ मामलों में तो उनके विचार द्विवेदी जी से अधिक प्रगतिशील तथा क्रान्तिकारी थे। इसी तरह बाल गंगाधर तिलक के समर्थक होते हुए भी कई स्थलों पर उनके विचार तिलक से आगे निकल जाते हैं। उस जमाने में जब 'संयुक्त परिवार' के ढाँचे को बरकरार रखने के लिए सामाजिक-साहित्यिक स्तर पर कई प्रकार के उपक्रम किए जा रहे थे, तब उन्होंने संयुक्त परिवार के 'साँझा रसोईघर' को 'बाल विवाह' से कम त्याज्य नहीं माना था। उनके लेखों के शीर्षकों को देखें तो उन्होंने ऐसे विषयों पर लिखा था जिन पर लिखना या सोचना महावीर प्रसाद द्विवेदी अनावश्यक समझते थे। बीसवीं शताब्दी के तीसरे दशक तक जब रामचन्द्र शुक्ल जैसे प्रखर तथा जागरूक समीक्षक कविता को 'हृदय की मुक्तावस्था' मान रहे थे वहीं बहुत पहले भट्ट जी ने 'साहित्य जन समूह के हृदय का विकास है' शीर्षक निबन्ध लिखा था और इस रूप में अलक्षित ढंग से प्रगतिशील साहित्य की नींव रखी थी।

यही नहीं उन्होंने 'उन्नीसवीं शताब्दी का आदि और अन्त' शीर्षक निबन्ध लिखकर उसकी अन्त की घोषणा भी कर दी थी। यद्यपि भट्ट जी ने उसके निहितार्थों की अधिक व्याख्या नहीं की थी किन्तु उनके विचारों में बीसवीं सदी के आरम्भ के प्रसुप्त-बीज जरूर मिलते हैं।

अतः हमें बीसवीं सदी के साहित्य की पृष्ठभूमि को दो भागों में बाँटकर देखना चाहिए। एक तो 'भारत में अंग्रेजी राजवाला भारत' और दूसरा 'स्वदेशी राज' का स्वप्न देखनेवाला भारत।

बीसवीं सदी का आरम्भ होते-होते भारत में अंग्रेजी राज की जड़ें पूरी तरह जम चुकी थीं। अतः उस समय भारत पर जो प्रभाव और दबाव पड़ रहे थे उसे समझने के लिए पूरे विश्व में फैले ब्रिटिश साम्राज्य के स्वरूप को समझना आवश्यक है ! सन् 1900 तक ब्रिटिश साम्राज्य 13,000,000 स्कायर मील तक पूरे विश्व में फैल चुका था अर्थात् उसके अन्तर्गत 370,000,000 मनुष्य रह रहे थे। यह सारी भूमि ब्रिटिश साम्राज्य का उपनिवेश बन चुकी थी। इतने बड़े साम्राज्य को संचालित करने के लिए ब्रिटिश राज ने जो तन्त्र और नीति अपनाई उसके स्वरूप को भी समझना जरूरी है : ये सभी उपनिवेश ब्रिटिश राज के लिए 'कच्चे माल' के आयात के स्रोत थे। ब्रिटेन इन सबसे अपने यहाँ के उद्योग के विकास के लिए उन जगहों पर उत्पन्न होनेवाले उत्पादनों का उपयोग कर रहा था। इस आयात में वे मनुष्य भी शामिल थे जो दूसरे देशों में मजदूर बना कर भेजे जा रहे थे ताकि वे वहाँ के उत्पादन में वृद्धि करके ब्रिटेन के आयात में भी वृद्धि कर सकें।

किन्तु ऐसा नहीं कि विश्व के एक विशाल भूभाग में स्थापित इस साम्राज्य में सब कुछ शान्त और सुस्थिर था : बोझर युद्ध के लम्बा खिंच जाने के कारण इस साम्राज्य के विशाल बैलून में एक सुराख तो हो ही गया था। लेकिन उसे सबसे बड़ा झटका भारत में लगा और ब्रिटिश राज्य की अपनी नीतियों के कारण 1918 में लॉर्ड चेम्सफोर्ड ने सम्राट-जार्ज पंचम को लिखा था कि भारत में एक बड़ा वर्ग शिक्षित हो गया है, लेकिन इस शिक्षित वर्ग के मन में हमारे प्रति घोर घृणा है (राज की अपनी शिक्षा नीति के कारण ही) यह तो शासित वर्ग तथा बुद्धिजीवियों की मानसिकता थी। किन्तु इस आग में घी का काम किया अमृतसर गोली काण्ड ने। इसके बाद ही गांधी जी ने इस मानसिकता को देशव्यापी जन आन्दोलन में परिवर्तित कर दिया। तभी से ब्रिटिश राज की चूलें हिलने लगी और उसकी थरथराहट अन्य उपनिवेशों तक भी पहुँची।

तब तक इंग्लैण्ड के बुद्धिजीवी वर्ग में भी भारत के लिए एक हितैषी समुदाय बन चुका था। वहाँ जवाहरलाल नेहरू 'फेबियन सोसायटी' के सम्पर्क में आए जिसके अधिकांश सदस्य भारत के प्रति सहानुभूति रखनेवाले थे और उनकी अपनी 'विश्व दृष्टि' भी थी। यही दृष्टि लेकर नेहरू भारत आए थे। ब्रिटेन के उपनिवेशवादी रूख को लेकर वहाँ के महान उपन्यासकार जार्ज ऑरवेल के मन में एक अपराध बोध उत्पन्न हो गया था। उसके अलावा लम्बे अरसे तक भारत में रह चुके 'ए पैटेज टू इण्डिया' के लेखक ई.एस. फॉस्टर ने लिखा था कि "यदि मुझे अपने देश और अपने दोस्त के बीच 'दगाबाजी' का चुनाव करना पड़े तो मुझमें इतना साहस होना चाहिए कि मैं अपने देश से दगाबाजी करूँ।" (व्हाट आई बिलीव ?–1939) फॉस्टर एक ऐसे विश्व की कल्पना कर रहे थे जहाँ एक देश दूसरे देश तक सांस्कृतिक मैत्री, सद्भावना तथा शान्ति

के माध्यम से पहुँचे न कि युद्ध और साम्राज्य विस्तार के माध्यम से। यह बात फॉस्टर ने हिटलर के जमाने में लिखी थी लेकिन तब वह यह कल्पना भी नहीं कर सकता था कि बीसवीं शताब्दी के अन्त तक 'विश्व ग्राम' बन चुका होगा और संस्कृतियाँ युद्ध के बिना भी एक दूसरे प्रकार का उपनिवेश बनाने में संलग्न होगी। यदि संस्कृतियों में संचार माध्यमों को भी शुमार कर लिया जाए तो उपनिवेशवाद का यह स्वरूप संचार माध्यमों के द्वारा तथा सम्पत्ति के विनिवेश के द्वारा विकासशील देशों में बाजार के रूप में पहुँचेगा।

साम्राज्यवादी उपनिवेशों के टूटने के बाद स्वतन्त्र हुए देश एक-दूसरे के निकट आने लगे। इस प्रकार साहित्य के लिए भी एक मुक्त आवागमन का मार्ग प्रशस्त हुआ। किन्तु भारत में इन सबके साथ ही कुछ विडम्बनात्मक परिस्थितियाँ भी सामने आई : अंग्रेजों ने भारत की स्वतन्त्रता के साथ ही विरासत में दंगों की बर्बरता तथा विभाजन की बरबादियाँ भी दीं। शासन तथा व्यवस्था के लिए जो देश मिला वह उसके प्रथम प्रधानमन्त्री जवाहरलाल नेहरू को भी एक 'चिथड़ा देश' लगा। यूरोप में उदारतावाद दम तोड़ चुका था और 1917 की रूसी क्रान्ति के बारे में मार्क्सवादी विचारधारा तेजी से विश्व के बुद्धिजीवियों को प्रभावित करने लगी थी। लेकिन भारत में चूँकि स्वतन्त्रता संग्राम में कम्युनिस्ट पार्टी की भूमिका नगण्य थी इसलिए यहाँ मार्क्सवाद को कोई विशेष बढ़ावा नहीं मिला। गांधी के सामने तो 'स्वदेशी' का स्वरूप स्पष्ट था। किन्तु आधुनिक लोग उसके पिछड़ेपन को समझने लगे थे। किन्तु गांधी को तब एकदम नकारना मुश्किल था क्योंकि उनके लक्ष्यों में एक लक्ष्य पिछड़ापन दूर करना भी था। उनका एक उद्देश्य जातीयता तथा साम्प्रदायिकता को भी पराजित करना था। नेहरू यद्यपि आधुनिकता तथा औद्योगिकरण के हिमायती थे किन्तु वे गांधी से पूरी तरह मुक्त नहीं हो सकते थे। अकसर उन्हें गांधी, 'विरोधाभासों की मूर्ति' नजर आते थे क्योंकि वे गरीबों की 'गरीबी' को दूर करना चाहते थे किन्तु अमीरों की मदद से। 1919 में प्रथम महायुद्ध समाप्त हुआ और पूरे संसार में एक नए दौर की शुरुआत हुई : जन आन्दोलनों की बाढ़ आ गई और यूरोप के कई देश आजाद हो गए। जर्मनी में जनतन्त्र कायम हुआ। रूस में क्रान्ति के बाद किसान-मजदूर संगठनों का शासन स्थापित हुआ। भारत में भी प्रथम महायुद्ध समाप्त होने के कुछ ही वर्षों के भीतर विभिन्न शहरों में अनेक किसान-मजदूर आन्दोलन हुए। 'रोलेट एक्ट' के विरुद्ध अभियान चला। मुसलिम लीग ने कांग्रेस के साथ मिलकर 'खिलाफत आन्दोलन' शुरू किया।

प्रेमचन्द इसी युग तथा इन्हीं आन्दोलनों की उपज थे। प्रेमचन्द के साहित्य का 'प्रथम महायुद्ध' के परिणामों के सन्दर्भ में रखकर बहुत कम अध्ययन किया गया है। इन बदली हुई परिस्थितियों के प्रति प्रेमचन्द की जागरूकता अद्‌भुत थी : गोरखपुर के अखबार 'स्वदेशी' के सम्पादकीय में उन्होंने 'प्रथम महायुद्ध' को जनता की जीत बताया (राष्ट्रीय किसान आन्दोलन और प्रेमचन्द : वीर भारत तलवार)। 1918 में 'सेवासदन' छपा और 1921 में 'प्रेमाश्रम'। 'प्रेमाश्रम' इन्हीं परिस्थितियों पर आधारित उपन्यास था।

'प्रेमाश्रम' उत्तर प्रदेश के किसान आन्दोलन पर पहली 'टिप्पणी' था। सम्भवतः नेहरू के दौरे से भी पहले। प्रेमचन्द इन परिवर्तित परिस्थितियों पर लगातार नजर रखे हुए थे।

1857 की परिस्थितियों ने भारतेन्दु हरिश्चन्द्र को जन्म दिया था और 1919 के महायुद्धोत्तर प्रभावों ने प्रेमचन्द को। वैसे तो हिन्दी साहित्य का ध्यान किसानों की ओर 1916 से ही जाने लगा था जब गांधी जी ने चम्पारण का दौरा किया था और चम्पारण की दुर्दशा पर राष्ट्रीय अखबारों में खबरें छपने लगी थीं। भारतीय राजनीति तथा शिक्षित समुदाय में किसानों की समस्याएँ प्रमुख होने लगी थीं।

प्रेमचन्द के अलावा इन समस्याओं पर जिन साहित्यकारों का ध्यान जा रहा था उनमें माधवराव सप्रे प्रमुख थे। जो प्रेमचन्द से पहले ही अनेक हिन्दी कहानियाँ लिख चुके थे। उन्होंने 1917 की 'सरस्वती' में 'किसानों में शिक्षा' शीर्षक निबन्ध लिखा था जिसमें सम्भवतः पहली बार जमींदारों और महाजनों के शोषणों का जिक्र किया गया था।

कुछ शोध प्रबन्धों के अनुसार 'किसान' हिन्दी उपन्यासों में आने से पहले हिन्दी कविता में आए। उनमें श्री त्रिशूल, गयाप्रसाद शुक्ल 'स्नेही' तथा पाण्डेय बेचन शर्मा आदि प्रमुख थे। 'त्रिशुल' को तो किसान केन्द्रित कविताएँ लिखने के कारण पहला 'राष्ट्र कवि' मान लिया गया था तथा 'कवि सम्राट' की उपाधि दी गई थी। 1916 तथा 1922 के बीच किसानों की समस्याओं से सम्बन्धित अनेकानेक लेख, कविताएँ तथा टिप्पणियाँ छपती रहीं। प्रेमचन्द के कथा साहित्य में 'किसान' उन्हीं सब परिस्थितियों तथा सन्दर्भों में केन्द्र में आया। बाद में कथा साहित्य के केन्द्र में मध्यमवर्ग आ गया।

इन दिनों 'शोषित' के स्थान पर 'दलित' शब्द का प्रयोग कुछ संदिग्ध तथा खतरनाक ढंग से होने लगा है जो विचारणीय है। इससे 'ब्राह्मणवाद' की तरह 'दलितवाद' जैसा सम्प्रदायवाद उत्पन्न हो सकता है। किन्तु इसकी चर्चा फिर कभी।

किसानों की समस्याओं पर प्रेमचन्द से पहले आचार्य महावीर प्रसाद द्विवेदी का ध्यान गया था और उस पर उन्होंने अपने 'सम्पत्तिशास्त्र' में व्यापक रूप से प्रकाश डाला है। किसानों की मूल समस्या थी लगानों की बढ़ती हुई दर और जमींदारों तथा ताल्लुकेदारों द्वारा जमीन की बेदखली। जिससे किसानों के 'बैल-बछिये बिक जाते थे' और 'लाखों एकड़ भूमि नीलाम हो जाती थी।' दरअसल प्रेमचन्द अपने उपन्यास उन्हीं मुद्दों पर लिख रहे थे जो उस समय के अखबारों तथा पत्रिकाओं में छप रहे थे और जिन्हें मध्यमवर्गीय बुद्धिजीवी लगातार उठा रहे थे। प्रेमचन्द मुस्तैदी से अपनी कृतियों में उनका रचनात्मक रूपान्तरण कर रहे थे।

अतः आश्चर्य नहीं होना चाहिए कि जब आगे चलकर वामपंथी तथा प्रगतिशील विचारों का प्रचार-प्रसार बढ़ा तो प्रेमचन्द को उसका अगुआ बनाया गया।

ऊपर माधवराव सप्रे का उल्लेख किया गया है जो गणेश शंकर विद्यार्थी, पं. महावीर प्रसाद द्विवेदी आदि के साथ बहुत पहले से साहित्य में सामाजिक

प्रश्नों को लेकर सक्रिय थे किन्तु किन्हीं कारणों से उनके योगदान का न तो ठीक से आकलन किया गया और न उसे उतना महत्त्व दिया गया जिसके वे अधिकारी थे। उन्होंने बहुत पहले उच्च मध्यमवर्ग के नेताओं के सन्दर्भ में लिखा था कि सबसे पहले किसानों को शिक्षित करना जरूरी है।

ऊपर बीसवीं सदी के हिन्दी साहित्य को प्रेरित करनेवाले जिन बुद्धिजीवियों तथा चिन्तकों का उल्लेख किया गया, उनमें एम.एन. रॉय प्रमुख थे। माधव राव सप्रे की तरह ही एम.एन. रॉय के विचारों तथा उनके प्रभाव का विधिवत आकलन अभी तक नहीं हो सका है। रॉय के विचारों का अज्ञेय पर गहरा प्रभाव था और युवा बुद्धिजीवियों को भी उन्होंने गहराई से प्रभावित किया था। इसके अतिरिक्त 'प्रेमाश्रम' उपन्यास का विस्तृत विश्लेषण करनेवाले विद्वान वीर भारत तलवार के अनुसार प्रेमाश्रम का एक पात्र बलराज एम.एन. रॉय के विचारों का प्रतिनिधि है। एम.एन. रॉय ने भारत में एक स्वतन्त्र कम्युनिस्ट पार्टी बनाने का प्रस्ताव रखा था जिसका नेतृत्व सर्वहारा वर्ग के हाथ में हो। किन्तु उस प्रस्ताव को डांगे आदि सूत्रधार नेताओं ने ठुकरा दिया था।

प्रेमचन्द गांधी से प्रभावित थे और 1933 के 'हिन्दी साहित्य परिषद' में गांधी जी से मिले भी थे। किन्तु तब तक प्रेमचन्द मार्क्सवाद से भी परिचित हो चुके थे। इसका उल्लेख वीर भारत तलवार ने अपनी पुस्तक 'किसान आन्दोलन और प्रेमचन्द' में किया है। जिसके अनुसार 1919 के 'स्वेदश' तथा 'मर्यादा' में 'दास कैपिटल' पर एक टिप्पणी छपी थी जिसमें मजदूरों द्वारा 'विपल्व' की बात कही गई थी और व्यक्तिगत पूँजी का विरोध किया गया था। 'स्वदेश' प्रेमचन्द के मित्र दशरथ प्रसाद द्विवेदी गोरखपुर से निकालते थे। किन्तु प्रेमचन्द ने अपने कथा साहित्य में मार्क्सवादी-पद्धति का उपयोग नहीं किया। अपने अन्तिम उपन्यास 'गोदान' में भी अन्त तक उनकी सहानुभूति मिल मालिक मि. खन्ना के प्रति बनी रहती है।

यही हाल 'किसान आन्दोलन' पर सबसे अधिक केन्द्रित उपन्यास 'प्रेमाश्रम' का है जिसमें उसके एक पात्र बलराज को मार्क्सवादी विचारों से प्रभावित दिखाया गया है लेकिन उदार जमींदार कृपाशंकर ही प्रेमचन्द के 'कृपापात्र' बने रहते हैं। अन्ततः 'प्रेमाश्रम' किसान आन्दोलन और उसके नेतृत्व को समर्थन नहीं देता और उसे शिक्षित मध्यवर्ग को सौंप देता है जिसके तब मोतीलाल नेहरू जैसे लोग प्रतिनिधि थे जो बाबा रामचन्द्र के शब्दों में 'ताल्लुकेदारों के वकील थे' (जो वे वस्तुतः थे भी—उन्होंने डुमराँव और जगदीशपुर रियासतों के बीच होनेवाले मुकद्दमें की पैरवी की थी) अतः कुलमिलाकर 'प्रेमाश्रम' सचमुच एक 'मिथ्या चेतना' (बैड फेथ) का उपन्यास है : सारे शोषण तन्त्र के विरोध और बलराज के क्रान्तिकारी कथनों के बावजूद उसका अन्त गांधीवादी 'रामराज्य' (प्रेमाश्रम) में होता है जिसका आधार-संघर्ष नहीं बल्कि प्रेम और अहिंसा है।

ये सब प्रेमचन्द की सीमाएँ, विसंगतियाँ और विरोधाभास थे जिनका विश्लेषण प्रस्तुत पुस्तक में यथास्थान किया गया है।

हिन्दी कविता में ऐसे ही विरोधाभास हमें निराला की कविताओं में मिलते हैं।

यद्यपि निराला के पास वह व्यापक भावबोध और उस समय की सामाजिक वस्तुस्थितियों का वह जखीरा नहीं था जो प्रेमचन्द के पास था इसलिए उनकी विसंगतियाँ दूसरे स्तरों पर हैं : वे कहीं तो लिखते हैं कि "ओ विपल्लव के वीर तुम्हें बुलाता कृषक अधीर" और कहीं अपनी भारतीयता का गीत गाने लगते हैं : "पश्चिम की उक्ति नहीं, गीता, गीता है।" वे विचारों में अद्वैतवादी भी हो जाते हैं और रामकृष्ण परमहंस की अमृतवाणी भी उन्हें लुभाती है। तब के प्रगतिशीलों की आँखों में चुभनेवाले 'तुलसीदास' उनके परमप्रिय कवि हैं। हालाँकि तुलसीदास की सी सहज, सरल, अवधी जैसी भाषा उनके पास नहीं है और उनकी 'राम की शक्तिपूजा' पढ़ने, पढ़ानेवालों के दाँतों में पसीना आ जाता है। अतः आश्चर्य नहीं कि कुछ लोगों को तुलसीदास नहीं बल्कि केशवदास की तरह निराला भी 'कठिन काव्य के प्रेत' प्रतीत होते हों। यद्यपि निराला ने भी सरल-सहज कविताएँ लिखी है किन्तु वे मुख्यतः गीतों के रूप में व्यक्त हुई हैं।

दरअसल निराला की कविताओं का ग्राफ उतना ऊबड़-खाबड़ और विषम है कि कभी-कभी यह यकीन करना मुश्किल हो जाता है कि ये एक ही व्यक्ति की कविताएँ हैं।

वस्तुतः भाषा का 'प्रयोगवाद' निराला से ही शुरू हो जाता है : भाषा के प्रयोग में वे प्रायः निरर्थक शब्दों तक पहुँच जाते हैं और ऐसे शब्द प्रयोग 'ताक कमसिन वारि' जैसी कविताओं में पराकाष्ठा तक पहुँच जाते हैं। वे हिन्दी कविता के पहले 'ऐबसर्ड कवि' हैं। वे अतिरंजनाओं तथा विषमताओं के आगार हैं और यही उनकी विशेषता है। हिन्दी कविता में उनकी महत्ता उनके निजंधरी (लिजेण्डरी) व्यक्तित्व के कारण अधिक है। उनका 'अप्सरा' जैसा लचर और रोमानी उपन्यास उनके परम प्रशंसक डॉ. रामविलास शर्मा को भी अरुचिकर लगा था। समग्र मूल्यांकन के आधार पर जयशंकर प्रसाद ही छायावादी भावबोध के सर्वश्रेष्ठ साहित्यकार सिद्ध होते हैं। 'कामायनी' में छायावाद का सर्वोत्कृष्ट रूप व्यक्त हुआ है। बीसवीं शताब्दी के अन्त तक कोई काव्यकृति जीवन के विराट प्रश्नों को इतने विशाल फलक पर उपस्थित नहीं कर सकी। जिसे 'पोयटिक विजन' कहते हैं। वह 'कामायनी' के अतिरिक्त अन्य किसी हिन्दी काव्य में नहीं मिलता। कविता में जीवन की 'थीसिस' तलाशनेवाले कवि-चिन्तक मुक्तिबोध को इसीलिए 'कामायनी' सबसे बड़ी चुनौती प्रतीत हुई थी।

प्रेमचन्द तथा प्रसाद के अवसान के बाद 40 तक आते-आते हिन्दी साहित्य में अनेक प्रकार के परिवर्तन परिलक्षित होने लगते हैं जिन्हें यद्यपि केवल राजनैतिक सन्दर्भ में विश्लेषित नहीं करना चाहिए किन्तु उनका सम्बन्ध तत्कालीन सामाजिक-आर्थिक परिवर्तनों से अवश्य है, तब की राजनीति भी उन्हीं परिवर्तनों का परिणाम थी। इतना तो स्पष्ट है कि गद्य में उस समय के समाज का यथार्थ जिस समग्रता के साथ व्यक्त हुआ था, उस तरह काव्य में व्यक्त नहीं हो सका। इसका बहुत बड़ा कारण 'छायावादी भावबोध' था और इसी कारण डॉ. देवराज जैसे समीक्षक को 'छायावाद' का पतन अनिवार्य लगा था और स्वयं छायावादी कवि सुमित्रानन्दन पन्त को छायावाद में

क्षरणशील अवयव दीखने लगे थे।

किन्तु निश्चित रूप से 'छायावाद' बीसवीं शताब्दी का सबसे बड़ा 'काव्य आन्दोलन' था जिसने हिन्दी कविता को रीतिकालीन भावबोध तथा ब्रजभाषा की जड़ता से मुक्त किया। 'छायावाद' का क्षेत्र सीमित था और उसकी अपनी काव्य रूढ़ियाँ थीं किन्तु निराला तक आते-आते उसमें अपरिमित काव्य सम्भावनाएँ उत्पन्न हो गई थीं। जिससे आगे आनेवाले प्रगतिवाद, प्रयोगवाद और 'नई कविता' के लिए मार्ग प्रशस्त हुए।

सन् 1950 के बाद का हिन्दी साहित्य मुख्यतः पश्चिमी प्रभावों से ग्रस्त साहित्य है किन्तु जिसने शताब्दी के अन्त में क्रमशः पश्चिमी प्रभावों से अधिक आधुनिक प्रवित्तियों को स्वायत्त कर अपना स्वतन्त्र स्वरूप विकसित किया। यह 'काव्य' और 'गद्य' दोनों में हुआ किन्तु शताब्दी के अन्तिम वर्षों का साहित्य इस बात का द्योतक है कि इस प्रयास और प्रक्रिया में कथा साहित्य को अधिक सफलता मिली, विशेष रूप से उपन्यास के क्षेत्र में एक नया उन्मेष दीखता है, जिसका विस्तृत विश्लेषण प्रस्तुत पुस्तक में यथास्थान किया गया है।

कविता

बीसवीं सदी की हिन्दी कविता का आरम्भ उन्नीसवीं सदी की हिन्दी कविता की विरासत के रूप में ही हुआ (जबकि बीसवीं सदी की हिन्दी कहानी या उपन्यास के लिए ऐसा नहीं कहा जा सकता)। यह स्वाभाविक भी था क्योंकि जिन महत्त्वपूर्ण कवियों ने बीसवीं सदी से हिन्दी कविता का परिचय कराया उनकी साहित्यिक पृष्ठभूमि उन्नीसवीं सदी के अन्त में ही बन चुकी थी। अतः बीसवीं सदी की आरम्भिक हिन्दी कविता को उन्नीसवीं सदी के अन्त की कविता का ही विस्तार समझना चाहिए : श्रीधर पाठक, रामनरेश त्रिपाठी, नाथूराम शंकर, अयोध्या सिंह उपाध्याय, ठाकुर गोपाल शरण सिंह आदि कवि उन्नीसवीं सदी की ही भावभूमि और भावबोध को लेकर हिन्दी कविता में आए थे।

इनमें श्रीधर पाठक की रचनाओं को विशेष रूप से रेखांकित किया जाना चाहिए, खासतौर पर उनके द्वारा किए गए अनुवादों को। यह तथ्य अत्यन्त महत्त्वपूर्ण है कि श्रीधर पाठक ने अंग्रेजी के लोकप्रिय कवियों वड्र्सवर्थ, शेली, कीट्स तथा बायरन को छोड़कर गोल्डस्मिथ की रचनाओं का हिन्दी में अनुवाद किया (ऊजड़ग्राम, एकान्त योगी)। इसके अतिरिक्त उन्होंने लांगफेलो की कविताओं का भी हिन्दी में अनुवाद किया था। विश्वविख्यात रोमांटिक कवियों को छोड़कर श्रीधर पाठक ने गोल्डस्मिथ को ही क्यों चुना, यह जानना बीसवीं सदी की प्रारम्भिक हिन्दी कविता के स्वरूप को पहचानने के लिए जरूरी है। इसका एक कारण तो यह हो सकता है कि हिन्दी में तब उपरोक्त रोमांटिक कवि उतने लोकप्रिय न रहे हों, जितने बाद के वर्षों में क्रमशः होते गए। दूसरा कारण यह हो सकता है कि गोल्डस्मिथ श्रीधर पाठक की अपनी काव्य प्रकृति के अधिक अनुकूल रहे हों! गोल्डस्मिथ की रोमांटिक कविताओं में यथार्थ तथा वास्तविकता के तत्त्व भी अधिक थे। वरना उनका ध्यान 'डेजर्टेड विलेज' की ओर न गया होता। ध्यान देने योग्य बात यह भी है कि श्रीधर पाठक को 'छायावाद' का अग्रदूत भी कहा गया है, शायद उसके प्रकृति प्रेम (हेमन्त जैसी कविताओं) के कारण। इसीलिए उन्होंने कालिदास के 'ऋतु संहार' का भी हिन्दी में अनुवाद किया था। वस्तुतः श्रीधर पाठक उस समय की काव्यात्मक स्थिति के आदर्श उदाहरण हैं : एक ओर उन्हें कालिदास का लुभावना सौन्दर्य बोध खींच रहा था और दूसरी ओर गोल्डस्मिथ का 'ऊजड़ ग्राम' ! कमोबेस उस समय के दूसरे कवियों की भी यही स्थिति थी। किन्तु श्रीधर पाठक उसके प्रतिनिधि

बनकर सामने आए। श्रीधर पाठक की 'प्रकृति' में 'जनसाधारण' भी शामिल था। जो आगे आनेवाले 'छायावाद' में प्रायः लुप्त है।

तात्पर्य यह कि बीसवीं सदी की हिन्दी कविता का 'प्रथम चरण' अधिक वस्तुपरक तथा यथार्थवादी था। भले ही उसमें सूक्ष्म सौन्दर्यबोध और काव्यात्मक किमियागिरी तब तक न उत्पन्न हो पाई हो। ठाकुर गोपाल शरण सिंह की प्रस्तुत पंक्ति इस सन्दर्भ में उल्लेखनीय है : "पृथ्वी पर पद हों मेरे/दूर सदा आकाश रहे।" स्पष्टतः छायावादी आकाश अभी दूर था। हिन्दी कविता के पद तब तक पृथ्वी पर ही अधिक स्थित थे।

श्रीधर पाठक हिन्दी कविता की इस 'द्वन्दात्मक स्थिति' या संक्रान्तिकाल के कवि थे। वे अनजाने ही दुहरी मानसिक स्थिति की कविताएँ लिख रहे थे। उनमें 'प्रकृति' तथा 'साधारण जन' दोनों सम्मिलित थे। चूँकि वह समय ब्रजभाषा के भावबोध से पृथक होने का भी था, इसलिए उन कविताओं में यह संक्रमण स्पष्ट परिलक्षित किया जा सकता था। उस समय की खड़ी बोली के सभी कवि भी मुख्यतः ब्रजभाषा के कवि थे, इसलिए उनमें यह दुहरापन देखा जा सकता था। श्रीधर पाठक ने भी अपनी महत्त्वपूर्ण कविताएँ ब्रजभाषा में ही लिखी थीं, किन्तु उनमें रीति-कालीन भावभंगिमा से पृथक तत्त्व दिखाई पड़ने लगे थे। सम्भवतः यह तब के अंग्रेजी काव्य का प्रभाव ही था। श्रीधर पाठक अंग्रेजी तथा संस्कृत दोनों के विद्वान थे। उन पर गोल्डस्मिथ का प्रभाव कुछ अधिक ही था क्योंकि उन्होंने उसके 'डेजरटेड विलेज' का ही नहीं 'ट्रैवलर' का भी हिन्दी में अनुवाद किया था। इस प्रभाव ने हिन्दी कविता में नए प्रकार से रोमांटिक भावों का संचार किया जिसे रामचन्द्र शुक्ल ने 'स्वाभाविक स्वच्छन्दतावाद' माना। शुक्ल जी श्रीधर पाठक को 'स्वच्छन्दता का आभास देनेवाला पहला हिन्दी कवि' भी मानते हैं।

किन्तु आगे आनेवाले 'छायावाद' से पृथक श्रीधर पाठक के काव्य की मुख्य विशेषताएँ थीं, ''सीधी-सादी खड़ी बोली और जनता के बीच प्रचलित लय बोध।'' उसका 'एकान्तवासी योगी' इसका प्रतिनिधि उदाहरण है। शुक्ल जी को प्रारम्भिक हिन्दी कविता की यह विशेषता बहुत महत्त्वपूर्ण लगी थी। किन्तु वे लिखते हैं कि "खेद है कि सच्ची और स्वाभाविक स्वच्छन्दता का यह मार्ग हमारे काव्य के बीच न चल पाया।" बात यह थी कि उसी समय संस्कृत काव्य के संस्कारों के साथ पं. महावीर प्रसाद द्विवेदी साहित्य के क्षेत्र में आए "जिनका प्रभाव गद्य साहित्य और काव्य निर्माण दोनों पर बहुत व्यापक रूप से पड़ा।" दरअसल शुक्ल जी महावीर प्रसाद द्विवेदी के **प्रभाव** को लेकर बहुत आश्वस्त नहीं थे। उपरोक्त उद्धरण से एक बात तो स्पष्ट हो ही जाती है कि शुक्ल जी के अनुसार द्विवेदी जी के ही कारण "सच्ची और स्वाभाविक स्वच्छन्दता का मार्ग'' अवरुद्ध हुआ और संस्कृत काव्य संस्कार बढ़ा। साथ ही द्विवेदी जी ने 'सरस्वती' के माध्यम से जिस सरल-सीधी भाषा का आग्रह किया उसकी वजह वे "इतिवृत्तात्मक (मैटर ऑफ फैक्ट) पद्यों का खड़ी बोली में ढेर लग गया।" स्पष्टतः शुक्ल जी, द्विवेदी जी के प्रभाव को बहुत स्वस्थ प्रभाव के रूप में नहीं देखते। यही नहीं हिन्दी कविता में आगे आनेवाली **रहस्यात्मक वृत्ति** को भी वे इसी की 'तीखी प्रतिक्रिया' मानते हैं।

तत्कालीन हिन्दी कविता के बारे में शुक्ल जी की यह टिप्पणी बहुत महत्त्वपूर्ण है जो आगे चलकर छायावादी कविता के प्रति उनकी विरक्ति के कारणों को स्पष्ट करती है। किन्तु ध्यान देने की बात यह भी है कि यद्यपि शुक्ल जी छायावाद को अपना पूर्ण समर्थन नहीं दे सके तो वे 'सरस्वती' की 'इतिवृत्तात्मक कविताओं के ढेर' के प्रति भी अनुरक्त नहीं थे। वे श्रीधर पाठक वाली दिशा में ही हिन्दी की स्वछन्दतावादी कविता का विकास देखना चाहते थे। जो परोक्ष रूप से ही सही, महावीर प्रसाद द्विवेदी के कारण नहीं हो सका। यानी इस बीच कोई 'व्यवधान' आ गया और हिन्दी कविता अपनी स्वाभाविक दिशा में न जाकर दूसरी तरफ मुड़ गई। स्वच्छन्दतावाद की अपनी अवधारणा के मुताबिक शुक्ल जी को वह श्रीधर पाठक के बाद रामनरेश त्रिपाठी के काव्य में दिखाई पड़ा। हो सकता है कि यह महज संयोग हो कि रामनरेश त्रिपाठी ने अपने प्रतिनिधि काव्य 'पथिक' का नाम गोल्डस्मिथ के 'ट्रैवलर' के वजन पर रखा हो। किन्तु ऐसी समानताएँ तत्कालीन कविता के स्वरूप को बतलाती हैं। 'पथिक' को भी बहुत लोगों ने छायावाद के अग्रदूत के रूप में देखा है। डॉ. नामवर सिंह ने छायावादी काव्य की विशेषताओं की व्याख्या करते हुए 'पथिक' की अनेक पंक्तियों का उल्लेख किया है (देखिए उनकी पुस्तक 'छायावाद'—पृ. 36-48)।

निश्चित रूप से 'पथिक' काव्य का विधिवत आकलन होना चाहिए। तब की स्वच्छन्दतावादी कविता में जो लोकधारा बह रही थी, उसको जानने के लिऐ यह जरूरी है। यह महज आकस्मिक नहीं था कि रामनरेश त्रिपाठी ने भारत का भ्रमण करके 'ग्राम गीतों' का विशाल संग्रह तैयार किया था जिसका साहित्यिक ही नहीं समाजशास्त्रीय महत्त्व भी है। रामनरेश त्रिपाठी 'साहित्यिक काव्यधारा' और 'लोक काव्यधारा' को संयुक्त देखना चाहते थे। आज के 'जनवादियों' को तत्कालीन काव्यधारा की यह पृष्ठभूमि ध्यान में रखनी चाहिए।

आगे आनेवाले अत्यन्त महत्त्वपूर्ण काव्य-आन्दोलन 'छायावाद' ने और जो कुछ किया हो किन्तु काव्य में इस **संयुक्तिकरण** को सम्भव न होने दिया। 'छायावाद' महान साहित्यिक ऊँचाइयों तक गया किन्तु उसने इस 'लोकधारा' को अवरुद्ध कर दिया जो अन्ततः उसके 'पतन' का कारण बना।

'छायावाद' पूर्व हिन्दी कविता जाने-अनजाने जिस पथ की ओर बढ़ रही थी, वह मूलतः स्वच्छन्दतावादी मार्ग ही था और उसमें रीतिकालीन ब्रजभाषा के भावबोध से निकलने की अकुलाहट थी। इसीलिए मूलतः ब्रजभाषा के कवि श्रीधर पाठक ने अपनी कविता 'हेमन्त' के प्रकृति वर्णन में रीतिकालीन उपकरण केतकी, गुलाब, जूही, चंपक, भ्रमर, मकरंद, पराग और केसर आदि के विपरीत जौ, गेहूँ, सरसों, सोया और पालक आदि का जो वर्णन किया है वह हिन्दी कविता में एक **प्रस्थान बिन्दू** का सूचक है और एक **नए भावबोध** के आगमन का संकेत भी। इसीलिए उस दौर में उसके ऐसे उपमानों का उपहास भी किया गया था। इतना ही नहीं उस कविता में किसान, जमींदार, महाजन, ब्याज आदि का भी उल्लेख है जो पाठक जी की गहरी यथार्थपरक अन्तर्दृष्टि का

परिचायक है।

उस जमाने में 'हेमन्त' कविता युगान्तकारी रचना थी। अपनी काव्यात्मक सीमाओं के बाबजूद ऐसी यथार्थपरक दृष्टि पूरे छायावादी काव्य में शायद ही कहीं दिखाई पड़े जिसके अन्त में कहा जाता है जमींदार और महाजन आदि को सब कुछ देने के बाद किसान के पास खाने भर के लिए भी कुछ नहीं बचता है।

गद्य साहित्य में ऐसी यथार्थपरक दृष्टि के लिए हिन्दी को प्रेमचन्द की प्रतीक्षा करनी पड़ी और यह दृष्टि कविता में न आकर गद्य में ही उपलब्ध हो सकी ! कवियों में मैथिलीशरण गुप्त तथा हरिऔध ने हिन्दी कविता को कई नए आयाम दिए जिसमें समाज सुधार, राष्ट्रवाद, नारी जागरण आदि कई सन्दर्भ जुड़ गए किन्तु उससे भाषिक-संस्कार के नाम पर तुकों का कठमुल्लापन और चुभते-चोखे चौपदे आदि लिखने का शौक भी उत्पन्न हुआ जिसने उस सामाजिक वास्तविकता को रचनात्मक रूप देने के बजाय सपाट-तुकबन्दियों का समूह बना दिया। इससे काव्यात्मकता की क्षति तो हुई ही कविता के नाम पर एक निष्प्राण पद्य प्रचलित हो गया। कविता में 'कथा तत्त्व' भी आया किन्तु वह 'माँ कह एक कहानी' बनकर ही रह गया। यशोधरा, साकेत तथा प्रियप्रवास जैसे काव्य अपने काव्येतर गुणों के कारण ही अधिक लोकप्रिय हुए।

वस्तुतः प्रत्येक ऐतिहासिक स्थिति की अपनी माँग होती है जिनकी पूर्ति इन काव्यों ने अवश्य की। एक तो इसमें ब्रजभाषा से हटकर 'खड़ी बोली' में लोगों की रुचि उत्पन्न हुई और क्रमशः ब्रजभाषा की श्रृंगारिक कविताओं की अपेक्षा हिन्दी कविता अधिक जनप्रिय हुई। हिन्दी कविता के ऊपर से क्रमशः रीतिकालीन 'निर्मोक' उतर गया। इन कविताओं में एक प्रकार की आर्यसमाजी एकरसता जरूर थी लेकिन वह भी समय की माँग के अनुरूप ही थी। हालाँकि इससे जैसा कि शुक्ल जी ने लिखा है "इतिवृत्तात्मक कविताओं का ढेर लग गया।"

इन्हीं कविताओं के माध्यम से हिन्दी कविता में एक और काव्य प्रवृत्ति आई जो आज भी किसी-न-किसी रूप में विद्यमान है और वह है ऐतिहासिक-पौराणिक चरित्रों तथा कथाओं की पुनर्व्यवस्था। उनका पुनर्विश्लेषण तथा आधुनिकीकरण। 'प्रिय प्रवास' को इस प्रवृत्ति का प्रतिनिधि काव्य माना जा सकता है। वह हिन्दी का पहला महाकाव्य भी है। उसमें कृष्ण एक 'जननेता' के रूप में चित्रित किए गए हैं जो अतीत पर वर्तमान का आरोपण ही है। उसकी राधा भी प्रबुद्ध स्त्री है—ब्रज की भोरी-गोरी मात्र नहीं। एक प्रकार की राष्ट्रभावना भी उसमें बनी रहती है।

अतः अपनी तमाम स्थूलता तथा सपाट-वर्णनात्मकता के बावजूद 'प्रिय प्रवास' रीतिकालीन भावबोध से एक स्पष्ट प्रस्थान का द्योतक है।

इसी प्रवृत्ति का विकास मैथिलीशरण गुप्त के 'साकेत' में मिलता है। अपने सीमित क्षेत्र के भीतर ही गुप्त जी ने इसमें कई क्रान्तिकारी परिवर्तन उपस्थित किए हैं। 'साकेत' की कथा का केन्द्र 'सीता' नहीं उर्मिला है और वास्तविक नायक भी 'राम' नहीं 'भरत' हैं। उसके राम उस अर्थ में 'मर्यादा पुरुषोत्तम' नहीं बल्कि अपेक्षाकृत सामान्य मनुष्य

हैं। उसमें गांधीवादी आन्दोलनों की अनुगूँजें हैं और सत्याग्रह तथा विश्वबन्धुत्व आदि का आरोपण कर उसमें समकालीनता का भी सन्निवेश किया गया है।

स्पष्टतः गुप्त जी दार्शनिक तथा चिन्तक कवि नहीं थे, इसलिए उपरोक्त अनेक विशेषताओं के बावजूद उनके काव्यों में कोई जीवन दृष्टि नहीं मिलती और न काव्य भाषा तथा शिल्प का वह उन्मेष मिलता है जो छायावादी कृतियों में प्राप्त होता है। उनमें वह अन्तर्दृष्टि या काव्यात्मक अन्तश्चेतना भी नहीं मिलती जो किसी कृति को महान तथा महत्त्वपूर्ण बनाती है। राष्ट्रकवि के रूप में स्वीकृत तथा उस दौर के सबसे सम्मानित कवि मैथिलीशरण गुप्त इसीलिए इतिहास में औसत से कुछ ही बड़े कवि होने का दर्जा प्राप्त कर सके। छायावाद पूर्व की हिन्दी कविता में मूलतः स्वच्छन्दतावाद के बीज एक सीमा तक ही प्राप्त होते हैं। उसका मुख्य प्रयास कविता को रीतिकालीन संस्कारों तथा ब्रजभाषा की जकड़बन्दी से मुक्त करना था। इसके अतिरिक्त जिस भाषा में वे रचना कर रहे थे वह अभी तक अपना 'काव्य रूप' निर्धारित नहीं कर पाई थी। पद्य तथा गद्य की भाषा में ही नहीं भावबोध में भी बहुत अन्तर था। इसके अतिरिक्त हिन्दी का 'मानक स्वरूप' क्या हो इस पर भी बहुत विवाद था। बिहार के अयोध्या प्रसाद खत्री ने अपनी पुस्तक 'हिन्दी गद्य' में इस विवाद को सुलझाने का बहुत सार्थक प्रयास किया था। किन्तु दुर्भाग्य से उसे स्वीकृति नहीं मिल सकी। वरना हिन्दी-उर्दू का विवाद इतना जोर न पकड़ता। काव्य भाषा का जो आदर्श महावीर प्रसाद द्विवेदी के मन में था वह वस्तुतः शुक्ल जी को स्वीकार नहीं था। द्विवेदी युगीन 'इतिवृत्तात्यकता' शुक्ल जी का आदर्श कभी नहीं रही, इसका उल्लेख ऊपर किया जा चुका है। द्विवेदी जी की 'काव्यभाषा' के स्वरूप के सम्बन्ध में शुक्ल जी का कथन है कि उन पर मराठी भाषा का प्रभाव अधिक था जिसमें कोमल कान्त पदावली का अभाव होता है और पद विन्यास गद्य की तरह होता है। संस्कृत वृत्तों की प्रधानता होती है। परिणामतः उनकी भाषा गद्यवत (प्रोजयिक) हो गई। उसमें "लाक्षणिकता-चित्रमयी भावना और वह वक्रता बहुत कम आ पाई जो रस संचार की गति को तीव्र और मन की ओर आकर्षित करती है।" (इतिहास, पृ. 332)

स्पष्टतः इन दोनों आचार्यों के काव्यभाषा सम्बन्धी आदर्श एक नहीं थे और न कविता की अवधारणा एक थी। बाद में 'छायावाद' के विरोध को लेकर दोनों को साथ-साथ रखने की कोशिश की गई जो निराधार थी। ऊपर के उद्धरण को देखा जाए तो शुक्ल जी के मन में लाक्षणिकता चित्रमयी भावना और वक्रता के प्रति एक स्वाभाविक आकर्षण है और इतिवृत्तात्मकता के प्रति एक स्वाभाविक विरक्ति। मूलतः शुक्ल जी का काव्यादर्श रोमांटिक ही था।

छायावाद पूर्व कवियों के मन से रीतिकालीन संस्कारों को निकालने का बहुत कुछ कार्य तो तत्कालीन राष्ट्रीय आन्दोलनों ने कर दिया था जिसकी पीठिका आर्यसमाज तथा गांधीवाद ने प्रस्तुत कर दी थी। 'भारत भारती' जैसी कृतियाँ इसी का परिणाम थीं।

श्रीधर पाठक के बाद रामनरेश त्रिपाठी में **स्वच्छन्दतावाद के वे तत्त्व** स्पष्ट रूप से

दीखने लगते हैं जो छायावादी कविता के आधार बने। रामनरेश त्रिपाठी के माध्यम से हिन्दी कविता छायावादी युग में प्रवेश करती है या नहीं इस पर विवाद हो सकता है क्योंकि अनेक लोगों की राय में त्रिपाठी जी ने छायावादी कविताओं के प्रभाव स्वरूप अपनी कविता में परिवर्तन किए। किन्तु एक बात निश्चित है कि उनकी कविता अन्य द्विवेदी युगीन कवियों हरिऔध तथा मैथिलीशरण गुप्त आदि से बहुत भिन्न है। वह छायावादी कविता का 'गोमुख' है। यदि उनकी काव्य शृंखला मिलन, पथिक और स्वप्न का विधिवत अध्ययन किया जाए तो उनमें अधिकांश छायावादी काव्यों के सूत्र मिल जाएँगे। कुछ उद्धरणों से यह बात स्पष्ट हो जाएगी। मसलन 'मिलन' काव्य की ये पंक्तियाँ : "बीती, निशा, उषा उठ आई/पहन सुनहरा चीर।" जिन्हें पढ़कर प्रसाद जी की 'बीती विभावरी जाग री' की स्वाभाविक रूप से याद आ जाती है। इसी प्रकार त्रिपाठी जी की 'नीचे नील समुद्र मनोहर/ऊपर नील गगन है' से 'कामायनी' की प्रारम्भिक पंक्तियों "नीचे जल था, ऊपर हिम था" की स्मृति ताजा हो जाती है। त्रिपाठी जी ने 'आँसू' शीर्षक से भी कविता लिखी थी जिसकी प्रारम्भिक पंक्तियाँ प्रसाद के आँसू की प्रारम्भिक पंक्तियों से मिलती-जुलती हैं : 'छेड़ो मत निकल पड़ेंगे कह देंगे/इन आँसुओं में इतिहास है हृदय के।' इसी प्रकार त्रिपाठी जी की "आकर कौन हँस गया तम में" की प्रतिच्छवि 'कौन तम के पार रे कह' में देखी जा सकती है। कौन, क्या, कहाँ जैसे प्रश्नाकुल स्वर त्रिपाठी जी की कविताओं से ही शुरू होते हैं। जो छायावादी कविता के भी चरित्र निर्धारक स्वर बनते हैं।

त्रिपाठी जी की कविताओं के माध्यम से यह समझा जा सकता है कि कैसे हिन्दी कविता की सौन्दर्य चेतना सूक्ष्म-से-सूक्ष्मतर होती हुई 'छायावादी' कविता में ढल जाती है। त्रिपाठी जी के 'मिलन' का प्रकाशन काल 1917 है। प्रसाद जी का पहला कविता संग्रह (खड़ी बोली में) 'झरना' 1918 में प्रकाशित हुआ और 'आँसू' 1925 में। निराला की 'अनामिका' (पहली बार) 1923 में छपी और पंत का 'पल्लव' 1926 में। यहीं छायावादी काव्य के विकास का काल भी है। अतः स्वाभाविक प्रतीत होता है कि मिलन, पथिक और स्वप्न की अनेक विशेषताएँ ही छायावादी में आकर और अधिक पल्लवित हुईं।

यही नहीं मिलन, पथिक और स्वप्न में जो कथा-वृत्तान्त चलता रहता है उससे 'कामायनी' के उत्तरार्द्ध की कथा में एक क्षीण-सा सम्बन्ध सूत्र भी ढूँढ़ा जा सकता है : मसलन 'कामायनी' में जो राजा तथा प्रजा के बीच संघर्ष होता है और जिसमें राजा (मनु) की पराजय होती है, उसका सारा राज-तन्त्र तहस-नहस हो जाता है, उसी संघर्ष का एक रूप 'पथिक' में भी देखा जा सकता है। वहाँ भी राजा और प्रजा के बीच युद्ध होता है और एक प्रकार के लोकतन्त्र की स्थापना होती है। किन्तु 'कामायनी' में इससे जहाँ 'निर्वेद' उत्पन्न होता है, वही 'स्वप्न' में स्वतन्त्र भारत का स्वप्न ! कामायनी में 'आनन्द' एक दर्शन और अनुभूति है वहीं 'मिलन' में वह कथा का मुख्य पात्र है। इन्हीं समानताओं को ध्यान में रखते हुए सुमित्रानन्दन पन्त ने लिखा था कि "त्रिपाठी जी की

कविताओं में प्रकृति चित्रण, प्रणय निवेदन और राष्ट्रप्रेम आदि मूलतः छायावादी काव्य को ही प्रति-छायित करते हैं।"

यही नहीं त्रिपाठी जी की कुछ पंक्तियों में ऐसी सूक्ष्मता तथा लाक्षणिकता मिलती है कि उन्हें आसानी से छायावादी कविता के समानान्तर रखकर देखा जा सकता है। उदाहरणार्थ ये पंक्तियाँ "ज्योत्सना के पत्ते हिलते थे/जल छप-छप करता था।" **ज्योत्सना के पत्ते** जैसी उपमाओं की लाक्षणिकता को क्या कहेंगे ? क्या यह शुद्ध छायावादी काव्य वस्तु नहीं है जो आगे चलकर समस्त छायावादी काव्य में विकसित हुई ? आश्चर्य है कि शुक्ल जी को त्रिपाठी जी में 'स्वच्छन्दतावादी काव्य तत्त्व' तो दीखे किन्तु उन्हीं का जब छायावादी काव्य में पर्यावसान हो गया तो वे इसे 'विदेशी कलम' मान बैठे !

वस्तुतः छायावाद मुख्य रूप से अपने समय की पारम्परिक कविता का ही स्वाभाविक विकास था कोई आयातित काव्य प्रवृत्ति नहीं। समय-समय पर उसमें अपने तत्त्व आकर मिलते रहे जिन्हें उसके कवियों ने अपनी प्रतिभा के द्वारा अनेक आयाम तथा आकार दिए। साहित्य के विकास की यह स्वाभाविक गति होती है। उसका कोई शुद्धतावादी विश्लेषण उचित नहीं है।

छायावादी कविता के कारण जो गुणात्मक परिवर्तन हिन्दी कविता में आया उसके विकास की कड़ियों को उस समय के समीक्षक लक्षित न कर सके। इस मामले में शुक्ल जी अकेले न थे। बल्कि इसे संयोगात्मक विडम्बना ही कहना चाहिए कि यहाँ महावीर प्रसाद द्विवेदी उनके साथ खड़े दिखाई देते हैं। महावीर प्रसाद द्विवेदी ने मई 1927 की 'सरस्वती' में सुकवि किंकर नाम से एक लेख लिखा जिसका शीर्षक था 'आजकल के कवि और हिन्दी कविता।' इस लेख में छायावाद की जमकर भर्त्सना की गई थी। द्विवेदी जी को छायावादी कविताएँ गोरखधन्धा लगी थी और इसीलिए उन्होंने झल्लाकर लिखा 'आजकल जो कविताएँ निकलती है उन्हें मैं अस्पृश्य समझ कर दूर से ही छोड़ देता हूँ।' उस लेख में वे छायावादी कवियों को 'लघु कौमुदी' के अध्ययन की सलाह देते हैं। स्मरण रहे कि यह लेख पंत जी के काव्यसंग्रह 'पल्लव' के प्रकाशन के ठीक बाद लिखा गया था और उसी से छायावाद सम्बन्धी विवादों की बाढ़ आ गई थी। छायावाद पर शुक्ल जी के आरोप अधिक तर्कसंगत थे। शुक्ल जी कविता में आध्यात्मिकता तथा रहस्यात्मकता के विरोधी थे इसलिए उन्हें छायावाद में जहाँ-जहाँ इनके बीज दिखाई पड़े वहाँ उन्होंने इसका विरोध किया। उनकी काव्य सम्बन्धी अवधारणा बहुत स्पष्ट थी "कविता का सम्बन्ध ब्रह्म की व्यक्त सत्ता से है, चारों ओर फैले गोचर जगत से है, अव्यक्त सत्ता से नहीं।"

किन्तु जिस आकस्मिक धमाके के साथ छायावादी कविताएँ लोकप्रिय हो रही थीं, वह अप्रत्याशित था। ऐसे में शुक्ल जी जैसे विज्ञ समीक्षक भी पूर्ववर्ती हिन्दी कविता से उसकी संगति नहीं समझ पा रहे थे। अतः उन्होंने उसे बंगाल के माध्यम से पश्चिमी कविता की अनुकृति मान लिया। निराला के सम्बन्ध में तो उन्होंने 'नकल' शब्द तक का व्यवहार किया। रहस्यवाद के चलते ही शुक्ल जी को रवीन्द्रनाथ के काव्य से भी

विरक्ति थी। विशेष रूप से 'गीतांजली' से। उसकी रहस्यात्मक आध्यात्मिकता को वे कतई बर्दाश्त नहीं कर पा रहे थे।

वस्तुतः छायावादी कविता आरम्भ में 'अबूझ' ही नहीं विरोधाभासों का पुंज भी लगी होगी। क्योंकि उसमें रहस्यात्मकता, आध्यात्मिकता, श्रृंगारिकता, स्वतन्त्रता की चेतना, राष्ट्र भावना, वैयक्तिकता, सामाजिकता, सभी कुछ सम्मिलित रूप से दिखाई पड़ा। लेकिन इन सबने मिलकर उसमें ऐसा रचनात्मक 'रसायन' उत्पन्न कर दिया था कि क्रमशः सबका ध्यान उसकी ओर आकृष्ट हुआ। यह 'रसायन' कविता के किसी भी मानदण्ड पर खरा उतरनेवाला था। छायावाद को तब भी 'पलायनवादी काव्य' के रूप में ही ग्रहण किया गया। उसके यर्थाथवादी स्वर को सबसे पहले आलोचक नन्ददुलारे वाजपेयी ने पहचाना। बाद में उसके सामाजिक स्वरूप तथा भूमिका को डॉ. नामवर सिंह ने विस्तार से व्याख्यायित किया।

कहने का तात्पर्य यह कि छायावाद मुख्य रूप से अपने समय की पारम्परिक कविता का ही स्वाभाविक विकास था। समय-समय पर उसमें अनेक तत्त्व आकर मिलते रहे जिन्हें उसके कवियों ने अपने व्यक्तित्व तथा प्रतिभा के अनेक आकार दिए।

छायावादी कविता के इस स्वरूप को समझने तथा विश्लेषित करने के लिए हम उसके प्रमुख कवियों तथा उनकी कुछ प्रमुख कविताओं का किंचित विस्तार से उल्लेख करेंगे।

जयशंकर प्रसाद

यद्यपि जयशंकर प्रसाद, निराला या पन्त में से किसी एक को 'छायावाद' को प्रारम्भ करने का श्रेय नहीं दिया जा सकता। साहित्य के इतिहास में किसी एक को प्रवृत्ति विशेष या आन्दोलन का अग्रदूत कह देना उचित भी नहीं होता। नई काव्य चेतना सामाजिक ऐतिहासिक परिवर्तनों के दबाव से यत्र-तत्र-सर्वत्र व्यक्त होती रहती हैं किन्तु कुछ कवियों में वह अपने श्रेष्ठतम तथा सर्वोत्तम रूप में व्यक्त होती दिखाई पड़ती हैं। प्रसाद, निराला तथा पन्त ऐसे ही कवि थे। कालक्रम की दृष्टि से प्रसाद ब्रजभाषा में पहले ही काव्य रचना करने लगे थे किन्तु 'चित्राधार' उनका प्रथम काव्य-संग्रह था जो 1918 में प्रकाशित हुआ था जिसमें छायावादी कोंपलें स्पष्ट रूप से देखी जा सकती थी।

हिन्दी साहित्य में प्रसाद का प्रवेश एक विलक्षण घटना थी। झरना, आँसू, लहर, से लेकर कामायनी (1937) तक की उनकी काव्य यात्रा को देखें तो चकित होना पड़ता है। यह भी नहीं भूलना चाहिए कि काव्य रचना के साथ-साथ प्रसाद जी नाटक, कहानियाँ और उपन्यास भी लिख रहे थे। प्रसाद के नाटक हिन्दी के प्रथम प्रौढ़ तथा गम्भीर नाटक हैं जिनके महत्त्व का आकलन आज तक क्रमशः हो रहा है। कहानी के क्षेत्र में भी प्रेमचन्द के समानान्तर 'प्रसाद स्कूल' की स्थाना हो गई थी जो अपनी पृथक तथा स्वतन्त्र भाषिक संरचना और भावबोध के कारण आज भी एक समानान्तर

कथाधारा बनी हुई है। उनका उपन्यास 'कंकाल' हिन्दी में पहला यथार्थवादी उपन्यास था। सन् 36 में 'कामायनी' के प्रकाशन के साथ ही प्रसाद जी की जीवन यात्रा भी निःशेष हो जाती है। यानी यह सब महज अठारह वर्षों की साहित्यिक उपलब्धियाँ थीं।

यह पहले ही कहा जा चुका है कि इस प्रकार का दावा या खोज अनावश्यक है कि छायावादी कविता की शुरुआत किसने की। यह इसलिए भी व्यर्थ है कि 'झरना' (द्वितीय संस्करण) 'पल्लव' (पन्त) और निराला के 'अनामिका' के प्रकाशन-वर्षों में कोई विशेष अन्तराल नहीं है।

प्रसाद जी की कविताओं में जो विशेषता प्रारम्भ से ही परिलक्षित होती रही है वह है अभिव्यक्ति ही अत्यन्त सम्यक तथा पूर्ण परिपाकयुक्त क्षमता। प्रसाद जी की कविता हिन्दी में लड़खड़ाती या डगमगाती हुई नहीं आई। यह बात उस सन्दर्भ में और भी महत्त्वपूर्ण हो जाती है कि प्रसाद जी का मूल भावबोध ब्रजभाषा से युक्त संस्कारोंवाला था किन्तु जब वे खड़ी बोली में आते हैं तो छायावादी अभिव्यंजना, चित्रविधान तथा व्यंजनात्मकता से युक्त एक सर्वथा नई भाषा-शैली लेकर आते हैं। इतनी छोटी अवधि में ऐसी भाषा को गढ़ने और उसकी रचनात्मक प्रस्तुति पर इतना सशक्त अधिकार प्राप्त कर लेना किसी सामान्य प्रतिभा के बूते की बात नहीं थी। मसलन 'लहर' की निम्नलिखित पंक्तियों से देखा जा सकता है : "उठ-उठ रही, लघु-लघु लोल लहर/करुणा की नव अँगड़ाई सी/मलयानिल की परछाईं सी।" लहर के साथ करुणा और मलयानिल की परछाईं का योग केवल नवीन उपमानों की दृष्टि से महत्त्वपूर्ण नहीं है बल्कि इसमें छायावादी शब्द की परछाईं और प्रसाद के साहित्य में 'करुणा' के महत्त्व का पूर्वाभास भी मिल जाता है। जीवन दृष्टि तथा भाषा-शिल्प की ऐसी एकसूत्रता क्रमशः परिपक्व होती हुई काव्यान्विति के जिस शिखर पर पहुँचती है (कामायनी में) वैसी समस्त आधुनिक हिन्दी काव्य में अन्यत्र दिखाई नहीं पड़ती।

अतः प्रसाद को निराला की तरह न तो प्रयोग पर प्रयोग करने की जरूरत पड़ी और न वह उनका लक्ष्य ही था। उन्हें पन्त की भाँति विभिन्न विचारधाराओं की शाखाओं पर भी 'शाखामृग' की भाँति कुलांचे भरने की आवश्यकता नहीं पड़ी।

किन्तु प्रसाद जी के लिए रीतिकालीन संस्कारों से पीछा छुड़ाना आसान नहीं था। उनका विकास भी निराला तथा पन्त के भिन्न परिवेश में हुआ था। निराला को बंगाल का सानिध्य किशोर काल में ही प्राप्त हो गया था जो रवीन्द्र और गीतांजलि की भूमि थी। पन्त जी का पाश्चात्य साहित्य से सम्पर्क प्रसाद से अधिक तथा शीघ्र हो गया था। जबकि प्रसाद का परिवेश संकुचित और संकीर्ण था। किन्तु प्रसाद की रचनात्मक प्रतिभा इतनी विराट थी कि उपलब्ध उपादानों का उन्होंने जो उपयोग किया वह चमत्कृत करनेवाला है। उनके पास जो ऐतिहासिक चेतना और पौराणिक परम्परा थी, उससे सहज ही कोई कठमुल्ला कवि उत्पन्न हो सकता था ! किन्तु हुआ क्या ?

उनके साहित्य में न तो एक आयामी राष्ट्रीयता है और न घनघोर पुराणवाद। शिल्प के स्तर पर 'पेशोला की प्रतिध्वनि' और 'प्रलय की छाया में' जैसी कविताओं में

मुक्तछन्द का जो उन्मेष है उसके आगे निराला के 'मुक्तछन्द का उन्नायक' मानना कठिन हो जाता है। 'प्रलय की छाया' से ही यह भी स्पष्ट हो जाता है कि 'प्रलय की छाया' प्रारम्भ से ही प्रसाद का पीछा कर रही थी जिसका 'ओध' 'कामायनी' में जाकर उमड़ा। इस दृष्टि से प्रसाद जैसा 'ऑब्सेस्ड' और 'कान्सिस्टेंट' कवि हिन्दी में दूसरा नहीं हुआ। किन्तु इस 'ऑब्सेसन' में उन्माद नहीं है और न चीख-पुकार है। एक उत्ताप है जो क्रमशः सघन और प्रगाढ़ होता हुआ एक 'विजन' तथा विश्व दृष्टि में परिवर्तित हो जाता है। मुक्तिबोध के अनुसार भी किसी कवि का चरम लक्ष्य यही होता है।

'आँसू' प्रसाद जी का विरेचन-काव्य है। वहीं से उनकी निर्वैक्तिकरण की यात्रा भी शुरू होती है। 'आँसू' के बाद ही प्रसाद जी 'परिक्रमा कुम्भ की मदिरा' और 'निःश्वास मलय के झोकों' से बाहर निकलते हैं। 'आँसू' तक प्रसाद जी 'रीतिकालीन' तथा 'छायावादी' भावबोध की सन्धि पर स्थित है। निराला 'जूही की कली' में मांसल सौन्दर्य और रीतिकालीन रति प्रसंगों से आक्रान्त हैं, किन्तु प्रसाद 'आँसू' में उद्दाम वासना के कवि होकर भी शरीर तक सीमित नहीं रह जाते। उसमें प्रेम, विरह और उसकी वेदना है जो 'जूही की कली' में नहीं है। इसके अतिरिक्त 'आँसू' एक ऐसा काव्य है जिसमें निरन्तरता तथा विकास है। 'आँसू' की 'घनीभूत पीड़ा' और पन्त की 'वियोगी होगा पहला कवि' में एक समानता दीखती है—जो 'रोमांटिक एगोनी' कही जा सकती है।

'आँसू' में उक्ति वैचित्र्य बहुत है जो रीतिकालीन काव्यों की विशेषता रही है। ऐसे ही चमत्कारवाद पर अशर्फियाँ लुटाई जाती थीं। वे 'आँसू' में भी बहुत हैं : "शीतल-ज्वाला जलती है/ईंधन होता दृगजल का/यह व्यर्थ साँस चल-चल के करती है काम अनिल का।" इसके अलावा 'आँसू' में रहस्य भावना भी भर दी गई है : "गौरव था, नीचे आए प्रियतम मिलने को मेरे/मैं इठला उठी अंकिचन/देखे ज्यों स्वप्न सवेरे।" ऐसी पंक्तियाँ 'आँसू' के व्याख्याकारों से कई प्रकार के द्रविण प्राणायाम करवाती रही है।

किन्तु इन सभी सीमाओं के बावजूद 'आँसू' में अभिव्यक्ति की पूर्णता है। भावाभिव्यक्ति, शब्द योजना, उपमाओं का चयन तथा लयात्मकता-सब में ऐसी एकान्विति तथा एकसूत्रता है जो सम्पूर्ण काव्य में एक अद्‌भुत रवहीन प्रवाह उत्पन्न करती है। टी.एस. एलियट का यह कथन कि "कविता समझ में आने से पूर्व ही सम्प्रेषित हो जाती है" 'आँसू' से अधिक शायद ही किसी काव्य पर घटित होता हो। इसीलिए यह अपेक्षाकृत दुर्बोध काव्य तत्कालीन सैकड़ों पाठकों तथा विद्यार्थियों को कंठाग्र हो गया था। छायावादी कविता की प्रसिद्धि में 'आँसू' की अत्यन्त महत्त्वपूर्ण भूमिका रही है।

लेकिन प्रसाद जी को 'आँसुओं की सीमा' ज्ञात थी। उनके काव्य विकास का 'ग्राफ' चकित कर देनेवाला है। 'लहर' की कविताएँ विकास की दृष्टि से 'आँसू' से आगे की रचनाएँ हैं। 'उठ-उठ री, लघु-लघु लोल लहर' की चर्चा ऊपर की गयी है लेकिन उसमें 'प्रलय की छाया में' जैसी मुक्तछन्द की विलक्षण कविता भी है जो हिन्दी में मुक्तछन्दवाली कविताओं का मार्ग प्रशस्त करती है।

प्रसाद जी उस तरह उग्र, प्रचण्ड या आक्रोश के कवि नहीं हैं जैसे निराला हैं। विषय-वस्तु की दृष्टि से देखें तो उनकी परिधि निराला ही नहीं पन्त से भी सीमित है। वहाँ भिक्षुक, मजदूरनी, अधीर कृषक आदि नहीं है और न धोबियों का नृत्य या झंझा में नीम (पन्त) है। प्रसाद जी अपेक्षाकृत मद्धिम संवेदनाओं के कवि हैं। किन्तु एक 'ताप' है जो उनकी कविताओं में निरन्तर सुलगता हुआ बना रहता है। वह पन्त की अधिकांश कविताओं की तरह शीतल, तापहीन नहीं है और न वह पूरी उस शिल्पकृत जड़ता का शिकार होता है, जो पन्त की बाद की कविताओं में दिखाई पड़ती है। प्रसाद निराला की तरह ऊबड़-खाबड़ प्रयोगात्मकता के ढूह भी नहीं बनाते। उनमें अपने लक्ष्य की ओर एकोन्मुखता बराबर बनी रहती है। उसी की ओर उर्ध्वमुख होकर उनकी कविता अग्रसर होती है। कह सकते हैं कि प्रसाद मानो जीवन भर एक ही कविता लिखते रहे जो झरनों, आँसुओं और लहरों के प्रवाहों से गुजरती हुई 'कामायनी' में एक जलनिधि बन जाती है।

कामायनी

'कामायनी' हिन्दी का अन्तिम तथा सर्वश्रेष्ठ महाकाव्य है। किन्तु महत्त्वपूर्ण उसका महाकाव्यत्व नहीं है, बल्कि उसकी काव्यात्मकता, जीवन दृष्टि तथा अन्तर्दृष्टि है। उसके काव्यत्व की विशेषता है कि सामान्यतः वह गीतों की एक विशाल शृंखला प्रतीत होता है जिसकी वर्णनात्मकता में भी गीतात्मकता है। उदाहरण के लिए ये पंक्तियाँ देखी जा सकती है : "चेतना शिथिल-सी होती है, उन अन्धकार की लहरों में/मनु डूब चले धीरे-धीरे रजनी के पिछले पहरों में" (कर्म-सर्ग)

यहाँ मनु की मनःस्थिति का वर्णन है किन्तु वह गीतों की ध्वनि और लय लिए हुए है जो उसकी वर्णात्मकता में भी सरस अनुभूतियाँ भर देता है। चूँकि प्रसाद मुख्यतः नाट्य शिल्प के रचनाकार हैं इसलिए कामायनी की संरचना में भी उसी की प्रधानता है : सर्गों में वर्णित दृश्य मंच की तरह खुलते हैं और कथा का आरम्भ प्रायः नाटकीय संवादों से होता है। मसलन 'श्रद्धा' सर्ग की शुरुआत होती है : "कौन तुम ? संसृति जननिधि तीर/तरंगों से फेंकी मणि एक ?" और 'काम' सर्ग की प्रारम्भिक पंक्तियाँ हैं : "मधुमय वसन्त जीवन बन के/बह अन्तरिक्ष की लहरों में/कब आए तुम चुपके से, रजनी के पिछले पहरों में ?"

दोनों सर्गों की शुरुआत सम्वादों से होती है और उनमें प्रश्न तथा जिज्ञासाएँ हैं। प्रश्न और जिज्ञासा रोमांटिक भावबोध के प्रधान तत्त्व हैं किन्तु 'कामायनी' में इस रोमांटिक जिज्ञासा के अतिरिक्त दार्शनिक जिज्ञासा प्रमुख है जिसमें 'सेंस ऑफ क्वेस्ट' ही नहीं एक तात्विक तलाश (क्वेस्ट) भी अन्तर्निहित है। जो कथा में उत्तरोत्तर विकसित होती हुई एक विशेष परिणति तक पहुँचती है। 'कामायनी' का प्रारम्भ ही बुनियादी प्रश्नों से होता है "तो फिर क्या मैं जियूँ और भी / जीकर क्या करना होगा ?"

'कामायनी' की ये जिज्ञासाएँ उस मानव सृष्टि के बारे में हैं जो देव संस्कृति के विनाश के बाद मनु और श्रद्धा मिलकर रचते हैं। 'कामायनी' में एक हद तक 'बुद्धि' का विरोध जरूर है 'बुद्धि, मनीषा, आशा, चिन्ता तेरे हैं कितने नाम।' और उसे आधि-व्याधि की सूत्रधारिणी और 'पुण्य सृष्टि में सुन्दर पाप' कहा गया है जो 'गार्डेन ऑफ इडेन' के 'ओरिजिनल सिन' की याद दिलाता है। पता नहीं प्रसाद मिल्टन के 'पैराडाइज लॉस्ट' से परिचित थे या नहीं किन्तु उनकी ये पंक्तियाँ 'पैराडाइज लॉस्ट' में वर्णित 'आदम और हौवा' की कथा भी याद दिलाती हैं।

'काम सर्ग' में 'काम' को मनु स्वप्नों में देखते हैं जिसे एक विशेष प्रकार के काव्य शिल्प के रूप में प्रस्तुत किया गया है। काव्य में यह 'स्वप्न दृश्य' एक मनोवैज्ञानिक आधार लिए हुए भी है जिसकी परम्परा भारतीय साहित्य में 'कालिदास' तथा 'स्वप्नवासवदत्ता' से चली आ रही है। इस स्वप्न दृश्य में अनेक चाक्षुष बिम्ब हैं। सम्पूर्ण कामायनी में चाक्षुष बिम्बों की प्रधानता है। 'काम सर्ग' में चाक्षुश बिम्बों के माध्यम से स्वप्न और यथार्थ घुलमिल जाते हैं।

अपनी दार्शनिक दुरुहता के बावजूद (जिसे आचार्य रामचन्द्र शुक्ल ने कल्पना की मधुमती भूमिका के आधार पर आनन्द की प्रतिष्ठा कहा है) कामायनी में जो सहजता, प्रवाह और लयात्मक तन्मयता है वह महज शब्द संयोजन तथा तुकों के आधार पर नहीं खड़ा है बल्कि अन्तश्चेतना के रचनात्मक स्वप्न का ही तरंगायित विस्तार है जो भावनाओं के आवेग से 'सरचार्ज्ड' है। यह कवित्व की विरल विशेषता है। छायावादी कवियों में यह विशेषता प्रसाद जी में ही सर्वाधिक है।

यद्यपि 'कामायनी' की भाषा के बारे में दिनकर ने लिखा है कि "कामायनी में खड़ी बोली का जितना असमर्थ रूप प्रकट हुआ है, उतना और किसी काव्य में नहीं मिलेगा।" लेकिन दरअसल कामायनी में रचनात्मक आवेग इतना प्रबल है कि वह भाषा के पूर्व-निर्मित कूल-कगारों को तोड़कर बाहर छलक पड़ता है। छन्दों में बाँधने के लिए भी प्रसाद ने भाषा को काफी तोड़ा-मरोड़ा है। ऐसा कभी-कभी असमर्थ वाक्य प्रयोगों के कारण भी हुआ है। प्रसाद ने ऐसे पदों और वाक्यों का प्रयोग किया है जिनसे वांछित अर्थ व्यक्त नहीं हो पाता।

'कामायनी' को पूर्णतः दार्शनिक काव्य नहीं कहा जा सकता किन्तु उसमें एक 'जीवन दर्शन' प्राप्त करने की छटपटाहट जरूर है। 'कामायनी' के अन्त की अपूर्णता या अपर्याप्तता किसी दर्शन के अभाव की अपूर्णता नहीं है, लेकिन वहाँ काव्य में अन्तर्निहित दार्शनिक तलाश को शीघ्रता से समेटकर 'वाइंडअप' करने की उतावला जरूर है। अतः यहाँ 'अन्त' का कोई 'उदात्त' या 'प्रशान्त' चित्र नहीं उपस्थित हो पाता। किन्तु मुक्तिबोध की उससे यह अतिरिक्त अपेक्षा थी कि वहाँ वे मार्क्सवादी विचारधारा का आरोपण चाहते थे। वे राजा-प्रजा के सम्बन्धों में भी शोषक-शोषित का द्वन्द्व देखना चाहते थे। उसमें 'बोल्शेविक क्रान्ति' का प्रतिरूप देखना अनावश्यक अपेक्षा है। लेकिन मुक्तिबोध 'कामायनी' की काव्यात्मकता तथा रचनात्मकता की उपेक्षा नहीं करते। जब

हिन्दी के एक समीक्षक भगवतशरण उपाध्याय को 'कामायनी' में 'काव्य सौन्दर्य' का अभाव दीखता है और वे उसे काव्य की दृष्टि से एक 'घटिया कृति' मानते हैं तो मुक्तिबोध का जवाब है "कामायनी अपनी काव्यात्मकता के लिए, जीवन-समस्याओं के काव्यात्मक चित्रण के लिए हमेशा प्रसिद्ध रहेगी। उसमें उत्कृष्ट-काव्यात्मकता है।" (उर्वशी : दर्शन और काव्य)

वस्तुतः 'दर्शन' और 'काव्य' के सम्बन्ध पर मुक्तिबोध से अधिक सम्यक ढंग से किसी ने विचार नहीं किया है। 'कामायनी' की दार्शनिकता को लेकर सबसे अधिक घपले किए गए हैं। फलस्वरूप न तो उसके 'दर्शन' को सही सन्दर्भ में समझा गया है और उसके 'काव्यत्व' का समुचित आकलन हो सका है। इस सम्बन्ध में मुक्तिबोध के ये विचार अत्यन्त महत्त्वपूर्ण हैं ''दर्शन की कुछ स्थापनाएँ कवि अपनी मूल भावधारा में अनायास ग्रहण कर लेता है। इस प्रकार वह कवि के आभ्यन्तर संवेदनात्मक ज्ञान का अंग बन जाता है। अथवा जीवन की समस्याओं का काव्यात्मक चित्रण करते हुए लेखक अनायास उन समस्याओं के निराकरण का मार्ग बताता है—यह निराकरण मार्ग ही उसका दर्शन है। कामायनी में ऐसा ही हुआ है।'' (वही)

यहाँ मुक्तिबोध 'काव्य' का दर्शन से क्या सम्बन्ध होता है या हो सकता है, यह तो बतलाते ही हैं प्रकारान्तर से यह भी बता देते हैं कि बिना इस दार्शनिक विजन या विश्व दृष्टि के कोई उत्कृष्ट या महान कृति की रचना हो ही नहीं सकती। प्रसाद ने कोई स्वतन्त्र दर्शन नहीं निर्मित किया है। अपने समय की उपलब्ध दार्शनिक विचारधाराओं में से ही एक जो उनके 'अभ्यान्तर संवेदनात्मक ज्ञान का अंग' बन गया है उसे ही युगीन समस्याओं के 'निराकरण' के रूप में 'कामायनी' में प्रस्तुत कर दिया है। मुक्तिबोध का अभिप्राय स्पष्ट है—किसी भी दर्शन का **रचना** में 'आरोपण' नहीं होना चाहिए। जब तक वह कवि के संवेदनात्मक ज्ञान या भावबोध का अंग न बन जाए, काव्य प्रक्रिया में पूरी तरह धूल-मिल न जाए तब तक वह काव्य का अनिवार्य अंग नहीं हो सकता और तब तक दार्शनिकता के बावजूद उत्कृष्ट काव्य की सृष्टि नहीं हो सकती।

लेकिन 'कविता' से दर्शन का और भी कई तरह का सम्बन्ध हो सकता है। दर्शन एक व्यवस्थित बौद्धिक जीवन दृष्टि देता है। कविता दर्शन का विकल्प नहीं होती किन्तु कोई कवि 'चिन्तक कवि' होता है और कोई कवि चिन्तक कवि नहीं होता। प्रसाद चिन्तक कवि (थिंकिंग पोएट) थे। यह चिन्तक कवि या तो अपने समय की प्रचलित दार्शनिक विचारधाराओं में से किसी एक को यथावत स्वीकार कर लें या उसमें स्वयं अपना 'निजी चिन्तन' भी जोड़कर काव्य में प्रस्तुत करे या संयोगवश ऐसा हो कि उसका अपना चिन्तन अपने समय की किसी दार्शनिक विचारधारा से प्रत्येक बिन्दु पर स्वतः मिलता-जुलता हो या वह सभी प्रचलित दार्शनिक विचारधाराओं से लड़ता-झगड़ता हुआ सबको अस्वीकार दे—बिना किसी विकल्प का 'दर्शन' दिए हुए। दर्शन से कविता के सम्बन्ध की ये अनेक दिशाएँ या स्थितियाँ हो सकती है। कविता मूलतः एक भावनात्मक

तथा निजी प्रक्रिया है। किन्तु यह 'निजी' या वैयक्तिक कभी-कभी रचना प्रक्रिया में 'निर्वैयक्तिक' हो जाता है और जैसा कि टी.एस एलियट कहता है कि "प्रत्येक महान कवि अपने को लिखता हुआ मूलतः अपने समय को लिखता है।"

'कामायनी' इसी अर्थ में अपने समय की कविता है जहाँ 'वैयक्तिक' को 'निर्वैयक्तिक' में बदला गया है। मनु जब कहते हैं कि "कहूँ क्या हूँ मैं उद्भ्रान्त / गगन के नील बिवर में आज / वायु की भटकी एक तरंग।" तो यह उनकी अपनी वैयक्तिक पीड़ा या 'एगोनी' है किन्तु जब वे कहते हैं कि "तो क्या मैं जियूँ और भी ? जीकर क्या करना होगा ?" तो वह इस 'वैयक्तिक' से 'निर्वैयक्तिक' की ओर ही बढ़ते हैं। पूरे काव्य में इस निर्वैयक्तिक की परिधि का विस्तार होता चलता है : सर्ग, सृष्टि, रचने की इच्छा और इसी विस्तार प्रक्रिया के द्योतक हैं : "सर्ग इच्छा का परिणाम" और "तपस्वी, आकर्षण से हीन कर सकें नहीं **आत्मविस्तार**।"

इस 'आत्मविस्तार' की प्रक्रिया खोखली तथा कवित्वरहित होती यदि उसे सीधे किसी समाजीकरण की ओर ले जाया जाता और वह वैसी होती जिसकी ओर एलियट ने संकेत किया है "किसी बेहतर दर्शन को अपनाने के क्रम में कवि प्रायः हीन काव्य की रचना कर डालता है।" यदि मुक्तिबोध की अपेक्षानुसार प्रसाद इस 'आत्मविस्तार' को मार्क्सवादी सामाजिकता या वर्ग संघर्ष की ओर ले जाते तो निश्चय ही 'कामायनी' की काव्यात्मकता को क्षति पहुँचती। इसके बदले वहाँ पग-पग पर आत्म संघर्ष, आत्म मन्थन, आत्म द्वन्द्व और कहीं-कहीं आत्मदैन्य भी व्यक्त किया गया है। मनु के मन में प्रलय में विनष्ट देव संस्कृति या उस जीवन के प्रति मोह या 'नास्ट्रेलजिया' नहीं है जैसा कि कुछ समीक्षकों ने (मुक्तिबोध ने भी) कहा है बल्कि आक्रोश और वितृष्णा ही है जो अनेक पंक्तियों में व्यक्त हुआ है :

"देव-दम्भ के मदामेघ में। सबकुछ ही बन गया हविष्य।"
"भोले थे, हाँ तिरते थे केवल सब विलासिता के नद में।"
"विकल वासना के प्रतिनिधि वे सब मुरझाए चले गए।"

यही नहीं देव संस्कृति के अवशेष के रूप में मनु को अपने अस्तित्व से भी वितृष्णा है "आज अमरता का जीवित हूँ / मैं वह भीषण **जर्जर दंभ।**"

'वासना की उपासना' करनेवाले 'चमकीले पुतले' 'विलासिता के नद में' विलीन हो जाते हैं और 'प्रकृति ही दुर्जेय' बनी रहती है।

इसी सन्दर्भ या अर्थ में कामायनी **प्रकृति** का काव्य भी है। वहाँ **'प्रकृति'** का दार्शनिक तथा परिभाषिक अर्थ में भी स्थान-स्थान पर व्यवहार हुआ है। 'प्रलय' प्रकृति की सर्वोच्च सत्ता का प्रतीक है। जो लोग केवल 'गया सभी कुछ गया, मधुरतम सुर बालाओं का श्रृंगार' पढ़कर मनु की शोक-सन्तप्त चिन्ता में 'नास्ट्रेलजिया' देखते हैं, वह मूलतः उनकी 'विशफुल थिंकिंग' है। 'कामायनी' का पाठ अपनी समग्रता में ऐसा कोई अर्थ ध्वनित नहीं करता। प्रकृति की दुर्जेयता कामायनी में सर्वत्र बनी रहती है। उसका पर्यावसान भी प्रकृति के ही परिवेश में होता है। 'कामायनी' के अन्तिम अंशों से उसकी

दार्शनिकता को तिरोहित भी कर दें तो कोई विशेष अन्तर नहीं आता। वहाँ केवल 'हिमवती प्रकृति पाषाणी' और 'लहरों का कोमल नर्तन' (कामायनी की अन्तिम पंक्ति) है।

...मनु का उद्देश्य 'देव संस्कृति' के विकल्प रूप में 'मानव संस्कृति' की रचना है किन्तु वे उसमें विफल रहते हैं। कामायनी मूलतः इस **विफलता** की कृति है जिसकी ओर उसके समीक्षकों का ध्यान नहीं गया है। इसका कारण शायद यह है कि उस विफलता में जो त्रासदी और उसका उद्वेलन है, उसकी कामायनी में रचनात्मक अभिव्यक्ति नहीं हुई है। प्रसाद वहाँ मानो अपने मूल उद्देश्य को ही स्थगित कर देते हैं और मनु तथा श्रद्धा के सम्बन्धों के माध्यम से प्रेम की मनोवैज्ञानिक व्याख्या करने लगते हैं क्योंकि **'कामायनी' प्रेम की विफलता का काव्य** भी है : 'दया, माया, ममता लो आज, मधुरिमा लो,अगाध विश्वास'—के बाद भी प्रेम में जो **'अदरनेस'** बनी रहती है, प्रसाद उसकी ओर अधिक आकृष्ट हो जाते हैं—जो स्वाभाविक है। छायावादी कविता मूलतः प्रेम और प्रकृति की कविता है : इड़ा, 'बुद्धि' के रूप में ही नहीं, 'ईर्ष्या' के 'त्रिकोण' के रूप में प्रवेश करती है। प्रेम में केवल 'मधुरिमा' तथा दया-माया से काम नहीं चलता। वहाँ थोड़ी पशुता, परुषता और मांसल उत्ताप की आवश्यकता भी पड़ती है। 'इड़ा' उसी की पूर्ति है। हिन्दी के 'बुद्धिवादियों' ने उसे 'बुद्धि' का प्रतीक बना दिया है।

किन्तु प्रसाद ने यदि अपने मकसद की उस **विफलता** पर अधिक ध्यान केन्द्रित किया होता तो 'कामायनी' एक श्रेष्ठतर कृति होती।

बिम्बों तथा उपमाओं की प्रयोगात्मकता की दृष्टि से कामायनी हिन्दी का अन्यतम काव्य है। दरअसल उपमाओं का कोई 'प्रयोगवाद' हो सकता है तो वह 'कामायनी' से ही शुरू होता है बरना बौद्ध दर्शन के 'स्तूप' जैसे नीरस तथा शुष्क शब्द को उतने अर्थवान सारगर्भित रचनात्मक उपमान के रूप में कैसे प्रयुक्त किया जा सकता था—(मैं हूँ) "एक विस्मृति का स्तूप अचेत !... ?" "सफलता का संकलित विलम्ब" जैसे उद्वेलन से भरे हुए काव्यात्मक उद्‌गार विलक्षण बिम्बों की सृष्टि करते हैं। 'कामायनी' को कुछ अद्‌भुत प्रभाव उत्पन्न करनेवाली गीतों की शृंखला के रूप में भी पढ़ा जा सकता है। 'इड़ा' सर्ग तक यह गीतात्मकता अपने सर्वोत्तम रूप में व्यक्त हुई है, बाद उसके वह घनीभूत बिम्बात्मकता नहीं रह गई है और कथा की वर्णन शैली में इतिवृत्तात्मकता प्रधान हो गई है।

'बिम्ब' यदि अर्थ तथा आवेग के विद्युत संचार से युक्त न हों तो वे कोरे शब्द-चित्र बनकर रह जाते हैं। 'इड़ा' सर्ग के प्रारम्भ में जब कहा जाता है "किस गुहा से अति अधीर/झंझा प्रवाह सा निकला/ यह जीवन विक्षुब्ध महासमीर।" तो अति अधीर, झंझा प्रवाह और विक्षुब्ध जैसे शब्दों में जो विकलता और आवेग है वह मनु के मानस की विक्षुब्धता को तो व्यक्त करता ही है कथा में अन्तर्निहित 'तनाव' को भी बरकरार रखता है। इसी प्रकार 'इड़ा' के लिए जब "बिखरी अलकें ज्यों तर्क जाल" जैसे बिम्ब का प्रयोग किया जाता है तो सामान्यतः इसे 'इड़ा' के बुद्धि प्रधान व्यक्तित्व का व्यंजक माना जाता

है जबकि उलझे हुए बालोंवाले चेहरे का जो सौन्दर्य होता है, यह बिम्ब मुख्यतः उसको प्रस्तुत करना चाहता है। टी.एस एलियट ने अपनी कविता...में लिखा है "स्ट्रीट्स दैट फॉलो लाइक **टिडीयस आर्गुमेंट्स।**" तात्पर्य यह कि बिम्बधर्मी कवि चित्रात्मकता के लिए ऐसे उपमानों की ओर सहज ही आकृष्ट होता है। वैसे 'श्रद्धा' तथा 'इड़ा' के सौन्दर्य तथा व्यक्तित्व में जो पार्थक्य है उसे उनके 'प्रथम दर्शन' में ही स्पष्ट कर दिया गया है। 'श्रद्धा' के लिए तब अनेक उपमानों के द्वारा कहा गया था "कौन तुम ? संसृति-जलनिधि तीर तरंगों से फेंकी मणि एक ?" और "प्रथम कवि का ज्यों सुन्दर छन्द" और "हृदय की अनुकृति वाह्य उदार..." तो 'श्रद्धा' के बाहर-भीतर, प्रत्येक पक्ष से उसकी सम्पूर्णता में प्रस्तुत करने का आग्रह प्रधान था। उसके लिए 'मूर्त' और 'अमूर्त' दोनों प्रकार के बिम्बों का सहारा लिया गया है। किन्तु जब इन सबसे 'श्रद्धा' सदेह मूर्तिमान नहीं हो पाती तो बाद में कहा जाता है "नील परिधान बीच सुकुमार / खुल रहा मृदुल अधखुला अंग / खिला हो ज्यों बिजली का फूल / मेघवन बीच गुलाबी रंग।"

'इड़ा' के विपरीत श्रद्धा के बालों से घिरे चेहरे के लिए कहा गया "घिर रहे थे घुँघराले बाल अंस अवलंबित मुख के पास।"

किन्तु 'कामायनी' में शरीर वर्णन के लिए प्रस्तुत किए गए बिम्ब उतने महत्त्वपूर्ण नहीं हैं जितने मानसिक स्थितियों को व्यक्त करने के लिए प्रस्तुत बिम्ब जिनका मनु के प्रसंग में ऊपर उल्लेख किया जा चुका है। दरअसल बिम्ब जब 'अमूर्त' को ही 'मूर्त' करने के लिए लाए जाते हैं तभी उनका अधिक सार्थक रूप सामने आता है वरना वे महज उपमान बनकर रह जाते हैं : कमल, चन्द्रमा, हिरणी, शावक, मीन आदि ऐसे ही उपमान हैं। 'कामायनी' में ऐसे उपमानों का भी अभाव नहीं है, किन्तु जहाँ प्रसाद जी ने सर्वथा नए बिम्बों की उद्‌भावना की है वहाँ उनके कल्पनात्मक कवित्व का सर्वश्रेष्ठ रूप सामने आता है। 'कामायनी' के उत्तरार्द्ध में इतिवृत्तात्मकता के कारण यह कल्पनात्मकता क्षीण हो जाती है। हो सकता है कि उसे महज दूर की कौड़ी माना जाए लेकिन जब कल्पनात्मकता या कल्पनाशक्ति क्षीण होती है तो काव्य में बिम्बधर्मिता भी निःशेष होने लगती है। 'कल्पना' और 'बिम्ब' का यही अविभाज्य सम्बन्ध है। हरिऔध, मैथिलीशरण गुप्त आदि की कविताएँ इसीलिए छायावादी कविता की तुलना में हीन सिद्ध होती है। 'प्रिय प्रवास' और 'साकेत' आदि से 'कामायनी' उस दृष्टि से भी श्रेष्ठ काव्य है। जिसे हम 'काव्य भाषा' कहते हैं वह बिम्बों के अभाव में पूर्ण नहीं होती। 'प्रतीक' बिम्ब की तुलना में स्थूल काव्यतत्व है। 'कामायनी' में भी काम, लज्जा, श्रद्धा आदि की प्रतीकात्मकता इसीलिए स्थूल कोटि की है। जिन लोगों ने इन्हीं को प्रधान या मुख्य काव्य उपकरण मानकर कामायनी की व्याख्या की है वे 'कामायनी' के काव्य सौन्दर्य या उसकी काव्यात्मकता को समझ नहीं सके हैं। 'कल्पना' ही वह 'विजन' या विश्व दृष्टि देती है जो कामायनी में है और जो हिन्दी के अन्य काव्यों या महाकाव्यों में नहीं है।

किन्तु 'कामायनी' के अपेक्षाकृत इतिवृत्तात्मक उत्तरार्द्ध की व्याख्या अपेक्षित है

क्योंकि प्रायः उसे दर्शन की दृष्टि से देखा गया है। 'कामायनी' का उत्तरार्द्ध मूलतः उसका सामाजिक पक्ष है जिसकी परिणति समाज से पलायन में होती है। अतः उसकी दुर्बलता यह नहीं है कि उसमें शोषक-शोषित का द्वन्द्व या संघर्ष क्यों नहीं दिखाया गया है (यद्यपि शुक्ल जी ने वहाँ भी साम्यवाद के बीज देख लिए थे !) बल्कि वहाँ उस रचनात्मक प्रक्रिया का अभाव है जो उसके 'निर्वेद' और 'आनन्द' को स्वाभाविक परिणति के रूप में स्वीकार्य बनाता। वहाँ प्रक्रियात्मक अपूर्णता है और कह सकते हैं कि 'वस्तुगत सह-सम्बन्धों' का अभाव है : 'इड़ा' मनु को 'उजड़े हुए सारस्वत प्रदेश' के पुनः निर्माण का दायित्व सौंपती है। मनु उसे स्वीकार करते हैं। "ले लिया भार अपने सिर पर मनु ने, यह अपने विषम आज।" वे 'कर्मों की पुकार' सुनकर इस ओर अग्रसर होते हैं।

किन्तु यहीं से 'प्रक्रियात्मक अपूर्णता' शुरू होती है। इसके बाद मनु सहसा 'सारस्वत प्रदेश के प्रजापति' के रूप में दिखाए जाते हैं, लेकिन कैसे सम्भव होता है, काव्य इसे अनदेखा कर जाता है और इस प्रकार 'अनट्रीटेड' छोड़ देता है।

इसके बाद के स्वप्न और संघर्ष सर्ग में जल्दी-जल्दी औपचारिक ढंग से बहुत कुछ निपटा दिया जाता है। मनु-इड़ा के सम्बन्धों को भी पूरी तरह परिभाषित नहीं किया जाता। मनु की इड़ा से विरक्ति का भी कोई आधार नहीं बनता सिवा इसके कि उन्हें फिर श्रद्धा के पास लौटना है। प्रजा के विद्रोह का भी कोई वस्तुगत आधार नहीं है सिवा इसके कि मान लिया जाए कि मनु विलासिता के मद में ही डूबे रहे। उन्होंने 'उजड़े हुए सारस्वत प्रदेश' को बसाने का कोई यत्न नहीं किया। मनु की पराजय महाशक्ति और शिव के 'नराच' से होती है, प्रजा द्वारा नहीं। 'कामायनी' के इस हिस्से में फिर एक छलाँग है और श्रद्धा पुनः 'इड़ा' की जगह उसका मार्गदर्शक बनकर आती है। 'कामायनी' का यह हिस्सा महाकाव्य होता यदि उसे रचनात्मक प्रक्रिया के साथ लिखा गया होता। हो सकता है—जैसा कि दिनकर ने कहा है कि प्रसाद जी का 'क्षयग्रस्त' उत्तरोत्तर गिरता हुआ स्वास्थ्य उसका कारण है, उसके अन्तिम अंश शीघ्रता में 'वाइंड अप' किए हुए लगते हैं—किन्तु यह प्रसाद की शारीरिक असमर्थता होगी, उनकी रचनात्मक सीमा नहीं।

निराला

प्रसाद की 'कामायनी' तथा निराला की 'राम की शक्तिपूजा' दोनों 1936 में प्रकाशित हुई थी। किन्तु जहाँ 'कामायनी' प्रसाद की अन्तिम कृति थी वहीं निराला को 'राम की शक्तिपूजा' के बाद भी बहुत कुछ लिखना था। अनेक समीक्षक 'राम की शक्तिपूजा' को निराला की सर्वश्रेष्ठ कृति मानते हैं बहरहाल, उस पर बाद में विचार किया जाएगा। लेकिन 1936 तक 'छायावाद' अपने विकास के चरम शिखर पर पहुँच चुका था और उसके बाद क्रमशः उसका अवसान (यदि 'पतन' नहीं) प्रारम्भ हो जाता है।

इसे एक ऐतिहासिक संयोग ही कहेंगे कि आगे आनेवाली 'प्रगतिशील' तथा 'प्रयोगवादी' दोनों ही धाराओं के कवियों ने अपने को 'निराला' की परम्परा में पाया या कम-से-कम उनसे ही सर्वाधिक ग्रहण किया। आजादी के बाद निराला का प्रभाव उत्तरोत्तर बढ़ता गया। निराला के बरक्स प्रसाद का प्रभाव क्रमशः क्षीण ही हुआ। इसका एक कारण तो यह था कि निराला की तरह प्रसाद 'प्रयोगों' के कवि कभी नहीं रहे। प्रयोगवादियों को निराला के 'काव्य प्रयोगों' ने ही सबसे अधिक आकृष्ट किया। प्रगतिवादियों को निराला की वह तोड़ती पत्थर, भिखारी, विधवा, मँहगू मँहगा रहा और कुकुरमुत्ता जैसी कविताओं में प्रगतिशीलता की ध्वनि तथा धमक मिली अतः वे स्वतः ही निराला की परम्परा के दावेदार बन गए। इसके विपरीत चूँकि बाद के दशकों में प्रगतिवादी समीक्षकों का प्रभुत्व रहा और उन्हें प्रसाद में अनेक प्रतिक्रियावादी तत्त्व मिलने लगे इसलिए प्रसाद की प्रतिष्ठा धूमिल पड़ने लगी।

बाद के हिन्दी साहित्य में ये धारणाएँ 'मिथ' सी बन गई और उन्हें बिना पुनर्विश्लेषित किए यथावत स्वीकार किया जाता रहा। किन्तु इन धारणाओं में मिथ्यातत्त्व कितना अधिक था, इस पर आगे यथास्थान विचार किया जाएगा, पहले निराला के 'काव्य स्वरूप' पर एक दृष्टि डाल ली जाए, जिसमें प्रसाद के काव्य का प्रसंग आना स्वाभाविक है।

पहले उल्लेख किया जा चुका है कि प्रसाद के काव्य में चाक्षुष बिम्बों तथा ऐंद्रियता की प्रधानता है। उनमें शब्द चारूत्व भी बहुत है और शुक्ल जी जिसे 'कोमल शान्त पदावली' कहते हैं, उसकी भी बहुलता है। किन्तु प्रसाद की सबसे बड़ी विशेषता है उनका 'विजन', उनकी अन्तर्दष्टि और उनका जीवन दर्शन ! इस सन्दर्भ को ध्यान में रखकर ही हम निराला के काव्य पर विचार करेंगे।

निराला के काव्य में चाक्षुष बिम्बों से अधिक 'ध्वन्यात्मक बिम्बों' (ऑडिटरी इमेजेज) की प्रधानता है। उनके काव्य में 'संगीतात्मकता' भी अधिक है जिसमें स्वरों के आरोह-अवरोह पर अधिक ध्यान दिया गया है। 'तुमुल कोलाहल कलह में, मैं हृदय की बात रे मन (प्रसाद-कामायनी) या बीती विभावरी-जागरी, जैसी भावात्मकता उनके गीतों में नहीं है, वहाँ बौद्धिक-आयास अधिक है। तुकाग्रह भी प्रसाद की अपेक्षा उनके यहाँ अधिक है और कहीं-कहीं तुकानुरोध से 'स्वीय'जैसे अनर्गल शब्द भी आ गए हैं जो हास्यास्पद प्रतीत होते हैं।

निराला विषमताओं के कवि हैं, इसलिए उनका काव्य विकास बहुत ऊबड़-खाबड़ तथा विविध दिशाओं में बहनेवाला है। वे बहुत 'अनप्रेडिक्टेबल कवि' भी हैं और उनकी कविता 'सबलाइम' से 'रिडिकुलस' होने तक जाती है। निराला में 'शब्द मोह' भी बहुत है तथा वैचित्र्य उत्पन्न करने की प्रवृत्ति भी, जो कभी-कभी अनावश्यक जटिलता उत्पन्न करने की कोशिश में परिवर्तित हो जाती है। विषमता का आलम यह है कि अकसर इतनी सपाट तथा गद्यात्मक पंक्तियाँ मिलती है कि जिनके आगे द्विवेदीयुगीन इतिवृत्तात्मक कवि भी मात खा जाते हैं।

निराला की कुछ प्रमुख तथा चर्चित कविताओं पर हम इसी सन्दर्भ में विचार करेंगे जिसमें उनकी अन्य काव्यगत विशेषताओं का भी विश्लेषण किया जाएगा।

'राम की शक्तिपूजा' की प्रारम्भिक अठारह पंक्तियाँ अपनी संस्कृतनिष्ठ गरिष्ठ ध्वन्यात्मकता के कारण ही पढ़ी जा सकती है। किसी विशेष प्रकार की काव्यात्मकता के कारण नहीं। उसकी केवल पहली पंक्ति में अर्थ की आभा है : ''रवि हुआ अस्त, ज्योति के पत्र पर लिखा अमर / रह गया राम-रावण का अपराजेय समर...।'' बाद में आनेवाले पूरे पैराग्राफ में 'ज्योति की यह आभा' बुझ जाती है और गरिष्ठ शब्द पुँज ही शेष रह जाते हैं। इस प्रकार 'राम की शक्तिपूजा' अपनी अनेक श्रेष्ठ विशेषताओं के बावजूद पाठक को प्रारम्भ में ही हतोत्साह करती है।

निराला की अधिकांश प्रमुख कविताओं में 'आत्म दैन्य' (सेल्फ पिटी) का स्वर प्रधान है जो उनकी तथाकथित पौरुष प्रधानता को क्षीण करता है : आत्मदीनता को श्रेष्ठ काव्य का स्वर नहीं माना जा सकता। 'राम की शक्तिपूजा' की इन पंक्तियों को प्रायः बहुत प्रशंसा मिली है ''धिक् जीवन जो/पाता आया ही विरोध।'' किन्तु मूलतः यह आत्मदीनता की अभिव्यक्ति है। 'राम की शक्तिपूजा' में प्रारम्भ से अन्त तक 'आत्मदीनता गुँथी हुई है : "मित्रवर, विजय होगी न समर...कहते छल-छल हो गए नयन।" आदि।

'राम की शक्तिपूजा' की गरिष्ठ शब्दात्मक ध्वन्यात्मकता को भेदकर काव्यार्थ तक पहुँचने में मशक्कत करनी पड़ती है जिससे काव्यास्वाद ही नष्ट हो जाता है। जहाँ ऐसी जटिल तथा क्लिष्ट पदावली से निराला बचते हैं वहाँ सीधे-सपाट वर्णात्मकता की ओर चले जाते हैं जिसे द्विवेदीयुगीन वर्णात्मकता का ही विस्तार समझना चाहिए। दरअसल निराला भाषा के इन दो स्तरों के बीच कोई सन्तुलन नहीं स्थापित कर पाते। वह केवल उनके कुछ गीतों में ही सम्भव हो सका है। तुकों के आग्रह से निराला ने कई ऐसे प्रयोग किए हैं जिनसे भाव तथा अर्थ की गरिमा नष्ट होती है और मनोवांछित प्रभाव नहीं पड़ता। मसलन 'राम की शक्तिपूजा' की बहुप्रशंसित ये पंक्तियाँ :

"ऐसे क्षण अंधकार घन में जैसे विद्युत
जागी पृथ्वी तनया कुमारिका छवि अच्युत
ज्योति-प्रपात स्वर्गीय-ज्ञात छवि प्रथम स्वीय
जानकी-नयन-कमनीय प्रथम कम्पन तुरीय।"

स्पष्टतः राम के मन में सीता को लेकर जो भावावेग उमड़ रहा है और उससे प्रथम मिलन की जो स्मृति जाग्रत हो रही है—उनका यह चित्रण पाठक के मन में भी भावुकता तथा सहानुभूति उत्पन्न करने के लिए किया गया है, किन्तु 'स्वीय' तथा 'तुरीय' जैसे शब्द यहाँ महज अनावश्यक क्लिष्टता उत्पन्न करते हैं और 'स्वीय' के लिए तो शब्दकोश का सहारा लेना पड़ता है। इससे प्रभाव के रूप में वांछित अनुभूति न उत्पन्न होकर इस शब्दाडम्बर से विरक्ति ही उत्पन्न होती है।

'राम की शक्तिपूजा' की कथा बंगला के 'कृतिवास रामायण' से ली गई है।

कहीं-कहीं उसका यथावत अनुवाद भी प्रस्तुत कर दिया गया है। किन्तु जहाँ कृतिवास में शब्दजाल बिल्कुल नहीं है, वहीं 'राम की शक्तिपूजा' संस्कृत की सामासिक शब्दावली का 'सुमेरू' बन गई है। यह सब प्रदर्शन प्रियता के कारण हुआ है। निराला मुख्यतः प्रदर्शनकारी कवि हैं। 'राम की शक्तिपूजा' की प्रथम अठारह पंक्तियों को यदि नन्ददुलारे वाजपेयी ने 'शब्दों की कवायद' कहा है तो कोई अत्युक्ति नहीं की। अज्ञेय ने तो 1936 के बाद के निराला के काव्य को 'मृत' घोषित कर दिया था। हालाँकि अज्ञेय की यह घोषणा विवादास्पद है और इन पंक्तियों का लेखक उससे कतई सहमत नहीं है, किन्तु आवश्यकता निराला के सन् 36 से पूर्व की कविताओं की पुनः परीक्षा की भी है। पहले ही कहा गया है कि निराला मूलतः ध्वन्यात्मकता के कवि हैं। इसीलिए वे बहुत 'लाउड' भी हैं और प्रायः यह 'ध्वन्यात्मकता' 'खोखली आवाज' बनकर रह जाती है। 'जूही की कली' से लेकर 'ताक कमसिन वारि' तक यही प्रवृत्ति दिखाई पड़ती है। लोगों ने 'राम की शक्तिपूजा' निराला के 'व्यक्तिगत संघर्ष' की कथा कहा है किन्तु इस संघर्ष के स्वरूप को स्पष्ट नहीं किया गया है। यदि यह आत्मसंघर्ष है तो पौराणिक आख्यान का आधार लेकर अपने को राम के समतुल्य रखना बहुत बड़ी गर्वोक्ति है। फिर वह कौन सा 'रावण' था जिसके विरुद्ध निराला संघर्ष कर रहे थे ? यदि 'राम की शक्तिपूजा' की सामाजिक प्रासंगिकता थी तो उसमें उसकी ध्वनि होनी चाहिए थी, जैसी की 'कामायनी' में दिखलाई गई है, तभी उसमें अर्थविस्तार की सम्भावना होती और जो उसके प्रस्तुत रूप में नहीं है।

निराला की दूसरी महत्त्वपूर्ण कविता 'सरोज स्मृति' को हिन्दी का प्रथम 'एलेजी' या 'शोक गीत' कहा गया है और यह भी कि वह निराला की 'निजी त्रासदी' की गाथा है—जो वस्तुतः वह है भी। किन्तु इसीलिए 'सरोज स्मृति' के प्रति आकर्षण काव्येत्तर कारणों से अधिक है, न कि उसके तथाकथित मार्मिक प्रसंगों के कारण। दरअसल ये 'मार्मिक प्रसंग' विगलित भावुकता के बड़े स्थूल उदाहरण हैं, न कि किसी काव्यात्मक आन्तरिकता या विलक्षणता के।"

"...मैं रख न सका, तुझे दधि मुख...पहना न सका चिनांशुक..." जैसी पंक्तियाँ सपाट भावुक-उदगार हैं जिन पर हिन्दी के समीक्षक/अध्यापक लहालोट होते रहे हैं। इसी प्रकार "ये कान्यकुब्ज कुलंगार/खाकर पत्तल में करे छेद" जैसी अभिव्यक्तियाँ कविता में 'लठैती'करनेवाली भाषा के प्रयोग हैं। ऐसी लठमार पंक्तियों में काव्यत्व ढूँढ़ना कठिन है।

वस्तुतः निराला जहाँ अपनी ऐसी सपाट इतिवृत्तात्मकता से बाहर निकलते हैं वहाँ उन्हें अनावश्यक जटिल और क्लिष्ट भाषा का सहारा लेना पड़ता है जो मूलतः रचनात्मक अक्षमता को छिपाने की 'डिवाइस' है। जहाँ उसमें रसिक जनों को काव्यान्द मिलता है, वहाँ घहर, छहर, रोर, छोर वाली रीतिकालीन ध्वन्यात्मकता ही है, कोई बहुत मार्मिक काव्यव्यंजना नहीं है।

निराला मूलतः एक Eccentric कवि हैं—जिनमें कोई सुसम्बद्ध विचारात्मकता

ढूँढ़ना मुश्किल है। उनके पास ऐसा कोई 'विजन' भी नहीं है जैसा 'कामायनी' में है।

कविता में 'छन्द के बन्द खुलने' और उसके 'स्वच्छन्द' होने की बात निराला ने शुरू की थी। इसीलिए एक ओर तुकों पर उनकी इतनी अधिक निर्भरता उलझन में डालती है और दूसरी ओर किसी ने ठीक ही लक्ष्य किया है कि उनकी अधिकांश महत्त्वपूर्ण कविताएँ छन्दबद्ध हैं। इसलिए छन्दों के बन्धन से मुक्त होकर कौन सी 'स्वच्छन्दता' हासिल हुई यह कहना कठिन है।

निराला 'बादल राग' में जब गाते हैं : 'ओ विप्लव के वीर/तुम्हें बुलाता कृषक अधीर।' तो लोगों को उसकी काव्यात्मकता उतनी आकृष्ट नहीं करती, जितना उसका आह्वान स्वर। और प्रगतिशीलों के कण्ठ में जाकर वह नारा बन गया। लोगों के निराला के काव्य में क्रान्ति के स्वर सुनाई पड़ने लगे। लेकिन वही निराला जब 'जागो फिर एक बार...सिंह की माँद में आया है स्यार।' जैसी पंक्तियाँ लिखने लगते हैं तो उससे हिन्दुवादियों की राष्ट्रीयता जागने लगती है। इससे इतना तो स्पष्ट हो ही जाता है कोई विचारधारात्मक प्रतिबद्धता निराला में ढूँढ़ना व्यर्थ है। उनकी कोई विचारधारा है भी तो वह अद्वैतवादी और रहस्यवादी विचारधारा है—तभी उन्होंने लिखा था कि समस्त भारतीय साहित्य रहस्यवादी साहित्य है "तमाम आर्य संस्कृति रहस्यवाद पर प्रतिष्ठित है— रामायण, महाभारत आदि रहस्यवाद के ग्रन्थ हैं—सब ऋषि, कवि रहस्यवादी हैं—रहस्यवाद ही सर्वोच्च साहित्य है।" (साहित्यिक सन्निपात या वर्तमानधर्म)।

निराला की अनेक चर्चित कविताएँ मुख्यतः 'रेटारिकल' हैं। इसीलिए वे गद्य की पंक्तियाँ प्रतीत होती हैं; जैसे "वह तोड़ती पत्थर/देखा उसे मैंने/इलाहाबाद के पथ पर।" या "काले-काले बादल छाए/न आए वीर जवाहरलाल।"

'एक्सेंट्रिक' () कवि होने के कारण निराला की कविताएँ 'छायावादी' परिभाषा और परिधि में भी फिट नहीं बैठतीं : एक ओर वे अपनी वर्णन प्रणाली में द्विवेदी युगीन इतिवृत्तात्मकता का ही विस्तार प्रतीत होती हैं तो दूसरी ओर उनकी घनघोर प्रयोगात्मकता उन्हें 'प्रलाप' की सीमा तक पहुँचा देती है। वे अपने प्रशंसकों को 'दो मुँहा' बना देते हैं क्योंकि एक ओर उन्हें निराला की राष्ट्रीयता, आध्यात्मिकता और 'वीणावादिनी वर दे' की विरुदावली गानी पड़ती है तो दूसरी ओर उनकी प्रगतिशीलता, क्रान्तिधर्मी आह्वान तथा जनभावना का गुनगान करना पड़ता है। इसीलिए रामविलास शर्मा जैसे निराला के सबसे प्रामाणिक तथा विश्वसनीय समझे जानेवाले आलोचक 'तुलसीदास' की प्रशंसा में लिखते हैं—"कविता के आदि और अन्त में जैसी चित्रमय पृष्ठभूमि है, वैसा ही उदात्त उसका चरित्र चित्रण है। कथोपकथन में वैसा ही ओजगुण और स्वाभाविकता है। छन्द का प्रवाह लगभग छह सौ पंक्तियों में पाठक के मन को साधारण स्तर से बराबर ऊँचा उठाए रखता है।...रत्नावली के केशजाल को मेघमाला बनाकर तुलसीदास को मयूर बना देना निराला का ही काम था।"

यहाँ हमारे आधुनिक समीक्षक प्रवर 'मेघमाला' और 'मयूर' जैसी उपमाओं की प्रशंसा कर एक ओर निराला को रीतिकालीन युग में ले जा रहे हैं (स्वयं भी वहीं हैं)

और दूसरी ओर प्रगतिशील रामविलास शर्मा काव्य में आज भी ओज, माधुर्य और प्रसाद गुण देख रहे हैं। उनकी 'समीक्षा के प्रतिमान' अभी भी कथोपकथन और चरित्र-चित्रण से निर्मित हो रहे हैं।

निश्चित रूप से यह निराला की कविता और प्रशंसक-समीक्षकों—दोनों की दुर्बलता है। इसी के 'मणि-कांचन संयोग' ने निराला को हमेशा गलत जगह दाद देकर महान बनाया है। यही रामविलास शर्मा कुछ पहले कह आए हैं कि "तुलसीदास में रीतिकालीन परम्परा को धिक्कारा गया है।" क्या यही इस 'धिक्कार' का नमूना है ? कहना कठिन है कि किसे धिक्कारा जाए।

यही नहीं, अपेक्षाकृत नए समीक्षक नन्दकिशोर नवल को भी निराला की कविता में **ओजगुण** ही दीखता है :

"फिर सुना हँस रहा अट्टहास रावण खल खल
भाविता नयनों से सजल गिरे दो मुक्ता-दल।"

'राम की शक्तिपूजा' की इन पंक्तियों की व्याख्या में वे लिखते हैं :

"उक्त दोनों पंक्तियाँ **ओज** और करूणा की दृष्टि से बेजोड़ हैं। रावण का **अट्टहास** वर्णन इतना **सजीव** है कि उसकी ध्वनि पाठक को भी सुनाई देने लगती है। इसी तरह राम के अश्रुपात का वर्णन भी इतना **जीवन्त** है कि आँखों के सामने दो मोती चमक उठते हैं।"

ऐसी भाव विगलित समीक्षा पढ़कर सचमुच रोने को जी होता है। यहाँ **ओजगुण** तो है ही अट्टहास **सजीव** हो जाता है और अश्रुपात **जीवन्त**। यहाँ यह पूछना तो व्यर्थ है ही कि **सजीव** और **जीवन्त** में क्या अन्तर है, यह भी समझना मुश्किल है कि अट्टहास से **खल-खल** ध्वनि सुनाई पड़ना कौन-सी काव्यगत विशेषता है ?

ये निराला की कविता और उसकी समीक्षा के चन्द नमूने हैं। सौभाग्य या दुर्भाग्य से निराला को ऐसे समीक्षक ही अधिक मिले हैं और उनकी प्रतिष्ठा भी ऐसी ही समीक्षाओं पर आधारित है। 'राम की शक्तिपूजा' के एक समीक्षक उसकी प्रशंसा में लिखते हैं। "...(इस कविता में) उनके भावुक हृदय में पंख लग जाते हैं...कवि गर्जता है और चाहता है कि असुर विजयिनी माँ इन ढोंगी असुरों का संहार करे..." यह एक प्रमुख प्रगतिशील समीक्षक की उक्तियाँ हैं !

निराला के काव्य की एक बड़ी विशेषता समीक्षकों को उनकी 'भाव और व्यंजना के नए-नए और विविध पथ निकालने की क्षमता' लगती है तथा यह नित नूतनता उन्हें 'क्रान्तिकारी कवि' बनाती है। कविता में 'क्रान्ति' तथा परिवर्तन की इस त्वरा के सम्बन्ध में टी.एस. एलियट ने ठीक ही लिखा है कि "साहित्य में हम हमेशा स्थायी क्रान्ति की स्थिति में नहीं रह सकते...कविता को अपने समय की भाषा को परिष्कार ही नहीं करना चाहिए बल्कि उसे लगातार और जल्दी-जल्दी बदलने से रोकना भी चाहिए।" निराला के साथ यही होता है। वे कविता को 'स्थायी क्रान्ति' की स्थिति में रखना चाहते हैं और भाषा को 'पल-पल परिवर्तित प्रकृतिवेश' की तरह हर पल

बदलना चाहते हैं। अतः यह परिवर्तन महज भाषा और शिल्प का अनूठा चमत्कार बनकर रह जाता है।

'राम की शक्तिपूजा' के बाद 'सरोज स्मृति' निराला की सर्वाधिक चर्चित कविता है जिसे हिन्दी का पहला 'शोक गीत' (एलेजी) कहा गया है। वह 'शोकगीत' तो है किन्तु उससे अधिक 'आत्मभर्त्सना' या 'आत्मदैन्य' की कविता है। इस आत्मभर्त्सना में जो अलक्षित पक्ष है या जो आंशिक रूप से ही लक्षित है वह है अपना दायित्व पूरा न कर पाने का सन्ताप। यह सन्ताप इस अनुभूति में है कि न तो पति के रूप में और न पिता के रूप में कवि अपना दायित्व पूरा कर सका : पुत्री सरोज को ज्यादातर ननिहाल में रहना पड़ा। कविपत्नी पहले ही दिवंगत हो चुकी हैं। पिता (कवि) अपनी साहित्यिक महत्त्वाकांक्षा में यहाँ-वहाँ भटक रहा है : "लौटी रचना लेकर उदास, देखता, शून्य दिशा काश।" इसी बीच एक दिन कवि की सास यानी सरोज की नानी कह देती है कि अब वह सरोज का दायित्व नहीं सम्हाल सकती। हारकर कवि को अन्ततः यह 'दायित्व' उठाना पड़ता है। दूसरा विवाह वह कर नहीं सकता क्योंकि स्वयं 'अर्थोपार्जन' के योग्य नहीं है। अर्थोपार्जन के जो सुलभ साधन हैं वे उसके आदर्शों के आड़े आते हैं। सरोज का विवाह अभाव की स्थिति में ही करना पड़ता है क्योंकि एक तो वह दहेज देने की स्थिति में नहीं है और दूसरे खाकर पत्तल में छेद करनेवाले कान्यकुब्ज कुलंगारों से अपनी 'गिरिजा' का ब्याह की कोई 'चाह' उसमें नहीं है। सरोज के ब्याह से उसे इस दायित्व से मुक्ति मिल जाती है किन्तु सरोज की आकस्मिक मृत्यु सब कुछ उलट-पटल देती है। एक 'पूर्वदीप्ति' (फ्लैश बैक) के रूप में उसके सामने अपना पूरा जीवन कौंध जाता है : 'राम की शक्तिपूजा' में 'धिक् वह जीवन' जो सहता ही आया विरोध था तो सरोज स्मृति में 'मैं पिता निरर्थक था' बन जाता है। इस आत्मभर्त्सना में भी यदि 'आत्म विस्तार' या 'आत्म विश्लेषण' होता तो 'सरोज स्मृति' ज्यादा बड़ी रचना बन पाती। किन्तु यहाँ आत्म औचित्य (रेशनलाइजेशन) अधिक है आत्म स्वीकार कम! वह अपनी असमर्थता या विफलता का दायित्व दूसरों पर डाल देता है, और उन्हीं की भूरि-भूरि भर्त्सना करता है—सरोज की अकाल मृत्यु के जिम्मेदार वे हैं, कवि या सरोज का पिता नहीं। ऐसा न होकर यदि यहाँ एक बेबाक तटस्थ-निर्मम आत्मविश्लेषण होता तो सरोज स्मृति सचमुच एक बड़ी कृति होती।

इस 'आत्मदीनता' का अधिक दुर्बल पक्ष यह है कि यहाँ 'सहानुभूति का चन्दा' उगाहा जाता है। सहानुभूति से विगलित होकर ही कविता के प्रति भावात्मक उद्‌गार निकलते हैं। कविता का सामाजिक पक्ष तब मुखर और व्यापक होता जब उसकी 'वस्तुगत स्थितियों' का विश्लेषण किया जाता, केवल एक पक्षीय भावात्मकता से उसे ओत-प्रोत न कर दिया गया होता। अपने वर्तमान रूप में वह निष्ठुर समाज को ही दोषी कराकर निवृत्त हो जाती है। अतः 'सरोज स्मृति' की आत्मभर्त्सना आत्मप्रवंचना बन जाती है।...मैं रख न सका, तुम्हें दधि-मुख...पहना न सका दिनांसुक...आदि की भाव विह्वलता दान-दहेज से जर्जर भारतीय समाज का दर्पण नहीं बन पाती, वह केवल अपनी

छवि देखनेवाले पिताओं की अश्रुपूरित आँख बनकर रह जाती है। यह भी कह सकते हैं कि सरोज स्मृति में भी वाजिब 'वस्तुगत सह-सम्बन्धों' का अभाव है।

ऐसे अनेक कारणों से निराला की कविता आकलन के स्तर पर असुविधा में डालनेवाली है। किन्तु प्रगतिशील लेखक संघ की स्थापना और 1936 के बाद तो निराला को जितनी अकुण्ठ तथा शर्तहीन स्वीकृति मिली उसने उनके काव्य के आकलन पर पर्दा ही डाल दिया। जबकि वास्तविकता कुछ और थी : 1936 के बाद जब 'छायावाद' का अवसान हो रहा था तो उसकी राख से एक नए निराला का जन्म हो रहा था। उसके बाद के निराला को बिलकुल नए नजरिए से देखना चाहिए। उस समय उत्तर छायावादी कविता अपने उरुज पर थी। कवि सम्मेलनों में लोग निराला से अधिक बच्चन को सुनना चाहते थे। दिनकर अपनी 'हुंकार' के साथ मंच के केन्द्र में उपस्थित थे। हिन्दी में एक ओर मस्ती का आलम धूल उड़ाता हुआ चला जा रहा था और दूसरी ओर जवानियाँ लहू में तैर-तैरकर नहा रही थीं। कवियों के सारे अरमान शीशे में उतारे जा रहे थे। राजनीति में 'गांधी' इरविन पैक्ट ने शून्य पैदा कर दिया था और जिससे नेहरू जैसे बड़े नेता भी गहरी निराशा में डूब गए थे। साहित्य में डॉ. देवराज ही 'छायावाद का पतन' की घोषणा नहीं कर रहे थे, पन्त जी को भी लग रहा था कि छायावाद 'युग' बीत गया। कुल मिलाकर वह एक अफरा-तफरी का दौर था, जिस पर विजयदेव नारायण साही ने अपने 'लघु मानव'...वाले निबन्ध में विस्तार से विचार किया है।

इसी अफरा-तफरी के युग में एक नए निराला का जन्म हो रहा था। इसे छायावाद से जोड़कर नहीं देखना चाहिए। 'राम की शक्तिपूजा' 1936 में प्रकाशित हुई थी। एक वर्ष बाद ही 'वह तोड़ती पत्थर' 1937 में प्रकाशित हुई और अपने विषय की प्रगतिशीलता के कारण तत्काल चर्चित होने लगी। 1936 से 1940 तक की निराला की कविताओं को देखें तो वे जिस काव्यवृक्ष पर बैठे थे वह आधा प्रगतिवादी जमीन पर खड़ा था और आधा घनघोर प्रयोगात्मक जमीन पर। कुल मिलाकर निराला की स्थिति **'टोबाटेक सिंह'** की सी थी। ऐतिहासिक दृष्टि से निराला को इस स्थिति से लाभ ही हुआ।

'कुकुरमुत्ता' निराला की 1941 की रचना है। आकार की दृष्टि से वह 'राम की शक्तिपूजा' और 'सरोज स्मृति' के बराबर ही है। 'कुकुरमुत्ता' में 'प्रगति' और 'प्रयोग' दोनों मिलते हैं। वह बिखरी-बिखरी कई खण्डों में लिखी गई ऊबड़-खाबड़ कविता है जिसमें अंगेजी शब्दों का बेमेल जमाबड़ा है। वह एक 'बड़बड़ाहट' है जिसे 'कुकुरमुत्ता' और उसकी प्रतीकात्मकता के कारण लगभग एक घोषणापत्र की तरह इस्तेमाल किया गया है। 'कुकुरमुत्ता' से निराला के विशृंखल व्यक्तित्व का पता चलता है जो खण्डित हो चुका है। उनकी बाद की कविताओं में अनेक प्रवृत्तियों का सम्मुचय उसी विशृंखलता का परिचायक है। किन्तु अचानक उनकी इस प्रदीर्घ कविता का केन्द्र मर्यादा पुरुषोत्तम राम न होकर धूरे पर उगनेवाला 'कुकुरमुत्ता' बन जाता है। शायद यही विजयदेव

नारायण साही का 'लघु मानव तत्त्व' है। 'राम की शक्तिपूजा' और तुलसीदास की तरह 'कुकुरमुत्ता' में भी कथात्मकता है। 'गुलाब' और 'कुकुरमुत्ता' जैसे दो प्रतीकों के माध्यम से निराला ने दो युगों को अलग कर दिया है। 'कुकुरमुत्ता' 1941 में प्रकाशित हुई थी और तब तक हिन्दी में 'प्रगतिवाद' तो आ ही चुका था प्रयोगवाद के बीज भी यत्र-तत्र दीखने लगे थे। 'कुकुरमुत्ता' में निराला छायावादियों से ही नहीं, उत्तर छायावादियों से भी अलग हो जाते हैं।

1946 में निराला के नए काव्य संग्रह 'नए पत्ते' का प्रकाशन 'पल्लव' और 'कामायनी' के बाद हिन्दी कविता में हुए सबसे बड़े परिवर्तन का सूचक है। 'नए पत्ते' में संकलित कविता 'चर्खा चला' निराला के काव्य विन्यास में भी परिवर्तन का 'चक्र' है।

इसी बीच हिन्दी कविता में परिवर्तन की अनेक कोपलें फूटती हैं। 'नए पत्ते' की एक कविता में जब चन्दा उगाहने आए जमींदार के सिपाही पर किसान का कुत्ता भौंकता है तो प्रगतिशीलों की बाँछें खिल जाती है। इसकी अनेक कविताओं में गांधी और नेहरू के सम्भावित राज पर गाज गिरती है। निराला को तभी दीखने लगा था कि "वहाँ तक पहुँचने में दुनिया को अभी देर है।"

अतः यह आकस्मिक नहीं था कि स्वतन्त्रता के बाद के कवियों ने छायावादी कवियों में निराला से ही सबसे अधिक निकटता अनुभव की। निराला का काव्य अपनी **विविधवर्णी विरासत** के रूप में ही अधिक महत्त्वपूर्ण है।

कालक्रम की दृष्टि से निराला की परवर्ती कविता और उत्तर छायावादी कविता समानान्तर रूप से लिखी गई थी। उनमें से कई कवियों को प्रगतिशील खेमे में शामिल कर लिया गया था और उनमें प्रगतिशील तत्त्व देखे गए थे। खासतौर पर दिनकर और नवीन की कविताओं में ये तत्त्व पाए गए थे। प्रगतिशील समीक्षकों में 'एप्रोप्रिएट' करने की अद्भुत क्षमता थी। बड़ी आसानी से 'प्रगतिशील' तथा 'प्रतिक्रियावादी' कवियों की सूची बन जाती थी और उसमें यथासमय परिवर्तन-परिवर्धन होता रहता था। 'उत्तरछायावादी कविता' ने उर्दू शायरी की परम्परा में हिन्दी कविता को जो मंचीय लोकप्रियता प्रदान की वही उसका सबसे महत्त्वपूर्ण योगदान माना जा सकता है। यह परम्परा भी दागवाली थी, गालिबवाली नहीं। कविता में लोकप्रियता हमेशा काव्य-तत्त्व की कीमत पर आती है। 'आँसू' के बरक्स 'मधुशाला' की लोकप्रियता इसी का उदाहरण थी। बच्चन की 'आज मुझसे दूर दुनिया', माखन लाल चतुर्वेदी की 'उस पथ पर देना तुम फेंक' और सुभद्रा कुमारी सिंह की 'झाँसी की रानी' जैसी कविताएँ ही उस दौर में हिन्दी की प्रतिनिधि कविताएँ मान ली गई थीं।

सन् 1940 के बाद की कविताओं में प्रयोगवाद भी अपना स्वरूप गढ़ने लगा था। 1943 में 'तारसप्तक' के प्रकाशन से यद्यपि साहित्य जगत में कोई खास हलचल नहीं हुई और यह अभिनव प्रयास काफी दिनों तक अलक्षित सा ही रहा। किन्तु विकास के कुछ ऐतिहासिक रहस्यों की तरह उसमें हिन्दी की भावी कविता के बीज अन्तर्निहित

थे जिसका छठे दशक की कविता तक आते-आते 'नई कविता' के रूप में विकास हुआ।

साहित्य के इतिहास में हमेशा कोई नया आन्दोलन या प्रवृत्ति प्रारम्भ में हास्य का उपादान बन जाती है। प्रयोगवाद के साथ भी ऐसा ही हुआ। प्रयोगवाद की घोषणा पत्र जैसी कुछ पंक्तियों को पढ़ने से कुछ ऐसा प्रतीत भी होता था। उनमें एक बचकाना उत्साह नजर आता है। मसलन 'चाँदनी चंदन सरीखी क्यों दिखे, वह उस रुपये सी है जिसमें चमक है, पर खनक गायब है।' "तुम्हें बाजरे की हरी छरहरी कलँगी कहूँगा" या "बासन अधिक घिसने से मुल्लामा छूट जाता है" जैसी पंक्तियाँ सपाट चौंकानेवाली उद्घोषणाएँ हैं किसी गम्भीर रचनात्मक परिवर्तन की अभिव्यक्तियाँ नहीं। फिर भी 'तार सप्तक' के कवियों में कम-से-कम अज्ञेय और मुक्तिबोध ऐसे कवि जरूर थे जिनकी कविताओं में गम्भीर परिवर्तनों की आहटें थीं।

एक काव्य सिद्धान्त के रूप में 'प्रयोगवाद' का सम्बन्ध अंग्रेजी की आधुनिक 'बिम्बवादी' तथा प्रतीकवादी कविता से था, इसीलिए उसमें 'उपमानों' पर अधिक आग्रह था। लेकिन 'उपमान' चूँकि बिम्ब नहीं होते, इसलिए न तो अज्ञेय की कविता बिम्बधर्मी थी और न अन्य प्रयोगवादियों की। बिम्बों और प्रतीकों का वास्तविक उपयोग 'नई कविता' के कवियों, मुख्यतः शमशेर बहादुर सिंह की कविताओं में दिखाई पड़ा।

प्रयोगवाद में पाठकों को चौंकाने की प्रवृत्ति थी। प्रयोगवाद की 'प्रयोग' की जिद ने नकेन तथा लिंग्वादलमोतवाद जैसी चालू काव्य प्रवृत्तियों को जन्म दिया। 'दूसरा सप्तक' के प्रकाशन तक अज्ञेय इस तथ्य को समझ गए थे। उसमें शमशेर बहादुर सिंह तथा रघुवीर सहाय जैसे श्रेष्ठ कवियों ने अधिक संतुलित कविताएँ लिखी और प्रयोगवाद की जगह 'नई कविता' का स्वरूप सामने आया। कविता में बिम्बों तथा प्रतीकों के अधिक सार्थक उपयोग के साथ-साथ आन्तरिक तत्त्व के रूप में व्यंग्य, विडम्बना तथा विसंगतिबोध की अभिव्यक्तियाँ होने लगीं। 'छायावाद' ने कविता को 'लोक' और 'समाज' से विलग कर जहाँ एक ओर व्यक्ति चेतना जगाई थी वहीं उसे व्यक्ति केन्द्रित और व्यक्ति सीमित भी कर दिया था। 'नई कविता' में लोकोन्मुख होने की प्रवृत्ति बढ़ी यद्यपि वह अज्ञेय की कविताओं में परिलक्षित नहीं हुई। 'नई कविता' ने 'व्यक्ति' और 'समाज' के बीच सन्तुलन स्थापित करने की कोशिश की जिसे मुक्तिबोध ने 'बाह्य' तथा 'आभ्यान्तर' के रूप में बार-बार विश्लेषित किया। यही उनका 'आत्मसंघर्ष' था।

'तीसरे सप्तक' के प्रकाशन तक 'प्रयोग' का आग्रह पूरी तरह छोड़ दिया गया और तथाकथित 'नए मार्ग के अन्वेषण' का भी। 'तीसरे सप्तक' के कवि अधिक मुक्त दीखते हैं—केवल प्रयाग नारायण त्रिपाठी को छोड़कर। किन्तु नई कविता के विकास को केवल सप्तकों के चौखटे में बाँधकर देखना उचित नहीं होगा। उनके बाहर भी—बल्कि उनके बाहर ही अधिक सार्थक तथा सशक्त कविता लिखी जा रही थी। जिनमें नागार्जुन, त्रिलोचन, केदारनाथ अग्रवाल आदि तो थे ही, श्रीकान्त वर्मा जैसे अपेक्षाकृत नए कवि अधिक महत्त्वपूर्ण थे।

अज्ञेय ने यद्यपि अपनी कविताओं में परम्परा के विकास या विस्तार की ही चेष्टा

की किन्तु उन्होंने "क्रौंच बैठा हो कभी बाल्मीकि पर तो मत समझ वह अनुष्टुप बाँचता है कोई/जान ले वह दीमकों की टोह में है।" जैसी पंक्तियाँ भी लिखीं। दरअसल अज्ञेय की स्थिति 'त्रिशंकु' की सी है, जिसे उन्होंने स्वीकार भी किया है। 'त्रिशंकु' शीर्षक निबन्ध संग्रह में उन्होंने टी.एस. एलियट के विख्यात निबन्ध 'ट्रेडिशन एंड इंडिविजुल टैलेंट' का अनुवाद सम्मिलित किया है जिसमें परम्परा का आग्रह तो है किन्तु उसे रूढ़ियों से पृथक एक जीवन्त प्रवाह के रूप में देखा गया है जिसमें कवि एक 'माध्यम' मात्र है। उसमें वैयक्तिकता से पृथक 'निर्वैयक्तिकता' का सिद्धान्त प्रतिपादित किया गया है। यहीं अज्ञेय की स्थिति 'त्रिशंकु' जैसी हो जाती है : वे अपने 'अकेले द्वीप' को 'पंक्ति' में समर्पित किए जाने की आकांक्षा तो व्यक्त करते हैं किन्तु स्वयं को 'नदी का द्वीप' मानने का आग्रह नहीं छोड़ पाते।

एलियट 'परम्परा' के साथ ऐतिहासिक चेतना की बात भी करता है यानी वह परम्परा का 'अमूर्तन' नहीं करता। 'काल' को अविच्छिन्न प्रवाह मानते हुए भी वह इतिहास को उसमें स्थान देता है। एलियट ने 'निर्वैयक्तिकता' तथा कलाकार के माध्यम होनेवाली बात को प्रमाणित करने के लिए जिस 'वैज्ञानिक प्रयोग' का उदाहरण दिया, अज्ञेय ने सम्भवतः प्रयोगवाली बात वहीं से लेकर 'प्रयोगवाद' वाला आन्दोलन खड़ा कर दिया। एलियट ने इस सन्दर्भ में जो लिखा था,उसे यहाँ उद्धृत किया जा रहा है :

"When the two gases previously mentioned are mixed in the presense of a filament fplatinum they from sulphurous acid. This compination takes place only if the platinum is present. Neverthless the newly formed acid contains no trace of platimum and platinum itself is apparently un offeated has remained inert neutral and unchanged. The mind of poet is shred of **Platinum.**"

एलियट यहाँ केवल यही नहीं सिद्ध कर रहा है कि वैयक्तिक प्रतिभा केवल माध्यमवाली प्रतिभा होती है बल्कि उसका जोर रचनाकार की असम्पृक्ति पर है और यही वह एक ही व्यक्ति में 'रचनाकार' और 'भोक्ता' के अन्तर को स्पष्ट करता है "The mose perfeet the Artists the mose completly separate in him will be the man who suffers and the man who creates."

अज्ञेय ने इस सिद्धान्त को बौद्धिक रूप से अंगीकार किया था और 'शेखर' की भूमिका में अपनी रचना प्रक्रिया पर लागू होता हुआ, दिखाने की चेष्टा की थी। लेकिन एलियट की 'निर्वैयक्तिकता' के साथ 'परम्परा' और 'इतिहास' की चेतना अनुस्यूत है। परम्परा की निरन्तरता काल की निरन्तरता के साथ जुड़ी हुई। अपनी 'काल' की अवधारणा को वह अपनी कविता 'बर्ट नॉर्टन' की इन पक्तियों में प्रस्तुत करता है : "Time present and time past are both perhaps, present in time future."

परम्परा की निरन्तरता अर्थात् 'अतीत' की वर्तमानता और दोनों का भविष्य के काल अन्तर्मुक्त होना ! यह उसकी काल की अवधारणा है। लेकिन अज्ञेय एलियट के

साथ इतनी दूर तक नहीं जाते। वे इस पूरी अवधारणा को पृथक-पृथक टुकड़ों में ग्रहण करते हैं (in bits and pieces)। चूँकि उनकी अधिकांश कविताएँ अवधारणात्मक हैं, इसलिए वे इस अवधारणा को कविताओं में लागू होता हुआ दिखाते हैं। लेकिन उनकी 'नदी के द्वीप' वाली अवधारणा मूलतः व्यक्तिवादी अवधारणा है और वह उनके उपन्यास से अधिक उनकी कविता में मुखरित होती है जहाँ वे यह नहीं चाहते कि 'स्रोतस्विनी' उनको छोड़कर बह जाए किन्तु वे अपना पृथक तथा स्वतन्त्र अस्तित्व सुरक्षित अवश्य चाहते हैं। यहाँ एलियटवाला 'निर्वैयक्तिकता' वाला सिद्धान्त बेमानी हो जाता है और 'शेखर' वाली उद्‌घोषणा झूठी लगने लगती है। यही बात उनकी 'यह दीप अकेला' वाली कविता पर भी लागू होती है जहाँ उनका 'दीप' पंक्ति को दे दिया जाना तो चाहता है किन्तु अपने 'गर्व भरे मदमाते' स्वरूप को सुरक्षित रखते हुए ही।

अज्ञेय की कविता एक ओर तो अवधारणात्मक है और दूसरी ओर उक्ति तथा सूक्तिबहुल है। सूक्तियाँ कहने की प्रवृत्ति अज्ञेय में बढ़ती ही गई है। परवर्ती कविताओं में तो उनकी भरमार है। ध्यान देने की बात है कि सूक्तियों को निराला जी भी कविता की कमजोरी मानते थे। इसके लिए उन्होंने पन्त जी की आलोचना भी की थी। अज्ञेय की परवर्ती कविताएँ सूक्तियों के अतिरिक्त शिल्पकृत जड़ता का भी शिकार हो गई है। वे विचारों को पिघलाकर अपनी काव्यात्मक संवेदना का अंग नहीं बना पाते, उन्हें ज्यों का त्यों विचार सूत्रों के रूप में रख देते हैं। उनकी प्रारम्भिक कविताओं में यह प्रवृत्ति कम थी। उनमें रोमानियत तो है किन्तु एक सच्ची भावात्मकता भी है जिससे एक संवेगात्मक झंकृति उत्पन्न होती है। इस दृष्टि से उनकी प्रेम तथा प्रकृति सम्बन्धी छोटी कविताएँ महत्त्वपूर्ण हैं। स्वयं अज्ञेय ने अपनी छोटी कविताओं को अपेक्षाकृत स्थायी महत्त्व की रचनाएँ माना है (देखें : अपने बारे में : एक साक्षात्कार, आकाशवाणी प्रकाशन)। भोर बेला नदी तट की घंटियों का नाद, मंजरी की गन्ध भारी हो चली है, पार्श्व गिरि के नम्र चीड़ों में, उजली-लालिम मालती आदि उनकी महत्त्वपूर्ण छोटी कविताएँ हैं। अपेक्षाकृत बड़ी कविताओं में दूर-दूर मैं वहाँ हूँ, जो कहा नहीं गया और आह् कितनी शान्ति जैसी कविताएँ महत्त्वपूर्ण भी हैं और सम्भवतः उनकी प्रतिनिधि कविताएँ भी। परवर्ती कविताओं में साम्राज्ञी का नैवेधदान, हम निहारते रूप, हाँफ रही है, मछली तथा नाच जैसी कविताओं में वैचारिकता तथा प्रतीकात्मकता होने के बावजूद एक भावात्मक तनाव है जो उन्हें काव्यात्मक बनाता है और कोरे विचार सूत्र होने से बचाता है।

दरअसल अज्ञेय की काव्य प्रतिभा मूलतः गीतात्मक है और उसी रूप में रोमांटिक ! जहाँ वह बौद्धिक निर्णय लेकर कविता में कोई सन्देश देने की कोशिश करते हैं, वहाँ उनकी कविता न रहकर वैचारिक 'शिला खण्डों का गरिष्ठ पुंज' बनकर रह जाती है। इससे उबरने की कोशिश में अज्ञेय बीच में हाइकू काव्य शिल्प की ओर भी गए क्योंकि वे मित् कथन को काव्य का महत्त्वपूर्ण गुण मानते रहे हैं। लेकिन वे स्वयं मानते रहे हैं कि ज्यादातर कविताएँ उन्होंने रचना प्रक्रिया, कवि कर्म, काव्य का इतिहास या

विकास, आलोचनाओं के उत्तर देते हुए, नए कवियों पर व्यंग्य करते हुए—आदि विषयों से सम्बन्धित लिखी हैं और कम कविताएँ ऐसी हैं जो शुद्ध काव्य की प्रेरणा से या स्वतः-स्फूर्त भाव से लिखी गई हों।

कविता में विचारात्मकता से होते हुए अज्ञेय दार्शनिकता की ओर न जाकर—जो कि एक स्वाभाविक परिणति होती—एक प्रकार की आध्यात्मिकता की ओर मुड़ जाते हैं जो उनकी कविता के अमूर्त और वायवी बना देती है। यही आध्यात्मिकता उन्हें 'महामौन' की साधना में 'असाध्य वीणा' की ओर ले जाती है जो उनकी सर्वाधिक महत्त्वाकांक्षापूर्ण कविता है। किन्तु वह एक महत्त्वपूर्ण विफलता बनकर रह गई। देखने की जरूरत है कि 'असाध्य वीणा' की विफलता क्या है ?

नई कविता दौर की तीन कविताएँ

अज्ञेय आरम्भ से ही अत्याधिक सतर्क, सचेत तथा प्रयत्नों के कवि रहे हैं। अतिरिक्त सजगता या आत्मसजगता कविता में सायासता उत्पन्न करती है जो एक सीमा के बाद काव्य के स्वाभाविक और प्रांजल रूप को क्षति पहुँचाती है। जब तक बौद्धिकता पिघलकर भावनाओं के साथ संयुक्त नहीं हो जाती, कविता 'कठगुलाब' ही बनी रहती है। इस मामले में अज्ञेय की काव्य-प्रकृति पन्त से अधिक मिलती-जुलती है। यद्यपि उन्होंने निराला की तरह ऊबड़-खाबड़ विषयों पर भी कभी-कभार छलाँग लगाई है।

'असाध्य वीणा' में अनेक असाध्य कवि-कर्मों को ही साधने का प्रयत्न किया गया है। किन्तु वे मूलतः रचना-प्रक्रिया को साधने की खोज है। 'गुफागेह' इसी साधना की खोह में निवास करता है। वह मौन-से-मौन तक की यात्रा है। अज्ञेय के साहित्य में मौन, दर्द, पीड़ा, यातना आदि 'बीजशब्द' रहे हैं। 'असाध्य वीणा' में पीड़ा नहीं है पर महामौन को ही साधने की साधना है। लेकिन 'असाध्य वीणा' की अन्तर्वस्तु में एक अन्तर्निहित विडम्बना है : इस कविता में कवि कहना चाहता है कि वीणा कौशल और प्रयत्न से मुखरित नहीं होगी। उसके लिए महामौन ही साधना चाहिए। प्रियंवद केशकंबली पहले से ही साधक है, वह गुफागेह है। यानी वीणा को मुखरित करने की आधी साधना पहले ही सम्पन्न हो चुकी है—साधक वह पहले से ही है। इस साधना का दूसरा स्तर राजा-रानी तथा आमन्त्रित श्रोताओं के सम्मुख तब सम्पन्न होता है, जबकि प्रियंवद वीणा पर सिर रखकर समाधिस्थ हो जाता है। इस समाधिस्थ तन्मयता के भीतर से ही रचना-प्रक्रिया की दूसरी यात्रा अलक्षित ही सम्पन्न होती रहती है, जिसमें स्वयं 'वीणा' की 'रचना-कथा' स्मृति-चित्रों के माध्यम से कही जाती है। वह वातावरण, जंगल, वह महावृक्ष 'जिसके कन्धों पर सिर रखकर बादल सोते थे'—सब क्रमशः दृश्यमान होते हैं। यानी रचना-प्रक्रिया में पृष्ठिभूमि का यह परिवेश महत्त्वपूर्ण है। रचना के सन्दर्भ से सन्युक्त तथा तदाकार होकर जब प्रियंवद उसमें अपने को विलीन कर लेता है, तभी वीणा मुखरित होती है। यह रचना का पूर्वपक्ष है। उसका उत्तरपक्ष उसकी प्रभावान्विति,

रसग्रहण तथा साधारणीकरण से जुड़ा हैं। यहाँ प्रियंवद को माध्यम बनाकर अज्ञेय इलियट के उस सिद्धान्त की ही पुष्टि करते हैं जहाँ कलाकार मीडियम या माध्यम मात्र होता है। प्रियंवद और वीणा दोनों माध्यम मात्र हैं। जो मुखरित होता है, वह तो पृष्ठभूमि में महामौन का अलक्षित परिवेश है जिसमें वन, पशु, मेघ, वर्षा, पक्षियों की ध्वनियाँ सभी सम्मिलित हैं। वीणा के स्वर उनके संचार मात्र हैं। प्रियंवद अपनी समाधिस्थ साधना से उन्हीं ध्वनियों का आह्वान कर जाग्रत करता है। यह जागृति ही वीणा का स्वरित होना है।

कविता के उत्तरपक्ष में रचना के प्रभाव या साधारणीकरण की व्याख्या है। यहाँ अज्ञेय ने वर्गीय, वैयक्तिक तथा स्वभावगत विशेषताओं को ध्यान में रखते हुए यह बतलाने की चेष्टा की है कि 'जाकी रही भावना जैसी, हरिमूरत देखी तिन तैसी।' वीणा के स्वरों का प्रभाव उपस्थित श्रोता समाज पर पृथक-पृथक पड़ता है। उसका केन्द्रीय तथा सबसे घनीभूत प्रभाव यह पड़ता है कि रसग्रहण के तन्मय क्षणों में व्यक्ति अपने स्वार्थों, क्षुद्रताओं तथा दर्प से मुक्त हो जाता है : रानी को अपने आभूषण, रत्नजड़ित अलंकार आदि 'पुराने लुगड़ों' से लगने लगते हैं। राजा को रत्नजड़ित मुकुट फूलों सा हल्का प्रतीत होता है। श्रोताओं पर भी अलग-अलग ऐसे ही प्रभाव पड़ते हैं। यह सब कला के प्रभाव या कला के कार्यों की व्याख्याएँ हैं। 'पूर्वपक्ष' और 'उत्तरपक्ष' को मिलाकर अज्ञेय अपनी रचना के उद्देश्य की पूर्ति करते हैं।

इस 'उद्देश्य' की पूर्ति के लिए अज्ञेय ने जो शब्द तथा शिल्प संसार निर्मित किया है, उसके लिए उन्हें जमीन-आसमान के कुलाबे एक कर देने पड़े हैं : संस्कृतनिष्ठ कालिदासीय शब्दावली से लेकर 'चमरौंधे' जैसे देशज शब्दों का अम्बार लगा दिया गया है। अज्ञेय ने भरसक यह चेष्टा की है कि यह सब प्रयत्न साध्य प्रतीत न हो, किन्तु पूरी कविता की संरचना में एक ऐसी पूर्व नियोजित प्रक्रिया तथा सचेष्टता है जो कविता और उसके प्रभाव को कृत्रिम, आवेगहीन तथा काव्यात्मक ऊष्मा से रहित एक गूँजहीन ढाँचा बना देती है। सच तो यह है कि मूल उद्देश्य के विपरीत 'असाध्य वीणा' की कोई काव्यात्मक प्रभावन्विति होती ही नहीं।

'असाध्य वीणा' के सम्बन्ध में कुँवर नारायण ने ठीक ही लिखा है कि यहाँ कोई नया आयाम नहीं मिलता जो पहले से अज्ञेय के काव्य में इससे अधिक ऋजुता से व्यक्त न हो चुका हो। 'वर्णनात्मक काव्य के लिए कथा का ठोस आधार उत्तर पक्ष है जबकि यहाँ कथातत्त्व के अभाव के कारण एकरसता मालूम होती है। कथा जितनी भी है, ठीक से उभर नहीं पाती। कविता के गहरे ढंग में कहानी या वस्तुएँ या लोग ठीक से घुलमिल नहीं पाते, अलग तैरते रहते हैं।'

फिर भी कुँवर नारायण 'असाध्य वीणा' को वर्णनात्मक काव्य की दिशा में एक पहल मानते हैं और उन्हें लगता है कि अज्ञेय काव्य में किसी वृहत्तर माध्यम की खोज में हैं। किन्तु होता शायद बिल्कुल उलटा है। वर्णनात्मक काव्य की दिशा में अज्ञेय कोई पहल या विकास नहीं करते बल्कि उनकी बाद की छोटी कविताएँ सूत्रात्मक होती हुई

सुक्तियों में बदल जाती हैं।

'वृहत्तर माध्यम' की खोज स्वयं कुँवर नारायण ने भी की और वे नई कविता के उन थोड़े से कवियों में हैं जिन्होंने काव्य में वर्णनात्मकता तथा कथातत्त्व को आधार बनाया और उसके लिए उस समय की प्रचलित प्रवृत्ति के अनुरूप पौराणिक कथाओं के सन्दर्भ में गए। यह भी परम्परा को समकालीनता से जोड़ने का ही प्रयास था। साथ ही कविता में तात्त्विक और मनुष्य की नियति से जुड़े प्रश्नों पर विचार करने का प्रयास भी, जिससे नई कविता तब तक वंचित या विमुख थी।

अपने काव्य 'आत्मजयी' के बारे में वे कहते हैं, 'आत्मजयी' वृहत्तर जिज्ञासा का काव्य है, वह सत्य के जानने की जिज्ञासा का काव्य है और केवल सुखी नहीं, सार्थक जीवन जीने के अन्वेषण का प्रयास है। कुँवर नारायण ने इसमें अस्तित्व सम्बन्धी प्रश्नों पर विचार करने के लिए यद्यपि कथा-सन्दर्भ भारतीय ही रखा है, किन्तु काव्य-प्रक्रिया में वे आधुनिक अस्तित्ववाद के निकट पहुँच गए हैं जहाँ 'अस्तित्व-निरर्थक और निस्सार प्रतीत होता है।' 'आत्मजयी' आत्महत्या जैसे विषयों पर वैसे ही सोचता है जिस तरह अस्तित्ववादी विचारक सोचते रहे हैं। मृत्यु की गहरी अनुभूति या मृत्युभय जीवन को पंगु बना देता है। इस मृत्युभय से मुक्ति की तलाश में कुँवर नारायण वृहदारण्यक के याज्ञवल्क तक पहुँचते हैं जहाँ मृत्यु से परे का आदर्श प्रतिष्ठित किया गया है : 'आत्मजयी मृत्युभय के विरुद्ध आस्था के पुनर्लाभ की कहानी है। यह कहानी कठोपनिषद् से ली गई है, किंचित परिवर्तित रूप में—आधुनिक ढंग से देखते हुए।'

किन्तु यह तो काव्य की कहानी हुई। देखने की जरूरत है कि इसकी काव्यात्मक परिणति किस रूप में होती है या इसका रचनात्मक रूपान्तरण कैसा होता है।

'वृहत्तर माध्यम' की इस खोज में 'आत्मजयी' 'असाध्य वीणा' से आगे का काव्य है—कम-से-कम यहाँ कथातत्त्व का अभाव नहीं है। नचिकेता ऐन्द्रिक सुखों को अस्वीकार करता है। उसकी चिन्ता अमर जीवन मूल्यों की चिन्ता है। वह दिए गए जीवन को अस्वीकार कर काल को सौंप देता है, यानी आत्महत्या करता है जहाँ अर्धचेतना या स्वप्नावस्था में उसका साक्षात्कार यम से कराया गया है जो उसे तीन वरदान देकर जीवन में वापस भेज देता है। नचिकेता मुक्तिबोध प्राप्त कर मृत्यु का रहस्य जान लेता है।

लेकिन कुँवर नारायण ने अपनी भूमिका में 'आत्मजयी' से कुछ ज्यादा ही अपेक्षाएँ जगा दी हैं : वे नचिकेता की कथा में दो पीढ़ियों का द्वन्द्व तथा वस्तुवादी और आत्मवादी दृष्टिकोण का पार्थक्य आदि भी देखने लगते हैं और इस क्रम में वैदिक तथा उपनिषद्कालीन विचारों का द्वन्द्व भी। कथा को आधुनिक सन्दर्भ देने की प्रक्रिया में वे अस्तित्ववाद के निकट पहुँच गए हैं और उसे सिसिफस तथा यूलिसस से भी जोड़कर देखते हैं। पुस्तक की भूमिका से उसके काव्य-सन्दर्भ को समझने में जितनी सहायता मिलती है, काव्य को पढ़ने पर उसका रचनात्मक रूपान्तरण उस रूप में होता दिखाई नहीं देता।

सौ-सवा सौ पृष्ठों का यह काव्य 28 उपशीर्षकों में विभाजित है जो बहुत सुसम्बद्ध ढंग से या पूर्वापर सम्बन्धों से जुड़े हुए नहीं हैं न भूमिका में वर्णित कथा के आधार पर उनमें सम्बन्ध स्थापित हो पाता है।

भाषा, वर्णन-प्रणाली तथा संरचना के स्तर पर 'आत्मजयी' बहुत जटिल काव्य नहीं है। भाषा प्रायः सहज बोलचाल की है और उस पर प्रसाद, अज्ञेय तथा धर्मवीर भारती (अन्धा युग) का स्पष्ट प्रभाव है, किंचित स्थूल भी। क्योंकि निर्मोक, तपःपूत तथा महामौन जैसे शब्द पर्याय या विकल्प की तलाश के बगैर यथावत प्रयुक्त कर लिए गए हैं। यही हाल वर्णन प्रणाली तथा छन्द योजना का भी है जिसमें प्रलय का जल, हिम शिखर की छाया आदि का उपयोग—'कामायनी' की छाया लिए हुए है। छन्द-योजना जगह-जगह 'अन्धा युग' की सी है। जैसे निम्नांकित पंक्तियाँ : 'किसे पाऊँ ?' सभी खंडित, सभी मोहित/मन्त्र के वश/खिलौनों से चलता रहे हैं/ सिर्फ चलने की थकन से/विफलता को छल रहे हैं।'

या कामायनी की-सी ये पंक्तियाँ :

'वह युवक-भयानक प्रलय बाद/तैरता अँधेरे तूफानी जल पर हताश।'

या 'तेजस्वी चिन्तित ललाट' (चिन्ता कातर बदन हो रहा, पौरुष जिसमें ओत-प्रोत—कामायनी)

प्रभावों की ऐसी प्रतिछवियाँ पूरे काव्य में जगह-जगह पाई जा सकती हैं जिन्हें बिना पर्याप्त श्रम तथा एकाग्र अन्वेषण के केवल आसानी के लिए अपना लिया मया है। 'आत्मजयी' का यह पक्ष दुर्बल है।

नचिकेता 'आत्मजयी' कब, किस अर्थ में होता है ? भूमिका में कहा गया है कि 'आत्मजयी' मृत्यु के विरुद्ध आस्था के पुनर्लाभ की कहानी है। किन्तु उसकी पूरी काव्य-प्रक्रिया में ऐसी वस्तुस्थितियाँ निर्मित नहीं हो पाई हैं, जिनसे पता चले कि वह कौन सा कौंधता हुआ क्षण है जिससे दीप्त होकर नचिकेता कोई ऐसी दृष्टि पाता है जिससे उसे मृत्युभय से मुक्ति मिलती है और 'आस्था का पुनर्लाभ होता है ? यदि यही मान लें कि नचिकेता की मूल्य-दृष्टि उसके पिता से भिन्न है। वह अपने पिता की वस्तुवादी दृष्टि का विरोधी है और उसके विरोध में वह आत्महत्या करता है, जहाँ अर्धचेतन अवस्था में उसका साक्षात्कार यम से होता है और उसके बाद उसे मुक्तिबोध होता है, तो भी काव्य की अन्तिम पंक्तियाँ इस मुक्तिबोध का एहसास नहीं करातीं। 'आत्मजयी' की परिणति प्रश्नाकुलता है, मुक्तिबोध नहीं। काव्य के अन्तिम अध्याय का शीर्षक मुक्तिबोध है किन्तु उसकी अन्तिम पंक्तियाँ हैं : 'जीवन क्या है ? मृत्यु क्यों ? मुक्ति कैसे ? ईश्वर कहाँ ?' प्रश्नचिह्नों से संकुल यह अन्त ही क्या आस्था का पुनर्लाभ है ? यदि कवि की मुक्तिबोध की अवधारणा यह प्रश्नसंकुलता ही है तो उसकी मूल-प्रतिज्ञा में ही कोई फाँक है। यह 'आत्मजयी' की दूसरी विफलता है।

अतः 'आत्मजयी' वृहत्तर माध्यम की खोज में 'असाध्य वीणा' से आगे नहीं जा पाता। न तो काव्यात्मक रूप में और न अवधारणात्मक रूप में। यह मूलतः

अवधारणात्मक काव्य (कंसेप्चुअल पोएट्री) की अपनी सीमा और विफलता भी है। यहाँ काव्य-प्रक्रिया बिना रचनात्मक प्रक्रिया से गुजरे ही एक औपचारिक परिणति तक योजनाबद्ध ढंग से पहुँचा भर दी जाती है।

'आत्मजयी' 1965 में प्रकाशित हुआ था। उसका अन्तिम प्रसंग है मुक्तिबोध। संयोग ही कहेंगे कि एक वर्ष बाद राजकमल चौधरी की लम्बी कविता 'मुक्ति प्रसंग' 1966 में पुस्तक रूप में प्रकाशित हुई। सामान्यतः 'आत्मजयी' और 'मुक्ति प्रसंग' में कोई स्थूल समानता नहीं ढूँढ़ी जा सकती, सिवा इसके कि दोनों में मृत्यु का प्रसंग आता है। जैसा कि विदित है, 'मुक्ति प्रसंग' अस्पताल के सर्जिकल वार्ड के बिस्तर से लिखी हुई कविता है, जहाँ राजकमल चौधरी कैंसर से जूझ रहे थे और जिसके कुछ महीनों बाद उनकी मृत्यु हो गई।

स्पष्ट है कि 'मुक्ति प्रसंग' मृत्यु से साक्षात्कार कर यातना-पीड़ा और उसके बीच के अनुभवों की कविता है—एक आसन्न भयावह वास्तविकता जिसकी अभिव्यक्ति के लिए किसी ऐतिहासिक-पौराणिक आख्यान में जाने की आवश्यकता नहीं थी। राजकमल चौधरी को सामान्यतः साठोत्तरी पीढ़ी के उन कवियों की श्रेणी में रखा जाता है जिसके लिए मृत्युबोध, अकेलापन, सन्त्रास आदि तकियाकलाम बन गए थे। किन्तु राजकमल चौधरी को मर कर यह सिद्ध करना पड़ा कि ये महज 'क्लीशे' या शब्दक्रीड़ाएँ नहीं थीं, सचमुच का भोगा हुआ यथार्थ या प्रामाणिक अनुमति थी।

अपने ठेठ अर्थ में 'मुक्ति प्रसंग' हिन्दी की सर्वाधिक आधुनिक कविताओं में से एक है। इस आधुनिकता तक पहुँचने के लिए राजकमल चौधरी को किसी महायुद्ध की विभीषिका या अस्तित्ववादी दार्शनिकता की पृष्ठभूमि में जाने की जरूरत नहीं पड़ी। एक क्रूर, कठोर वास्तविकता तथा अतिशय यंत्रणा के बीच यह कविता रची गई थी, अज्ञेय ने अपने उपन्यास 'शेखर' की भूमिका में लिखा था कि वेदना में एक शक्ति है जो दृष्टि देती है। जो यातना में है वह द्रष्टा होती है। 'मुक्ति-प्रसंग' से बढ़कर उसका कोई दूसरा प्रामाणिक उदाहरण नहीं हो सकता।

शिल्प की दृष्टि से 'मुक्तिप्रसंग' अतियथार्थवादी या 'सुरियलिस्टिक' शैली में लिखी गई कविता है जो 'चेतन' तथा 'अवचेतन' के बीच बहते हुए विचार प्रवाह की तरह लिखी गई है। इस कविता की एक विलक्षण विशेषता यह है कि इसका कवि अनुक्षण अपने भीतर और बाहर अपनी देह में और देहेतर की अनुभूतियों को व्यक्त करता चलता है—अपना ही निरीक्षण तथा परीक्षण करता हुआ वह एक 'अन्तर्यात्रा' करता रहता है जो उसके अतीत और वर्तमान में एक साथ चलती रहती है। वह स्वयं ही अपने से विलग होकर अपने अनुभवों तथा अनुभूतियों की 'शल्यक्रिया' करता रहता है। इस काव्य प्रक्रिया की विलक्षणता यह है कि वह एक साथ अनेक स्तरों पर समानान्तर रूप में घटित होती रहती है। यानी कवि युगपत् अनेक दृश्यों, स्थलों, व्यक्तियों तथा अनुषंगों से गुज़रता हुआ उन्हें देख रहा हो। यह सब इतनी त्वरा से किन्तु इतने प्रखर ढंग से व्यक्त होता है कि पाठक विमूढ़ तथा विजड़ित रह जाता है। ध्यान देने की बात

है कि आधुनिक युग की प्रारम्भिक किन्तु अत्यंत विख्यात कविता टी.एस. एलियट की 'लव सांग ऑफ अल्फ्रेड जे. प्रूफोक' का प्रारम्भ उस डूबती हुई शाम से होता है जो मानो किसी ऑपरेशन से पूर्व टेबिल पर इथराइज़ अवस्था में पड़ी हुई है। राजकमल के मुक्तिप्रसंग में कोई शाम नहीं यह स्वयं कवि की देह है जो सचमुच इथराइज्ड अवस्था में पड़ी हुई है और कवि स्वयं ही अपनी शल्यक्रिया कर रहा है : ईथर की गंध में डूबी ऊभ-चूभ करती उसकी साँसें स्वयं अपने को लिख रही हैं ! यहाँ अगर सचमुच इस 'यातना' से कोई दृष्टि मिलती है तो वही मुक्तिप्रसंग है : मूर्त तथा साक्षात ! वह आत्मजयी की अमूर्त 'मुक्ति' से कहीं अधिक वास्तविक अर्थों में प्रासंगिक है। कहीं अधिक रचनात्मक कृति के रूप में। मृत्यु की अनुभूति और बोध को काव्यात्मक अभिव्यक्ति में रूपांतरित कर देने की यह अद्वितीय क्षमता प्रायः अपौरुषेय प्रतीत होती है। 'मुक्तिप्रसंग' एक लम्बी कविता है, लेकिन उसमें पूरे दौर को समेट कर अपनी निजता में परिवर्तित कर दिया गया है वह 'राम की शक्तिपूजा', 'सरोजस्मृति' तथा 'अँधेरे में' के बाद किसी और हिन्दी कविता में सम्भव नहीं हो सका है। वह जीवनानुभव को काव्यानुभव में परिवर्तित कर देनेवाली हिन्दी की अद्वितीय कविता है। इसे एक उदाहरण के द्वारा समझा जा सकता है :

> 'सड़ी हुई आँतों का मवाद, ईथर की गन्ध लिए हुए कैंसर के रक्तपुष्प और अब इतिहास-पुस्तक की तरह इस ऑपरेशन टेबिल पर/रोशनी के प्रज्वलित गोलाकार में खुला पड़ा हुआ मेरा अस्तित्व/एक बुझा हुआ लैम्पपोस्ट मेरी दो आँखों में जाँघों के बीच चौराहे पर मरा हुआ रक्तवर्ण साँप/एक मरी हुई नदी मेरे पाँवों में लिपटी/एक स्त्री बरामदे पर खम्भे की आड़ में आत्महत्या करती है/कहती है लेकिन अब भी चुपके से मार्कंडेय मुनि/मृत सागर में वह वृक्ष के नीले पत्ते पर सोया हुआ वह आदि शिशु/मैं ही उसे बाँहों में उठाऊँगा/पृथ्वी पर...

...यहाँ राजकमल चौधरी केवल अपनी आँतों के कैंसर के रक्तपुष्प, अपना ही ऑपरेशन, चीरफाड़ आदि को ही अपने अर्धचेतन से नहीं देख रहे हैं बल्कि उसके बाहर के कैंसर, ऑपरेशन टेबुल, विश्वव्यापी हत्याओं तथा नरसंहार के तांडव को भी देख रहे हैं। वहाँ उनके अवचेतन में हिरोशिमा, बर्लिन की दीवार, चैप्लियन की फिल्में, ताशकंद सम्मेलन, कश्मीर, वियतनाम, एक मरी हुई माँ के स्तनों पर लगा दाग...सब कुछ एक साथ देख रहे हैं अपनी कविता में समेटते हुए। जैसे यह सारा 'दिग्दर्शन', अपनी उधेड़ी हुई अँतड़ियाँ, आभाशय, खून, पेशाब सब कुछ कविता में रूपांतरित हो रहा है। जो लोग जीवनानुभव तथा काव्यानुभव की एकात्मकता की बात करते हैं, उनके लिए उससे अधिक खौलती हुई रक्तस्नात काव्यात्मक वास्तविकता और क्या हो सकती है?

...इस रूप में 'मुक्तिप्रसंग' प्रायः अमानवीय कृति है जिसे मानवीय स्तर पर केवल राजकमल चौधरी सफल बना सकते थे !

मुक्तिप्रसंग में जब ऐसी पंक्तियाँ मिलती हैं :

'देह की राजनीति से विकट, सन्निकट और कोई राजनीति नहीं है संजय! अन्न और अफ़ीम की राजनीति भी वहीं से शुरू होती है/जन्म लेता है वहीं मृग-मारीच/...लोकसभा में अन्न मंत्री कहते हैं बसते हैं कोई पाँच अरब चूहे/इस देश में/बजट के अंकों और टैक्स के रेखागणित में डूबे हुए इस देश में चूहों की संख्या ही सबसे बड़ा प्रश्न है/' या 'आदमी चन्द्रमा को बना ही डाले अपना उपनिवेश/आदमी ईश्वर, शैतान, धर्मनीति से स्वतन्त्र हो जाए/क्या होता है/आदमी लिखे ऐबसार्डिटी का संविधान/आदमी सुदूर वनजातियों में ढूँढ़ता रहे पेड़ पौधों की सम्भावना/आदमी ब्लड बैंक से ले आये तीस करोड़ डॉलर/आदमी खुद बिके या बेच डाले अपनी स्त्री, अपनी आँखें, अपना देश/अगर भीड़ अब खाने के लिए गेहूँ/और सो जाने के लिए किसी गन्दे बिस्तर के सिवा कोई बात नहीं करती है/प्रजाजनों के शब्दकोश में अब नहीं रह गए हैं दूसरे शब्द, दूसरे वाक्य/केवल चिंतायें ही रह गई हैं। ...भीड़ से विछिन्न, असंयुक्त रह कर भी मैं भीड़ से मुक्त नहीं रह पाता हूँ/कविता से पहले, मृत्यु से पहले 'मुक्त' हो जाना असम्भव है।''

तो इन पंक्तियों के सुलगते हुए प्रश्नों, जलते हुए अंगारों के समक्ष 'असाध्यवीणा' और 'आत्मजयी' जैसे काव्यों की अमूर्त तात्विक दार्शनिकता और उनके आत्मसाक्षात्कार अप्रासंगिक ही नहीं, वाग्विलास भी प्रतीत होते हैं। नई कविता से साठोत्तरी कविता का प्रस्थान बिन्दु अपने सही अर्थों में यहीं रेखांकित होता है : अपनी मृत्यु की 'शरशय्या' पर पड़ा हुआ राजकमल चौधरी, पौराणिक संजय से भी संवाद करता है और कहता है कि 'देह की राजनीति' से ही 'अफ़ीम की राजनीति' शुरू होती है और 'पाँच अरब चूहों की संख्या ही देश के अन्न मन्त्री के लिए 'सबसे भयानक प्रश्न है!...मृत्यु की शरशय्या से उठाए गए ये प्रश्न सातवें दशक में ही देश की राजनीति तथा प्रशासन पर जिस तरह का तीव्र तथा प्रखर प्रहार करते हैं वैसा उस समय का कोई भविष्यवेत्ता ही कर सकता था क्योंकि आज के सन्दर्भ में वे कहीं अधिक तथा सच हैं।

ऊपर सन् 60 के बाद ही लिखी गई एक दूसरी महत्त्वपूर्ण कविता अज्ञेय की 'असाध्यवीणा' का उल्लेख दिया जा चुका है। अतः 'मुक्तिप्रसंग' पर विचार करते हुए यह सोचना पड़ता है कि वीणा पर सिर रखे हुए केशकम्बली को जो 'कला-दीक्षा' मिली थी उससे उसे कोई 'दृष्टि' मिली या मरते-मरते भी राजकमल चौधरी के इस कथन में कोई दृष्टि या मुक्ति है कि 'भीड़ से असंयुक्त रहकर भी मैं भीड़ से मुक्त नहीं हो पाता हूँ और कविता से पहले और मृत्यु से पहले मुक्त हो जाना असम्भव है।' यह 'आत्मजयी' के भी तथाकथित मुक्तिबोध पृथक वास्तविक मुक्तिबोध जो राजकमल के 'मुक्तिप्रसंग' में होता है। यही वास्तविक बोध भी है। जिसके अन्तर्गत यह 'सच' छिपा हुआ है कि भीड़ से पृथक यानी समाज से पृथक कोई मुक्ति नहीं है। मरते-मरते भी राजकमल नहीं चाहता ऐसी मुक्ति। उस अर्थ में कहीं वास्तविक आत्मजयी है, मृत्यु के असम्भव तथा

असाध्य क्षणों में भी वह कविता को सम्भव बनाने की साधना करता हुआ मरता है। साठोत्तरी कविता का यह अग्रदूत मुक्तिप्रसंग में कविता को भी एक नई परिभाषा दे जाता है। राजकमल चौधरी की कविता का दर्शन (चरितार्थ होता हो तो) उधार लिए गए जुमलों से नहीं निकलता। यह मृत्यु से साक्षातकार के क्षणों में अपनी पीड़ा या यातना से भी नहीं निर्मित होता बल्कि अपने चतुर्दिक् के सामाजिक तथा राजनैतिक परिवेश से स्पंदित होता हुआ भीड़ की मुक्ति या जनमुक्ति में ही अपनी मुक्ति देखता है। यह कोई 'क्लिशे' या नारा नहीं है बल्कि एक मरते हुए कवि का एक मनुष्य के रूप में दिया गया आखिरी 'हलफ़नामा' है।

पीब, मवाद और ईथर की गंध में मूर्च्छित कवि राजकमल चौधरी ऑपरेशन के टेबुल से जो बयान देता है वही 'सतह से ऊपर उठते हुए आदमी' का असली बयान है। इसीलिए वह जगह-जगह मुक्तिबोध के अँधेरे में कविता की भी याद दिलाता है।

'मुक्तिप्रसंग' में राजकमल चौधरी बीसवीं सदी के उत्तरार्द्ध में ही इक्कीसवीं सदी के आरम्भ का न केवल पंचांग ही रच देता बल्कि कवि और कविता की असली भूमिका की राह भी दिखा देता है। यह दुर्भाग्य ही है कि 'मुक्तिप्रसंग' का अभी तक मूल्यांकन या आकलन किसी काव्यसमीक्षक ने नहीं किया केवल यत्र-तत्र हिन्दी चर्चा पर ही हुई और अब तो वह भी नहीं होती है।...यह संयोग ही है कि कवि मुक्तिबोध भी 'अँधेरे में' भटकते हुए अस्पताल चले गए और राजकमल चौधरी भी अंत में "दूसरों के हित में अस्पताल चला गया।"

नई कविता

'नई कविता' के दौर में प्रगतिशीलों के पास समीक्षक और व्याख्याता तो अनेक थे किन्तु महत्त्वपूर्ण कवि बहुत कम। इस तथ्य को मुक्तिबोध ने भी स्वीकार किया है। अतः अधिक सन्तुलित प्रगतिशील समीक्षकों को नागार्जुन और त्रिलोचन जैसे कवियों का पल्ला पकड़ना अधिक सुरक्षित प्रतीत हुआ। लेकिन काव्यात्मक निकष पर नागार्जुन और त्रिलोचन की कविताएँ काफी असुविधा उत्पन्न करती हैं। इस तथ्य को केदारनाथ सिंह जैसे कवि-समीक्षकों ने बड़े सटीक ढंग से समझा। नागार्जुन के सम्बन्ध में वे लिखते हैं "नागार्जुन की कविता को कैसे समझा जाए यह सवाल उनकी कविता के सन्दर्भ में अटपटा सा लगता है।" केदार जी को यह सवाल 'अटपटा' इसलिए लगता है क्योंकि नागार्जुन की कविता बेहद सरल और सीधी लगती है। इतनी सरल और सीधी कि उसे गम्भीर और महत्त्वपूर्ण कविता प्रमाणित करने के लिए समझ में नहीं आता कि किस प्रकार के काव्यात्मक निकष का इस्तेमाल किया जाए ?

यानी पहले से ही यह तय करके कि नागार्जुन महत्त्वपूर्ण कवि हैं फिर इसे प्रमाणित करने के लिए तर्क और तत्त्व (काव्य तत्त्व) तलाशे जाएँ। केदारनाथ सिंह का यह असमंजस उनकी स्थापनाओं में झलकता है : "नागार्जुन बहुत गहरे अर्थ में आधुनिक

कवि हैं। इसीलिए उनकी कविता में आधुनिकतावाद का प्रतिरोध तो है किन्तु आधुनिक बोध का नहीं। वहाँ भारतीय सन्दर्भ अपनी समग्रता में मौजूद है।...नागार्जुन की संवेदना का केन्द्र गाँव है।...वस्तुतः नागार्जुन की गाँव सम्बन्धी चेतना का ठोस बौद्धिक आधार है। फिर भी उनकी कविता में गाँव और शहर के बीच कोई कृत्रिम विभाजन या फाँक नहीं है।" यहाँ लेकिन, मगर, फिर भी आदि शब्द प्रयोगों में यह 'असमंजस' स्पष्ट हो जाता है। और इसीलिए 'नागार्जुन के काव्य के मूल्यांकन को लेकर कई तरह की समस्याएँ खड़ी हो जाती है।' जाहिर है कि ये समस्याएँ तब खड़ी होती है जब उन गुणों तथा तत्त्वों को हम ढूँढ़ना चाहते हैं जो उन कविताओं में हैं ही नहीं। और तभी ऐसी बातें कहनी पड़ती है "एक बड़ा कवि अपने बड़े होने के अनुपात में आलोचना के स्वीकृत मान-मूल्यों के लिए एक चुनौती होता है।"

केदारनाथ सिंह जैसे बौद्धिक और चिन्तक यह कहने के बाद ही यह भी महसूस करते हैं कि बात कुछ बनी नहीं। बात इसलिए नहीं बन रही है कि वास्तविकता कुछ और है। इस 'वास्तविकता' से केदारनाथ सिंह वाकिफ है। इसीलिए उनके भीतर का ईमानदार और सशंकित व्यक्ति खुद उस वास्तविकता को व्यक्त करते हुए कहता है कि "उनकी कविता के प्रति गम्भीर पाठकों और आलोचकों की प्रतिक्रिया यह है कि उन्हें अगम्भीर काव्य मानकर एक तरफ रख दिया जाए।" यहाँ अपनी बात 'गम्भीर पाठकों और आलोचकों' के मिस कहनी पड़ती है। यही नहीं, नागार्जुन की कविता की जो केन्द्रीय चरित्र और स्वर है उसे भी उन्हें किसी और के बहाने ही कहना पड़ता है : भावुकता नागार्जुन की कविता का केन्द्रीय गुण है और भावुकता कविता का कोई बहुत बड़ा गुण नहीं है इसे मानते हुए केदार जी नागार्जुन की भावुकता को अनुशासित भावुकता, बुनियादी भावुकता आदि कहकर नागार्जुन की कविता की इस कमजोरी को ताकत के रूप में प्रमाणित करना चाहते हैं।

कविता में सहजता, सरलता, सुबोधता आदि के बारे में भी निराला बहुत स्पष्ट शब्दों में लिख चुके हैं कि "जो गहन भाव, सीधी भाषा, सीधे छन्द में चाहता है वह धोखेबाज है।"

नागार्जुन की कविता के सम्बन्ध में केदारनाथ सिंह के निबन्ध की तनिक विस्तार से चर्चा इसलिए करनी पड़ी क्योंकि एक तो यह निबन्ध नागार्जुन की कविताओं की सर्वोत्तम व्याख्याओं में से एक है, दूसरे इसलिए भी कि यदि वास्तविक महत्ता किसी काव्य में न हो तो उसे महत्त्वपूर्ण सिद्ध करना कितना दुःसाध्य कार्य है।

लगभग यही स्थिति त्रिलोचन की है और संयोग ही है कि केदारनाथ सिंह ने उनके काव्य पर भी एक लम्बा निबन्ध लिखा है और उसी पद्धति से उसका भी विवेचन किया है जिससे उन्होंने नागार्जुन के काव्य का विवेचन किया है। इस प्रसंग में यह उल्लेखनीय है कि मुक्तिबोध ने अपने एक निबन्ध में त्रिलोचन के पहले काव्य संग्रह 'धरती' की कविता को 'लँगड़ी कविताएँ' कहा है। लेकिन केदारनाथ सिंह को नागार्जुन तो आधुनिक लगते ही हैं "त्रिलोचन भी एस खास अर्थ में आधुनिक" लगते हैं। वे भी नागार्जुन की

भाँति "आधुनिकता के सारे प्रचलित साँचों को अस्वीकार करते हुए भी आधुनिक हैं।"

खास बात यह है कि महत्त्वपूर्ण होने के लिए 'आधुनिक' होना जरूरी है। केदार जी के लिए यदि नागार्जुन भावुकता और आवेगों के कवि हैं तो त्रिलोचन 'आवेगहीनता' के कवि हैं। नागार्जुन की तरह ही केदार जी जरूरी समझते हैं कि "त्रिलोचन की कविता का मूल्यांकन करते समय आधुनिक कविता के प्रचलित मान-मूल्यों को लागू करने की जल्दी न की जाए क्योंकि उसके मूल्य कहीं बाहर नहीं उनकी पूरी बनावट में निहित हैं।" यहाँ दो भिन्न प्रकृति के कवियों को प्रायः एक ही कसौटी पर कसने की कोशिश की जा रही है क्योंकि दोनों काव्य तत्त्व की दृष्टि से झीने हैं : एक भावुक उद्‌गारों के कवि हैं तो दूसरे कृत्रिम, शीतल शब्द-समूहों के। लेकिन यदि मुक्तिबोध को त्रिलोचन की कविता लँगड़ी लगती है तो केदार जी को "ताप के ताये हुए दिन का प्रकाशन समकालीन हिन्दी कविता के इतिहास की एक विलक्षण घटना" लगती है। लेकिन किस आधार पर ? केदार जी के अनुसार त्रिलोचन की कविता में जो क्लासिकी अनुगूँजे है, उन्हें हिन्दी के किसी दूसरे कवि में नहीं ढूँढ़ा जा सकता। इन कविताओं की दूसरी विशेषता यह है कि ये "मस्तिष्क पर अतिरिक्त बोझ नहीं डालतीं।" कहना कठिन है कि यह त्रिलोचन की कविता की सचमुच प्रशंसा है या 'व्याज स्तुति' है ? क्योंकि जो कविता मस्तिष्क पर जोर नहीं डालती तो वह निश्चित रूप से स्पन्दन तथा अनुगूँजविहीन कविता ही होगी जिसके लिए शायद मस्तिष्क (बुद्धि) की आवश्यकता ही नहीं है। क्या 'चम्पा काले-काले अक्षर नहीं चीन्हती' या 'नगई महरा' आदि ऐसी ही कविताएँ हैं ? इसी तरह केदार जी के अनुसार त्रिलोचन की कविता में "भक्ति कविता के गुण हैं किन्तु वह भक्ति कविता से अलग है।"

अतः ज़िस तरह त्रिलोचन आधुनिक होते हुए भी आधुनिक नहीं हैं और भक्ति कविता के गुणों से युक्त होते हुए भी उनकी कविता भक्ति कविता नहीं है उसी तरह "उनकी कविता एक ज्यादा खास, गहरे अर्थ में प्रगतिशील है।" यहाँ भी यह सिद्ध करना उद्देश्य है कि त्रिलोचन सामान्य प्रगतिशीलों से भिन्न, विशिष्ट अर्थ में प्रगतिशील हैं। केदार जी को नागार्जुन तथा त्रिलोचन दोनों की कविता में "अकाव्यात्मक होने का खतरा" दीखता जरूर है किन्तु वे तत्काल कुछ अन्य काव्यगुण तलाश कर इस अकाव्यात्मकता को ढँक देते हैं।

वस्तुतः यह प्रगतिशील कविता तथा प्रगतिशील समीक्षा दोनों की विडम्बना है जिसे मुक्तिबोध ने अपनी समीक्षाओं में बहुत पहले लक्षित किया था (देखें 'हिन्दी समीक्षा' वाला अध्याय)।

उपरोक्त सन्दर्भ में नागार्जुन तथा त्रिलोचन दोनों की कविताओं के सम्बन्ध में एक टिप्पणी आवश्यक है : नागार्जुन की कविता दो छोरों पर स्थित है। एक ओर तो उनकी घनघोर भावभीनी भावुक उद्‌गारोंवाली कविताएँ हैं जिन्हें हिन्दी में अकारण अतिरंजित प्रशंसा प्राप्त हुई है : "कालिदास सच-सच बतलाना/ अज रोया था या तुम रोए थे ?" जैसी पंक्तियों में एक सपाट भोवोच्छास के अतिरिक्त कौन सा मार्मिक कवित्व निहित

है इसे साबित कर पाना कठिन है, किन्तु हिन्दी के 'सुधी पाठकों' की कई पीढ़ियाँ इसे पढ़कर विभोर होती रही हैं। इसी प्रकार गाँव की चन्दन-वर्णीधूल पर चलने, गन्ना चूसने, आम खाने आदि को लेकर बाबा नागार्जुन ने जो गलदश्रु भावुकता प्रदर्शित की है उसे लेकर हिन्दी का महानगरी पाठक यदि अपने बचपन में जाकर 'नास्ट्रेलजिक' हो जाता है तो उसे लगता है कि यह कविता का चमत्कार है, जबकि कविता का चमत्कार केवल 'दिल्ली से दरभंगा' तक की यात्रा में निहित है। निश्चित रूप से नागार्जुन बेहद भावुक कवि हैं : एक ओर उन्हें 'चन्दनवर्णीधूल' माथे पर धारण करने योग्य लगती है और दूसरी ओर वियुक्ता पत्नी का 'सिन्दूर तिलकित भाल' न जाने कितनी सुहागन स्मृतियाँ जगा देता है। अनेक लोगों को उनकी 'बादल को घिरते देखा है'—कविता पन्त जी की 'धूम धुँवारे, काजर कारेवाली बादल' कविता से अधिक महत्त्वपूर्ण प्रतीत होती है। यहाँ ये समीक्षक 'भाव बोध' को दरकिनार कर रोमानी 'भावोच्छास' को ही असली कविता मानने लगते हैं, जिसकी नागार्जुन की कविता में भरमार है।

दूसरे छोर पर नागार्जुन की वे कविताएँ हैं जिन्हें उनकी प्रखर राजनैतिक तथा जनवादी चेतना का प्रभाव माना जाता है। जबकि उनकी अधिकांश ऐसी कविताएँ उन्हें हास्यरस के आचार्य काका हाथरसी के समानान्तर ही प्रतिष्ठित करती है : "इन्दू जी-इन्दू जी क्या हुआ आपको/भूल गई बाप को।" या "आओ रानी हम ढोएँगे पालकी" जैसी कविताओं को नागार्जुन की उछल-कूदवाली मुद्राओं से अलग करके देखते हैं तो वे खासी बचकानी लगती हैं। इसी तरह उनकी उत्सवघोषित (सेलिब्रेटेड) कविता 'अकाल' की गश्त, शिकस्त और पस्त जैसी तुकबन्दी ही लोगों को अधिक मस्त बनाती है जबकि कविता में एक ही सार्थक तथा सारगर्भित पंक्ति है और वह है "कौए ने खुजलाई पाँखे कई दिनों के बाद"।

वैसे 'अकाल' कविता नागार्जुन की उन चन्द कविताओं में है जिसमें महज भावात्मकता नहीं, यथार्थपूर्ण मार्मिकता है।

केदारनाथ सिंह ने नागार्जुन की 'नेवला' कविता को समकालीन कविता की अद्वितीय रचना माना है। पेड़-पौधों, पशु-पक्षियों, फूल, तितली आदि में दिलचस्पी इधर अचानक आत्यन्तिक गुण माना जाने लगा है, बिना यह जाने कि उनका उपयोग कहाँ, कैसे और क्यों हुआ है ? उन्हें बची-खुची मानवीय चेतना, नैसर्गिक जीवन के प्रति आकर्षण तथा प्रदूषण रहित शुद्ध मानस का प्रतिबिम्ब माना जाने लगा है। फलतः हिन्दी में ऐसी कविताओं की बहार आई हुई है। प्रायः हिन्दी कवि अपनी प्रदूषण रहित शुद्ध-सरल मानसिकता प्रमाणित करने में लगे हैं। बिना यह जाने हुए कि यह प्रवृत्ति एक ओर तो नवरोमांसवाद का विस्तार है और दूसरी ओर कृत्रिम साधुता तथा भोलेपन के अबोध प्रदर्शन का। कविता का कितना बड़ा पाखण्ड इसमें निहित है, इसे कम लोग समझ पा रहे हैं। 'मीडियाकर' कवियों को इसके जरिए तत्काल स्वीकृति तथा प्रशस्ति पाने का अचूक नुस्खा मिल गया है।

नागार्जुन ऐसी प्रवृत्तियों के भी 'बाबा' हैं। वहाँ 'कृत्रिमता' नहीं है, लेकिन

'कामयाबी' है और इस 'कामयाबी' को नागार्जुन ने हमेशा कायम रखा है। 'खिचड़ी विप्लव देखा हमने' ने नागार्जुन की अचूक राजनैतिक विवेक दृष्टि पर मुहर लगा दी थी और उसके बाद नागार्जुन की 'बदलती करवटों' को लोगों ने नजरअन्दाज करना शुरू कर दिया था। जबकि न तो गहन काव्यात्मकता, न संकल्पपूर्ण अडिग आस्था नागार्जुन में मिलती है। केवल जब वे पूरी ईमानदारी से कहते हैं कि सम्बद्ध हूँ मैं, निश्चय से, अनिश्चय से, संशय से, निष्ठा से, अनिष्ठा से, आस्था से, अनास्था से—सबसे और किसी से भी नहीं। तो उनकी इस स्वीकारोक्ति को स्वीकार कर लेना चाहिए।

लेकिन कवि के रूप में नागार्जुन को अस्वीकार करने की आवश्यकता नहीं है : एक व्यापक और खुली भूमि पर विचरण करनेवाले अपनी हास्योक्तियों तथा व्यंग्योक्तियों के लिए विख्यात नागार्जुन को एक काव्य प्रतिभा के रूप में स्थान जरूर मिलना चाहिए।

नागार्जुन के विपरीत उनके समकालीन 'जनपद' के कवि त्रिलोचन को आवेगहीनता तथा शीतल स्वभाव का कवि माना जाता है। उनकी अधिकांश कविताएँ 'स्टेटमेंट्स' की तरह लिखी गई हैं। उनमें किसी प्रकार का भावाद्वेलन, उदिग्नता, उत्तेजना या तनाव ढूँढ़ना कठिन है। उनकी कविता का यही मिजाज कुछ लोगों को 'क्लौसिकल' लगता है और कुछ लोगों को अनुभूतिशून्य वर्णनात्मकता। लेकिन त्रिलोचन को 'जन' और 'जनपद' का कवि वैसे ही माना जाता है जैसे नागार्जुन को। नागार्जुन की तरह का हास्यबोध या व्यंग्यबोध भी त्रिलोचन में शायद ही कहीं मिले। इसीलिए त्रिलोचन नागार्जुन की तरह 'जनप्रिय' कवि नहीं हैं। एक विशेष काव्य रसिक सम्प्रदाय में त्रिलोचन को स्वीकृति और पहचान क्रमशः और बहुत विलम्ब से मिली। उसे विडम्बना ही कहना चाहिए कि आज त्रिलोचन को बहुत महत्त्वपूर्ण माननेवाले या तो प्रगतिशील जनवादी हैं या घनघोर आधुनिकतावादी ! इन दो विपरीतों द्वारा त्रिलोचन की स्वीकृति का रहस्य क्या है ? दरअसल इसी प्रश्न के उत्तर में त्रिलोचन की कविता का रहस्य भी छिपा हुआ है।

पिछले दो-तीन दशकों से अचानक हिन्दी के बुद्धिजीवियों और साहित्यकारों को अपनी 'भारतीयता' प्रमाणित करने की चिन्ता सताने लगी है। यह चिन्ता प्रगतिशील-जनवादियों और आधुनिकतावादी दोनों को सता रही है। इसी 'चिन्ता' के मंथन के मणि हैं—नागार्जुन और त्रिलोचन। चूँकि भारतीयता का सम्बन्ध सीधे गाँव से जोड़ लिया जाता है इसलिए जो गाँवों के बारे में लिख रहा है या जो गाँवों के बारे में अधिक लिख रहा है, निश्चित रूप से 'भारतीयता' उसी के लेखन में होगी। अतः नागार्जुन तो 'चन्दनवर्णीधूल' के कवि हैं ही, त्रिलोचन जो सीधे 'धरती' (उनका पहला काव्य संग्रह) से आए हैं उनसे अधिक 'भारतीय' कौन होगा ? और चूँकि भारतीयता प्रमाणित करनेवाली चिन्ता जनवादियों तथा आधुनिकतावादियों दोनों की रही है, इसलिए उनका कुतुबनुमा स्वाभाविक रूप से त्रिलोचन की ओर ही दिशा निर्देश करता है। इसलिए एक समय विशेष में त्रिलोचन की निर्विवाद रूप से स्वीकृति उनकी

'ऐतिहासिक स्थिति' है।

भारतीयता की खोज (भारत की नहीं, 'भारतीयता की खोज !') भी दो विपरीत दिशाओं में जानेवाली है : जनवादियों-प्रगतिशीलों के लिए यदि वह गाँव, किसान, खेत-खलिहान के 'धूल-भरे मिट्टी के आँचल' में निवास करती है तो आधुनिकतावादियों के लिए अध्यात्म, धर्म, तत्त्वचिन्तन और परम्परा में (इतिहास में नहीं।)। अज्ञेय जैसे चिन्तक 'धर्म' और 'काल' सम्बन्धी विशिष्ट अवधारणा को भारतीयता मानते हैं, किन्तु उनके बाद के आधुनिकतावादियों को धर्म से एक विशेष बू आने के कारण भारतीय अध्यात्म में भारतीयता दीखती है। इसीलिए त्रिलोचन के काव्य की शीतलता उन्हें कभी 'क्लैसिकल' लगती है तो कभी 'भक्त कवियों' जैसी तन्मयता की देन।

इसी ऐतिहासिक स्थिति में अवस्थित होने के कारण त्रिलोचन को उन दोनों विपरीतों की संस्तुति और सराहना मिलती रही है। चूँकि त्रिलोचन ने ढेर सारे 'सॉनेट' भी लिखे हैं और 'सॉनेट' एक विदेशी काव्य रूप है इसलिए आधुनिकतावादियों को उन्हें आधुनिक भावबोध का कवि मानने का एक और औचित्य दीख गया। दूसरी तरफ जनवादियों-प्रगतिवादियों ने त्रिलोचन के सॉनेटों की एक नई व्यवस्था कर डाली और यह सिद्ध करने का प्रयास किया कि किस प्रकार त्रिलोचन के 'सॉनेट' पश्चिमी सॉनेटों से नितान्त भिन्न हैं और वे मूलतः भारतीय 'बरवे छंद' पर आधारित हैं। इस प्रकार त्रिलोचन की भारतीयता 'अक्षुण' रह गई।

इस प्रकार सिद्ध यह हुआ कि त्रिलोचन एक साथ 'आधुनिक' और 'भारतीय' दोनों है। यही उनकी अद्वितीयता है। स्पष्टतः इस पूरे प्रकरण में स्वयं त्रिलोचन के काव्य का सघन विश्लेषण करके देखने की जरूरत महसूस नहीं की गई। उनकी आन्तरिक काव्यगत विशेषताएँ क्या है। 'है' भी या नहीं ? काव्यात्मकता और काव्य सौन्दर्य की दृष्टि से उनके काव्य का परीक्षण नहीं किया गया और इसीलिए कहा गया कि उनके काव्य के परीक्षण के लिए प्रतिमान या निकष तैयार करना कठिन है। निश्चित रूप से त्रिलोचन के गद्यात्मक काव्य कथनों में सांकेतिकता, सूक्ष्मता, वक्रता, भंगिमा या बिम्ब तथा प्रतीक आदि खोजना व्यर्थ है और यदि वे नहीं है तो किन काव्य प्रतिमानों पर उन्हें कसा जाए। वहाँ तनाव और विडम्बनाबोध भी शायद ही कहीं मिले।

अतः त्रिलोचन को उनके काव्य से परे या इतर जाकर उन्हें 'मनोनुकूल अवधारणाओं का महत्त्वपूर्ण कवि' मान लिया गया। पहले ही कहा गया कि प्रयोगवाद का पर्यावसान शीघ्र ही 'नई कविता' में हो जाता है। 'प्रयोगवाद' नाम प्रयुक्त करनेवाले अज्ञेय तब की कविताओं को 'नई' कविता' कहना अधिक उपयुक्त समझते हैं।

'नई कविता' की कविताएँ 'तार्किक अन्विति' की कविताएँ नहीं हैं। बल्कि 'छायावाद' से 'नई कविता' के प्रस्थान बिन्दु को 'तार्किक अन्विति' की राह त्यागने में भी देखा जा सकता है : राम की शक्तिपूजा, सरोजस्मृति आदि तार्किक अन्विति की कविताएँ हैं, जबकि टूटी हुई, बिखरी हुई और अँधेरे में आदि तार्किक अन्विति की कविताएँ नहीं हैं। जो लोग कविता को समग्रता में देखना चाहते हैं उन्हें मानना चाहिए

कि कविता के सौन्दर्य को खण्डों में भी देखा जा सकता है। 'कामायनी' का काव्य सौन्दर्य उसके खण्ड चित्रों में अधिक है, उसकी समग्रता में कम। जब हम कविता में समग्रता की बात करते हैं तो उसे परखने के लिए पूरे युग के 'भावबोध' को पहचानना होगा। उसकी 'समग्रता' 'गुर्ऐनिका' की समग्रता है जो 'चित्र' (या रचना में) में प्रायः अलक्षित ही रहती है। यदि हम उसे पूरे युग के सन्दर्भ में न देखें तो—'गुर्ऐनिका' की व्याख्या ही नहीं की जा सकती। यदि कोई 'तार्किक-अन्विति' को नकारता है तो उसे 'समग्रता' को भी बहुत महत्त्व नहीं देना चाहिए।

लेकिन कुछ लोग 'तार्किक अन्विति' पर जोर देते हुए भी 'प्रभावान्विति' पर जोर देते हैं जो अपने आप में एक विरोधाभास है। यद्यपि कविता में तार्किक अन्विति तब आवश्यक हो जाती है जब कविता वर्णनात्मक या कथात्मक शैली में लिखी गई हो। तब यदि तार्किक अन्विति न हो तो कविता प्रभाव के स्तर पर बेतुकी लगने लगेगी। 'नई कविता' में अज्ञेय की कविता 'कलगी बाजरे की' 'तार्किक अन्विति' की एक खराब और कमजोर रचना है जो चमत्कारिक सूक्तियों से भरी हुई है : प्रेमिका को हरी छरहरी बाजरे की कलँगी कहना लगभग वैसा ही है जैसे नए उपमान की तलाश में 'चाँद को चाँदी का सिक्का' कहना।

कविता में 'समग्रता' और 'समग्र प्रभाव' की बात करनेवाले डॉ. नामवर सिंह अन्ततः इस निष्कर्ष पर पहुँचते हैं कि "कविता में समग्रता और निरन्तरता की माँग करना एक तरह से यथास्थिति की माँग करना है। सब कुछ को खंड-खंड करने के पीछे इस यथास्थिति को तोड़ने की सर्जनात्मक चेष्टा मौजूद है।" (कविता के नए प्रतिमान—पृ. 217) यानी जो लोग कविता में 'पूर्णवाक्य' या वाक्य विन्यास की पूर्णता की बात करते हैं वे लोग मूलतः 'यथास्थितिवादी' हैं। इस दृष्टि से वाक्य विन्यास की रक्षा के लिए आवाज बुलन्द करनेवाले त्रिलोचन जैसे कवि 'यथास्थितिवादी' ही कहे जाएँगे। लेकिन दूसरी ओर नामवर जी को 'विच्छिन्न शब्दों' में 'वाक्य विन्यास का परित्याग करनेवाले कवि स्नायु-दौर्बल्य के शिकार' भी लगते हैं। स्पष्टतः दुहरे मानदण्डों की इस दुविधा में कविता का कोई 'नया प्रतिमान' बनाना कठिन है !

'नई कविता' के सन्दर्भ में 'नए प्रतिमान' बनाने के लिए 'समग्रता' की तरह व्यंग्य, विसंगति और विडम्बना जैसी अवधारणा में भी विवादास्पद अवधारणाएँ हैं। अंग्रेजी में टी.एस. एलियट कविता की जिस परम्परा का प्रतिनिधित्व करते हैं उसमें विसंगति और विडम्वना आदि का महत्त्वपूर्ण उपयोग है : 'लव सांग ऑफ एल्फ्रेड जे प्रूफॉक' आदि इसके प्रमुख उदाहरण हैं। लेकिन स्वयं एलियट 'फोर क्वार्टेटस' तक आते-आते इस विसंगति और विडम्बनाबोध से बहुत आगे जा चुके होते हैं। पश्चिम में ही कविता की दूसरी परम्परा थी जिसमें इस विसंगति और विडम्बना बोध का कोई स्थान नहीं था। मसलन जर्मन कवि रिल्के को अनेक लोग बीसवीं सदी का सर्वश्रेष्ठ कवि मानते हैं लेकिन रिल्के की कविताओं में यह विसंगति और विडम्बना बोध शायद ही मिले। उसके अतिरिक्त पॉब्लो नरुदा, अन्ना अख्मातोवा या पास्तसॉक की कविताओं में यह

'काव्यगुण' नहीं दिखाई पड़ता। अतः विसंगति-विडम्बनावाले इस 'काव्य गुण' के आधार पर कोई काव्य प्रमिमान निर्मित करना सम्भव नहीं है।

पश्चिम में 'विडम्बना' या 'आईरॉनी' की परम्परा ग्रीक ट्रेजडियों से आती है और 'आइरॉनी' अकसर 'आइरॉनी ऑफ फेट्' होती है। आइरॉनी वहाँ विधि की विडम्बना है जिसके चलते बेटा ही पति बन जाता है (इडीयस)। यही 'आइरॉनी', 'ट्रेजडी' की अवधारणा से जुड़ी हुई है। अतः हिन्दी में जो लोग 'विडम्बना' को व्यंग्य से जोड़कर देखते हैं वे विडम्बना का अवमूल्यन करके उसे व्यंग्य के सपाट अर्थ तक सीमित कर देते हैं। व्यंग्य कविताएँ सामान्य कोटि की होती हैं। मसलन अज्ञेय की ये पंक्तियाँ : "क्रौंच बैठा हो कभी बाल्मीकि पर/तो मत समझ वह अनुष्टुप बाँचता है कोई/जान ले वह दीमकों की रोह में है।" या रघुवीर सहाय की अधिकांश "पढ़िए गीता, बनिए सीता..." जैसी अनेक व्यंग्य कविताएँ।

कभी-कभी विडम्बना बोध को क्रीड़ा या 'लीला भाव' से भी सम्बद्ध कर दिया जाता है जो अपने आप में एक विडम्बना है। क्रीड़ा या 'लीला भाव' निश्चित रूप से भारतीय अवधारणाएँ हैं, समस्त जीवन को एक लीला के रूप में देखना एक विशेष भारतीय जीवन दृष्टि है। जीवन को 'क्रीड़ा स्थली' मानना भी इसी से जुड़ा हुआ है। किन्तु 'शब्द क्रीड़ा' बिलकुल अलग बात है : "अल्ला रे अल्ला/क्यों हुआ मनुष्य मैं, होता करम-कल्ला।" यह 'शब्द क्रीड़ा' वाली काव्य पंक्ति है। कविता का यह खिलंदड़ा रूप है और ऐसी अनेक कविताएँ अज्ञेय, रघुवीर सहाय तथा श्रीकान्त वर्मा आदि ने लिखी हैं, किन्तु उन्हें 'लीला भाव' से संयुक्त करके देखना, गलत है।

'विडम्बना बोध' निश्चित रूप से आधुनिकता का एक प्रमुख चरित्र लक्षण है, किन्तु उसे किसी काव्यप्रतिमान या निकष के रूप में इस्तेमाल नहीं किया जा सकता। इसके अतिरिक्त रघुवीर सहाय और श्रीकान्त वर्मा की कविताओं में तो विडम्बना बोध मिल भी जाए—अज्ञेय, नागार्जुन और त्रिलोचन की कविताओं में तो वह एक सिरे से गायब है। वहाँ उसे एक प्रतिमान के रूप में कैसे प्रयुक्त करेंगे ? जाहिर है तब बिम्ब और विडम्बना के विपरीत 'सपाट बयानी' को महत्त्वपूर्ण काव्य-गुण के रूप में घोषित करना पड़ेगा ही।

जैसा कि कहा गया 'विडम्बना बोध' में हमेशा एक 'त्रासदी' छिपी रहती है जबकि अज्ञेय की कविताओं में कहीं कोई 'त्रासदी' नहीं है और न वह नागार्जुन की सपाट व्यंग्यात्मक कविताओं में है, उनकी केवल 'अकाल' जैसी कुछ कविताओं में एक 'त्रासदी' का स्थूल चित्रण मिलता है।

'विडम्बना बोध' की दृष्टि से श्रीकान्त वर्मा की 'मगध' की कविताएँ महत्त्वपूर्ण है जहाँ एक ही 'रचना विशेष' प्रस्थान बिन्दु भी है और 'गंतव्य' भी। 'विडम्बना बोध' का श्रेष्ठ उदारहरण केदारनाथ सिंह की कविता 'फर्क नहीं पड़ता' है जहाँ 'प्यार' के स्थान पर यदि 'सड़क' भी लिख दिया जाए तो कोई 'फर्क नहीं पड़ता'। इस फर्क नहीं पड़ने में गहरी 'त्रासदी' छिपी हुई है, कविता उसी की ओर एक 'संकेत' है और उसी

रूप में महत्त्वपूर्ण है।

केदारनाथ सिंह की कविता गीतों के सरल तथा ऋजु संसार से आती है जहाँ मौसम बदलता है, नीम के पत्ते झरते हैं तो मन एक गहरी उदासी से भर जाता है। इसी प्रकार उनकी प्रारम्भिक कविता थी ! "रात पिया पिछवाड़े पहरु ढनका किया।" सन् 50-51 वह जमाना गीतों के दौर का था और केदारनाथ सिंह ने उसी 'समूह गीत' (कोरस) के साथ अपनी शुरुआत की थी। किन्तु उनके गीतों में ग्राम्य संस्कार तथा लोक गीतों का स्वर था जो 'मधुशाला' आदि के गीतों से सर्वथा भिन्न प्रकृति का था। इसके अलावा उनके गीतों में एक गहरी शिल्पगत प्रयोगात्मकता थी और प्रारम्भ से ही उनमें आधुनिक बिम्बों का समावेश था : रुको आँचल में तुम्हारे, बादल ओ, पपीहा दिन आ गए, निराकार की पुकार, नए वर्ष के प्रति आदि उस समय के उनके तमाम गीतों में 'लोकतत्त्व' तथा आधुनिकता का गहन अन्तर्गुफन है जो 'नई कविता' के एक नए स्वरूप के निर्माण का सूचक था।

इसी प्रक्रिया में लिखी गई उनकी 1956 में प्रकाशित 'अनागत' कविता ने सबको चौंका दिया था। वह उस दौर की सर्वाधिक चर्चित कविता थी। उसके अनुकरण पर अनेक कविताएँ भी लिखी गईं। किन्तु 'अनागत' कविता को हमेशा एक पहेली की तरह पढ़ा और सराहा गया। इसका प्रभाव उसकी व्याख्याओं पर भी पड़ा। डॉ. नामवर सिंह को संक्षेप में कविता का कथ्य यह लगा था "कि भविष्य हमारे आसपास ही है किन्तु उसका स्वरूप अभी अस्पष्ट और अनिश्चित है, फिर भी उसका आकर्षण इतना दुर्निवार है कि हम उसकी ओर-बरबस खिंचे जाते हैं।" किन्तु उन्हें इस कविता में कोई 'अन्तर्निहित तर्क' नजर नहीं आया था और वह उन्हें 'चमत्कार पूर्ण बिम्बों' की अन्तहीन लड़ी लगी थी जो "अन्ततः कवि कर्म की कमजोरी प्रकट करती है।"

निश्चित रूप से 'अनागत' कविता में भविष्य का एक अस्पष्ट तथा धुँधला सा चित्र है। किन्तु उसकी अनिश्चितता तथा धुँधला सा पूर्वाभास प्रत्येक भविष्य की आहट, उसकी प्रत्याशा और उत्कंठा का स्वाभाविक स्वरूप होता है। भविष्य हमेशा-कुहासे में छटपटाते पाँवों के रूप में ही दिखाई पड़ सकता है, इसलिए वह महज 'बिम्ब योजना' नहीं है, न चमत्कारपूर्ण उक्ति है, या यदि बिम्ब है भी तो भविष्य का स्वाभाविक चित्र इसी रूप में उपस्थित किया जा सकता था। वह यदि 'दरपनों में कौंधता है' तो इसलिए कि आईने में हम केवल अपना चेहरा नहीं, उस भविष्य का चेहरा भी देख रहे होते हैं ! 'स्पर्श उसका धमनियों को रौंद जाता है।' जैसी छटपटाती, व्याकुल अभिव्यक्ति केवल बिम्बधर्मी उक्ति नहीं, बल्कि उस दौर के स्वप्नद्रष्टा युवक की आवेग से थरथराती उत्कण्ठा है जो प्रतिपल एक नए भविष्य, एक नई सुबह, एक नए संसार की कामना से बेकरार है। भविष्य की यह दस्तक 'खिड़कियों के बन्द शीशे तोड़ जाती है।' पूरी कविता में सितार के तार की तरह जो एक निरन्तर स्पन्दित रचनात्मक तनाव है, वह केवल उन्हीं बिम्बों के माध्यम से मूर्त और अभिव्यक्त हो सकता था। अतः बिम्ब यहाँ अलंकारों की तरह प्रयुक्त लड़ियाँ नहीं है, अभिव्यक्ति की एकमात्र तथा अन्यतम

काव्य-विधियाँ है। नामवर जी ने ठीक ही लिखा था कि उस युग की वक्तव्यवादी (रेटारिकल) गद्‌यात्मक कविताओं की भीड़ में यह कविता अत्यन्त विशिष्ट थी। इस कविता के माध्यम से नई कविता को एक नया—अधिक सूक्ष्म तथा सक्षम काव्य शिल्प उपलब्ध हुआ था, जो अमूर्त तथा अस्पष्ट सा प्रतीत होते हुए भी एक गहरी समकालीन सामाजिक चेतना लिए हुए था। ऐसी चेतना जो उस समय के प्रायः सभी युवकों का स्वप्न और प्रत्याशा थी। आजादी के पहले दौर की पलक खोलती चेतना, जिसमें स्वाभाविक रूप से आधा स्वप्न, आधा यथार्थ, कुछ स्पष्ट, कुछ धुँधला, कुहरे डूबा एक रहस्य सा बुनता हुआ जीवन छिपा हुआ था।

'अनागत' एक 'संक्रान्तिकालीन कविता' है : दरअसल उसकी अस्पष्टता या तथाकथित रहस्यमयता वस्तुतः एक ऐसी रचनात्मक अस्पष्टता या ऐम्बिग्युटी है जो उसे अनेक अर्थ स्तरीयता तथा बहु आयामिता प्रदान करती है : उसमें भविष्य के जिस युग स्वप्न की बात की गई, उससे पृथक उसे एक नितान्त व्यक्तिगत कविता के रूप में भी देख सकते हैं, मसलन 'उस अनागत का करें क्या, **जो आता है न जाता** है।' यह न आने और न जानेवाला 'अनागत निश्चित रूप से भविष्य' नहीं हो सकता। इस 'प्रतीक्षा' में एक भिन्न प्रकार की आतुरता छिपी हुई है जो कहीं और संकेत करती है। इसी प्रकार 'हाथ उसके हाथ में आकर बिछल जाते' की मांसलता और ऐंद्रियता अत्यन्त निजी तथा गोपन प्रकार की तृष्णातुरता प्रकट करती है जो प्रायः युवकोचित रोमानी प्रेम सम्बन्धों में होती है। अतः यह अनायास नहीं था कि 'तीसरा सप्तक' की (जिसमें यह कविता केदारनाथ सिंह की पहली-कविता के रूप में प्रकाशित हुई थी) समीक्षा कर हुए शमशेर बहादुर सिंह ने लिखा था कि 'केदारनाथ सिंह युवकों के प्रिय-कवि हैं।' 'अनागत' की ऐसी पंक्तियाँ कई रूपों में युवा पाठकों को लुभाती रही हैं।

इसी तरह 'हर नवागंतुक उसी की तरह लगता है' पंक्ति है। सभी जानते हैं कि जब 'हर-नवागंतुक' या हर शै 'उसी की तरह' दीखने लगे—तो इसका मतलब क्या होता है ?...वह "सड़क पर चलते अचानक दीख जाता है।" और आप चौंककर ठिठक जाते हैं ! "आजकल ठहरा नहीं जाता कहीं भी/हर घड़ी खटका लगा रहता, कब कहाँ वह दीख जाए...।" यह पंक्तियाँ भी युवकों को 'अजनबी' नहीं लगेगी। अतः एक स्तर पर 'अनागत' रोमानियतवाली प्रेम कविता लगेगी। किन्तु यह 'प्रेमकविता' धर्मवीर भारती तथा कई अन्यों की 'फिरोजी ओठोंवाली'—प्रेम कविताओं से भी कितनी भिन्न तथा विशिष्ट थी !

सन् 50 और 60 के बीच जिन दो कविताओं ने हिन्दी कविता को सर्वथा नया शिल्प, भाषा तथा भाव बोध दिया उनमें केदारनाथ सिंह की 'अनागत' और शमशेर बहादुर सिंह की 'टूटी हुई, बिखरी हुई' प्रमुख हैं। ये दोनों कविताएँ आधुनिक हिन्दी कविता की परम्परा में एक बहुत बड़ा हस्तक्षेप तो थीं ही, इन्होंने स्वयं हिन्दी कविता की एक नई परमपरा को जन्म दिया। आगे चलकर सन् 64 में प्रकाशित नई कविता की कालसिद्ध कृति मुक्तिबोध की 'अँधेरे में' को भी इसी परम्परा में देखना चाहिए :

'अँधेरे में' जहाँ 'टूटी हुई बिखरी हुई' की तरह ही अतियथार्थवादी फैंटेसी शिल्प में लिखी गई है, वहीं उसका रक्तस्नात रहस्यमय पुरुष, पुरुषवाचक 'अनागत' का ही अधिक विकसित, व्यापक अर्थों से युक्त आत्म प्रक्षेपित व्यक्ति है। कहने का तात्पर्य यह नहीं कि इन तीन कविताओं में कोई समानता है बल्कि तीनों नितान्त भिन्न प्रकृति की कविताएँ हैं। तात्पर्य केवल इतना है कि नई कविता के विकास में इन तीन कविताओं की महत्त्वपूर्ण भूमिका रही है। सन् 50 से 60 के दशक तक नई कविता ने विकास की निरन्तरता को रेखांकित करने के लिए इन तीन कविताओं का विशेष उल्लेख यहाँ किया जा रहा है।

'टूटी हुई, बिखरी हुई' नई कविता की अवधारणात्मक सूक्ति और उक्तिवादी कविताओं का विलोम है। उसमें विचार, वक्तव्य या बयान नहीं है। वह शुद्ध रूप से सुरियालिस्टिक कविता है। 'सुरियालिस्टिक' (हिन्दी में जिसे अतियथार्थवादी कविता कहा जाता है) कला सम्बन्ध में ज्यापॉल सार्त्र का यह कथन महत्त्वपूर्ण है : "मानव मस्तिष्क में एक ऐसा बिन्दु है जहाँ जीवन और मृत्यु, काल्पनिक तथा वास्तविक अतीत और भविष्य, सम्प्रेषणीय तथा असम्प्रेषणीय के बीच कोई विरोधाभास नहीं रह जाता।"

...सुरियालिस्टिक कविता मस्तिष्क के इसी बिन्दु से प्रवाहित होती है।...'टूटी हुई बिखरी हुई' को इस कोण या इस बिन्दु से देखें तो उसे समझने में आसानी होगी। किन्तु मेरा उद्देश्य यहाँ उसकी व्याख्या करना नहीं है, केवल उसकी काव्यात्मक विशेषता को रेखांकित करना है : जैसा कि उसका शीर्षक है, कवि पहले से ही यह कह देना चाहता है कि उसकी कविता 'टूटी हुई बिखरी हुई' है—उसमें कोई पूर्वापर सम्बन्ध, निरन्तरता या पूर्णता नहीं है। इस कविता में भी सबसे पहले ध्यान उसके बिम्बों पर ही जाता है जिनकी एक शृंखला सी कविता में बनती है। यह शृंखला ही कविता के अर्थ को ध्वनित करती है। कविता किसी और के बारे में नहीं है, अपने ही बारे में है—आत्म वक्तव्य है। इस आत्म वक्तव्य में एक प्रकार का 'आत्मदैन्य' है, आत्मतुच्छता की अभिव्यक्ति है : पाँवों के नीचे दली हुई चाय की पत्तियाँ, बाल कटे-गर्दन से फिर भी चिपके, खाली रफू किए जा रहे बोरों की तरह,आसमान की गंगा के रेत में कीचड़ की तरह, 'प्वाइजन' का लेबल लिए हुए दवाइयाँ...आदि इन सभी बिम्बों में आत्मदैन्य और तुच्छता का बोध है। पूरी कविता में एक गहरी उदासी है जो एक अदृश्य सम्बोधित व्यक्ति की निर्ममता तथा हृदयहीनता से जुड़ी हुई है : "वह मुझ पर हँस रही है,जो मेरे होठों पर तलुए के बल खड़ी है।" यह निर्ममता की सीमा है जो जयशंकर प्रसाद की पंक्ति 'छिल-छिल कर छाले फोड़े, मल-मलकर मृदुल चरण से' की याद दिलाती है। और जो आचार्य रामचन्द्र शुक्ल को 'जुगुप्सोत्पादक' लगी थी। 'टूटी हुई बिखरी हुई' में भी एक रोमानी अवसाद है। अतः इसे भी एक प्रकार की प्रेम कविता के रूप में पढ़ा जा सकता है। किन्तु यह 'लव सांग ऑफ जे. प्रुफॉक' नहीं है, क्योंकि इसमें वह गहरी विडम्बना नहीं है, केवल प्रेमी को निवेदित एक 'नाचीज भाव है—और एक 'मैसोचिज्म' या आत्मपीड़क अभिव्यक्ति है जहाँ तलवों के ठप्पों से मुँह कुचला जा रहा है, प्यास के पहाड़ों पर झरने

की तरह तड़पता 'हुआ' मैं है, झरने में आँच और लपट है, जिसमें फौव्वारे की तरह नाचता हुआ 'तुम' है, पूरी कविता विरोधाभासी बिम्बों और उक्तियों से भरी हुई है : आईनों, मुस्कराओ और मुझे मार डालो/आईनों, मैं तुम्हारी जिन्दगी हूँ।

विजयदेव नारायण साही ने शमशेर की कविताओं के बिम्बों को 'बिम्बलोक' कहा है। इस 'बिम्बलोक' का सर्वोत्तम उदाहरण 'टूटी हुई बिखरी हुई' है : इसके बिम्बों में कोई तारतम्यता या सुसंगति नहीं है : आसमान में आईने की तरह हिल रही गंगा की रेत, प्यास के पहाड़, रोशनाई में धुलते आईने, उषा की खिलखिलाहट पहनकर खिलता फूल, मोतियों को चबाता हुआ गुल, शाम के पानी में डूबते मुस्कुराते गमगीन पहाड़ आदि बिम्ब एक गत्यात्मक 'बिम्बलोक' का निर्माण करते हैं। यह 'बिम्बलोक' एक फैंटेसी है जिसमें सुख, दर्द, हँसी, नींद, प्यार, यातना, मौत, जिन्दगी सब एक-दूसरे में घुल-मिल गए हैं। सारे विरोधाभासों की सीमाएँ मिट गई हैं—स्वप्न, कल्पना और यथार्थ में कोई भेद नहीं रह गया है। यही 'सुरियलिज्म' है और शमशेर इस शब्द का प्रयोग अपने वक्तव्यों में कर चुके हैं। उनकी 'काव्यानुभूति की बनावट' उसी ताने-बाने से बुनी गई है। इसीलिए गौर करें तो शमशेर की कविताएँ-खासतौर पर 'टूटी हुई बिखरी हुई' सुरियलिस्टिक पेंटिंक्स की तरह लगेगी। स्वयं शमशेर अपने को मूलतः पेंटर या चित्रकार मानते थे। जो रंगों में, आकारों में, रेखाओं में मूर्त नहीं हो सका वह शब्दों में मूर्त हुआ है। 'टूटी हुई बिखरी हुई' के बिम्बलोक में यदि रंग, रेखाएँ, आकार भर दें तो वह 'गुर्येनिका' की तरह एक 'पेंटिंग' लगेगी। बेहद अमूर्त-मूर्त, तर्कातीत, उलझे हुए असम्बद्ध अजीबोगरीब बिम्बों का समूह! किन्तु 'टूटी हुई, बिखरी हुई' में वह सम्भव हो सका है जो पेंटिंग में सम्भव नहीं होता। वह है गहन अनुभूतियों की अभिव्यक्ति। शमशेर अपने को मूलतः अनुभूतियों और भावनाओं का कवि मानते भी हैं : "कविता में हम अपनी भावनओं की सच्चाई खोजते हैं।" 'टूटी हुई बिखरी हुई' में वह भावना है, प्रेम की गहन अनुभूति और उसकी 'सच्चाई' है प्रेम की निष्ठुरता, निर्भयता और आत्मपीड़क स्वरूप : "वह मुझ पर हँस रही है/जो मेरे होठों पर तलुए के बल खड़ी है/...उसके बाल मेरी पीठ को बारीक तारों की तरह खुरच रहे हैं...मुझसे प्रेम करो जैसे मछलियाँ लहरों से करती हैं...जिनमें वे फँसने नहीं आती/...उसके पाँवों की दिशा मेरी आँखों को लेकर खो गई थी/...तुमने मुझे जला दिया/मुझे जलते हुए को भी तुम देखते रहे : **और वह मुझे अच्छा लगता रहा।**"

...प्रेम की यह बेचैन छटपटाती अनुभूति और निष्ठुरता से जलाए जाने पर भी अच्छा लगना। यह उस प्रेम की अनुभूति की सच्चाई है। कविता में एक कातर प्रेम भाव है, लेकिन उसकी अभिव्यक्ति के लिए रचा गया यह अद्भुत स्वप्निल बिम्बलोक हिन्दी कविता में अपूर्व सृष्टि है। इसे सामाजिक मानदण्डों या कविता के यथार्थवादी निकष पर कसने की जरूरत नहीं महसूस होती। अपने समूचेपन में यह सौन्दर्य लोक ऐसा है जहाँ कविता 'टूटी हुई, बिखरी हुई' नहीं रह जाती।

आधुनिक-हिन्दी साहित्य में भाषा की संगीतात्मक चित्रात्मकता कविता में शमशेर

बहादुर सिंह के साथ शुरू होती है और कथा साहित्य में फणीश्वरनाथ रेणु के साथ। 'मैला आँचल' और 'टूटी हुई, बिखरी हुई' के रचनाकाल में भी बहुत अधिक अन्तर नहीं है।

शमशेर मूलतः 'प्रेम' और 'सौन्दर्य' के कवि हैं और उसकी चरमपरिणति उनकी दो कविताओं में हुई है : 'टूटी हुई बिखरी हुई' और 'आओ' में। 'टूटी हुई बिखरी हुई' का अतियथार्थवाद एक सीमा के बाद 'ऐबसर्ड बोध' में ढल जाता है। 'ऐबसर्ड बोध' अतियथार्थवाद की अनिवार्य नियति है। प्रेम, सौन्दर्य, कल्पना और ऐबसर्ड बोध इन सबको मिलाकर देखें तो टूटी हुई...एक सुरियलिस्टिक कोलाज के चित्र के रूप में नजर आएगी। शमशेर के लिए कभी "यह तय करना मुश्किल हो गया था कि वे चित्रकार बनें कि कवि।" मुक्तिबोध मानते हैं कि शमशेर की चित्रकला और कविता एक ही सिक्के के दो पहलू हैं। कविता में अमूर्तन के लिए वे चित्र के रंगों का सहारा लेते हैं और भावनाओं की मुखर अभिव्यक्ति के लिए उन रंगों में शब्द भरते हैं। शमशेर के इस काव्य गुण को समझे बिना उनकी कविता को समझना मुश्किल है। 'नाखून और सींग' तथा 'शिला का खून पीती थी' जैसी कविताओं की व्याख्या तो बिना यह समझे असम्भव है।

...नई कविता में शमशेर तथा मुक्तिबोध दोनों ने भाषा, शिल्प, भावबोध—सभी स्तरों पर अज्ञेय की कविता को अप्रासंगिक कर दिया था। अतः अज्ञेय के लिए आत्म स्थापन के लिए सारा संघर्ष वैचारिक तथा अवधारणात्मक ही रह गया था। अतः इसे संयोग नहीं मानना चाहिए कि कविता में विचारधारा का विरोध करने के बावजूद अज्ञेय की कविता में विचारों का आग्रह क्रमशः बढ़ता गया। लेकिन यह विचारात्मकता चूँकि किसी ठोस विचारधारा से शून्य थी इसलिए अमूर्त विचारोंवाली आध्यात्मिकता तथा रहस्यात्मकता की ओर बढ़ती गई।

इस तथ्य की ओर भी ध्यान देना दिलचस्प होगा कि अज्ञेय तथा मुक्तिबोध दोनों ने सृजन प्रक्रिया और रचना प्रक्रिया पर पर्याप्त लिखा है। 'असाध्य वीणा' सृजन प्रक्रिया की ही कविता है। किन्तु अज्ञेय की 'सृजन प्रक्रिया' तथा मुक्तिबोध की सृजन प्रक्रिया की अवधारणाओं में जमीन-आसमान का अन्तर है : अज्ञेय की सृजन प्रक्रिया आध्यात्मिक 'मौन' तथा 'शून्य' में विचरण करती है जबकि मुक्तिबोध की सृजन प्रक्रिया 'रचना' और 'जीवन' को एकाकार करने की प्रक्रिया है। वह 'जीवानुभव' को 'कलानुभव' में परिवर्तित करने की प्रक्रिया है।

अज्ञेय ने दरअसल बड़ी चतुराई से नई कविता की दिशा 'आध्यात्मिकता' की ओर मोड़ने की चेष्टा की थी, क्योंकि स्वयं उन्हें अपनी काव्यात्मक असमर्थता महसूस होने लगी थी और इस 'बंजर-बोध' को किसी 'वनस्थली' या आश्रम में ही शरण मिल सकती थी—'जानकी यात्रा' इसी का ऑफशूट थी। किन्तु सौभाग्य से 'नई कविता' में मुक्तिबोध या शमशेर तथा रघुवीर सहाय अधिक समर्थ कवि सक्रिय थे जो काव्य भाषा, काव्य शिल्प तथा संरचना को अपूर्व ऊँचाइयों तक ले जा सके। मुक्तिबोध ने 'नई

कविता' को गहरे राजनैतिक अर्थ से युक्त कर उसे कविता की वास्तविक-भूमिका से परिचित कराया। ऐसे में अज्ञेय का काव्य-अस्तित्व खतरे में पड़ रहा था, जिसे बचाने के लिए उन्हें कम प्रतिभावाले या प्रतिभाहीन अनुयायियों की जमात खड़ी करनी पड़ी जो वस्तुतः 'जानकी जय यात्रा' नहीं, अज्ञेय की 'पराजय यात्रा' थी।

इसी के समानान्तर रघुवीर सहाय तथा श्रीकान्त वर्मा जैसे कवियों ने अधिक मुखर होकर कविता के सामाजिक-राजनैतिक स्वर को एक नई भाषा दी और उसे अखबार तथा पत्रकारिता की तरह सुलभ और अनिवार्य बना दिया। यह स्वर न तो अति गुरु-गम्भीर या आध्यात्मिक था और न उक्तियों तथा सुक्तियोंवाला। यह वही स्वर था जिसे डॉ. नामवर सिंह जैसे समीक्षकों ने युगीन, व्यंग्य, विसंगति तथा विडम्बना का स्वर कहा था।

कविता को 'आध्यात्मिक' मात्र से गुरेज नहीं करना चाहिए—बल्कि जब भी कविता जीवन के गूढ़ पक्षों से जूझती है तो वह स्वतः आध्यात्मिकता की सरहदें छूने लगती हैं। इन्हीं अर्थों में विजयदेव नारायण साही कहते हैं कि छायावादी कविता आध्यात्मिक थी और बाद की कविता में वह आध्यात्मिकता नहीं रही। किन्तु आध्यात्मिकता जब कविता का विकल्प बनने लगती है तो वहाँ न तो आध्यात्मिकता रहती है और न कविता।

अज्ञेय ने अपने विचारों में काव्यमूल्यों तथा काव्य संस्कृति की रक्षा का भरसक प्रयत्न अवश्य किया था। इस मामले में अज्ञेय की भूमिका उतनी ही दायित्वपूर्ण थी, जितनी मुक्तिबोध की। जबकि दोनों के विचारों में जमीन-आसमान का फर्क था। अज्ञेय के अनुवर्ती रघुवीर सहाय और श्रीकान्त वर्मा आदि कविता की दृष्टि से जितने सम्पन्न थे विचारों के स्तर पर उतने संतुलित या दायित्वपूर्ण नहीं थे। इसीलिए उनकी कविता की 'विचारात्मकता' में 'सिनिकल स्वर' स्पष्ट रूप से सुना जा सकता है। 'सिनिसिज्म' आधुनिकतावादी कविता का एक प्रमुख चरित्र-लक्षण रहा है और उसका एक प्रकार का शास्त्र भी गढ़ा गया है : आधुनिक मनुष्य बौखलाया हुआ और तल्ख है। यह बौखलाहट तथा तल्ख़ी श्रीकान्त वर्मा की कविताओं में विशेष रूप से लक्ष्य की जा सकती है। इस अर्थ में अज्ञेय कम आधुनिक हैं। उनमें वह बौखलाहट और तल्ख़ी नहीं है। कह सकते हैं कि उनमें विडम्बनाबोध भी नहीं है और हास्यबोध तो एक सिरे से नदारत है। वे अतिगम्भीर, विवेकवान तथा धीर प्रशान्त दिखाई देते हैं। "कहीं आग लग गई, कहीं गोली चल गई" वाले माहौल में अज्ञेय की निर्लिप्तता झुँझलाहट ही नहीं अविश्वास भी उत्पन्न करती है। साठोत्तरी कवियों तथा पाठकों में अज्ञेय के प्रति उत्तरोत्तर बढ़ती हुई विरक्ति का एक प्रमुख कारण यह भी था।

कविता की साठोत्तरी पीढ़ी मुक्तिबोध तथा रघुवीर सहाय को अपने अधिक निकट पाती है। मुक्तिबोध बीहड़, जटिल, निरन्तर तनाव तथा असुरक्षा के कवि हैं। रघुवीर सहाय की कविता अच्छी रिर्पोटिंग की तरह दिलचस्प, पुरलुत्फ तथा उत्तेजक है। वह अपने व्यंग्यवाणों से प्रखर कार्टून की तरह बींधती है। लेकिन उसका व्यंग्य, नागार्जुन की तरह सपाट नहीं है—सपाट दीखने के बावजूद। उसमें विडम्बनाबोध की त्रासदी है।

उनकी कविता 'रामदास' इसका सर्वोत्तम उदाहरण है। उसके अतिरिक्त रघुवीर सहाय नई कविता के अकेले ऐसे कवि हैं जिन्होंने पूर्णतः अपने उधम से निजी काव्य भाषा (पोयेटिक डिक्शन) का निर्माण तो किया ही, एक ऐसा अभिव्यक्ति शिल्प गढ़ा जो साठोत्तरी पीढ़ी को अधिक प्रासंगिक प्रतीत हुआ। अपनी अर्थवक्ता में रघुवीर सहाय की कविता मूलतः व्यंग्यबोध की कविता है जो उनकी प्रारम्भिक कविता 'बेचारी हिन्दी' से ही नजर आने लगा था। श्रीकान्त वर्मा रघुवीर सहाय की अपेक्षा अधिक तल्ख और सिनिकल हैं। लेकिन उनकी 'घरधाम' जैसी कविता आधुनिक मनुष्य की मानसिक बुनावट की जैसी मार्मिक तथा प्रामाणिक तस्वीर पेश करती है वह 'साधारण' आदमी की 'स्वाभाविक चाह' का भी उदाहरण है। वह व्यंग्य कविता नहीं है बल्कि जैसा केदारनाथ सिंह ने लिखा है वह तत्कालीन युवा मानस का विक्षोम है। 'घर' जाने की इच्छा वस्तुतः जीने की इच्छा का ही पर्याय है। निश्चित रूप से 'घरधाम' हिन्दी कविता में निर्वासन बोध की पहली प्रामाणिक कविता है। उसमें एक बेचैनी और चीख है। पराएपन से उबरने की छटपटाहट है। कवि बार-बार पूछता है "कहाँ है मेरा योग ?" अर्थहीन कार्यों में साल-दर-साल गुजारने के बाद वह निढ़ाल होकर घर जाना चाहता है। वह सहज, स्वाभाविक, सामान्य मनुष्य का जीवन जीना चाहता है। वह प्रेम करना, विवाह करना और अपनी प्रिया की गोद भरना चाहता है। वह 'नास्ट्रेलजिया' की कविता भी है किन्तु उसमें एक विराट-महत्त्वाकांक्षा भी अन्तर्निहित है "मैं पूरा आकाश इस भुजा पर ताबीज की तरह बाँध लेना चाहता हूँ।"

वस्तुतः श्रीकान्त वर्मा की यही महत्त्वाकांक्षा उन्हें 'मगध' तक ले जाती है जहाँ पहुँचकर उन्हें लगता है कि 'मगध' में विचारों की कमी है। किन्तु विडम्बना यह है कि वह 'मगध' से लौट नहीं सकता। 'मगध' जाकर कोई मगध से निकल नहीं सकता। घिर जाने, बाहर न निकल पाने की छटपटाहट ही श्रीकान्त वर्मा की परवर्ती कविताओं का स्वरूप गढ़ती है। लेकिन विडम्बना यह भी है कि 'मगध' उसका ही 'चुनाव' है। वह 'मगध' आना चाहता था, इसलिए मगध में है। शायद यह भी 'सच' नहीं है कि वह वस्तुतः 'मगध' से बाहर निकलना भी चाहता है ? 'मगध' उसकी महत्त्वाकांक्षाओं का स्वर्ग है, किन्तु यह स्वर्ग उसे नरक की यातना भी दे रहा है। इसीलिए वहाँ एक तरह का अपराध बोध और पश्चाताप भी है, लेकिन अब वहीं रहकर 'सुखी-दुखी' और 'दुखी-सुखी' होने के अलावा कोई चारा नहीं है।

हिन्दी साहित्य में 'सत्ता' और 'साहित्यकार' का जो द्वन्द्व **'बाणभट्ट की आत्मकथा'** से शुरू हुआ था वह **मगध** में आकर एक परिणति तक पहुँच जाता है : हरिश्चन्द्र यहाँ सब कुछ हार चुका है—अपना रोहिताश्व भी। वह 'कोशल' में भी भिखारी है और मगध में भी। यह अपराधबोध की सीमा है। यह बहुत बड़ी त्रासदी है। किन्तु यह 'त्रासदी' नियति निर्मित नहीं है, यह स्वनिर्मित है। यहाँ अपना नरक स्वयं गढ़ा और चुना गया है।

जिसे 'नई कविता' का दौर या युग कहते हैं वह अपार सम्भावनाओं तथा

विविधताओं का युग था। छायावादी कविता अपने सपनों तथा संकल्पनों तक सीमित संसार की कविता थी। प्रसाद, निराला, पन्त और महादेवी का संसार बहुत विस्तृत और विविधतापूर्ण नहीं दीखता। निराला जरूर वह 'सिंहद्वार' हैं, जिनसे गुजरकर हिन्दी कविता एक नए संसार में प्रवेश करती है। उन्होंने आक्षितिज एक नए संसार का द्वार हिन्दी कविता के लिए खोल दिया था। 'जूही की कली' से लेकर 'कुकुरमुत्ता' तक की यह यात्रा प्रदीर्घ तथा बहुरंगी थी। नई कविता की 'चिन्ता' (अज्ञेय का पहला काव्य संग्रह) इसके बाद शुरू होती है।

सन् 40 तथा 50 के बीच छायावादी कविता के अवशेष धीरे-धीरे हिन्दी कविता से तिरोहित हो रहे थे। किन्तु यह प्रक्रिया काफी धीमी थी। नई राहों के अन्वेषण में कोई सही राह नहीं सूझ रही थी। 'पुराने उपमानों के मैले होने' और 'उनके प्रतीकों के देवता के कूच' कर जाने के बाद भी चौंकानेवाले चमकीले उपमान बहुत कारगर नहीं सिद्ध हो रहे थे। शब्दों तथा भावबोध का संश्लिष्ट रूप 'नई कविता' अभी गढ़ नहीं पा रही थी।

शमशेर सम्भवतः नई कविता के 'पहले कवि' थे जिन्होंने सार्थक नए उपमानों और प्रतीकोंवाली कविताएँ लिखीं। मसलन उनकी 1937 में लिखी गई इस कविता की पंक्ति देखें : "स्थिर है, शव सी रात/लटका है पश्चिम के घर में / आधा चाँद कटोरा काँसे का सा/सीसे सी नीली रात।" तब तक अज्ञेय ऐसे उपमानों तक नहीं पहुँचे थे। 'इत्यलम' की कविताएँ अभी छायावादी 'अवसाद' में डूबी हुई थीं : "भोर वेला नदी तट की घंटियों का नाद/चोट खाकर जग उठा/सोया हुआ अवसाद।" अज्ञेय की रचनाओं में ये अवसाद, पीड़ा, दुख, वेदना आदि बहुत दूर तक जाते हैं, जो मूलतः छायावादी भावबोध का ही विस्तार था। बल्कि आज कोई यह भी कह सकता है कि अज्ञेय में वास्तविकता 'नई कविता' कहीं नहीं मिलती। वह शमशेर और मुक्तिबोध से शुरू होती है और रघुवीर सहाय, श्रीकान्त वर्मा तथा केदारनाथ सिंह आदि में अपने चरम उत्कर्ष पर पहुँचती है। जैसा कि ऊपर कहा जा चुका है कि प्रतीकों की सबसे अधिक बात करनेवाले अज्ञेय की कविताएँ 'प्रतीकवादी' नहीं हैं। उनके द्वीप, नदी, मछली आदि मूलतः परम्परावादी प्रतीक ही हैं। 'प्रतीकवादी' काव्य प्रतीक भी सबसे पहले शमशेर की कविताओं में ही मिलते हैं। शमशेर बहादुर सिंह काव्य शिल्प में अत्याधुनिक और भावबोध में रोमैंटिक हैं। किन्तु उनकी रोमैंटिकता छायावादी रोमैंटिकता से भिन्न है। वह ऐसी विशुद्ध रोमैंटिकता है जो कविता में अविकल रूप से विद्यमान रहती है, यहाँ तक कि जब वह किसी राजनैतिक विचारधारा से प्रतिबद्ध होकर लिखी जाती है तब भी। इसी अर्थ में पॉब्लो नरुदा जैसे वामपंथी कवि की भी अनेक कविताएँ रोमैंटिक कही जाएँगी ! इस रोमैंटिकता में ऐन्द्रियता अविच्छिन्न रूप से जुड़ी रहती है। मसलन केदारनाथ सिंह जब लिखते हैं कि "उसका हाथ अपने हाथ में लेते हुए मैंने सोचा कि दुनिया को इस हाथ की तरह नरम और गर्म होना चाहिए" तो यह ऐन्द्रिक रोमैंटिकता की ही मिसाल है। उनकी 'जमीन पक रही है' की कविताओं की विम्बात्मकता भी इसी से जुड़ी हुई है।

उनकी बिम्ब योजना प्रकृति से मनुष्य की ओर आती है और धीरे-धीरे उसमें अनौपचारिक बातचीत का स्वर प्रधान होता जाता है। उनकी रोटी, नूर मियाँ और बनारस जैसी कविताओं में भावनात्मकता है किन्तु धर्मवीर भारती या सर्वेश्वर दयाल सक्सेना जैसी भावुकता नहीं है। बिम्ब अलंकार मात्र नहीं है, बल्कि जातीय स्मृति से जुड़े संस्कार हैं जिनकी अनुगूँज सांस्कृतिक रूप में होती है। 'बनारस' कविता इसका सर्वोत्तम उदाहरण है। उसमें भिखारियों के कटोरों, बन्दरों की आँखों, मन्दिरों में बजते घंटे, शंख मन्त्रोच्चार, मणिकर्णिका की ओर जाते असंख्य शवों की कतार आदि का जो कहीं बिम्बों तथा कहीं प्रतीकों के रूप में उल्लेख है उसके बाद 'बनारस' को जानने के लिए किसी सुदीर्घ वर्णनात्मकता की जरूरत नहीं रहती : सम्पूर्ण शहर अपनी जातीय स्मृति तथा सांस्कृतिक सम्पदा के साथ मूर्तिमान हो जाता है। बिम्बधर्मी कविताएँ इसी तरह इतिवृत्तात्मकता तथा रेटारिक को पीछे छोड़कर एक ऐसी 'माइक्रोस्कोपिक दृष्टि' देती हैं जिसमें वर्णित वस्तु का हम उसकी सम्पूर्णता में साक्षात्कार करते हैं तथा अपनी पंचेन्द्रियों से उसका अनुभव कर पाते हैं : रूप, रंग, स्पर्श, गन्ध तथा ध्वनियों सहित। केदारनाथ सिंह की 'माझी का पुल' जैसी कविताओं की भी यही विशेषता है। **शमशेर तथा रघुवीर सहाय के बीच 'माझी का पुल' सचमुच 'पुल' की भूमिका निभाता है।** रघुवीर सहाय की कविताओं में जो गहरी राजनैतिक-सामाजिक चेतना है वह अपनी सांकेतिकता में शमशेर तथा केदारनाथ सिंह में उपस्थित है। वहाँ रघुवीर सहाय वाला व्यंग्य या तंजिया अन्दाज नहीं है लेकिन एक गहरा सामाजिक सरोकार वहाँ जरूर बना रहता है। शमशेर में यह सरोकार दो अलग-अलग छोरों पर स्थित है। लगता है वे दो अलग भावबोध की कविताएँ हैं। शमशेर वहाँ अपनी प्रकृति के विरुद्ध 'रेटारिकल' हो जाते हैं जबकि केदारनाथ सिंह अपनी 'बाघ' जैसी लम्बी कविता में अपनी बिम्बधर्मिता को ही सामाजिक सन्दर्भ देने में कामयाब हो जाते हैं जहाँ उन्हें दन्त कथाओं तथा पुराकथाओं के जंगल से गुजरना पड़ता है जहाँ पंचतन्त्र के पशु-पक्षी मनुष्य की भाषा में बात करते और मनुष्यवत आचरण करते हैं और जहाँ एक उनींदा धोबी बरसात की रात में एक भटके हुए बाघ को अपना खोया हुआ गधा समझ छप्पर के खम्भे से बाँध देता है। इस तरह कविता को एक सामाजिक सन्दर्भ स्वतः प्राप्त हो जाता है। कविता में यह 'बाघ' अनेक सन्दर्भों को जाग्रत करता हुआ दूर तक जाता है। कहने का तात्पर्य यह कि सार्थक सामाजिक सन्दर्भ के लिए जरूरी नहीं है कि कविता बिम्बों और प्रतीकों का सर्वथा परित्याग कर दे, बल्कि विकास की प्रक्रिया में शिल्प के सभी अन्वेषित उपकरणों को समाहित करती हुई कविता ही अपनी प्रासंगिकता तथा अर्थवत्ता अक्षुण रख पाती है। 'बाघ' उत्तर नई कविता की उपलब्धि है।

ऊपर एक जगह 'सिनिसिज्म' को आधुनिक साहित्य का एक विशेष चरित्र लक्षण माना गया था। 'नई कविता' में यह 'सिनिसिज्म' श्रीकान्त वर्मा की कविताओं में अधिक प्रखरता से परिलक्षित होता है और भूखी पीढ़ी तथा अ-कविता की कविताओं में अपनी रुग्ण मानसिकता के साथ। मानवीयता तथा मानवमूल्यों के अवमूल्यन के युग में

'सिनिसिज्म' एक स्वाभाविक मानसिकता भी हो सकती है। जब आदमी के पतन की सीमा न हो, जब अवसरवादिता तथा समझौतों का तर्कशास्त्र गढ़ा जा रहा है—तब उसका निरन्तर साक्षातकार करता हुआ और उसका शिकार होता हुआ कोई थोड़ी देर के लिए 'सिनिकल' हो जाए तो इसे स्वाभाविक ही मानना चाहिए। श्रीकान्त वर्मा के अलावा घूमिल की कविताओं में भी यह "सिनिसिज्म" एक आक्रोश और गुर्राहट के साथ उपस्थित है : "इतना कायर हूँ कि उत्तर प्रदेश हूँ या जिसकी-जिसकी पूँछ उठाई आदि कविताओं का तल्ख स्वर सिनिकल सीमाओं तक पहुँच जाता है। धूमिल की कविता इसी को अपनी 'मुनासिब कार्रवाई' मानती है। धूमिल की कविता की भाषा और मुहावरे इसी मिजाज की देन हैं। वह दिमाग की हमेशा तनी रहनेवाली नसों की कविता है। धूमिल साठोत्तरी पीढ़ी के पहले कवि हैं जिन्हें भारत-चीन युद्ध के दरम्यान लिखी गई अपनी प्रारम्भिक कविता में जब सारा देश राष्ट्रगान और विजयगान से गूँज रहा था—सब लोग डरे हुए 'चूजे' की तरह लग रहे थे। धूमिल की कविता उस मादा भेड़िये की गुर्राहट की तरह है जो अपने छौने को दूध भी पिला रही है और साथ ही किसी मेमने का सिर भी चबा रही है। श्रीकान्त वर्मा तथा धूमिल की काव्य भाषा तथा मनोभूमि में एक तरह का साम्य भी है। श्रीकान्त की भाषा में आक्रोश, चिढ़, झल्लाहट और बौखलाहट है। "तुम जाओ अपने बहिश्त में/मैं जाता हूँ/अपने जहन्नुम में'' ''मैं बकता नहीं हूँ कविताएँ/ईजाद करता हूँ गाली/ फिर उसे बुदबुदाता हूँ।" यह सिनिसिज्म की इन्तिहा है—कविता को 'गाली' की तरह इस्तेमाल करना। किन्तु यह आज के 'आम आदमी' की स्वाभाविक मनोदशा है : जब वह आसपास के अत्याचार, व्याभिचार, अमानवीयता, अतिचार आदि का ताण्डव देखते हुए भी न तो 'आत्महत्या कर सकता है और न कर सकता है किसी का खून' तो यह अतिसंवेदनशील, स्वचेतन आदमी केवल 'सिनिकल' हो सकता है। श्रीकान्त वर्मा का 'सिनिसिज्म' इसी आदमी से उत्पन्न हुआ है। किन्तु श्रीकान्त वर्मा में एक गहरी 'ईमानदारी' है जो उनके सिनिकल मिजाज को तोड़ती है : "दूसरे के दुःख को/अपना मानने की बहुत कोशिश की/नहीं हुआ।"

यह 'नई कविता' के कवि का सबसे ईमानदार बयान है जहाँ न 'दर्प' है न 'दीनता'। एक सच्ची और खरी आत्मस्वीकृति है जो श्रीकान्त वर्मा की कविता को 'मगध' के रास्ते पर ले जाती है। 'मगध' नई कविता की परिणति है :

...एक तरह से देखें तो आठवें दशक तक 'नई कविता' के अधिकांश महत्त्वपूर्ण कवियों ने अपना-अपना 'मगध' पा लिया था या वे अपने-अपने मगध में पहुँच गए थे किन्तु किसी अन्य ने श्रीकान्त वर्मा की तरह उसे स्वीकारा या विश्लेषित नहीं किया। मगध के सभी ऐतिहासिक या पौराणिक स्थल राजकीय स्थल है और यह संयोग नहीं है। 'मगध' आत्मस्वीकृति ही नहीं, एक प्रायश्चित भी है जिसे 'नान्दीपाठ' में ही व्यक्त कर दिया गया है "मेरे कृत्यों ने/मुझे काल की एक रुग्ण डाल पर/लटका दिया है।" पूरा 'मगध' जैसे सूली पर लटकते हुए व्यक्ति का बयान है। लेकिन यह व्यक्ति ईसामसीह नहीं, कवि है जो अपने 'व्यक्ति' के 'कृत्यों' की गाथा बयान कर रहा है।

'मगध' को यदि इस सन्दर्भ में नहीं पढ़ा जाएगा तो उसका असली महत्त्व समझ से परे रह जाएगा।

ऊपर शमशेर की कविता के सन्दर्भ में 'सुरियलिज्म' भी कविता में अतियथार्थवादी शिल्प की बात की गई है। 'सुरियलिज्म' की किंचित और चर्चा इसलिए जरूरी है कि वह केवल एक शिल्प नहीं है बल्कि एक विशेष भावबोध और जीवन दृष्टि है। अतः रचना में उसके शिल्प को स्वीकार महज एक शिल्प का प्रयोग नहीं है, बल्कि एक विशेष जीवन दर्शन की अभिव्यक्ति है। वह 'जीवन दर्शन क्या' है इसे भी थोड़ा समझने की जरूरत है : मुक्तिबोध की लम्बी कविता 'अँधेरे में' को कुछ लोगों ने अस्तित्ववाद और अतियथार्थवाद से जोड़कर देखने की कोशिश की है। लेकिन 'अँधेरे में' कविता को केवल 'सुरियलिस्टिक' कविता नहीं कहा जा सकता। 'अँधेरे में' व्यक्त की गई काव्य स्थितियों की कवि तार्किक व्याख्या करता चलता है, इसलिए उसमें बौद्धिक संगति मिलती है। सही अर्थों में शमशेर की 'टूटी हुई, बिखरी हुई' कविता ही 'सुरियलिस्टिक' कविता है। उसमें चेतन-अचेतन, स्वप्न, यथार्थ वास्तविकता और कल्पना सब घुले-मिले हैं जबकि 'अँधेरे में' व्यक्त स्वप्न से प्रतीत होते दृश्यों का भी विश्लेषण चलता रहता है। मुक्तिबोध जब कहते हैं कि 'दृश्य बदलता' है, 'स्वप्न भंग होता है' तो उसके बाद उन्हीं दृश्यों की सूत्रात्मक व्याख्या भी करते हैं। मसलन जब वे कहते हैं : 'कविता में कहने की आदत नहीं, पर कहे बिना रह नहीं सकता/पूँजीवादी हृदय कभी बदल नहीं सकता' तो कविता महज फैंटेसी नहीं रह जाती। यहाँ तक कि उसमें 'अरुण कमल' जैसे प्रतीक भी अभिधार्थ में ही प्रयुक्त होते है। ऊपर 'सुरियलिज्म' को जब एक विशेष जीवन दर्शन से युक्त कहा गया तो तात्पर्य यह था कि फ्रांस में सुरियलिज्म की शुरुआत मूलतः सत्ता विरोध के रूप में हुई थी। वह व्यवस्था तथा परम्परा विरोधी आन्दोलन था। चूँकि व्यवस्था और परम्परा मूलतः पूँजीवादी है इसलिए सुरियलिज्म पूँजीवाद विरोधी आन्दोलन के रूप में भी उभरा। उसने परिवर्तन के पक्षधर वामपंथ को भी खुला समर्थन दिया। किन्तु 'अतियथार्थवादी' आन्दोलन के मूल में जो अन्तर्विरोधी था उसकी ओर ज्यॉपॉल सार्त्र ने बहुत सार्थक संकेत किया था!

"For proletariati, engaged in struggle every moment must be in order to bring its undertaking to a succsesful condusion.Distinguish past from future, the real from imagination and life from death."

(What is literature)

लेकिन 'सुरियलिज्म' जब अतीत और वर्तमान, कल्पना और वास्तविकता के पार्थक्य को स्वीकाार ही नहीं करता तो वह किस प्रकार क्रान्तिकारी वामपंथ या किसी भी परिवर्तनकामी आन्दोलन का समर्थक हो सकता है ? यह परस्पर विरोधी स्थिति है। इसीलिए, 'सुरियलिज्म' को अन्ततः यथास्थितिवादी आन्दोलन के रूप में ही देखा जा सकता है। इसी कारण शमशेर की कविता में 'सुरियलिज्म' तथा 'वामपंथ' दो पृथक-पृथक पाटों के रूप में दिखाई पड़ते हैं जो कुछ लोगों को उनके व्यक्तित्व विभाजन

(स्प्लिट पर्सनैलिटी) का द्योतक लगता है।

इसी अर्थ में 'अँधेरे में' न तो सुरियलिस्टिक कविता है और न अस्तित्ववादी। उसमें मनोविश्लेषणवादी प्रभाव जरूर देखे जा सकते हैं जिनका उपयोग मुक्तिबोध ने अपने विचारात्मक निबन्धों में भी किया है। निश्चित रूप से 'अँधेरे में' लगातार भागता हुआ आदमी डरा हुआ है, यह 'डर' अक्सर 'प्रॉसिक्यूशन माइनिया' की सीमा तक पहुँच जाता है। 'अँधेरे में' एक दुःस्वप्न है, लेकिन उसका आधार बहुत ठोस है वह केवल काल्पनिक भय से नहीं उत्पन्न हुआ है। उस 'भय' की वास्तविकता को मुक्तिबोध कविता में ही जगह-जगह उजागर करते रहते हैं। 'बार-बार' कई मोड़ घूमता हुआ कविता का व्यक्ति देखता है एक रहस्यमय जुलूस जिसमें राजनेता, साहित्यकार, बुद्धिजीवी, पत्रकार, गुण्डे, हत्यारे सभी शामिल हैं। वे न जाने रात के 'अँधेरे में' किस साजिश के तहत कौन सा नृशंस कृत्य करने जा रहे हैं–कविता का 'व्यक्ति' इस आशंका से ही आतंकित है। उसे यह भी भय है कि यदि वे उसे पहचान लेंगे तो निश्चित रूप से उसकी हत्या कर दी जाएगी। अतः यह आतंक बहुत स्वाभाविक तथा वास्तविक है। कविता का 'व्यक्ति' अकेला, निहत्था तथा इस साजिश का 'साक्षी' है। 'साक्षी' को सजा जरूर मिलेगी।

अतः 'अँधेरे में' कविता के 'आतंक' को किसी मनोव्याधि के रूप में नहीं देखा जा सकता। वहाँ जिस आसन्न 'फासिज्म' का चित्र खींचा गया है उसमें 'व्यक्ति' की स्थिति काफ़्का के चरित्र 'के.' की तरह है जिसे न जाने कब किस जुर्म में फाँसी दे दी जाए।

हिन्दी की 'नई कविता' में मुक्तिबोध एक सर्वथा पृथक तथा विशिष्ट उपस्थिति है। वे अपने परिवेश में सर्वाधिक 'सिचुएटेड' कवि हैं।

एक दूसरे अर्थ में शमशेर की उपस्थिति भी अत्यन्त पृथक तथा विशिष्ट है। शिल्प तथा भावनाओं पर अधिक जोर देने के कारण वे कुछ लोगों को सौन्दर्यवादी कवि नजर आते हैं। वे निश्चित रूप से प्रेम और सौन्दर्य के कवि हैं। किन्तु दोनों का स्वरूप बहुत जटिल है, उनकी 'प्रिया' उस 'विष कन्या' की तरह है जिस पर 'प्वाइजन' का लेबिल लगा था किन्तु जिसकी 'इंजेक्शन' की चिकोरियों में बड़ा प्रेम है (टूटी हुई बिखरी हुई)।...उसकी 'बात-बात में छल है लेकिन फिर भी वह अनुपम सुन्दर' है। वहाँ रोमानियत इस हद तक है कि पिकनिक के दिन ओठों पर चिपकी हुई दूब रातों को नींद में भी गड़ती है। वहाँ बहार 'पीले-गुलाबों' के पाल गिराए हुए तैरती हुई आती है। शमशेर 'प्रेम' और सौन्दर्य का एक स्वप्नलोक रचते हैं, और वहाँ वे बेजोड़ हैं। अपनी निष्कलुष ईमानदारी में वे कुछ भी 'प्रिटेंड' नहीं करते। उनके यहाँ न विद्रोह है, न आदेश है, न आक्रोश है। वे मुक्तिबोध के बिल्कुल दूसरे छोर पर स्थित हैं। उनके यहाँ आवेग है, उत्ताप भी है, ऐंद्रिकता भी है, लेकिन वह आत्मदीनता से घिरी हुई है।

लेकिन शमशेर की कविता जटिल-शिल्प तथा जटिल मनःस्थितियों की कविता है–किसी भी हिन्दी कवि की कविता से अधिक।

साठोत्तरी हिन्दी कविता

साठोत्तरी हिन्दी कविता को निषेध या अस्वीकार की कविता कहा गया है जो नेहरू युग के प्रति 'मोहभंग' से उत्पन्न हुई थी। इस अर्थ में धूमिल को साठोत्तरी कविता का पहला कवि कहा जा सकता है।

'नई कविता' के वरिष्ठ कवि केदारनाथ सिंह का ध्यान सम्भवतः सबसे पहले साठोत्तरी कविता की उन विशेषताओं की ओर गया था जो उसे 'नई कविता' से पृथक करती हैं। साठोत्तरी कवियों का यह 'अस्वीकार' कई स्तरों पर काम करता है : एक ओर वह 'सत्ता' तथा 'व्यवस्था' को अस्वीकार है और दूसरी ओर कविता में सौन्दर्यवादी रुझानों का अस्वीकार है। कुछ साठोत्तरी काव्य प्रवृत्तियों में परम्परा का भी अस्वीकार दीखता है जिसमें मुख्य रूप से परम्परागत नैतिक मूल्य शामिल हैं। हिन्दी कविता में कुछ समय के लिए आई 'अ-कविता' में नैतिक मूल्यों के अस्वीकार के साथ-साथ एक प्रकार का 'यौनविद्रोह' भी दिखाई पड़ा जो अतिरेकी सीमाओं तक पहुँचकर विकृत रूप धारण करने लगा था। अमरिकी बीट पीढ़ी के प्रभाव स्वरूप हिन्दी में एक 'भूखी पीढ़ी' का भी उदय हुआ था जो मुख्यरूप से 'यौन बुमुक्षा' से पीड़ित थी। सौभाग्य से यह दौर अल्पकालिक ही था और साठोत्तरी पीढ़ी ने विधेयात्मक विशेषताओं से युक्त अनेक महत्त्वपूर्ण कविताओं की रचना की। धूमिल का 'संसद से सड़क' तक इस दौर का सबसे महत्त्वपूर्ण काव्य संग्रह था और राजकमल चौधरी की 'मुक्ति प्रसंग' सबसे महत्त्वपूर्ण लम्बी कविता। 'मुक्ति प्रसंग' का उल्लेख ऊपर एक अन्य प्रसंग में किया जा चुका है। कविता में जिस 'आम आदमी' या 'साधारण आदमी'' की चर्चा प्रायः अमूर्त रूप से की जाती रही है वह धूमिल की कविताओं में ही सर्वाधिक मूर्त रूप में व्यक्त हुआ है। धूमिल की अत्यन्त चर्चित कविता मोची राम को तो आज अनेक लोग दलित विमर्श के प्रसंग में भी उपयोग करना चाहेंगे किन्तु वस्तुतः मोचीराम ने हिन्दी कविता की काव्यवस्तु में क्रान्तिकारी परिवर्तन किया था। वह गद्य में निराला के 'चतुरी चमार' से बहुत आगे की रचना है। उसका आक्रोश और सामाजिक व्यंग्य इतना प्रखर और तिलमिला देनेवाला है कि उसकी सृष्टि सामान्य स्नायु तन्त्रों से हुई सम्भव नहीं प्रतीत होती। धूमिल की 'पटकथा' दौर की दूसरी महत्त्वपूर्ण लम्बी कविता है किन्तु उसमें मोची राम या एक मुनासिब कार्रवाई जैसे रचनात्मक तनाव का निर्वाह नहीं हो पाया है और यद्यपि वह भारतीय लोकतन्त्र की राजनैतिक 'पटकथा' है जो उन विसंगतियों तथा विडम्बनाओं की ओर बड़े सटीक ढंग से संकेत करती है जो भारतीय लोकतन्त्र में अत्यन्त भयावह तथा विकराल रूप में दिखाई पड़ती है किन्तु उसकी काव्यात्मक संरचना किंचित शिथिल तथा धूमिल की स्वाभाविक प्रकृति से पृथक है। उसका 'रेटारिक' भी अभिधात्मक गद्य के निकट पहुँच गया हैं। 'पटकथा' के बाद धूमिल का काव्य विकास अवरुद्ध सा हो गया और उसमें पृष्ठपेषण के आसार दीखने लगे थे। सम्भवतः यदि धूमिल अपनी प्रौढ़ावस्था तक जीवित रहते तो उनके काव्य में परिपक्वता के साथ-साथ अन्य दिशाओं

में विकास भी दीखता।

उस दौर की लम्बी कविताओं में सौमित्र मोहन की 'लुकमान अली' भी कई दृष्टियों से उल्लेखनीय रचना थी। यद्यपि उस पर 'अ-कविता' की छाया दिखाई पड़ती है और सिनिकल स्वर प्रधान है किन्तु युवा मानस में 'मोहभंग' की मानसिकता का चित्रण वह बहुत खरे तथा बेबाक ढंग से करती है और अपना एक काव्य मुहावरा भी गढ़ती है जिसका यदि विकास हुआ होता तो निश्चित रूप से हिन्दी कविता को एक नई काव्य भाषा मिली होती। उसी के समानान्तर आलोक धन्वा तथा ज्ञानेन्द्रपति ने भी अपनी कुछ कविताओं में ऐसे ही प्रयास किए थे जिनमें इतनी वाचालता तथा मुखरता थी कि उनकी परिणति शब्दों के चुकने और स्वरों के फट जाने में ही हो सकती थी।

केदारनाथ सिंह ने ठीक लक्ष्य किया था कि साठोत्तरी कविता की एक प्रमुख विशेषता एक नया 'वस्तुबोध' था जिसमें सामान्य वस्तुएँ मानवीय अनुभूतियों की सहभोक्ता बनकर एक नई अर्थवत्ता के साथ उपस्थित हुई। इससे कविता में सटीकता तथा ठोसपन भी आया जिससे प्रभावित होकर कुछ लोगों ने ठोस कविता का नारा देना भी शुरू कर दिया था। इस नए वस्तुबोध के कारण कविता 'गद्य' के भी अधिक निकट आई जिससे कविता की अलंकारिकता तथा पिघली हुई भावात्मकता भी घटी। इस 'वस्तुबोध' में एक प्रकार की 'निरर्थकता' का बोध भी है जिसे स्वयं केदारनाथ सिंह को 'फर्क नहीं पड़ता' जैसी कविताओं में देखा जा सकता है। इन कविताओं में जर्मन कवि-नाटककार ब्रेख्त का सा 'साहस' है तो काफ्का की रचनाओं का 'संत्रास' भी है। साठोत्तरी कविताएँ अपनी गद्यात्मकता में नाट्यरूपों की ओर चली जाती है जिसे अपेक्षाकृत, पूर्ववर्ती कवियों रघुवीर सहाय तथा श्रीकान्त वर्मा की परवर्ती कविताओं में देखा जा सकता है।

साठोत्तरी कविताओं ने पहली बार समकालीनता को नए सिरे से परिभाषित किया तथा उसे साहित्य का अत्यन्त प्रासंगिक तथा अनिवार्य गुण बना दिया। साठोत्तरी कविता सही अर्थों में 'समकालीन कविता' है। समकालीनता तथा आधुनिकता को भी इसी दौर में नए सिरे से परिभाषित किया गया तथा दोनों के अन्तर को भी स्पष्ट किया गया।

केदारनाथ सिंह की तरह ही कवि-समीक्षक मलयज ने भी साठोत्तरी लेखन की विशेषताओं को रेखांकित किया है। वे मानते हैं कि उस बीच 'जीवन प्रक्रिया' तेज हुई और उससे 'सृजन प्रक्रिया' में भी मूलभूत परिवर्तन हुए। किन्तु उनके अनुसार युवालेखक (साठोत्तरी लेखन) "सर्जनात्मक अपेक्षाओं को जगाकर उन्हें पूरा न कर पाने का लेखन रहा है।" उसका कारण वे 'जीवन प्रक्रिया' तथा 'सृजन प्रक्रिया' के किसी बुनियादी अन्तर्विरोध या अन्तराल को मानते हैं। मलयज के अनुसार सन् 60 के बाद साहित्य में निर्वासन (एलियेनेशन) की प्रक्रिया शुरू हो गई यानी 'व्यक्ति' राजनीति के द्वारा 'बाहर' कर दिया गया। यह 'बाहर' होना भी उसी 'मोहभंग' का अंग था जो नेहरू युग की देन थी। लेकिन नेहरू युग से 'मोहभंग' को मलयज एक अनिवार्य परिणति मानते हैं जो उस 'शानदार स्वप्न' से होना ही था। साठोत्तरी राजनीति भी उस 'शानदार

स्वप्न' से नीचे उतर आई—वह 'साधारण आदमी' की राजनीति थी : "जिस राजनीति के अन्तर्गत न्यूनतम कार्यक्रम का झण्डा पार्टी के सिद्धान्तों के चिथड़ों को सिलकर बनाया गया हो वहाँ 'मोह भंग' की गुंजाइश ही नहीं रह जाती।...पिछले दशक (सातवाँ दशक) का साहित्य बुनियादी तौर पर इस स्थिति के कटु स्वीकार और उससे उत्पन्न प्रतिक्रियाओं का साहित्य रहा है।

यानी यहाँ स्थिति 'अस्वीकार' की उतनी नहीं है जितनी एक विशेष प्रकार के स्वीकार की। हालाँकि 'प्रतिक्रिया' यहाँ भी है : नेहरू युग में विज्ञान के पंखों पर उड़ती हुई प्रगतिशीलता तथा आधुनिकता थी, जिसके बीच कोई 'द्वन्द्वात्मक रिश्ता' कायम नहीं हो सका। नेहरू युग की विफलता आधुनिकता की परिकल्पना के अधूरेपन की विफलता थी। उसका परम्परा से भी कोई सार्थक सम्बन्ध स्थापित नहीं हो सका। उसमें 'स्वप्न' तथा 'कल्पना' की उड़ान अधिक थी, वास्तविकता कम। स्वप्न पर आधारित इस अर्थतन्त्र में आम आदमी क़ी बुनियादी जरूरतों पर ध्यान नहीं रखा गया था। 'आम आदमी' का निर्वासन या राजनीति से अलगाव यहीं से शुरू होता है। विज्ञान के साथ नेहरू युग का 'अधूरा साक्षातकार' उसका मुख्य कारण था।

अतः साठोत्तरी साहित्य दुहरे निर्वासन का साहित्य है जहाँ व्यक्ति 'बाहर' और 'भीतर' दोनों से निर्वासित है।

लेखन में 'अस्मिता' की तलाश, 'जड़ों की खोज' आदि इसी निर्वासित व्यक्ति की 'भीतर' लौटने की असफल चेष्टाएँ हैं। साठोत्तरी साहित्य न भीतर, न बाहर के बीच में फँसे रहने की साँसत का साहित्य है। साठोत्तरी कविता में अपने 'निजीपन' की ही हत्या है। इस सन्दर्भ में मलयज देवेन्द्र कुमार की काव्य पंक्ति उद्धृत करते है : "बेहद निजीपन की हत्या और उसकी शिनाख्त ही आज की कविता है।" आज की रचनात्मकता बाहर और भीतर के बीच विकेन्द्रित सी झूल रही है। समकालीन जटिल-परिवेश का तीव्र एहसास किन्तु सर्जनात्मक स्तर पर उसे फलीभूत न कर पाने की स्थिति में रचनाकार अकसर 'सरलीकरण' का शिकार हो जाता है और सरलीकरण 'भाषा' तथा भावबोध दोनों को 'फार्मूलाबद्ध' कर देता है। शमशेर ने 'प्रयोगवाद' को 'नर्वस ब्रेकडाउन' की कविता कहा था। साठोत्तरी कविता 'नर्वस डैबिलिटी' की कविता है। इसीलिए वहाँ असली विद्रोह नहीं, 'विद्रोह की मुद्राएँ' हैं।

लेकिन साठोत्तरी कविता में विद्रोह तथा आक्रोश आदि भले ही 'मुद्रा में' लगते हों किन्तु उसमें अपनी स्थिति का साहसपूर्ण स्वीकार जरूर है। कभी-कभी यह आक्रोश जिस तरह 'हुल्लड़' का रूप अख्तियार कर लेता है (जैसे : गोली दागो पोस्टर...आदि) वह भाषा के अवमूल्यन का द्योतक है। उसमें नैतिक दायित्व बोध का अभाव है।

पहले ही कहा जा चुका है कि साठोत्तरी कवियों ने अपने को अज्ञेय की अपेक्षा मुक्तिबोध के करीब पाया। उसका प्रमुख कारण यह था कि मुक्तिबोध पहले हिन्दी कवि थे जिन्होंने कला और जीवन के संघर्ष को एकाकार कर देने पर अधिक जोर दिया जो साठोत्तरी कविता का 'मोटो बनकर सामने आया, भले ही उसमें संघर्ष को प्रायः

नजरअन्दाज कर दिया गया और 'अनुभवाद' प्रधान होता गया। आश्चर्य नहीं कि इसी दौर में प्रायः इसी कारण फ्रेंच अस्तित्ववादियों सार्त्र और कैमू आदि के प्रभाव हिन्दी लेखन पर सर्वाधिक पड़ा। संसार के सभी वामपंथी तथा प्रगतिशील लेखक पूँजीवाद तथा अमेरिका का विरोध जरूर कर रहे थे किन्तु उनमें से किसी में जब नोबेल पुरस्कार को अस्वीकार कर देने का साहस नहीं था बल्कि बाद में तो उनमें से अनेकों ने मार्क्सवाद को 'द गॉड दैट फेल्ड' मान लिया था—तब अस्तित्वादी सार्त्र ने नोबेल पुरस्कार को 'सड़े हुए आलुओं से भरा बोरा' कहकर ठुकरा दिया था। 1964 में सार्त्र के इस 'जेस्चर' तथा घोषणा ने साठोत्तरी साहित्यकारों को गहरे स्तर पर प्रभावित किया था। इसके अतिरिक्त 1968 में जब विश्वव्यापी युवा विद्रोह तथा आन्दोलन का नेतृत्व भी जब बूढ़े और अन्धे होते हुए सार्त्र ने अपने हाथों में ले लिया तथा रेजिस डेब्रे जैसे युवा क्रान्तिकारी की आजीवन कारावास की सजा रद्द कराने के लिए विश्वव्यापी अभियान चलाया तो संसार भर के युवा लेखन पर उसका व्यापक प्रभाव पड़ा। साठोत्तरी हिन्दी लेखन भी उससे अछूता न रहा। उसको अपनी 'नैतिक वैधता' सार्त्र जैसे साहित्यकारों से ही प्राप्त हो रही थी। यही कारण था कि साठोत्तरी हिन्दी लेखकों-कवियों ने रूढ़ अर्थ में मार्क्स को मसीहा नहीं माना।

साठोत्तरी हिन्दी कविता इन्हीं सब प्रवृत्तियों तथा प्रेरणाओं का मिला-जुला प्रतिबिम्ब थी। वह हिन्दी की 'नई कविता' की सपाट विरासत के रूप में कभी सामने नहीं आई। बल्कि रघुवीर सहाय, श्रीकान्त वर्मा तथा केदारनाथ सिंह जैसे महत्त्वपूर्ण 'नई कविता' के कवियों की कविताओं में भी साठोत्तरी परिवेश के प्रभावस्वरूप प्रायः आमूल परिवर्तन आया जो साठोत्तरी पीढ़ी के अपने कवियों से भी अधिक महत्त्वपूर्ण तथा स्थायी सिद्ध हुआ।

आठवाँ दशक और उसके बाद

साठोत्तरी कविता के बाद की कविता जिसे सुविधा के लिए 'आठवें' दशक की कविता कहा गया है—अपेक्षाकृत 'ढलान की कविता' है : उसमें एक ओर नई कविता और साठोत्तरी कविता दोनों के मिजाज तथा मुहावरे खिंचे आए हैं, रूपात्मकता तथा अनुभूति की तरलता बढ़ी है वहीं दूसरी ओर राजनैतिक स्वर और मुखर तथा प्रखर हुआ है। लेकिन रघुवीर सहाय ने उसे 'आठवें दशक का उजाड़' ऐसे ही नहीं कहा था। इस दौर की कविता की काव्यात्मकता और उसके राजनैतिक स्वर के बीच कोई संगति नहीं बन पाई। इसीलिए इसका कोई संश्लिष्ट रूप भी उभरकर नहीं आया। उन्होंने कविता का राजनैतिक स्वर तो जर्मन कवि ब्रेख्ट से लिया किन्तु उनकी रूपात्मकता लैटिन अमेरिकन कवि पाब्लो नरुदा के आसपास मँडराती रही। नरुदा की पारेपक्व कविताओं का संश्लिष्ट सामाजिक स्वर उनकी रचनाओं में नहीं सुनाई पड़ा। इसीलिए हिन्दी कविता में फूल, पत्ती, धूप, चिड़िया, बिल्लियाँ और बच्चे बढ़ते गए।

हिन्दी कविता का यह दौर जो किसी-न-किसी रूप में आज भी जारी है—सपाट प्रभावों का दौर कहा जा सकता है। आगे चलकर कविता में चेक, पोलिस तथा हंगेरियन कविता का प्रभाव भी प्रगाढ़ होता गया। हिन्दी के कुछ वरिष्ठ कवियों को यदि बीसवीं शताब्दी के अन्तिम दौर की कविता में यदि हमेशा 'अनुवाद की बू' आती रहती है तो यह अकारण नहीं है। यह वही दौर है जब हिन्दी में कविता के अनुवादों की बाढ़ आ गई जो अभी तक उतरी नहीं है। अतः बड़ी सरलता से इस अनुवादों तथा हिन्दी की मौलिक कविताओं में साम्य देखा जा सकता है। यह साम्य इतना व्यापक तथा समान है कि अधिकांश कविताओं को एक ही कविता या एक ही कवि की कविता मानकर पढ़ा जा सकता है। कविता का यह संसार-एकरसता का संसार है। इसमें गहरी अनुभूतियों तथा सूक्ष्म संवेदनाओं का अभाव है। एक ही कविता 'माया दर्पण' की तरह बार-बार छप रही है।

इस दौर के सबसे प्रमुख कवि विनोद कुमार शुक्ल हैं और सबसे विचारवान कवि विष्णु खरे हैं। विष्णु खरे ने वर्णनात्मक तथा कथात्मक लम्बी कविता का एक ऐसा विशेष शिल्प विकसित किया जो सर्वथा नई काव्य विधा के रूप में प्रतिष्ठित हो रहा है। 'नई कविता' के अन्तिम दौर में कविता का गद्य से जो सम्पर्क स्थापित हुआ विष्णु खरे ने उसे एक नई दिशा में मोड़ दिया और ऐसा आभास उत्पन्न किया मानो कविता से कवित्व को सर्वथा रहित कर देना चाहते हों। इसी प्रक्रिया में कवित्व को एक नया अर्थ और आयाम मिला। किन्तु इस शिल्प-पद्धति में विकास की सम्भावनाएँ सीमित हो जाती हैं और वह आवृत्तिमूलक होने लगती है। यदि विष्णु खरे ने अपनी कविता में मुक्तिबोध की सी सघनता तथा जटिलता उपलब्ध की होती तो सदी के अन्त की प्रमुख काव्य शैली के रूप में उसकी एक पहचान बन जाती। सपाट तथा सतही दीखती बयानबाजी को बजिद बहुत दूर तक खींचने की प्रवृत्ति अन्ततः एकरसता उत्पन्न करने लगती है। फिर भी इस शैली में अन्वेषण की सम्भावनाएँ हैं जो सम्भवतः आगे उभरकर सामने आएँ।

विनोद कुमार शुक्ल की कविताएँ एक प्रकार की रहस्यात्मकता लिए हुए रहती है और कथन की वक्रता उसमें वृद्धि करती है। इस अर्थ में विनोद कुमार शुक्ल 'वक्रोक्तिवादी' हैं। हिन्दी के किसी भी अन्य कवि में ऐसी वक्र शब्द-भंगिमा देखने को नहीं मिलती। वे सामान्य से प्रतीत होनेवाले कथन को थोड़ी सी तुर्शी देकर ऐसा वक्र बना देते हैं कि उसमें अनेक अर्थ छवियाँ उत्पन्न हो जाती हैं। शायद कुछ लोगों को यह एक सीमा के बाद 'मैनरिज्म' लगता हो, लेकिन उनकी कविता का चरित्र इसी से गढ़ा जाता है।

इस दौर की कविताओं के बारे में मलयज ने ठीक ही लिखा है कि "नई कविता से आज लिखी जानेवाली कविता के फर्क को ये कवि एक प्रक्रिया की तरह अपनी कविताओं में अंकित करते हैं, पर स्वयं इस प्रक्रिया को अपने पक्ष में मोड़कर रचना की किसी स्वतन्त्र ऊँचाई तक नहीं पहुँचते।...नई कविता की मानसिकता को अलगाने

की प्रक्रिया में जहाँ तक हम पहुँच चुके हैं वहाँ बाहर की सर्जनात्मकता को उदाहृत करने के लिए विनोद कुमार शुक्ल की कविताओं को (ही) देखना चाहिए।"

...दरअसल इस दौर की अधिकांश कविताएँ सर्जनात्मकता के द्वार पर सिर्फ दस्तक देती है। लीलाधर जगूड़ी जैसे कवि तो धूमिल और राजकमल चौधरी की चौदद्दी में ही चक्कर लगाते रहते हैं। चन्द्रकान्त देवताले जैसे कवि में एक विशेष प्रकार की आत्मीयता तथा पारिवारिक ऊष्मा है तथा अनेक कवियों से अलग उनमें कविता की बड़ी स्वाभाविक प्रतिभा है, किन्तु रचना के लिए शायद यह स्वाभाविकता ही पर्याप्त नहीं होती, उसमें उन्नति भी आवश्यक है। चन्द्रकान्त देवताले उन्नतिशील कवि नहीं हैं। उनकी कविताओं की ऋजुता भी एक सीमा के बाद महज सरलता बनकर रह जाती है। इस दौर के महत्त्वपूर्ण माने जानेवाले कवि मंगलेश डबराल में कभी-कभी ऐसी काव्य पंक्तियाँ मिल जाती है कि उन्हें कविता मानना भी मुश्किल लगता है मसलन यह कविता "भय और दुख का यह प्रायोजित व्यापार/फिल्मकार जी तुम क्यों हमको दिखलाते हो/हिंसा-हत्या के विरोध का तुम सही विचार क्यों नहीं सुझाते हो।" पंकज सिंह, अरुण कमल, राजेश जोशी, ऋतुराज, बोधिसत्व, अनामिका, कात्यायनी और गगन गिल जैसे कवियों की एक पूरी कतार है जिनमें कवित्व के स्फुलिंग कभी-कभार दीख जाते हैं किन्तु एक तो इनमें कोई 'कांसिसटेंसी' नहीं है और दूसरे वे अपनी निजी काव्य भाषा तथा काव्य शिल्प नहीं उपलब्ध कर सके हैं।

...इक्कीसवीं सदी के शुरुआत में नई शताब्दी की कवयित्री सविता सिंह को भी लगता है कि "पिछली कविताओं में थी/संघर्ष की एक दुनिया/सच की खोज में मिटती हुई।"

...और अब वह नहीं रही।

उपन्यास

हिन्दी कहानी के विपरीत हिन्दी उपन्यास का विकास अधिक मंथर गति से हुआ। 1882 में प्रकाशित लाला श्री निवास दास के उपन्यास 'परीक्षा गुरु' में ही बीसवीं शताब्दी के हिन्दी उपन्यास के अंकुर मिलते हैं। आचार्य रामचन्द्र शुक्ल ने इस सम्बन्ध में ठीक ही लिखा है कि "अंग्रेजी ढंग का मौलिक उपन्यास पहले पहल हिन्दी में लाला श्रीनिवास दास का 'परीक्षा गुरु' ही निकला था।"

शुक्ल जी के इस कथन में 'अंग्रेजी ढंग का' और मौलिक शब्द महत्त्वपूर्ण है। यानी हिन्दी में इससे पहले उपन्यास लिखे भी गए हों तो पहली बात यह कि वे अंग्रेजी ढंग के न थे और दूसरी बात कि यदि किसी ने अंग्रेजी ढंग अपनाया भी तो उसमें मौलिकता न थी। इसके अतिरिक्त शुक्ल जी की इस टिप्पणी में यह ध्वनि भी अन्तर्निहित है कि हिन्दी में किसी ने 'अंग्रेजी ढंग' अपनाया भी हो तो उसमें मौलिकता नहीं थी और यह भी कि उपन्यास मूलतः पश्चिम से ही आया। यहाँ उपन्यास 'काव्य' की उस व्यापक परिभाषा से भी पृथक हो जाता है जिसके अन्तर्गत नाटक आदि सभी कुछ आ जाते हैं और जिनकी अपने देश में प्राचीन और उत्कृष्ट परम्परा रही है।

अतः हिन्दी में उपन्यास एक परम्पराविहीन विधा के रूप में ही आया। उसे पोषक तत्त्व पश्चिम से ही मिलते रहे हैं। आगे देखा जाएगा कि ये पोषक तत्त्व निरन्तर पश्चिम से ही मिलते रहे या उसने अपने किसी भारतीय स्वरूप का भी विकास किया।

'परीक्षा गुरु' में कुछ लोग हिन्दी में यथार्थवादी उपन्यासों के बीज भी देखते हैं क्योंकि उन्नीसवीं सदी के अन्त के सर्वाधिक विख्यात उपन्यास देवकीनन्दन खत्री का 'चन्द्रकान्ता' (1888) एक नितान्त कपोल कल्पित तिलस्मी उपन्यास था और उसकी परम्परा कहीं और से आई थी। 1911 में प्रकाशित व्रजनन्दन सहाय का उपन्यास 'सौन्दर्योपासक' भी मूलतः रोमानी 'सौन्दर्योपासना' का ही उपन्यास था। इसी काल में संख्या में सर्वाधिक उपन्यास लिखनेवाले उपन्यासकार किशोरीलाल गोस्वामी ने अधिकांशतः ऐतिहासिक रोमांस के उपन्यास ही लिखे थे।

वस्तुतः उपन्यास के विकास को गद्य के विकास के रूप में ही देखना चाहिए। काव्य से पृथक गद्य विधा का आरम्भ जीवन सम्बन्धी दृष्टिकोण में ही आधारभूत परिवर्तन का द्योतक है। भारत में गद्य में आख्यान की आदि कृति 'कादम्बरी' में एक 'चाण्डाल कन्या' स्त्री पात्र के रूप में प्रस्तुत की गई है। इससे यह भी संकेत मिलता है कि भारतीय

साहित्य में उपन्यास का आरम्भ एक आन्दोलनकारी दृष्टि तथा प्रवृत्ति लेकर आया। उपन्यास के इस आधारभूत 'सेक्यूलर रूप' को ध्यान में रखना जरूरी है।

दलित जागरण के इस युग में इस तथ्य को रेखांकित करना भी जरूरी है कि उपन्यास अपने बीज रूप में ही एक क्रान्तिकारी दृष्टिकोण लेकर उपस्थित हुआ था। 'कादम्बरी' की दलित कन्या को उपन्यास में आदि 'दलित पात्र' के रूप में देखा जाना चाहिए।

अतः उपन्यास में यदि हम किसी सामाजिक यथार्थवादी दृष्टि की तलाश करते हैं तो 'परीक्षा गुरु' को उसका अग्रदूत मानने में कोई अत्युक्ति नहीं दीखती। किन्तु उन्नीसवीं सदी के अन्त में भारतव्यापी 'नवजागरण' (या पुनर्जागरण) के प्रभाव के बावजूद साहित्य में रोमैंटिक भावबोध की ही प्रधानता पाते हैं। इसी कारण तत्कालीन उपन्यासों में भी रोमैंटिकता के तत्त्व ही अधिक मिलते हैं। तत्कालीन उपन्यासों की शैली तथा भाषा पर भी रोमैंटिक शिल्प का असर स्पष्ट देखा जा सकता है। इसके अतिरिक्त वहाँ एक ओर रीतिकालीन अवशेष हैं तो दूसरी ओर तिलस्मी कपोल कल्पनाएँ। हिन्दी उपन्यास काफी दिनों तक इस 'त्रिशंकु' मुद्रा में अधर में ही लटकता रहा। उसे इस त्रिशंकु स्थिति से नीचे उतरने के लिए बीसवीं सदी के दूसरे दशक तक प्रेमचन्द की प्रतीक्षा करनी पड़ी जिन्होंने उसे अधर से धरा पर उतारा।

वस्तुतः हिन्दी उपन्यास अनेक मिश्रित प्रभावों की उपज है। नवजागरण की सामाजिक-राजनैतिक चेतना के साथ ही वह महाकाव्यों, कादम्बरी और ऐय्यारी तिलस्मी परम्परा से भी जुड़ा हुआ था।

इसके अतिरिक्त पुनर्जागरण का चरित्र भी कोई सुनिश्चित चरित्र नहीं था। उसके नेताओं के मन में दुहरे मूल्यों का द्वन्द था। कुल मिलाकर वहाँ अनिश्चय का वातावरण था।

उपरोक्त सभी प्रवृत्तियों का प्रतिनिधित्व वस्तुतः किशोरीलाल गोस्वामी के उपन्यास ही करते हैं और ये सभी धाराएँ बीसवीं सदी के पहले दशक तक चलती रही। पुनर्जागरण के प्रभाव से जागी हुई सामाजिक चेतना की अभिव्यक्ति हम प्रेमचन्द के आसपास ही लिखे गए मन्नन द्विवेदी के उपन्यास 'रामलाल' (1917) तथा 'कल्याणी' में देख सकते हैं। इन दोनों उपन्यासों पर आर्य समाज तथा गांधीवाद का सम्मिलित प्रभाव देखा जा सकता है : रामलाल में ग्रामीण जीवन के सामाजिक परिवेश को व्यक्त किया गया है। इस उपन्यास से प्रेमचन्द के उपन्यासों तक विकास की एक सीधी रेखा दिखाई पड़ती है। लेकिन प्रेमचन्द से पूर्व का सुधारवाद बहुत सहमा हुआ सुधारवाद था। जिसमें 'देशभक्ति' तथा 'राजभक्ति' का विचित्र मिश्रण था। उसमें विदेशी सत्ता का विरोध नहीं है। केवल विदेशी सभ्यता तथा संस्कृति का विरोध है। प्रेमचन्द ने जिस आर्थिक तथा राजनैतिक स्थिति को अपने उपन्यासों का आधार बनाया वह तत्कालीन उपन्यासकारों की दृष्टि में अभी नहीं आ सका था।

बीसवीं सदी के तीसरे दशक में प्रकाशित ठाकुर कल्याण सिंह शेखावत का

उपन्यास 'शुक्ल और सोफिया' में प्रेमचन्द के उपन्यास 'रंगभूमि' के बीज देखे जा सकते हैं : उसमें भारतीय डॉक्टर शुक्ल और विदेशी युवती 'सोफिया' के बीच प्रेमसम्बन्ध चित्रित किया गया है जो हिन्दी उपन्यास में एक नए प्रकार के कथानक की शुरुआत थी। यह मूलतः थियोसोफिस्ट विचारों पर आधारित उपन्यास है। जिसमें पहली बार धीमे स्वरों में 'नारी मुक्ति' का आह्वान सुनाई पड़ता है। इसमें सुधारवादी मुल्यों के दुहरेपन का उद्‌घाटन भी हुआ है जो उनके अन्तर्निहित पाखण्ड को भी सामने लाता है : डॉ. शुक्ल के पिता जो अपने को ब्रह्मसमाजी कहते हैं, अपने पुत्र को पढ़ने के लिए विलायत भेजने को बहुत बड़ी सामाजिक क्रान्ति मानते हैं जबकि उसका असली कारण आर्थिक लाभ है। उनका ब्रह्मसमाजी पाखण्ड तब खुलकर सामने आ जाता है जब अपने हिन्दू पुत्र का ईसाई युवती से विवाह उन्हें नितान्त आपत्तिजनक प्रतीत होता है।

'शुक्ल और सोफिया' में एक प्रचच्छन्न साम्प्रदायिकता भी झाँकती रहती है : उसके खलनायक मुसलमान मिस्टर याकूब हैं और हिन्दू गौरव का गुणगान करनेवाले पात्र ईसाई हैं। उपन्यास के अन्त में डॉक्टर शुक्ल संन्यासी बन जाते हैं और सोफिया संन्यासिनी।

आगे चलकर हम देखेंगे प्रेमचन्द अपने उपन्यास 'रंगभूमि' में किस प्रकार पुनः थोड़े संशोधन के साथ इस कथानक को दुहराते हैं और उसकी परिणति भी प्रायः वही होती हैं जो 'शुक्ल और सोफिया' की। 'रंगभूमि' में भी ईसाई युवती का नाम सोफिया है जो विनय सिंह नामक राजपूत युवक से प्रेम करती है। अन्त में विनय सिंह अंग्रेजी सत्ता का विरोध करते हुए मारा जाता है और सोफिया भी प्रायः संन्यासिनी ही बन जाती है। 'रंगभूमि' में भी ईसाई धर्म को हिकारत से देखा गया है और हिन्दू धर्म का गुणगान किया गया है। हिन्दी उपन्यास अपनी सामाजिक रूढ़ियों तथा मताग्रहों को कितनी दूर तक ढोता रहा है यह उसका प्रत्यक्ष प्रमाण है। प्रेमचन्द भी इससे मुक्त नहीं थे। उपन्यास की दृष्टि से 'शुक्ल और सोफिया' बहुत महत्त्वपूर्ण नहीं है किन्तु ऐतिहासिक दृष्टि से हिन्दी उपन्यास के विकास में उसका विशेष योगदान है। बहुत सी कृतियाँ जो साहित्यिक दृष्टि से बहुत महत्त्वपूर्ण नहीं होतीं, ऐतिहासिक दृष्टि से अचानक महत्त्वपूर्ण हो जाती है। हिन्दी में ऐसे अनेक उपन्यास मिलते हैं जिनका उल्लेख यथासमय किया जाएगा। एफ.आर. लेविस ने अपनी पुस्तक 'द ग्रेट ट्रेडीशन' में अंग्रेजी उपन्यास में हेनरी फिल्डिंग के उपन्यासों के महत्त्व को उसी दृष्टि से विश्लेषित किया है।

बीसवीं सदी के दूसरे दशक के अन्त में देश की मानसिकता तथा सामाजिक परिवेश में व्यापक परिवर्तन आया जिसे सुविधा के लिए पुनर्जागरण का तीसरा चरण कह सकते हैं। स्वयं जवाहरलाल नेहरू अपनी आत्मकथा में उस परिवर्तन का श्रेय महात्मा गांधी को देते हैं। वे लिखते हैं "ऐसा मालूम होता था मानो किसी कैद या बोझ से वह (भारतीय जनता) छुटकारा पा गई हो और आजादी का एक नया भाव उसमें आ गया हो।...हमारे जोश, आशावाद और उछलते हुए उत्साह का ठिकाना न था...वह पुराना भाव कि हम दबे हुए हैं, और हमें कामयाबी नहीं मिल सकती, बिलकुल चला

गया।" (मेरी कहानी, पृ. 107)

किन्तु यह तस्वीर का एक रूख था यानी वह मुख्यतः मानसिक स्तर पर ही घटित हो रहा था, जबकि वास्तविकता कुछ और थी। नेहरू ने इस दूसरे रूख के सम्बन्ध में भी लिखा है "कल-कारखानों के मजदूर जिनकी संख्या दूसरे महायुद्ध के बाद बेतरह बढ़ गई थी, कुंछ-कुछ जगहा में ही स्थानीय रूप से संगठित हो पाए थे और उनका प्रभाव नहीं के बराबर था। किसान अनपढ़, गरीबी और मुसीबत के मारे थे। वे भाग्य के भरोसे दिन काटते और सरकार, जमींदार, साहूकार, छोटे-बड़े हुक्काम, वकील, पण्डे, पुरोहित जो भी होते सब उन पर सवारी गाँठते और उनको चूसते थे। कैसे लगान का बोझ दिन-दिन बढ़ता जा रहा है। जिसके तलवे तले वे कुचले जा रहे हैं, कैसे चारों तरफ वे जमींदारों के एजेन्ट, साहूकारों और पुलिस के गिद्धों से घिरे रहते हैं और अन्त में देखते हैं कि उनकी सारी पैदावार उनकी नहीं है, दूसरे उठा ले जाते हैं और बदले में उन्हें मिलते हैं ठोकरें, गालियाँ और भूखा पेट।" (मेरी कहानी, पृ. 76)

यह संयोग नहीं कि उपरोक्त पंक्तियाँ प्रेमचन्द के उपन्यासों खासतौर पर 'गोदान' की कथास्थितियाँ प्रतीत हों। इससे प्रेमचन्द की तत्कालीन वास्तविकता पर पकड़ का पता तो चलता ही है, उस समय का सामाजिक-आर्थिक परिवेश की मुक्कमिल तस्वीर हमारे सामने आ जाती है। ध्यान देने की बात है कि नेहरू उन्हीं दिनों पूर्वी उत्तर प्रदेश का दौरा कर वहाँ के किसानों की स्थिति का अध्ययन भी कर रहे थे। प्रेमचन्द के उपन्यासों का कथा-क्षेत्र (लोकेल) भी वही था। यद्यपि 1918 में प्रकाशित उनके पहले उपन्यास 'सेवासदन' में ऐसी सामाजिक चेतना नहीं दिखाई पड़ती किन्तु प्रेमाश्रम, कर्मभूमि और गोदान में क्रमशः हम सामाजिक वास्तविकता का यही अविकल चित्र देखते हैं। इसी दर्दनाक वास्तविकता तथा गांधी जी द्वारा निर्मित मानसिकता का मिला-जुला रूप हम प्रेमचन्द के उपन्यासों में पाते हैं। नेहरू अपनी आत्मकथा में आगे लिखते हैं "किसानों-मजदूरों के समानान्तर ही मध्यवर्ग की वास्तविकता भी थी जो बहुत अलग नहीं थी—उसमें भी अवसरवादी और मक्कार सरकारी नौकरियों पर दाँत लगाए स्वार्थी और चापलूस लोग भरे पड़े थे और उनकी राजनीति जबानी थी। कुछ लोग, खासतौर पर मध्यवर्ग के ऊपरी श्रेणी के मुट्ठी भर लोग थे और आमतौर पर ब्रिटिश शासन की बदौलत फले-फूले थे और ऐसे परिवर्तन नहीं चाहते थे जिससे उनकी मौजूदा स्थिति और स्वार्थों को धक्का लगे।" (मेरी कहानी, पृ. 84)

यह तो तत्कालीन बाहरी और सामाजिक स्थिति थी जो तमाम अन्तर्विरोधों के बावजूद एक संक्रान्तिकाल से गुजर रही थी। इसी के समानान्तर पारिवारिक स्थितियाँ और मानवीय सम्बन्ध थे जो इन्हीं सबके परिणामस्वरूप गहरे द्वन्द्व, तनाव तथा परिवर्तन के दौर से गुजर रहे थे जिसका प्रभाव स्वयं नेहरू के पारिवारिक जीवन पर पड़ रहा था उसके बारे में भी वे लिखते हैं : "उस जमाने में घर में राजनैतिक सवालों पर चर्चा-बहस के लिए शान्तिमय विषय नहीं था। चर्चा होती थी, लेकिन चर्चा होते ही तनातनी होने लगती थी और बहुत दिनों तक मानसिक संघर्ष चलता रहता था।" (मेरी

कहानी पृ. 71)। यह अकेले नेहरू परिवार का वातावरण नहीं था बल्कि प्रत्येक प्रबुद्ध परिवारों के सम्बन्धों में यह तनाव तथा द्वन्द्व देखा जा सकता था। प्रेमचन्द के 'प्रेमाश्रम' तथा 'रंगभूमि' में यह द्वन्द्व स्पष्ट परिलक्षित किया जा सकता है।

तात्पर्य यह कि तीसरे तथा चौथे दशक के हिन्दी उपन्यास में इन परिवर्तनों की साफ प्रतिध्वनि सुनाई पड़ती है और मुख्यतः प्रेमचन्द उसका प्रतिनिधित्व कर रहे थे। बाद में कुछ वर्षों तक इस प्रतिध्वनि का स्वर मद्धम हो गया या दूसरी दिशा की ओर मुड़ गया। उसके कारणों की छान-बीन आगे की जाएगी।

तात्पर्य यह कि तीसरे और चौथे दशक में जीवन तथा समाज में होनेवाले प्रत्येक परिवर्तन की प्रतिध्वनि उस समय के उपन्यास से देखी जा सकती है। प्रेमचन्द कथाकार होने के साथ-साथ एक जागरूक पत्रकार भी थे और उनका अपने समय के अन्य प्रबुद्ध पत्रकारों तथा सम्पादकों से घनिष्ट सम्बन्ध भी था। जिन घटनाओं तथा समाचारों से उस समय के अखबार आदि आन्दोलित होते थे प्रेमचन्द का कथा संसार भी उन्हीं से निर्मित तथा स्पंदित होता था। इस मामले में प्रेमचन्द अपने समय के अनेक अन्य भारतीय उपन्यासकारों से भिन्न थे—विशेष रूप से शरतचन्द्र आदि से जिनका औपन्यासिक संसार चन्द्रमुखी, किरणमयी, देवदास तथा सावित्री आदि जैसे अन्तर्मुखी और व्यक्ति सीमित पात्रों का संसार था। प्रेमचन्द में एक जबर्दस्त तटस्थ अन्तर्दृष्टि थी जो निर्लिप्त होकर अपने चतुर्दिक के परिवेश का विश्लेषण कर सकती थी। इसीलिए कुछ लोगों को उनके उपन्यासों में रसाभाव प्रतीत होता था और वे रूखे ब्योरों से भरे हुए लगते थे। यह एक वास्तविकता थी। उनके उपन्यासों में पात्रों की मनःस्थितियों तथा आन्तरिक संसार की निकट या सघन चित्रण बहुत कम है। उनमें त्वरा है : भागम भाग है। अपने प्रिय खेल कबड्डी की तरह ही वे दौड़-दौड़कर प्रत्येक स्थिति और परिवर्तन को पकड़ लेना चाहते थे। उनमें एक बेचैनी और व्यग्रता भी है—पूरे समाज और जीवन को समेट लेने की आतुरता। इसीलिए वहाँ सभी वर्ग, वर्ण और व्यवहार के लोग उपस्थित हैं। वहाँ समाज की प्रायः सभी समस्याएँ मिलेंगी—भले ही उनका चित्रण तथा समाधान अपेक्षाकृत स्थूल हो। जहाँ तक भावप्रवणता का प्रश्न है, प्रेमचन्द ने जैनेन्द्र के एक प्रश्न के उत्तर में कहा था कि मैं अपने उपन्यासों को बाँगला उपन्यासों की स्त्रैणता से मुक्त रखना चाहता हूँ।

स्वतन्त्रता सम्बन्धी राजनैतिक आन्दोलनों-विशेष रूप से गांधी जी द्वारा प्रेरित अभियानों का प्रभाव यह पड़ा कि पहली बार बहुत बड़ी संख्या में स्त्रियाँ पुरुषों के साथ जीवन के बाहरी क्षेत्रों में सक्रिय भूमिका निभाने लगी। सार्वजनिक जीवन में स्त्रियों का व्यापक स्तर पर प्रवेश एक बहुत बड़ी घटना थी। जहाँ इसने राजनैतिक-सामाजिक आन्दोलनों को तीव्रतर किया वहीं व्यक्तिगत तथा पारिवारिक सम्बन्धों में अनेक प्रकार की जटिलताएँ भी उत्पन्न की। यहाँ तक कि गांधी जी के आश्रम भी उन उलझनों तथा जटिलताओं से नहीं बच सके। हिन्दी उपन्यास के लिए यह अपूर्व अवसर था और उसका भरपूर उपभोग भी उसने किया। प्रेमचन्द इसमें प्रमुख थे।

प्रेमचन्द के उपन्यास क्रमशः सरलता से जटिलता की ओर बढ़ते हैं जो कि एक स्वाभाविक प्रक्रिया थी। हिन्दी में प्रकाशित उनका प्रथम उपन्यास 'सेवासदन' (1918) एक अपेक्षाकृत सरल उपन्यास है। उसकी समस्याएँ तथा समाधान भी अपेक्षाकृत सरल हैं। किन्तु उसमें आश्चर्यजनक रूप से सुमन तथा सदन के सम्बन्धों में जो तनाव चित्रित किया गया है वह प्रेमचन्द के अन्तिम तथा सर्वाधिक प्रौढ़ उपन्यास 'गोदान' के मेहता-मालती के सम्बन्धों में भी नहीं दीखता। प्रेमचन्द चूँकि मूलतः सामाजिक सरोकारों के कथाकार थे इसलिए वे वैयक्तिक सम्बन्धों की आन्तरिकता पर अधिक ध्यान नहीं देते। ऐसी स्थितियों को वे सरलता तथा शीध्रता से निबटा देते हैं। प्रेमचन्द में यदि सामाजिक जागरूकता के साथ ऐतिहासिक चेतना भी होती तो उनके उपन्यास अधिक सन्दर्भ गर्भित बने होते। वे कहीं भी किसानों, जमींदारो, सामन्तों के सन्दर्भ में भारत में अंग्रेजी राज की भूमिका तथा उसके विश्लेषण के पचड़े में नहीं पड़ते। वे केवल उसकी झलक ही दिखाकर रह जाते हैं। उनकी दृष्टि अधिकतर समसामयिक ही बनी रहती है।

प्रेमचन्द के यहाँ नैतिक द्वन्द्व तथा उससे उत्पन्न जटिलता और तनाव भी प्रायः नहीं है जो टॉल्सटॉय आदि जैसे महान उपन्यासकारों की कृतियों में दिखाई पड़ता है। यही कारण है कि प्रेमचन्द के यहाँ 'पतन' (फॉल) की अवधारणा भी नहीं है। कहीं है भी तो बहुत झीने किस्म की—जैसे 'प्रेमाश्रम' में ज्ञानशंकर तथा गायत्री के सम्बन्धों में। इसका निबटारा भी वे आसानी से कर देते हैं। उस सम्बन्ध तथा स्थिति को एक गम्भीर रचनात्मक तनाव तथा जटिलता से गुजारते हुए एक सघन किस्म के पतन के कगार पर ले जाया जा सकता था (जैसे टॉल्सटॉय के 'रिजर्क्सन' में) और एक गहरा विक्षोभ उत्पन्न किया जा सकता था। किन्तु उससे बचकर निकल जाते हैं। गायत्री तथा ज्ञानशंकर की आत्महत्या में कोई विक्षोभ या 'एगोनी' नहीं है।

'पतन' एक गम्भीर तथा एक अर्थ में एक आध्यात्मिक किस्म की स्वाभाविक मानवीय प्रवृत्ति है। इससे जूझे बगैर कोई रचना बड़ी भले ही हो जाए, महान नहीं हो सकती। भारतीय महाकाव्य तथा पौराणिक आख्यान 'पतन' की असंख्य गाथाओं से भरे पड़े हैं : उर्वशी-पुरुरवा, विश्वामित्र-मेनका, दुश्यन्त-शकुन्तला, शान्तनु-सत्यवती, कच-देवयानी आदि अनेक प्रेम आख्यान 'पतन' के ही आख्यान हैं। ग्रीक त्रासदियाँ 'पतन' की अवधारणा के बिना सम्भव ही नहीं होतीं। किन्तु सम्भवतः प्रेमचन्द की परम्परा 'राम-कथा' वाली है, इसीलिए उनके यहाँ 'रामलीला' का विशेष महत्त्व है। यह भी संयोग नहीं है कि प्रेमचन्द को पढ़ते हुए प्रायः तुलसीदास की याद आ जाती है। वैसे ही कदम-कदम पर नीतिवाक्य, सूक्तियाँ और सदुपदेश। तुलसीदास की तरह ही वे मर्यादा का अतिक्रमण कभी नहीं करते। प्रेमचन्द का सामान्य जन तथा ग्रामीण स्वभाव और ग्रामक्षेत्र पर अबाध अधिकार है। मध्यमवर्ग तक भी उनकी पहुँच थी, किन्तु नागर उच्च वर्ग, उद्योगपति, सामन्त वर्ग तथा राजा-रजवाड़ों की उनकी जानकारी अधूरी थी : रंगभूमि के राजा-रजवाड़े और गोदान के राव-राजा बहुत प्रामाणिक नहीं प्रतीत होते। लेकिन चूँकि वे प्रत्येक वर्ग तक पहुँचना चाहते थे इसलिए उनकी कलम उन तक पहुँचने

का लोभ संवरण नहीं कर सकी।

इसीलिए प्रेमचन्द अपनी सूझ-बूझ तथा व्यापक जानकारी के बावजूद सतह के यथार्थ तक सीमित रह जाते हैं। उनके अधिकांश पात्र 'सतह से उठता हुआ आदमी' नहीं बन पाते। यह मान लेने से भी हमें काई आश्वासन नहीं मिलता कि हिन्दी उपन्यास का वह किशोर युग था और उस युग में प्रेमचन्द का कद सबसे ऊँचा था। यह भी नहीं भूलना चाहिए कि उन्नीसवीं सदी के अन्त में ही उड़िया भाषा में फकीरचन्द सेनापति का 'छह बीधा जमीन' जैसा उपन्यास आ चुका था। स्वयं प्रेमचन्द पश्चिम के कथा साहित्य से भी अपरिचित नहीं थे। लेकिन उनके आदर्श सम्भवतः टॉल्सटॉय जैसे उपन्यासकार न होकर हेनरी फिल्डिंग और गोर्की जैसे उपन्यासकार थे जिनके उपन्यासों की संरचना अपेक्षाकृत सरलीकृत तथा इकहरी थी। इसी कारण प्रेमचन्द का औपन्यासिक लेखन अकसर पत्रकारिता का लेखन बन जाता है : सूचना तथा जानकारियों का भण्डार किन्तु रचनात्मक रहस्यों से हीन।

प्रेमचन्द इसी कारण अपने उपन्यासों में जीवन के बुनियादी तथा मूलभूत प्रश्नों से नहीं टकराते। वहाँ वैसी जिज्ञासाएँ तथा प्रश्नाकुलता नहीं है। उनके उपन्यासों की संरचना और शिल्प उन्नीसवीं सदी के अंग्रेजी उपन्यासों का है जिनमें लम्बे-लम्बे व्यौरे, वृतान्त तथा वाद-विवाद हुआ करते थे। वाद-विवाद तथा प्रतिवाद की शैली में लिखे गए ये उपन्यास अपने निष्कर्ष भी प्रायः उन्हीं के आधार पर निकालते थे। लेकिन प्रेमचन्द के उपन्यासों की विषय-वस्तु तथा भूमि निखालिस भारतीय थी। उनमें सामान्य भारतीय जन का ही मूल्य तथा नैतिक बोध था।

प्रेमचन्द पर प्रायः वाग्विस्फार का आरोप लगाया जाता है। स्वयं उनके अनुजवत कथाकार जैनेन्द्र ने अपने निबन्ध 'प्रेमचन्द का गोदान यदि मैं लिखता' में कहा है कि पहले तो वे पात्रों के जंगल में कटौती करते और दूसरे उसके अनावश्यक रूप से लम्बे-लम्बे संवादों तथा वक्तव्यों को संक्षिप्त कर देते। इस सन्दर्भ में उन्होंने झुनिया-गोबर प्रसंग का विशेष रूप से उल्लेख किया है जहाँ कुछ ही मुलाकातों के बाद झुनिया एक लम्बा सा भाषण दे डालती है। जैनेन्द्र मानते हैं कि यह प्रेम की भाषा नहीं है और न प्रेम की प्रवृत्ति है। वे यह भी कहते हुए प्रतीत होते हैं कि प्रेमचन्द का प्रेम चित्रण दुर्बल है और उन्हें प्रेम के मनोविज्ञान की गहरी जानकारी नहीं है।

यह बात एक सीमा तक सच है : प्रेमचन्द अपने उपन्यासों में जो प्रेमचित्रण करते हैं उसमें दो स्त्री-पुरुष आमने-सामने न होकर दो मूल्य, दो परम्पराएँ आमने-सामने होती हैं। वहाँ प्रेमचन्द परम्परागत मूल्यों का ध्वस्त होना भी नहीं दिखलाते। वे अन्ततः अनुगमन का रास्ता ही अपनाते हैं। उनके पहले उपन्यास 'सेवासदन' में सदन सुमन से विवाह नहीं कर सकता क्योंकि वह वेश्या है। अतः वहाँ सुमन को हटाकर उसका विवाह 'शान्ता' नामक अन्य युवती से कराया जाता है। इसीलिए प्रेमचन्द के यहाँ सम्बन्धों का 'वर्णन' तो है, लेकिन 'चित्रण' नहीं है। चरित्रों के भीतर जाकर उनकी गहन अनुभूतियों का चित्रण वे शायद ही कभी करते हों। प्रेमचन्द रचनात्मकता की

कीमत पर प्रचलित मान्यताओं को प्रतिष्ठा देते हैं। 'रंगभूमि' में भी विनय-सोफिया प्रसंग में प्रचलित मर्यादाओं से ही मान्यता दी जाती है : विनय राजपूत और हिन्दू है जबकि सोफिया ईसाई है, इसलिए दोनों में विवाह नहीं हो सकता। इसी तरह यौन सम्बन्धों को लेकर वे हमेशा भयभीत रहते हैं। विनय-सोफिया जब एकान्त में मिलते हैं तो प्रेमचन्द बताते हैं कि 'वचन' के बाद जब कर्म का अवसर आता है दोनों मर्यादाओं की आड़ में कर्म का दमन कर देते हैं। इन सभी कारणों से प्रेमचन्द के यहाँ 'पतन' की अवधारणा का ही अभाव है। इस सम्बन्ध में अमरीकी आलोचक फिडलर ने ठीक ही लिखा है कि "सभी सुधारों में पतन को अस्वीकार कर दिया जाता है। अतः अन्ततः वासनाओं को भी अस्वीकार कर दिया जाता है। यौन रहित पवित्रतावादी साहित्य को आगे चलकर इतिहास में बहुत कम महत्त्वपूर्ण माना गया है।" प्रेमचन्द के उपन्यास इसी श्रेणी में आते हैं। यौन सम्बन्धों का पूर्णतः अस्वीकार मानवीय सम्बन्धों में उस सघनता, ऊष्मा तथा मांसलता का अभाव उत्पन्न करता है जिससे कथा साहित्य में जीवन्त तथा अविस्मरणीय पात्रों की सृष्टि होती है। प्रेमचन्द के पात्र उनके हाथ की कठपुतली बने रहते हैं जिनमें वे जब चाहे परिवर्तन, विकास या ह्रास दिखला देते हैं। अकसर अच्छा-भला दीखनेवाला मनुष्य अचानक 'खल' नजर आने लगता है और किसी को 'खल' घोषित करने के बाद वह सहसा, सहृदय, उदार तथा सदाशयी दीखने लगता है। प्रेमचन्द के यहाँ चरित्र चित्रण की यही पद्धति हम 'गोदान' तक पाते हैं जहाँ मातादीन जैसा खल पात्र सहसा चोला बदलकर भलमानस बन जाता है। यही हाल मिस्टर खन्ना का है और राव साहब तो पूरे उपन्यास में न जाने कितने रंग बदलते रहते हैं। यह चरित्र-चित्रण की दुर्बलता ही नहीं 'कंसीटेंसी' का अभाव भी है। केवल 'रंगभूमि' का 'सूरदास' इसका अपवाद है जो प्रेमचन्द का सर्वश्रेष्ठ चरित्र है, उसी से प्रेरणा लेकर आगे चलकर फणीश्वर नाथ रेणु ने 'मैला आँचल' में 'वामन महाराज' की सृष्टि की। आगे चलकर हम देखेंगे कि दोनों चरित्रों में कितनी समानता है।

गोदान का 'होरी' जिसकी समीक्षकों ने भूरि-भूरि प्रशंसा की है, वस्तुतः एक मेरुदंडविहीन, ढुलमुल प्रकृति का चरित्र है जो अन्त तक दब्बू ही बना रहता है। दरअसल अपनी पत्नी 'धनिया' के समक्ष इस चरित्र का विकास ही नहीं हो पाता। प्रेमचन्द के स्त्री चरित्रों में धनिया सर्वश्रेष्ठ है। वह सच्चे अर्थों में भारतीय किसान स्त्री का प्रतिनिधित्व करती है। धनिया के झगड़ालू, जिद्दी तथा दबंग स्वभाव से उपन्यास में एक नया रंग और तेवर उत्पन्न हो जाता है। वही एक चरित्र है जो प्रेमचन्द के सेंसर से मुक्त होकर अपना स्वतन्त्र विकास कर पाती है।

प्रेमचन्द के प्रारम्भिक उपन्यासों में प्रायः 'सुखमय जीवन' की अवधारणा को अपनाया गया है या हृदय परिवर्तन दिखलाया गया है। 'गोदान' सुखमय जीवन का उपन्यास नहीं है। वह संघर्षपूर्ण त्रासदी की सीमा पर समाप्त होता है। किन्तु प्रेमचन्द में निषेध (निगेशन) या 'नकार' नहीं है। वे पूर्णतः इंकार या अस्वीकार नहीं कर पाते। 'होरी' के अन्त को छोड़ दें तो मेहता, मालती, रावसाहब, खन्ना, गोबर आदि सभी

अन्ततः एक समझौतापूर्ण जीवन ही जीने लगते हैं। धर्म और सम्प्रदायवाद को लेकर भी प्रेमचन्द पूर्ण निषेध की स्थिति तक नहीं जाते। उनमें एक हिचक बनी रहती है जो कहीं-कहीं साम्प्रदायिक पक्षपात का आभास देने लगती है। उनका शायद ही कोई हिन्दू चरित्र हो जो हिन्दू धर्म की असंगतियों का वैसा विरोध या आलोचना करता हो जैसा रंगभूमि में सोफिया और उसका भाई जॉन ईसाई धर्म का करते हैं। उनकी हिन्दू धर्म में अनुरक्ति दिखलाकर प्रेमचन्द क्या सिद्ध करना चाहते हैं। वे उन्हें धर्मपरिवर्तन की सीमा पर ले जाकर छोड़ते हैं। यदि हिन्दू का ईसाई धर्म में परिवर्तन अनुचित है तो ईसाई को हिन्दू में परिवर्तित कर देना कैसे उचित हुआ ? अपनी तमाम प्रगतिशीलता के बावजूद प्रेमचन्द अन्ततः हिन्दू धर्म का परचम लहराते हुए ही प्रतीत होते हैं।

प्रेमचन्द के अधिकांश उपन्यासों का फलक बहुत विशाल है। वहाँ सभी वर्गों के चरित्र मिलते हैं। प्रेमचन्द को विशालता तथा व्यापकता से प्रेम है क्योंकि वे हर मुकाम पर मौजूद रहना चाहते हैं। किन्तु हर जगह उपस्थित रहने की यह चाह उन्हें कहीं भी गहन रूप से स्थिर रहने नहीं देती।

निर्णायक स्थितियों में प्रेमचन्द-जैसा कि पहले भी कहा गया, परम्परा का ही अनुगमन करते हैं : 'गोदान' में मि. खन्ना के अनाचारों से पीड़ित होकर घर छोड़कर निकली मिसेज खन्ना को जब प्रो. मेहता अपनी गाड़ी में बैठा लेते हैं तो वे उनसे पूछती हैं "आप मुझे कहाँ ले चलेंगे ?" यह एक निर्णायक प्रश्न है, किन्तु यहाँ प्रेमचन्द ठिठक जाते हैं। प्रो. मेहता मार खाकर घर से निकली मिसेज खन्ना को फिर उसी 'नरक' के द्वार पर छोड़ देते हैं। दरअसल 'गोदान' में प्रेमचन्द जहाँ रुक जाते हैं, हिन्दी उपन्यास वहीं से दिशा बदलकर आगे निकल जाता है। जैनेन्द्र की 'मृणाल' (त्यागपत्र) वह निर्णय लेती है जो निर्णय 'गोदान' की मिसेज खन्ना नहीं ले पातीं। इसी अर्थ में 'त्यागपत्र' हिन्दी उपन्यास की दिशा बदल देता है।

गोदान की कथा का मुख्य आधार आर्थिक है। किन्तु एक गाँव विशेष को केन्द्र बनाकर उसकी आर्थिक संरचना का चित्रण करने में प्रेमचन्द को जितनी सफलता मिली है, उसकी तुलना में 'गोदान' का नगरपक्ष अत्यन्त दुर्बल है। यद्यपि हमेशा की तरह प्रेमचन्द वहाँ भी शहर के सभी वर्गों को समेट लेना चाहते हैं लेकिन जितनी सफलता गाँव के तहसीलदार, पण्डित, पटवारी, मुखिया और साहूकार आदि के चित्रण में उन्हें मिली है उसकी तुलना में शहर के उद्योगपति, पत्रकार, शिक्षाविद्, वकील और डॉक्टर आदि के चित्रण में नहीं मिली है। वहाँ वे इन सभी वर्गों को अनमने ढंग से निबटाते गए हैं चाहे वे प्रो. मेहता हों, खन्ना, मि. तन्खा हो या मिस मालती, मिसेज खन्ना हो, सभी के लिए प्रेमचन्द ने एक ही आकार का पिंजड़ा बना रखा है जिससे वे उन्हें कभी निकलने नहीं देते। गाँव के खेत-खलिहान, गली-चौबारे, बाग-बगीचे आदि के चित्रण में जितना उनका मन रचा है शहर के चित्रण में उनकी रचनात्मक रुचि बहुत कम है। गाँव की रामलीला, होली, दशहरा आदि का चित्रण वे जिस उमंग और उछाह से करते हैं और होरी, चैता,कजरी आदि लोकगीतों का जिस तरह रस लेकर वर्णन करते हैं वह

उनकी जानकारी ही नहीं, रचनात्मक संलग्नता का अपूर्व उदाहरण है। किन्तु शहर की ओर उन्मुख होते ही उनमें अनमनापन आ जाता है। जिस बारीकी और ब्योरे के साथ वे झुनिया के सौन्दर्य का चित्रण करते हैं, वैसा चित्रण 'सौन्दर्य की देवी' मानी जानेवाली मिस मालती का नहीं कर पाते। उनके सम्बन्ध में वे यह सटीक सुक्ति भर कहकर रह जाते हैं कि "मिस मालती, बाहर से तितली और अन्दर से मधुमक्खी हैं।"

'गोदान' के 'नगर' में नागरिक तो है लेकिन स्वयं नगर अमूर्त बना रहता है। उसके 'लखनऊ' को 'लखनऊ' न मानकर कोई भी शहर माना जा सकता है। "हम फिदाए लखनऊ, लखनऊ हम पर फिदा"—माननेवालों को यहाँ निराशा ही हाथ लगती है : वहाँ चार बाग, अमीनाबाद, हज़रत गंज, कैसर बाग, बारादरी और भूल-भुलैया ढूँढ़नेवालों को हताश होना पड़ता है। निश्चित रूप से नगर दर्शन कराना 'गोदान' का उद्देश्य नहीं है। लेकिन किसी भी कथा में परिवेश की भूमिका बहुत महत्त्वपूर्ण होती है। कथा स्थिति, पात्रों की मानसिकता तथा परिवेश के बीच स्थान ही किसी भी कथा को प्रभावशाली बनाता है। 'गोदान' के शहर में यह एक सिरे से गायब है। वहाँ पात्रों का भी ऐसा कोई निकट चित्रण नहीं है जिससे उनके घर-द्वार की इस तरह जानकारी मिले जिससे उनकी वर्गीय स्थिति का पता चले। 'गोदान' में 'शहर' महज एक कामचलाऊ उपस्थिति मात्र है। फलस्वरूप 'गोदान' की नगरकथा में एक प्रकार की विरसता बनी रहती है।

'गोदान' में कई ऐसे युग्म है जिनका उपयोग प्रेमचन्द ने उनकी वर्गीय विषमता और विरोधाभास दिखाने के लिए किया है। ऐसे युग्म हैं : होरी-धनिया, गोबर-झुनिया, मिस्टर तथा मिसेज खन्ना, प्रो. मेहता और मिस मालती, मातादीन और सिलिया आदि। किन्तु प्रेमचन्द ने उनके सम्बन्धों के स्वरूप को वर्गीय आधार पर निर्धारित करते हुए भी उन्हें अपने आदर्शोन्मुख-यथार्थवाद के ढाँचे में ही रखा है। आर्थिक विषमता तथा विपन्नता भावनाओं पर आधारित सम्बन्धों की कमर तोड़ देता है। किन्तु प्रेमचन्द इन वास्तविकताओं की चट्टान पर एसे सम्बन्धों को चूर-चूर होते हुए नहीं दिखलाते। वे हमेशा उनका पंचायती निबटारा ही करते हैं।

प्रो. मेहता तथा मिस मालती को प्रेमचन्द ने नवयुग के प्रतिनिधि के रूप में प्रस्तुत किया है। वही उनके लिए प्रेम के आदर्श उदाहरण भी हैं। लेकिन गोदान के प्रारम्भ में 'रामलीला प्रसंग' में प्रेमचन्द इस प्रेम का जिस तरह चित्रण करते हैं वह अतिनाटकीय तथा सिनेमाई है। अतः उसकी नींव ही इतनी पोली है कि उस पर किसी गम्भीर प्रेम सम्बन्ध का विकास ही असम्भव है। इसीलिए प्रेमचन्द उपन्यास के अन्त में इस प्रेम का एक वायवी उदात्तीकरण करके रह जाते हैं : वे दोनों विवाह न करके भी आजीवन संगी रहने का निर्णय करते हैं। अतः यह सम्बन्ध ही अवास्तविक बनकर रह जाता है।

जैसा कि पहले भी कहा गया कि प्रेमचन्द अपने निर्णयों के लिए कई दिशाओं में मुड़ना चाहते हैं किन्तु प्रत्येक दिशा में कोई ठोस निर्णय नहीं ले पाते। उनके मन में हिचक और सन्देह बना रहता है : 'गोदान' के रामलीला प्रसंग में वे आधुनिकता का उपहास करते हैं जो उनकी दृष्टि में "कायरों, क्लीवों और ढोंगियों की आधुनिकता है।"

अतः इसके तत्काल बाद वे 'शिकार प्रसंग' में एक ग्रामीण बाला को मिस मालती के बरक्स खड़ी करके वे 'प्रकृति की ओर लौटो' का आग्रह करते हुए दिखाई देते हैं। किन्तु उपन्यास में ग्रामीण बालावाला प्रसंग एक छोटी सी चिनगारी बनकर रह जाता है। इस दिशा में प्रेमचन्द आगे कोई विकास नहीं दिखलाते। केवल उपन्यास के अन्त में मिस मालती ग्राम सुधार की ओर अग्रसर होती दिखाई देती है। इसी तरह मि. खन्ना तथा मिसेज खन्ना वाले प्रसंग में भी वे निर्णय लेने में हिचकते हैं और एक समझौतावादी रूख ही अख्तियार करते हैं। जिसकी चर्चा ऊपर की जा चुकी है।

अतः 'गोदान' अधूरे निर्णयों तथा विकासशील परिवर्तित परिस्थितियों के प्रति एक संशयग्रस्त उपन्यास बनकर रह जाता है।

पूरे 'गोदान' में केवल एक प्रसंग है जहाँ प्रेमचन्द अपनी हिचक तोड़कर एक साहसपूर्ण कदम उठाते हैं और वह है मातादीन और सिलिया का वह प्रसंग जहाँ गाँव भर के चमार मिलकर मातादीन के मुँह में गाय की हड्डी डाल देते हैं। उस स्थल पर प्रेमचन्द चमारों के मुख से लगभग एक उक्ति कहलाते हैं कि "तुम हमें ब्राह्मण नहीं बना सकते, मुदा हम तुम्हें चमार जरूर बना सकते हैं। हमारी इज्जत लेते हो तो अपना धरम हमें दो।" सिलिया के पिता के मुँह से कहलाया गया यह कथन हिन्दी उपन्यास की सर्वाधिक क्रान्तिकारी उक्ति है। बाद के किसी उपन्यासकार ने यहाँ तक पहुँचने का साहस नहीं किया। यह होरी की कथा का 'एंटी डोट' है। आज के 'दलित विमर्श' वाले लोगों के लिए यह उक्ति एक उदाहरण ही नहीं बहुत बड़ी चुनौती भी है। स्वयं प्रेमचन्द उपन्यास में अन्यत्र ऐसा साहस नहीं दिखला पाते। चमारों की यह अचानक प्रतिक्रिया प्रेमचन्द की चमत्कारिक सूझ है। बाद में प्रेमचन्द उस सम्बन्ध में भी एक समझौतावादी रूख ही अख्तियार करते हैं और मातादीन का हृदय परिवर्तन करा देते हैं।

एक चरित्र के रूप में धनिया ही गोदान की सबसे जीवन्त तथा तेजस्वी चरित्र है। गाँव में यदि धनिया है तो शहर में लगभग ऐसी ही तेजस्वी स्त्री 'चुहिया' है। चुहिया दुर्दिन में सारे मुहल्लेवालों के विरुद्ध जिस तरह गोबर-झुनिया की सहायता के लिए आती है और सारे पड़ोसियों को जिस तरह लताड़ती है वह मानवीय तथा नैतिक साहस का अन्यतम उदाहरण है। झुनिया के बच्चे के प्रति उसमें कितना निश्छल तथा स्वाभाविक स्नेह है इसका उदाहरण यह है कि वर्षों से सन्तान से वंचित प्रौढ़ा चुहिया के सूखे स्तनों में झुनिया के भूख से बिलखते बच्चे के लिए अचानक दूध उमड़ पड़ता है। यह 'गोदान' का सबसे मानवीय ही नहीं सर्वाधिक मार्मिक प्रसंग भी है।

1935-36 का काल भारतीय इतिहास की दृष्टि से भी महत्त्वपूर्ण है। इसी समय अन्तरिम भारतीय सरकारें बनी थीं, और भारतीय जनता को असेम्बली में प्रतिनिधित्व मिला था। साहित्य के क्षेत्र में 'गोदान' के अतिरिक्त निराला की 'राम की शक्तिपूजा' भी 1936 में ही प्रकाशित हुई थी। 'सरोज स्मृति' भी इसी के आसपास की रचना है। 'सरोज स्मृति' में निराला लिखते हैं "हारता ही रहा स्वार्थ समर।" और 'गोदान' के अन्त

में होरी के सम्बन्ध में प्रेमचन्द लिखते हैं "जीवन के संघर्ष में उसे सदैव हार ही हुई।" यह संयोग नहीं था बल्कि उस समय सामान्य मनुष्य की मानसिकता यही थी।

राजनैतिक-सामाजिक स्तर पर भी यह सम्भवतः हताशा का युग था। गांधी के आगमन के बाद चतुर्दिक आशा और उत्साह का वातावरण देखनेवाले जवाहरलाल नेहरू 1935 में प्रकाशित अपनी आत्मकथा में 'गांधी-इरविन पैक्ट' से इतने हताश हो जाते हैं कि उस अध्याय के अन्त में टी.एस. एलियट की कविता 'हॉलो मैन' की आखिरी पंक्तिया उद्धृत करते हुए लिखते हैं "दिस इज द वे द वर्ल्ड एंडस, नॉट विद बैंग बट विद व्हिम्पर"।

इस दृष्टि से देखें तो 'गोदान' उस समय की सामाजिक वास्तविकता का प्रतिनिधित्व जरूर करता है किन्तु सम्पूर्ण आकलन के आधार पर यही कहना पड़ता है कि उसका महत्त्व साहित्यिक कम और ऐतिहासिक अधिक है। प्रेमचन्द का महत्त्व इस दृष्टि से भी है कि उन्होंने हिन्दी उपन्यास में सामाजिक चेतना, यथार्थबोध तथा सामान्य मनुष्य को लगभग एक मूल्य के रूप में प्रतिष्ठित कर दिया और आगे आनेवाले उपन्यासकारों के लिए ही नहीं बल्कि समीक्षकों के लिए भी यह आकलन का प्रतिमान या निकष बन गया। अनजाने ही प्रेमचन्द के द्वारा निर्मित उपन्यास की यह कसौटी आज भी काम कर रही है। इससे यह भी स्पष्ट होता है कि किस तरह रचनाकार अपनी कृतियों के माध्यम से आनेवाले साहित्य के लिए प्रतिमानों तथा निकषों का निर्माण भी कर जाता है। प्रेमचन्द की प्रासंगिकता इस अर्थ में भी है।

सन् 1936 में ही हिन्दी के दो मूर्धन्य साहित्यकार क्रमशः संसार से विदा हो गए : प्रेमचन्द तथा प्रसाद। विश्वविद्यालीय समीक्षकों ने उनके नाम पर दो स्कूल स्थापित कर दिए : प्रेमचन्द तथा प्रसाद स्कूल। यह 'स्कूली परम्परा' दुर्भाग्य से किसी-न-किसी रूप में आज भी चल रही है : लोग प्रेमचन्द को यर्थाथवादी और प्रसाद को रोमैंटिक मानते हैं। जबकि वास्तविकता यह है कि जिसे रोमैंटिक भावबोध या हिन्दी में छायावादी भावबोध कहते हैं—प्रसाद ही नहीं प्रेमचन्द भी उसी की उपज थे। यहाँ तक कि अपनी चिन्तन प्रणाली में बुद्धिवादी समीक्षक रामचन्द्र शुक्ल भी 'भावबोध' की दृष्टि से रोमैंटिक ही थे। यह 'द्वैत' अनेक समीक्षकों-लेखकों में देखा जा सकता है। यह अत्यन्त स्वाभाविक प्रक्रिया है और इसे किसी विरोधाभास के रूप में नहीं देखा जाना चाहिए। शुक्ल जी ने अपने इतिहास के उपन्यासवाले प्रकरण में लिखा है कि प्रेमचन्द के आने से कथा के गद्य में 'काव्यात्मकता' समाप्त हो गई। यही शिकायत उन्हें आचार्य महावीर प्रसाद द्विवेदी द्वारा प्रेरित 'काव्य रचना' के बारे में भी है। यद्यपि उन्होंने प्रेमचन्द की भाषा की प्रशंसा की है किन्तु यह भी कहा है कि गद्य से 'काव्यात्मकता' इसलिए विलुप्त हो गई कि पश्चिम के कथा साहित्य में काव्यात्मकता तिरोहित हो रही थी। गद्य में 'काव्य तत्त्व' का विलीन होना शुक्ल जी के लिए प्रीतिकर संकेत नहीं था। आगे वे कहते हैं कि पश्चिम के कथा साहित्य में 'काव्य तत्त्व' विलीन हुआ तो क्या हुआ भारत में तो कादम्बरी और श्री हर्षवाली काव्यात्मक गद्य की परम्परा रही है। फिर भी 'कथा भाषा'

से काव्य तत्व निकाल भी दिया जाए तो कोई जरूरी नहीं है कि 'दृष्टि' में कोई मूलभूत परिवर्तन आ जाए। दृष्टि की पहचान उसमें निहित भावबोध से होती है और भावबोध की पहचान जीवन के सम्बन्ध में धारणा से होती है, विशेष रूप से मानवीय सम्बन्धों के बारे में बनी धारणा से। इस दृष्टि से देखें तो पुरुष-स्त्री सम्बन्धों में अशरीरीपन तथा सुदूरता रोमैंटिक भावबोध के परिचायक है। ऐसे प्रसंगों में प्रेमचन्द हमेशा अशरीरीपन और सुदूरता ही अपनाते हुए दीखते हैं। मसलन सुमन-सदन (सेवा सदन), विनय-सोफिया (रंगभूमि), प्रो. मेहता-मिस मालती (गोदान) सभी के सम्बन्धों में वे सघन प्रेम के बावजूद शारीरिकता को कहीं पास फटकने नहीं देते। उनके उपन्यास ऐसे मामलों में रोमैंटिक भावबोध से ही ग्रस्त दीखते हैं।

लेकिन इसी दौर के प्रसाद के उपन्यास जिन्हें छायावादी भावबोध का साहित्यकार माना जाता है ऐसे प्रसंगों में कहीं अधिक यथार्थपूर्ण रवैया अपनाते हुए दिखाई पड़ते हैं। प्रसाद को परम्परावादी ही नहीं, वर्तमान से विमुख और अतीतोत्मुख माना जाता है किन्तु उनके दो उपन्यास 'तितली' और 'कंकाल' न केवल अत्यन्त समकालीन है बल्कि उनकी यथार्थवादी दृष्टि भी विलक्षण है।

'तितली' तत्कालीन सामाजिक सन्दर्भ में 'नारी मुक्ति' की कथा है जो अपने आप में अत्यन्त प्रगतिशील प्रयास है और प्रसाद जी ने आश्चर्यजनक ढंग से 'नारी मुक्ति' को **आर्थिक मुक्ति** से जोड़कर देखा है। प्रेम सम्बन्धों में भी वे प्रेमचन्द की अपेक्षा अधिक उदार तथा वस्तुपरक हैं। इसके अलावा तितली में ग्राम सुधार, संयुक्त परिवार तथा सामन्ती संरचना की पतनोन्मुख स्थितियों को सामने लाया गया है। यहाँ तक कि प्रेमसम्बन्ध भी, जो अभी तक नैतिक प्रश्नों से जुड़े हुए थे, **आर्थिक प्रश्नों** से जुड़ जाते हैं। यद्यपि 'तितली' पर प्रचलित 'पुनर्जागरण' का प्रभाव है और उसमें मूल रूप से भारतीय मूल्यों का पुनरोत्थान दिखाया गया है तथा पश्चिम की जीवन तथा पद्धति तथा मूल्यों के समक्ष भारतीय मूल्यों की टकराहट दिखलाकर भारतीय जीवन दृष्टि की श्रेष्ठता प्रमाणित की गई है किन्तु रचना प्रक्रिया में यह चित्रण ही नहीं उसकी दृष्टि भी इतनी यथार्थपूर्ण है कि चकित रह जाना पड़ता है, खासतौर पर तत्कालीन कथा साहित्य के सन्दर्भ में 'तितली' में एक यूरोपियन युवती शैला का विवाह विलायत से बैरिस्टर बनकर आए जमींदार इन्द्रदेव से कराया गया है (अपने आप में यह क्रान्तिकारी कदम था जो प्रेमचन्द रंगभूमि में नहीं उठा सके) और दूसरी ओर विपन्न किन्तु अत्यन्त विदुषी 'तितली' का विवाह उद्धत कृषक युवक मधुसूदन से होता है। इन्हीं के माध्यम से पाश्चात्य तथा भारतीय जीवन मूल्यों की टकराहट चित्रित की गई है। इनके निष्कर्षों पर यदि ध्यान न भी दें तो यहाँ रचनात्मक प्रक्रिया इतनी सघन आवेगपूर्ण, विश्लेषणात्मक तथा मनोवैज्ञानिक स्तर इतनी यथार्थपूर्ण है कि प्रेमचन्द बहुत पीछे छूटते हुए दिखाई देते हैं।

शैला तथा इन्द्रदेव के प्रसंग में प्रसाद जो रवैया अपनाते हैं वह प्रेमचन्द के 'रंगभूमि' के विनय-सोफिया प्रसंग से बहुत आगे की चीज है : प्रेमचन्द वहाँ ईसाई युवती सोफिया

से विनय का विवाह दिखाना तो दूर किसी भी प्रकार का शारीरिक सम्बन्ध दिखलाने का साहस भी नहीं कर पाते। प्रसाद यहाँ जातीय या धार्मिक बन्धनों को भी उतना महत्त्व नहीं देते जितना प्रेमचन्द देते हैं। किन्तु प्रचलित सामाजिक-सांस्कृतिक दबाव कितने महत्त्वपूर्ण होते हैं वह यहाँ भी परिलक्षित होता है : दिलचस्प ढंग से दोनों के निष्कर्ष यहाँ समान हैं : 'तितली' में शैला अन्ततः भारतीयता की ओर झुकती दिखाई देती है और 'रंगभूमि' में सोफिया। 'तितली' में शैला का इन्द्रदेव से विवाह क्रान्तिकारी कदम तो है किन्तु यह तभी सम्भव होता है जब शैला हिन्दूधर्म में दीक्षित हो जाती है। अर्थात हिन्दी उपन्यास तब तक जाति-धर्म ग्रस्त 'भवबाधा' को पार नहीं कर पाया था। उपन्यासकार स्वयं इतने संस्कारग्रस्त थे कि उनसे किसी अतिक्रमण की माँग भी नहीं की जा सकती। प्रेमचन्द या प्रसाद भी इससे पूरी तरह अपवाद नहीं हो सकते थे। लेकिन कुछ मामलों में प्रसाद की दृष्टि अधिक उन्मुक्त थी। यह बताना इसलिए जरूरी हो गया है कि सामान्यतः प्रसाद को यथार्थ विमुख लेखक माना जाता है और प्रेमचन्द को अधिक यथार्थ परक। कुछ और प्रसंगों का उदाहरण देकर इसे अधिक स्पष्ट दिया जाएगा : 'तितली' गहरे स्तर पर प्रगाढ़ मानवीय सम्बन्धों का जो सूक्ष्म द्वन्द्व चित्रित किया गया है वह प्रेमचन्द में विरल है ही अन्य हिन्दी उपन्यासों में भी शायद ही कहीं मिले। उसकी 'आधुनिकता' चकित करनेवाली है। प्रसाद इन्द्रदेव तथा शैला के माध्यम से सम्बन्धों में आई 'दरार' और उससे उत्पन्न द्वन्द्व को चित्रित करते हैं। वे इसे कई स्तरों पर विश्लेषित करते हैं। प्रसाद कहीं यह मानते हैं कि संस्कृति तथा संस्कार प्रेम और विवाह जैसे सघन मानवीय सम्बन्धों को दूर तक प्रभावित करते हैं। यहाँ इन्द्रदेव की सदाशयता तथा मानवीयता में सन्देह नहीं है। वे शैला जैसी प्रायः अज्ञात-वय-कुल शील युवती से विवाह कर लगभग एक क्रान्तिकारी निर्णय लेते हैं पर परिणाम क्या होता है ? यहाँ संस्कृति और संस्कारों का द्वैत बरकरार रहता है। शैला अपने को इन्द्रदेव की अपेक्षा अपने देशवासी मि. वाटसन के अधिक निकट पाती है क्योंकि वे समान संस्कृति और संस्कारोंवाले व्यक्ति हैं। किन्तु इस द्वैत का एक कारण आर्थिक भी है और प्रसाद जी इसकी ओर संकेत करना नहीं भूलते : शैला को निरन्तर यह कचोटता रहता है कि वह आर्थिक रूप से स्वतन्त्र नहीं है और पराश्रित है।

लेकिन प्रसाद जी इससे भी आगे जाते हैं। अगर यह 'द्वैत' केवल आर्थिक परतन्त्रता तथा संस्कारगत भिन्नता के कारण होता तो वह स्पष्ट तथा स्थूल 'कारण' पर टिका होता। अतः शैला के स्वयं को और अधिक विश्लेषित करती है और पाती है कि न तो वह इन्द्रदेव को प्यार करती है और न मि. वाटसन को! यहाँ विश्लेषण क्षमता पर विस्मय होता है। वे दया, माया, ममता, सहानुभूति किसी को वास्तविक प्रेम के रूप में नहीं देखते। यहाँ प्रसाद का आदर्श 'तितली' है जिसकी दुर्दमनीय रूप से स्वतन्त्र रहने की आकांक्षा अभूतपूर्व है : वह न तो इन्द्रदेव से सहायता चाहती है न सामाजिक संस्थानों और न अपनी अभिन्न मित्र शैला से। जमींदारों और तहसीलदारों के सम्बन्ध में तितली का मत है "मुझे विपत्ति में डालनेवाले यहाँ के जमींदार तथा

तहसीलदार हैं। तब भी आप लोग मुझे इन्हीं से सहायता लेने को कहते हैं ?" जमीदारों तथा तहसीलदारों के बारे में प्रेमचन्द तथा प्रसाद की दृष्टि प्रायः एक ही है किन्तु उनके प्रति व्यापक विद्रोह का उन्मेष इन दोनों में नहीं मिलता। प्रसाद की दिक्कत यह है कि वे सामाजिक समस्याओं का 'दार्शनिक' समाधान निकालते हैं और यह उन्हें भारतीय संस्कृति तथा दर्शन में ही मिलती है। लेकिन वे इसे भी तत्वचिन्तन के स्तर पर न दिखलाकर 'भक्ति' के स्तर पर व्यक्त करते हैं। यहाँ भी वे प्रेमचन्द की तरह 'प्रेम' को सामाजिक दायित्व तथा समर्पण से भिन्न नहीं मानते। 'सामाजिक समस्या' का दार्शनिक समाधान वे 'कामायनी' में भी दिखलाते हैं, लेकिन वहाँ वह 'अमूर्त स्तर' पर घटित होता है। 'तितली' में वह अधिक 'मूर्त' होकर सामने आता है।

'36 तक विश्व उपन्यास आधुनिक युग में प्रवेश कर चुका था तथा रूस, फ्रांस, जर्मनी, अमेरिका और इंग्लैंड में महान आधुनिक उपन्यास लिखे जा चुके थे। संक्षेप में कहा जा सकता है कि जेम्स ज्वायस का 'यूलिसिस' (1922) लिखा जा चुका था। इसी दृष्टि से देखें तो हिन्दी उपन्यास आधुनिकता से कोसों दूर था। लेकिन उस विश्व परिदृश्य को ध्यान में रखकर हिन्दी उपन्यास का आकलन नहीं किया जा सकता, करना भी नहीं चाहिए।

किन्तु यथार्थ की दृष्टि से देखें तो हिन्दी का पहला यथार्थवादी उपन्यास 'कंकाल' के रूप में प्रसाद ही लेकर आते हैं। 'कंकाल' का यथार्थ इतना निरावरण है कि हम उसे जोला आदि के फ्रेंच प्रकृतिवादी उपन्यासों के निकट पाते हैं। यथार्थ का यह निरावृत्त 'कंकाल' स्तब्ध कर देनेवाला है : 'ऊबकाई' की हद तक जाकर यह उपन्यास समाज की नग्न वीभत्सताओं को चित्रित करता है : पंडों, पुरोहितों तथा पाखण्डियों की पुरातन नगरी 'वाराणसी' में रहनेवाले जयशंकर प्रसाद ही समाज का यह 'प्रेत चित्र' प्रस्तुत कर सकते थे।

'तितली' वाले भारतीय संस्कृति, धर्म और परम्परा के पक्षधर जयशंकर प्रसाद 'कंकाल' में भारतीय समाज का एक दूसरा रूख प्रस्तुत करते हैं जो दहला देनेवाला है। 'कंकाल' एक दुस्साहसपूर्ण उपन्यास है और इसमें प्रसाद एक जर्राह की तरह निर्भयता से भारतीय समाज के पाखण्डों की 'शल्यक्रिया' कर डालते हैं और उसके दुर्गंधयुक्त रक्त और मवाद से भरे हुए मांस के लोथड़े को निकाल फेंकते हैं। भारतीय समाज के इस चित्र को प्रस्तुत करने के लिए 'मदर इंडिया' वाली किसी मिस मेयो की जरूरत नहीं रह जाती।

'कंकाल' में प्रसाद तमाम सुधारवादी लिजलिजे आदर्शों को कटघरे में खड़ा कर देते हैं। इस दृष्टि से प्रेमचन्द के सारे उपन्यास यहाँ बहुत पीछे छूट जाते हैं : तथाकथित पुण्यात्माओं का भ्रष्ट-अनैतिक जीवन, औरस-जारज सन्ताने, भोग-वासना लिप्त घृणित प्रसंग, सारे नैतिक मूल्यों और मर्यादाओं का चकनाचूर होना और अन्त में इन सबकी नियति और परिणति भुगतता हुआ उपन्यास के तथाकथित नायक का 'कंकाल' जिसका विडम्बनापूर्ण नाम है : 'विजय' !

प्रसाद ने 'कंकाल' को ग्रीक त्रासदियोंवाली नाटकीय विडम्बना से लिखा है जिसका 'रंगमंच' उत्तर भारत के सभी पवित्र तीर्थ स्थलियों तक फैला हुआ है। प्रत्येक तीर्थस्थल इस पाखण्ड पुराण का एक 'दृश्य' प्रस्तुत करता है। 'कंकाल' के शिल्प और 'संरचना' में नाटक तथा औपन्यासिक शिल्प का अद्भुत समंवय है। यह कवि-नाटककार और कथाकार प्रसाद ही सम्भव कर सकते थे।

हिन्दी साहित्य में बीसवीं शताब्दी का यह दौर बहुत महत्त्वपूर्ण था—विशेष रूप से सन् 36-37 का वर्ष। एक ओर स्वतन्त्रता संघर्ष एक निर्णायक स्थिति में पहुँच रहा था तथा प्रान्तीय स्तरों पर अन्तरिम सरकारें बन रही थीं और दूसरी ओर साहित्य में छायावाद का चरमोत्कर्ष 'कामायनी' तथा 'राम की शक्तिपूजा' के रूप में परिलक्षित हो रहा था। इसी बीच 'गोदान' तथा 'सुनीता' जैसी कथाकृतियाँ भी सामने आईं। नाटककार भुवनेश्वर का क्रान्तिकारी एकांकी संग्रह "कारवाँ" भी इसी दौर में प्रकाशित हुआ था। इसके अतिरिक्त जवाहरलाल नेहरू की आत्मकथा भी तभी प्रकाशित हुई थी—जिसमें तत्कालीन राजनैतिक परिदृश्य का दस्तावेजी रोजनामचा दर्ज था उसमें एक गहरा तथा नैतिक द्वन्द्व नेहरू के माध्यम से पूरे देश की राजनैतिक आशाओं, आशंकाओं आत्ममंथन, आकांक्षाओं, स्वप्नों तथा संघर्षों के रूप में व्यक्त हुआ था। देश के बाहर की दुनिया भी एक भयानक उथल-पुथल के दौर से गुजर रही थी : उपनिवेशवादी सत्ता के विरुद्ध सारे उपनिवेश संघर्ष कर रहे थे। स्पेन के गृहयुद्ध में दमनकारी शक्तियों का ताण्डव नृत्य देखा जा चुका था। जिसमें अनेक साहित्यिक प्रतिभाओं की बलि चढ़ाई जा चुकी थी। पिकासो 'गुएर्निका' के रूप में और हेमिंग्वे अपने उपन्यासों में उनका जीवन्त तथा दुधर्ष चित्र प्रस्तुत कर रहे थे। इस 'संक्रान्ति' के उदर से ही हिन्दी साहित्य में आधुनिकता का जन्म हुआ। '40 के बाद का हिन्दी साहित्य कमोवेश आधुनिक साहित्य माना जाना चाहिए।

द्वन्द्व, संशय, प्रश्नाकुलता, एलियेनशन या निर्वासन का भाव, परम्परागत मूल्यों में अविश्वास, मूल्यहीनता, नैतिकता का लोप, मूल्यों से अधिक अस्तित्वबोध में विश्वास, अत्यधिक आत्मचेतना पर आत्म सजगता आदि आधुनिक भावबोध के अवयव या तत्त्व हैं। पश्चिम में सामान्यतः इन्हें दूसरे महायुद्ध के बाद के परिवेश से जोड़कर देखा जाता है किन्तु मूलतः इन्हें पहले महायुद्ध के बाद की क्रमशः बदलती हुई परिस्थितियों तथा परिवेश से जोड़कर देखना चाहिए। दूसरे महायुद्ध के महाविनाश ने इनमें व्यापक हताशा तथा निरर्थकता का बोध भर दिया जहाँ एक ओर सब 'एज ऑफ रीजन' से जुड़ गया तो दूसरी ओर सबकुछ तर्कातीत तथा 'ऐबसर्ड' लगने लगा। 'ईश्वर की मृत्यु' की घोषणा के बाद मनुष्य कुछ भी करने के लिए स्वतन्त्र या निरंकुश हो गया : 'परम-स्वतन्त्र न सिर पर कोऊ।' वस्तुतः साहित्य में आधुनिक बोध परस्पर विरोधी प्रवृत्तियों तथा तत्त्वों का पुंज है—जिसमें समग्रता, एकसूत्रता या समानता देखना व्यर्थ है।

अतः तब तक हम हिन्दी उपन्यास में समग्रता, एकसूत्रता तथा एक तर्काश्रित विकास प्रक्रिया देख रहे थे। सन् 40 तक आते-आते यह एकसूत्रता भंग हो गई।

प्रेमचन्द तथा प्रसाद तक के हिन्दी उपन्यास विश्वास, नैतिक बोध तथा परम्परागत मूल्यों पर आधारित थे। इसके बाद सबकुछ 'संशयग्रस्त' हो गया।

'संशय' का आधार सबसे पहले 'नैतिक मूल्य' बनते हैं और सबसे अधिक द्वन्द्व इन्हीं से सम्बन्धित निर्णयों को लेकर होता है। इसी कारण उपन्यास में गहरे नैतिक द्वन्द्व का चित्रण अपने आप में कभी-कभी रचनात्मकता या सृजनात्मकता का पर्याय बन जाता है। वह मनुष्य को सीधे अस्तित्व के नंगे तथा बेलौस प्रश्नों के सम्मुख खड़ा कर देता है। प्रसाद की 'तितली' में हम पहली बार ऐसा गहरा नैतिक द्वन्द्व देख पाते हैं जो प्रेमचन्द सहित तत्कालीन कथा साहित्य में और कहीं नहीं मिलता। किन्तु 'तितली' की सीमा यह है कि वह लौटकर निर्धारित सरल विश्वासों को ही समर्पित हो जाती है। यहाँ प्रसाद कोई **'नई राह'** नहीं ढूँढ़ पाते।

इस 'नई राह' की तलाश में सबसे पहले जैनेन्द्र कुमार अग्रसर होते हैं--लेकिन वे केवल 'अग्रसर' होते हैं उन्मुख नहीं होते--कम-से-कम अपने पहले दो उपन्यासों में : जैनेन्द्र का पहला उपन्यास 'परख' 1929 में प्रकाशित हुआ था। रचनाकाल की दृष्टि से यह 'गोदान' और 'तितली' से पहले की कृति है किन्तु कला तथा दृष्टि में अधिक विकसित उपन्यास है। 'परख' में जैनेन्द्र सबसे पहले प्रेमचन्दवाले वाग्विस्फार या स्फीति को ध्वस्त करते हैं जिससे शायद उन्हें सबसे अधिक विरक्ति थी। 'परख' के द्वारा वे हिन्दी उपन्यास में 'मित् कथन' की कला का आविष्कार करते हैं : 'मित् कथन' केवल संक्षिप्तता नहीं है। वह अभिव्यक्ति की सबसे प्रभावशाली तथा सटीक पद्धति है। शब्दों की शाहरवर्ची या अपव्यय उनकी शक्ति और प्रभाव को बिखरा देता है। वह उनकी सम्प्रेषण क्षमता को भी कुन्द कर देता है। अकसर वह सतहीपन तथा छिछोरेपन का द्योतक भी हो जाता है। 'बड़बोलापन' केवल यह नहीं कि कला नहीं है बल्कि वह प्रायः छिछोरे स्वभाव का द्योतक भी होता है, इसलिए वह दुर्गुण भी है। 'मित् कथन' के साथ भाषा में चित्रात्मकता, प्रतीकात्मकता तथा सांकेतिकता आती है जो आधुनिक साहित्य के (या साहित्य मात्र के) आवश्यक तथा महत्त्वपूर्ण गुण माने गए हैं। इस अर्थ में भी जैनेन्द्र के उपन्यास आधुनिकता के अधिक निकट पड़ते हैं।

यदि 'परख' शीर्षक पर ही गौर करें तो प्रश्न उठता है कि किसकी 'परख' ?

मूलतः यह परम्परागत नैतिक मूल्यों की ही 'परख' है। एक गहरे नैतिक द्वन्द्व से गुजरने की तनावपूर्ण प्रक्रिया है जो हिन्दी उपन्यास में पहली बार यहाँ दिखाई पड़ती है। 'परख' की दूसरी उपलब्धि उसकी कथा-भाषा है। स्पष्टतः 'मित् कथन' की कला अपनी निजी कथाभाषा भी लेकर आएगी। इस उपन्यास में जैनेन्द्र ने एक नई कथा भाषा की सृष्टि की है जो सीधी, विशेषणविहीन, संयत तथा संक्षिप्त कथनवाली है और जो पहले की--मुख्यतः प्रेमचन्द की वाग्विस्फार तथा 'टेटारिकल' भाषा का विलोम बनकर हिन्दी उपन्यास में आई।

'परख' में जैनेन्द्र परम्परागत मूल्यों का सामना और समाधान दोनों करना चाहते हैं। इसमें उन्हें आंशिक सफलता मिली है और इसके लिए वे शरतचन्द्र के ऋणी भी

हैं तथा शरतचन्द्र ही उनकी राह के रोड़े भी हैं : परम्परागत नैतिक तथा सामाजिक मूल्यों की परीक्षा करते हुए वे उनके और निकट चले जाते हैं और परिणामस्वरूप उन्हें विस्तापित करने के बजाय उन्हीं की पुष्टि के लिए नए प्रमाण तथा तर्क एकत्र करने लगते हैं। वे 'विवाह' और 'प्रेम' के बीच एक निरर्थक सा शरतचन्द्र वाला द्वन्द्व रचते हैं यानी 'विवाह' किसी और 'प्रेम' किसी और के साथ। इसके लिए वे 'समर्पण' और 'श्रद्धा' का एक नया नुस्खा तैयार करते हैं : 'परख' के प्रमुख पात्र कट्टो, सत्यधन और बिहारी के बीच इसी नुस्खे का जाल बुना जाता है।

फिर भी भाषा, शिल्प और संरचना की दृष्टि से 'परख' हिन्दी उपन्यास के उस युग में एक 'नया उपन्यास' है।

अपने अगले उपन्यास 'सुनीता' में जैनेन्द्र एक क्रान्तिकारी अवधारणा को ही चुनौती देते हैं। यह भी हिन्दी उपन्यास में एक नाटकीय क्रान्तिकारी मोड़ था। मित्र पत्नी सुनीता से जब क्रान्तिकारी पात्र कहता है कि "मैं तुम्हें प्रेम करता हूँ, तुम्हें चाहता हूँ" तो सुनीता सहसा निरवस्त्र हो जाती है और अवाक् तथा विमूढ़ क्रान्तिकारी के पूछने पर कहती है कि 'वस्त्र' तो सुनीता नहीं है, जिसे तुम प्यार करते हो वह तो शुद्ध हाड़-मांस की बनी तुम्हारे सामने खड़ी है—निरवस्त्र तथा नग्न ! क्रान्तिकारी पात्र इस नग्न वास्तविकता का सामना नहीं कर पाता और भाग खड़ा होता है। जैनेन्द्र यहाँ इसी स्तर पर उसकी क्रान्तिकारिता का पाखण्ड तोड़ देते हैं। उपन्यास के इस अन्तिम दृश्य की 'हिन्दी में' अनेक व्याख्याएँ की गई हैं और वह इसके योग्य है भी। वहाँ अपने वस्त्र ही नहीं खोलती बल्कि अपने इस अप्रत्याशित कृत्य द्वारा व्याख्या और विश्लेषण की अनेक दिशाएँ खोल देती है। 'सुनीता' की यह बहुत बड़ी चुनौती है—भगोड़े क्रान्तिकारी के लिए ही नहीं, पाठकों के एक बहुत बड़े समुदाय तथा व्याख्याकारों के लिए भी। सुनीता में हिन्दी उपन्यास आधुनिकता की देहरी तक पहुँच जाता है। अचानक नग्न होने का निर्णय सुनीता का अपनी रक्षा के लिए किया गया एक चमत्कारिक 'डिवाइस' या उपाय है। इसके अतिरिक्त यहाँ परम्परावादी जैनेन्द्र विवाहिता सुनीता को एक परपुरुष के प्रति आकर्षित या समर्पित नहीं होने देना चाहते। 'सतीत्व तथा पतीत्व' की हर कीमत पर रक्षा होनी ही चाहिए। किन्तु 'रक्षा' का यह कैसा उपाय है। बहुत लोगों ने इसमें 'अश्लीलता' की झलक भी देखी। मान लें कि आज भी यदि इस दृश्य को हू-ब-हू फिल्माया जाए तो सम्भोग दृश्यों से खचाखच फिल्मों के इस युग में भी 'सेंसर' शायद इसे यथावत घटित न होने दे। वस्तुतः इतने 'शारीरिक' होकर ही जैनेन्द्र सुनीता को शारीकिता से मुक्त रखना चाहते हैं वरना 'सुनीता' तो प्रारम्भ से ही हरिप्रसन्न (क्रान्तिकारी) की ओर आकर्षित है, वरना वह स्वेच्छा से उस निर्जन तथा अँधेरे एकान्त में आती ही क्यों। दरअसल 'सुनीता' इस हद तक प्रस्तुत नहीं है कि वह हरिप्रसन्न को सीधे अपना शरीर ही छूने दे : प्रेम के अनेक सोपान होते हैं और उन पर छलाँग लगाकर हमेशा 'शिखर' तक नहीं पहुँचा जा सकता। जैनेन्द्र यहाँ कई प्रकार की 'ऐम्बिग्युटिज' भर देते हैं जो अकसर रचनात्मकता के अनिवार्य पहलू होते हैं। जैनेन्द्र

उपन्यास में यह 'छलाँग' तो लगाने नहीं देते किन्तु 'सुनीता' हिन्दी उपन्यास में एक छलाँग जरूर है।

इसके अतिरिक्त गांधीवादी जैनेन्द्र यहाँ क्रान्तिकारी अवधारणा तथा क्रान्तिकारी गतिविधियों का भी भण्डाफोड़ करना चाहते हैं। वासनालिप्त, कामुक तथा पाखण्डी क्रान्तिकारी अपनी तुष्टि के लिए सुनीता को देवि, प्रेरणाश्रोत, क्रान्ति की ऊर्जा आदि न जाने कितने विशेषणों से विभूषित करता है जिसके मूल में है, शुद्ध शारीरिक सहवास ! जैनेन्द्र 'यहाँ' देवि, माँ, सहचरि, प्राण और 'नारी तुम केवल श्रद्धा हो'वाले छायावादी तथा रोमैंटिक भावबोध का भी भण्डाफोड़ करते हैं। ऐसा प्रतीत होता है कि गांधीवादी जैनेन्द्र (जिसका प्रतिनिधि उपन्यास में श्रीकान्त है) उस समय की ब्रिटिश साम्राज्य विरोधी क्रान्तिकारी गतिविधियों को इसी रूप में देखते थे। और 'सुनीता' उसी दृष्टिकोण की रचनात्मक परिणति है। 'सुनीता' के उस 'दृश्य विशेष' की अनेक व्याख्याएँ हो सकती है और सब आंशिक रूप से सच भी हो सकती है। 'सुनीता' की रचनात्मक सफलता यही है। जैनेन्द्र की जैन दर्शनवाली 'स्यादवाली' व्याख्या भी इसी में अन्तर्निहित है।

जो भी हो, 'सुनीता' हिन्दी उपन्यास में एक रचनात्मक विक्षोभ जरूर है जो सहसा हिन्दी उपन्यास को कलात्मक दृष्टि से ज्यादा ऊँचे 'पैडेस्टल' पर खड़ा कर देता है। 'सुनीता' में निश्चित रूप से एक दृष्टिकोण है या कह सकते हैं जीवन दर्शन है लेकिन जैनेन्द्र ने उसे कथात्मक स्थितियों में इस तरह घुला (डिसॉल्व) दिया है कि वह कहीं आरोपित नहीं प्रतीत होता। यह भी 'सुनीता' की एक रचनात्मक सफलता है। सामान्यतः ऐसे उपन्यासों में 'विचार' तथा कथास्थितियाँ इतनी अलग-थलग पड़ जाती हैं कि उनका रचनात्मक समंवय नहीं हो पाता। इस दृष्टि से 'सुनीता' हिन्दी का पहला समग्र या पूर्ण उपन्यास है जिसमें भाषा, शिल्प, परिवेश तथा विचार दर्शन सब एक-दूसरे में घुल-मिल गए हैं और जिनकी अन्विति से एक प्रगाढ़ कथा शुरू से अन्त तक प्रवाहित होती रहती है।

'सुनीता' में जैनेन्द हिन्दी कथा-गद्य में सम्भवतः पहली बार 'चित्र भाषा' का प्रयोग करते हैं जो उपन्यास में प्रारम्भ से ही परिलक्षित होने लगता है : उपन्यास में श्रीकान्त जब पहली बार अपने क्रान्तिकारी मित्र हरिप्रसन्न को साथ लेकर अपने धर में प्रवेश करता है तो वहाँ सुनीता हाथ में झाड़ू लेकर दीवार से जाले उतार रही होती है। हरिप्रसन्न उसे उसी रूप में देखता है : अस्त-व्यस्त वस्त्र, बिखरे बाल, चेहरे पर श्रम की तमतमाहट और हाथ में झाड़ू। इसके साथ अपने को इस तरह औचक देख लिए जाने की घबराहट। इन सबसे पाठक के सामने जो चित्र उभरता है वह प्रायः त्रिदिक् चित्रपट पर प्रस्तुत छवि की तरह है या एक मुद्रा विशेष में अंकित पेंटिंग की तरह। मैं नहीं जानता कि हिन्दी उपन्यास में ऐसा कोई चित्र या दृश्य उपस्थित किया गया हो। पाठक पर तो उसका जो प्रभाव पड़ता है वह पड़ा ही है हरिप्रसन्न पर उसका जो प्रभाव पड़ता है उसमें उपन्यास की सम्पूर्ण कथा का सूत्र या बीज निहित है। इसमें भी

जैनेन्द्र की गहरी कलात्मक 'डिवाइस' है। उपन्यास में गहरी रेखाओंवाली यह बिम्बात्मकता आद्योपान्त चलती रहती है और उसके साथ ही एक साँसत में पड़ी हुई मानसिकता भी जो तभी टूटती है जब हम हरिप्रसन्न से मुक्त होकर सुनीता को पुनः घर में वापस देखते हैं। यहाँ जैनेन्द्र का सन्देश स्पष्ट है घर को नहीं टूटना चाहिए, किसी कीमत पर भी नहीं। एक भ्रम या सम्मोहन था जो टूट चुका है : अब एक घर है और एक दम्पत्ति है—अविच्छिन्न और अटूट। जैनेन्द्र अत्यन्त कौशल से कथा में यह सबकुछ घुला-मिला देते हैं। इस मामले में जैनेन्द्र की दृष्टि टैगोर के 'घरे-बाहिरे' से अलग है—वहाँ 'बाहर' के प्रवेश से 'घर' टूट जाता है। वहाँ 'बाहर' 'घर' में एक 'त्रासदी' बनकर आता है और 'घर' को तोड़-फोड़कर चला जाता है। जैनेन्द्र 'घर' को अक्षुण रखते हैं।

जैनेन्द्र का तीसरा उपन्यास 'त्यागपत्र' हिन्दी उपन्यास में एक वास्तविक विस्फोट है। 'सुनीता' महज एक विक्षोम थी और अन्त में विक्षोम का शमन हो जाता है। 'त्यागपत्र' में जैनेन्द्र कुछ भी 'अक्षुण' नहीं रख पाते। सबकुछ टूट-फूट जाता है। वह 'टूटने' की कहानी है। वहाँ दाम्पत्य का 'मधुर-मधुर मेरे दीपक जल' नहीं है। उसकी नायिका 'मृणाल' हिन्दी उपन्यास की पहली विद्रोही या 'रिबेल' नारी है जो अपने विद्रोह के 'ताप' में जलकर स्वयं ही भस्म हो जाती है—वह स्वयं को भस्म कर देनेवाली 'भष्यावृत्त चिनगारी' है। मृणाल एक प्रज्वलित व्यक्तित्व है।

कथा-शिल्प की दृष्टि से भी 'त्यागपत्र' हिन्दी उपन्यास में एक आविष्कार है : कथा का आरम्भ ही कथा के अन्त से होता है—एक 'पुनरावलोकन'। किसी फिल्म के 'फ्लैश बैक' की तरह। सूचना दी जाती है कि जज दयाल ने अपने पद से 'त्यागपत्र' दे दिया है क्योंकि वे यह निर्णय लेने में असमर्थ है कि उनकी बुआ मृणाल के कृत्य नैतिक है या अनैतिक। यानी क्या उन्हें दुश्चरित्र कहा जा सकता है ? और एक जज या न्यायाधीश ही जब यह निर्णय लेने में असमर्थ है तो उसे अपने पद पर बने रहने का कोई नैतिक अधिकार नहीं है। उपन्यास यहाँ एक 'मॉरल स्टैण्ड' लेता है। जो एक बेहद सूक्ष्म सामाजिक दायित्व से जुड़ा हुआ है : अपनी बुआ मृणाल के जीवन से उन्मादित होकर घनघोर नैतिक द्वन्द्व से ग्रस्त होकर जज दयाल सत्ता द्वारा प्रदत पद से 'त्यागपत्र' दे देते हैं। पर दोनों में कोई सम्बन्ध नहीं दीखता है और जज दयाल का निर्णय असंगत भी लग सकता है। किन्तु यही जैनेन्द्र का 'मॉरल स्टैंड' है जो वैयक्तिक तथा सामाजिक के द्वैत को मिटा देना चाहता है।

अपने पद से मुक्त जज दयाल अपनी बुआ के जीवन का पुनरावलोकन करते हैं और उनके माध्यम से अपने जीवन का भी। उपन्यास की कथा अलग-अलग चित्रों में विखण्डित और क्रमहीन सी चलती है। इसी रूप में उपन्यास एक नए शिल्प का भी प्रयोग करता है किन्तु उपन्यास की शिल्पगत विशेषता केवल इतनी ही नहीं है और न उसका प्रयोग केवल शिल्पगत ही है : उपन्यास का यह पुनरावलोकन एक बच्चे की आँख से देखा गया पुनरावलोकन है जिसे एक वयस्क (जज दयाल) कालान्तर में

विश्लेषित कर रहा है। लेकिन यहाँ बच्चा क्यों ? बच्चे की आँख से देखी गई यह कथा केवल शिल्पगत 'डिवाइस' या 'कौशल' ही नहीं है। बल्कि उसके पीछे प्रयोजन यह है कि केवल एक बच्चा ही नैतिक या अनैतिक के बने-बनाए ढाँचे से मुक्त होकर चीजों के या घटना क्रम को तटस्थ ढंग से देख सकता है। जज दयाल यहाँ अपने पद से मुक्त होकर अपने को बच्चे के रूप में रूपान्तरित कर लेते हैं। वे मृणाल को अपने 'बचपन की आँख' से देखते हैं—अलग-अलग दृश्यों और घटनाओं के रूप में। अकसर मृणाल को अपने बारे में सुनाते हुए। इस प्रक्रिया में मृणाल का भी 'निर्वैक्तिकरण' होता चलता है। वह जितनी 'यूनीक' या असाधारण दीखती है उतनी ही सामान्य या साधारण भी है : कोई भी किशोरी किसी को प्यार कर सकती है और अपने द्वारा चुने गए 'प्रेमी' से परिवार द्वारा वंचित होकर पीड़ित या खण्डित हो सकती है। यह एक अत्यन्त स्वाभाविक प्रक्रिया है और सामान्यतः ऐसी स्थिति में किसी अन्य से विवाह के बाद वह अपने पत्नी रूप को स्वीकार कर सामान्य जीवन जीती है। प्रायः पति को यह पता भी नहीं चलता कि उसका कोई विवाह पूर्व प्रेमी भी था। किन्तु यहीं जैनेन्द्र फिर एक अलग 'मॉरल स्टैंड' लेते हैं : मृणाल किसी भी प्रकार के 'पाखण्ड' से इन्कार करती है। वह अपने पति को अपने प्रेमी के पत्र दिखला देती है और अपने वास्तविक प्रेम को स्वीकार भी करती है। सामान्य भारतीय मध्यवर्ग में यह स्वीकार्य स्थिति नहीं है। फलस्वरूप उसे घर से निष्कासित होना पड़ता है। लेकिन पीड़ित, परित्यक्ता तथा आश्रयहीन मृणाल फिर भी एक पाखण्डमुक्त स्वतन्त्र जीवन जीना चाहती है। वह पहले ही अपने भतीजे (दयाल) को बता चुकी है कि वह मूलतः निर्बाध आकाश में एक 'मुक्त चिड़िया' होना चाहती है। अपने इस निश्चय पर वह अटल रहती है। 'मुक्ति' केवल बन्धन विरोधी ही नहीं होती, वह किसी प्रकार के द्वैत को भी स्वीकार नहीं करती। नैतिक तथा सामाजिक सन्दर्भों में वह 'पाखण्ड मुक्ति' भी होती है। किन्तु ऐसी मुक्ति अन्ततः आत्महंता होती है—तिल-तिलकर स्वयं को ही लील जाती है—पीड़ा, यातना, दुर्दशा आदि तो उसमें अन्तर्निहित होते ही हैं। ऐसी 'मुक्ति का आकाश' केवल 'प्रमश्यु' को ही जन्म दे सकता है। मृणाल के साथ भी यही होता है।

लेकिन पतिगृह से निकलकर कोयलेवाले के यहाँ जाने के निर्णय के पीछे कौन सा मंतव्य या मकसद है ? इस असंगत से निर्णय के द्वारा जैनेन्द्र क्या सिद्ध करना चाहते हैं ?

कोयलेवाले के यहाँ जाकर रहने के निर्णय को जैनेन्द्र ने एक 'प्रतिशोध' के रूप में प्रस्तुत किया है—एक आत्मघाती प्रतिशोध। जैसा कि पहले संकेत किया गया मृणाल एक आत्मपीड़क चरित्र है—जो 'परपीड़क' या 'सैडिस्ट' चरित्र का विलोम है। यह समाज या सामाजिक पाखण्ड के प्रति विरोध तो है किन्तु यह एक आत्महन्ता प्रतिरोध है—प्रायः महात्मा गांधी द्वारा किए गए लम्बे-लम्बे आमरण अनशनों की तरह। मृणाल भी अपने को तिल-तिलकर मार रही है। इसे अस्तित्ववादी शब्दावली में कहें तो वह 'प्रामाणिक जीवन' जीना तो चाहती है किन्तु समाज की वर्जनाएँ उसे उस जीवन के वरण की

अनुमति नहीं देती। वर्जना से मुक्त होने की इस प्रक्रिया में उसके तमाम कृत्य अतिवादी होने लगते हैं और वह अतिचार की सीमा तक पहुँच जाती है। यद्यपि प्रत्यक्षतः उसका यह कृत्य कोयलेवाले के प्रति 'करुणा' की अभिव्यक्ति है : वह कहती है कि 'उस पर (कोयले वाले पर) मेरे रूप का नशा सा हो गया था'—अपने प्रति उसकी ऐसी अनुरक्ति देखकर वह तमाम मध्यवर्गीय नैतिक वर्जनाएँ तोड़कर उसके साथ रहने का निर्णय लेती है। अनेक निम्नवर्गीय जातियों में ऐसा कोई निर्णय अस्वाभाविक कृत्य नहीं है किन्तु यह निर्णय चौंकाता है क्योंकि हम मृणाल जैसी सम्भ्रान्त स्त्री से ऐसे किसी कृत्य (या कुकृत्य) की कल्पना नहीं कर सकते। इसके अतिरिक्त कोयलेवाले का व्यवहार भी उसके प्रति अनुकूल या बहुत मानवीय नहीं है। किन्तु वह बहुत दूर तक उसे भी बर्दाश्त करती है क्योंकि प्रत्येक स्थिति में अपने को पीड़ा देना ही उसका ध्येय बन जाता है। बाद में वह निचली और गरीब बस्तियों में रहने लगती है। अपने भतीजे (जज दयाल) के द्वारा वह अपने तमाम तथाकथित 'उद्धार' के प्रयासों को भी वह विफल कर देती है। वह उसकी सहायता कभी नहीं चाहती। उसका जीना प्रतिपल अपने को मारने का प्रयास है। मनोवैज्ञानिक स्तर पर यहाँ 'कुण्ठा' और असामान्यता दीखती है। असामान्य वह है भी। जैनेन्द्र ने एक असामान्य चरित्र की रचना की है। वे उस असामान्य मस्तिष्क का ही विश्लेषण करना चाहते हैं। इसके लिए उन्होंने अलक्षित ढंग से ही सही कहीं गांधीवाद और मनोविश्लेषण शास्त्र को एक स्तर पर लाकर खड़ा कर दिया है। आगे चलकर यशपाल ने उसके विरोध में मार्क्सवाद तथा फ्रॉयड को एकत्र कर अपने चरित्रों में उसे प्रस्तुत किया। किन्तु वह तरीका अधिक क्रूर तथा स्थूल सिद्ध हुआ। जैनेन्द्र की पद्धति अधिक सूक्ष्म तथा जटिल है। किन्तु अन्ततः यह एक 'सिनिकल निर्णय' है जैसा कि बहुत बाद में लिखे गए अज्ञेय के उपन्यास 'अपने-अपने अजनबी' में 'योके' द्वारा आत्महत्या का निर्णय। लेकिन वहाँ लेखक ने उसे 'सिनिकल' मानकर ही प्रस्तुत किया है। उसकी निरर्थकता दिखलाने के लिए किन्तु जैनेन्द्र यहाँ इस निर्णय को गौरवान्वित करते हुए प्रतीत होते हैं। तभी जज दयाल निर्णय नहीं कर पाते कि उसकी बुआ का चरित्र अनैतिक था या नहीं। अनैतिक वह भले न हो किन्तु अस्वाभाविक तथा असामान्य जरूर है। जैनेन्द्र उसे पूरी तरह 'कन्विंसिंग' नहीं बना पाते। 'रचना का सच' उसके कन्विंस करने की क्षमता पर निर्भर करता है। अतः 'त्यागपत्र' को हम एक त्रासदी के रूप में तो देखते हैं किन्तु मृणाल की रुग्ण मनोवृत्ति पाठक को पूरी तरह प्रभावित नहीं कर पाती। 'त्यागपत्र' की सीमा भी यही है। उसकी वैचारिकता उसकी 'रचना' में सुनीता की तरह पूरी तरह 'डिसाल्व' नहीं हो पाती। वह ऊपर-ऊपर ही तैरती रहती है। 'नवनीत' की तरह।

उपन्यासों से विचारों के 'नवनीत' को परोसने की प्रवृत्ति जैनेन्द्र में क्रमशः बढ़ती गई। 'कल्याणी' में तो वे अपना 'क्लिनिक' ही खोल लेते हैं और स्पष्ट रूप से 'मनोरोगों' का विश्लेषण करने लगते हैं। बाद में तो उनके उपन्यासों से रचना का लालित्य पूरी तरह गुम हो जाता है और केवल शुष्क विचार सूत्र ही ठूँठ की तरह बच

जाते हैं। हिन्दी उपन्यास में एक प्रखर रचनात्मक प्रतिभा के क्रमशः चुक जाने और रचनात्मकता का स्रोत सूखते जाने के जैनेन्द्र अन्यतम उदाहरण हैं। उनकी रचनात्मकता जिस 'ऊर्जा' के साथ ऊपर उठी थी उतनी ही दयनीयता के साथ मुँह के बल नीचे गिर जाती है। जैनेन्द्र हिन्दी उपन्यास में स्वयं एक दुखान्त कथा हैं।

किन्तु जैनेन्द्र ने हिन्दी उपन्यास को प्रेमचन्द के विपरीत जो अन्तर्मुखी राह दिखाई उसने उपन्यास के लिए एक विशाल मानसिक संसार का द्वार खोल दिया। जैनेन्द्र ने हिन्दी उपन्यास में बुनियादी प्रश्नों से साक्षातकार करने की परम्परा भी कायम की। प्रायः उनके ही समकालीन कथाकार भगवतीचरण वर्मा ने नैतिकता, अनैतिकता, पाप-पुण्य आदि प्रश्नों को आधार बनाकर काल्पनिक ऐतिहासिक पृष्ठभूमि में 'चित्रलेखा' उपन्यास (1934) की रचना की। यह उपन्यास उसी वर्ष प्रकाशित हुआ था जिस वर्ष 'त्यागपत्र' प्रकाशित हुआ था। अप्रत्याशित रूप से 'चित्रलेखा' को अपार लोकप्रियता मिली। इस लोकप्रियता का रहस्य क्या था ?

'चित्रलेखा' एक लम्बी जिरह का उपन्यास है जिसे भगवतीचरण वर्मा ने एक प्रखर वकील की तरह प्रस्तुत किया है। पाप-पुण्य, नैतिकता-अनैतिकता आदि प्रश्नों को 'त्यागपत्र' में सूक्ष्म स्तर पर प्रस्तुत किया था—जटिलता तथा गहरी विश्लेषणात्मकता के साथ प्रस्तुत किया था, उन्हें वर्मा जी ने एक लोकप्रिय अदालत में जनता के सम्मुख प्रस्तुत किया और एक-कानूनविद् की भाँति दिलचस्प तथा उत्तेजक विवादों के माध्यम से पात्रों को प्रायः रंगमंच पर अभिनय करते हुए दिखाया। 'चित्रलेखा' को पढ़ते हुए इसी कारण श्रव्य तथा चाक्षुष दोनों अनुभूतियाँ होती हैं। 'चित्रलेखा' गहरे अर्थों में दार्शनिक उपन्यास नहीं है लेकिन उसकी शब्दावली प्रचलित दार्शनिक प्रश्नों से भरी हुई है। उसके कथोपकथन तथा संवादों में दार्शनिक स्तर पर शास्त्रार्थ होता हुआ दिखाई पड़ता है। सामान्य भारतीय तथा हिन्दी पाठक ऐसे शास्त्रार्थों में गहरी रुचि तथा दिलचस्पी दिखलाते हैं—उनके माध्यम से उन्हें मण्डन मिश्र और शंकराचार्य आदि याद आते हैं। वे उनकी आध्यात्मिक जिज्ञासाओं को भी तृप्त करते हैं। उन्हें उसमें सहभागिता का भी आस्वाद मिलता है। वे अपने को बौद्धिक स्तर ऊँचा उठा हुआ (एलिवेटेड) अनुभव करते हैं। इससे उनके अहं की तुष्टि भी होती है। 'चित्रलेखा' के इसी गुण ने अपने लिए एक बहुत बड़ा पाठक वर्ग तैयार कर लिया था। ऐसा पाठक-वर्ग जो न तो प्रेमचन्द का वह आम व्यक्ति था जिसकी सामाजिक तथा राजनैतिक समस्याओं में दिलचस्पी थी और न जैनेन्द्र का वह सीमित पाठक वर्ग जो बौद्धिक रूप से चेतस तथा अत्यन्त आत्म सजग संवेदनशील व्यक्ति था। वह बीच का वह शिक्षित समुदाय था जो सांध्यकालीन बैठकों की बहसों में भाग लेना चाहता था।

'चित्रलेखा' के इसी नाटकीय गुण ने तत्कालीन फिल्म निर्माता केदार शर्मा का ध्यान उसकी ओर आकृष्ट किया और उन्होंने उस पर दो बार दो फिल्में बनाई। दोनों को समुचित सफलता मिली किन्तु उपन्यास से वे लोकप्रिय हुईं। 'चित्रलेखा' के शिल्प में प्रचच्छन्न रूप से 'पटकथा' का शिल्प संयुक्त थी। भगवतीचरण वर्मा स्वयं एक अरसे

तक फिल्मी लेखन से भी जुड़े रहे।

'चित्रलेखा' मूलतः 'पतन' (फॉल) की कथा है—वह 'पतन' जिसकी अवधारणा भी प्रेमचन्द के यहाँ नहीं मिलती (एक सीमा तक 'प्रेमाश्रम' के ज्ञानशंकर को छोड़कर)। 'पतन' सम्भवतः वर्मा जी का प्रिय विषय भी था और 'पतन' शीर्षक से ही उन्होंने आगे चलकर लखनऊ के नवाब वाजिद अली शाह पर एक उपन्यास लिखा था।

'चित्रलेखा' में एक 'योगी के पतन' (कुमार गिरि) और एक 'भोगी' (बीजगुप्त) के उत्थान की कथा कही गई है और सिद्ध किया गया है कि तथाकथित योग या तपस्या की भूमि कितनी पिच्छल और भुरभुरी होती है जो 'परीक्षा' का एक आघात भी सहन नहीं कर पाती और समाज में 'भोगी' तथा पतित माना जानेवाला व्यक्ति कितने गहरे संकल्पोंवाला, दृढ़ निश्चयी तथा उदारमना होता है, इस तरह अन्त में 'कुमार गिरि' भोगी तथा बीच गुप्त ही असली योगी के रूप में दिखाई पड़ता है। इस पूरी कथा प्रक्रिया को घटित करने के लिए बड़ी नाटकीय परिस्थितियाँ गढ़ी गई है। अतः उपन्यास शुद्ध रूप से अवधारणात्मक होता हुआ भी शुष्क अवधाराणात्मक नहीं रहता। हिन्दी पाठकों को तब यह पूरी प्रक्रिया बड़ी दिलचस्प तथा आकर्षक लगी थी और अकसर उनके बीच उसका सामूहिक पाठ भी होता था। उस समय हिन्दी के कुछ समीक्षकों ने 'चित्रलेखा' पर प्रसिद्ध फ्रेंच उपन्यासकार अनातोले फ्रांस के उपन्यास 'थाया' का प्रभाव देखा था, वह भी एक योगी के यौन अधःपतन की कहानी है। इसी प्रकार सामरसेट यॉम की लम्बी कहानी 'द रेनूस' भी एक पादरी के ऐसे ही पतन की कहानी है। जो भी हो लेकिन 'चित्रलेखा' का कथानक और परिवेश भारतीय संस्कृति और समाज से इतना जुड़ा हुआ है कि उसकी प्रेरणा चाहे जहाँ से मिली हो उसे एक प्रभावशाली मौलिक कृति ही मानना चाहिए।

बदलती हुई परिस्थितियों में परम्परागत रूढ़ियों पर प्रहार उस समय की पुनर्जागरण कालीन मानसिकता का ही अंग था : परम्परागत मूल्य, मान्यताओं और मर्यादाएँ नए सिरे से परिभाषित तथा विश्लेषित हो रही थी। लेकिन दिलचस्प बात यह थी कि सभी घूम-फिरकर उपनिषदोंवाली मान्यताओं की ओर लौट रहे थे। 'चित्रलेखा' में भी यही होता है : बीजगुप्त सामन्तवाद त्यागकर चित्रलेखा के साथ 'वानप्रस्थ' ग्रहण कर लेता है। 'चित्रलेखा' की विशेषता यह थी कि उसमें भी 'छायावादी' अशरीरीपन को त्यागकर शारीरिकता का खुला स्वीकार दिखलाया गया था। मानो यह एक 'पाखण्ड' का परित्याग था जो तब के पाठकों को खूब पसन्द आया था। स्वयं प्रमुख उत्तर छायावादी कवि होने के कारण भगवतीचरण वर्मा ने 'चित्रलेखा' को तब के प्रचलित 'हालावाद' के कथात्मक रूपान्तरण के रूप में भी प्रस्तुत किया था। कवि के रूप में भगवतीचरण वर्मा भी तब 'मस्ती का आलम साथ चला, हम धूल उड़ाते जहाँ चले' जैसी कविताएँ लिख रहे थे। 'बीजगुप्त' और 'चित्रलेखा' भी उसी मस्ती के आलम के प्रतिनिधि थे जिसमें निर्व्याज मौज-मस्ती के साथ एक प्रकार का फक्कड़पन भी था जो एक झटके से सबकुछ का परित्याग कर सकता था। विजयदेव नारायण साही ने ठीक ही 'चित्रलेखा' को उतर

छायावादी युग का प्रतिनिधि उपन्यास माना था। थोड़े समय के लिए ही और स्थूल स्तर पर 'चित्रलेखा' तथा मुख्यतः 'त्यागपत्र' ने परम्परागत 'मूल्यों' के भंजन का जो कार्य प्रारम्भ किया वह आधुनिकता से संयुक्त होकर अधिक व्यापक तथा घनीभूत ढंग से अज्ञेय की कालजयी कृति 'शेखर' में व्यक्त हुई।

'शेखर' का पहला भाग 1940 में प्रकाशित हुआ था, जब कविता में प्रयोगवाद की शुरुआत हो चुकी थी और छायावाद का प्रभाव उतार पर था। उपन्यास तथा कथा साहित्य में जैनेन्द्र भी चुकते हुए नजर आने लगे थे। हालाँकि उपन्यास और कहानी दोनों में अज्ञेय ने अपना 'क्यू' जैनेन्द्र से ही लिया था—मूल्यों, चरित्रों तथा कथा भाषा सभी स्तरों पर। जेल में बन्दी अज्ञेय की अनेक कहानियाँ जैनेन्द्र ने ही उन्हें छद्‌म नाम 'अज्ञेय' देकर प्रकाशित कराई थीं। सच्चिदानन्द वात्स्यायन का 'अज्ञेय' उपनाम जैनेन्द्र का ही दिया हुआ था।

'शेखर' को 'प्रयोगवादी' उपन्यास तो नहीं किन्तु प्रयोगधर्मी उपन्यास अवश्य कह सकते हैं। उसकी इस प्रयोगधर्मिता का विवेचन हम आगे करेंगे। पहले 'शेखर' को उस युग के परिप्रेक्ष्य में रखकर देखें : हिन्दी में 'छायावाद' मूलतः पुनर्जागरण या नवजागरण की ही देन था। वैयक्तिक स्वतन्त्रता और स्त्री की केन्द्रीयता तथा उसकी मुक्ति का प्रयास 'नवजागरण' के कार्यक्रमों में मुख्य था। 'छायावाद' उसी अर्थ में पश्चिमी रोमैंटिकता से अलग था जिसकी ओर आचार्य रामचन्द्र शुक्ल का ध्यान नहीं गया था। फिर भी छायावाद रोमैंटिसिज्म से इस अर्थ में अलग होकर उससे निरपेक्ष नहीं था। उसमें रोमैंटिसिज्म के तत्त्व भी थे। कुल मिलाकर 'छायावाद' एक विशेष भावबोध था, एक विशेष जीवन दृष्टि थी जो तत्कालीन गद्य और पद्य में समान रूप से व्यक्त हो रही थी। दुर्भाग्य से हिन्दी समीक्षक उसे हमेशा कविता में ही ढूँढ़ते रहे। एक युग विशेष के 'भावबोध' की अभिव्यक्ति उस युग की सभी ज्ञान या रचना विधाओं में होती है—कहीं कम, कहीं ज्यादा। 'छायावाद' के प्रभाव को इसी रूप में देखना चाहिए। इसी कारण 'छायावाद' हिन्दी में बीसवीं शताब्दी का सबसे बड़ा साहित्यिक आन्दोलन था। पश्चिम में उन्नीसवीं सदी के रोमैंटिसिज्म को भी इसी रूप में देखना चाहिए। युग विशेष के भावबोध का विस्तार और प्रभाव इस सीमा तक होता है कि उस युग की राजनीति भी उससे अछूती नहीं रहती।

इन सब दृष्टियों से 'शेखर' शिल्प में प्रयोगधर्मी तथा भावबोध में मूलतः रोमैंटिक भावबोध का उपन्यास था—यद्यपि उसमें आधुनिकता के बीज भी यत्र-तत्र बिखरे हुए मिलते हैं। वह हिन्दी में एक संक्रमणकालीन उपन्यास था। उसका आकलन इसी रूप में करना चाहिए। अतः उसे हिन्दी का पहला आधुनिक उपन्यास भी कहा जाए तो इसे विरोधाभास नहीं मानना चाहिए। किसी कृतिकार में भावबोध विशेष का विकास या रूपान्तरण क्रमशः तथा क्रमिक रूप से ही होता है—यह एक स्वाभाविक प्रक्रिया है और उसे जड़ीभूत ढंग से या 'क्रिस्टलाइज' करके नहीं देखना चाहिए। हिन्दी के अधिकांश समीक्षक अपने युग की महत्त्वपूर्ण कृतियों के साथ ऐसा ही व्यवहार करते रहे हैं। इस

तरह वे भावबोध की गत्यात्मक विकास प्रक्रिया को समझने में हमेशा असमर्थ रहे। यह हिन्दी समीक्षा की बहुत बड़ी दुर्बलता रही है। 'शेखर' के साथ भी ऐसा ही सलूक हुआ। वस्तुतः एक कृतिकार अपने प्रयासों तथा संकल्पों में आधुनिक हो सकता है किन्तु रचना में उसके रूपान्तरण की प्रक्रिया में उसके संस्कारों और अवचेतन में स्थित प्रभावों के कारण आधुनिक भावबोध उसके प्रयासों तथा संकल्पों के अनुरूप अकसर अभिव्यक्त नहीं हो पाता। 'शेखर' में यही हुआ है। अतः उसमें अनेक प्रवृत्तियाँ उलझकर रह गई हैं जिनका विश्लेषण आगे किया जाएगा : इसका पहला उदाहरण 'शेखर' की भूमिका में ही मिल जाता है। अज्ञेय 'शेखर' की प्रेरणा के रूप में जिस शक्ति को मानते हैं उसके सम्बन्ध में लिखते हैं : "वेदना में एक शक्ति होती है जो दृष्टि देती है। जो यातना में है वह द्रष्टा हो सकता है।'' अब यदि इस पंक्ति को प्रसाद के 'आँसू' की प्रारम्भिक पंक्तियों के समानान्तर देखें ''जो घनीभूत पीड़ा थी, मस्तक में स्मृति सी छाई/दुर्दिन में आँसू बनकर वह आज बरसने आई।" तो इन दोनों रचना की प्रेरक शक्तियों में बहुत अन्तर नहीं दिखाई देगा। दोनों जगह प्रेरक शक्ति वेदना है, पीड़ा है, स्मृति है और उसी का पुनरावलोकन तथा पुनर्परीक्षण सम्बन्धित कृति है। 'शेखर' में भी घनीभूत पीड़ा का उल्लेख है और उसी से उदीप्त या आलोकित 'दृष्टि' (या विजन) द्वारा 'शेखर' की सृष्टि होती है। यही नहीं, उपन्यास जब आरम्भ होता है तो लिखा जाता है "सबसे पहले तुम शशि।" यानी यहाँ दूसरी प्रेरक शक्ति है शशि—एक स्त्री। अज्ञेय लिखते हैं "मेरा होना अनिवार्य रूप से तुम्हारे होने को लेकर है।...तुम वह सान रही हो जिस पर चढ़ाया जाकर मेरा जीवन हमेशा तेज (धारदार) होता रहा है।" यहाँ इस 'तुम' को याद करके शेखर का आरम्भ करना, प्रायः 'पूजा' या आराधना जैसा प्रतीत होता है। स्त्री को उपास्य के रूप में देखना रोमैंटिक भावबोध का ही द्योतक है। 'कामायनी' में मनु की प्रेरक शक्ति श्रद्धा है वहाँ उसे लक्ष्य कर लिखा जाता है "नारी तुम केवल श्रद्धा हो।" कवि-समीक्षक विजयदेव नारायण साही ने तो 'शेखर' में 'मनु' की छाया भी देखी है। उनके अनुसार शेखर के प्रारम्भिक संस्करणों में मुखपृष्ठ पर चिन्तन मुद्रा में बैठा बलिष्ठ, सुदृढ़ भुजाओंवाला व्यक्ति 'कामायनी' के पौरुष की दृढ़ मांसपेशियोंवाला हिमगिरी के ऊतुंग शिखर बैठा व्यक्ति ही प्रतीत होता है।

इसके अतिरिक्त शेखर की औपन्यासिक भाषा जगह-जगह उद्धृत आधुनिक उक्तियों और सूक्तियों के बावजूद मूल रूप से छायावादी भाषा दी है। 'शेखर' का व्यक्ति केन्द्रित तथा अत्यन्त आत्मचेतस होना भी रोमैंटिक विशेषताओं में से ही एक है। इसके अतिरिक्त विद्रोह करना या विद्रोही होना भी रोमैंटिक वृत्ति है, बल्कि रोमैंटिसिज्म की शुरुआत ही 'फ्रेंच रिवोल्यूशन' से होती है और रूसो उसका आदि प्रणेता है। 'शेखर' आरम्भ से ही विद्रोही है जिसे क्रान्तिकारी भी कहा गया है। दरअसल अज्ञेय ने यहाँ विद्रोह और क्रान्ति को समान अर्थ में प्रयुक्त कर भ्रम उत्पन्न कर दिया है। 'विद्रोह' क्रान्ति का पर्याय नहीं है : फ्रेंच चिन्तक तथा कथाकार अलवेयर कैमू ने अपनी विख्यात पुस्तक 'द रिबेल' में इन दोनों के मूलभूत अन्तर को स्पष्ट किया है :

"**Rebellion** is by nature limited in scope-Rebellion is always that of Fruitless struggle with facts. A **Revolution** is an attempt to edeas to fit the world in to a theoretic frame."

विद्रोही और 'क्रान्तिकारी' के इस अन्तर को ध्यान में रखें तो स्पष्ट हो जाएगा कि 'शेखर' एक हद तक 'विद्रोही' तो है किन्तु 'क्रान्तिकारी' नहीं है। इसके अतिरिक्त प्रारम्भ से अन्त तक इस विद्रोह का कोई स्वरूप उसके सामने स्पष्ट नहीं है : 'विद्रोह' किसके प्रति ? क्यों ? इन प्रश्नों का कोई सम्यक उत्तर शेखर में नहीं मिलता। वस्तुतः वह उन तमाम तत्त्वों के प्रति विद्रोह करता है जो उसके 'बाहर' है : माता की आज्ञा के प्रति, शिक्षा के नियमों के प्रति, जीवन की सामान्य शर्तों के प्रति, सामाजिक विधि विधानों के प्रति। किन्तु उसका यह विद्रोह एक क्रुद्ध फुत्कार बनकर रह जाता है। वह एक निष्फल (फ्रूटलेस) संघर्ष बनकर रह जाता है। कम-से-कम शेखर-भाग दो तक की कथा यहीं तक पहुँचती है और घोषित भाग तीन कभी लिखा नहीं गया।

किन्तु यह शेखर उपन्यास की रचनात्मक असफलता नहीं है। उसके वैचारिक पक्ष को ही ध्यान में रखकर उसे शेखर की रचनात्मक असफलता मानना उचित नहीं है।

जैनेन्द्र ने हिन्दी उपन्यास में एक रचनात्मक 'विक्षोभ' उत्पन्न किया था किन्तु शेखर हिन्दी उपन्यास में एक बहुत बड़ी छलाँग है। उसके माध्यम से हिन्दी उपन्यास आधुनिक युग में प्रवेश करता है, अपने तमाम छायावादी अवशेषों के बावजूद।

रचना प्रक्रिया की दृष्टि से अज्ञेय के आदर्श-आधुनिक कवि-समीक्षक टी.एस. एलियट हैं जो उन्हें बतलाते हैं कि 'भोगनेवाले व्यक्ति' और 'रचनेवाले कलाकार' में अन्तर होता है और यह अन्तर जितना अधिक होगा, रचनाकार उतना ही बड़ा होगा। भूमिका में 'शेखर' के पक्ष में अज्ञेय यही तर्क उपस्थित करते हैं। किन्तु बाद में स्वीकार करते हैं कि इस प्रकार की तटस्थता या एलियट जिसे निर्वैयक्तिकता कहता है—उसका पूरी तरह निर्वाह उनसे नहीं हो सका है और शेखर में अनेक निजी तथा आत्मकथात्मक प्रसंगों का समावेश हो गया है। एलियट अपने 'निर्वैयक्तिकता' के सिद्धान्त द्वारा कला या साहित्य को रोमैंटिक 'वैयक्तिकता' से मुक्त करता है और कला के सन्दर्भ में 'क्लैसिकल स्टैंड' लेता है। एलिरायट एंटी रोमैंटिक है। किन्तु क्या अज्ञेय भी ऐसा कर पाए हैं ? ऊपर कुछ उदाहरणों द्वारा यह देखा गया है कि शेखर में ऐसा नहीं हो पाया है—न तो वे निर्वैयक्तिक हो पाए हैं और न पूरी तरह वस्तुनिष्ठ जो एलियट के सिद्धान्त की आधारभूत स्थापना है। यानी 'शेखर' रोमैंटिक भावबोध से छुटकारा नहीं पा सका है किन्तु यहाँ यह जानना दिलचस्प होगा कि जिसे हम आधुनिक भावबोध कहते हैं उसमें भी बहुत दूर तक रोमैंटिक भावबोध का विस्तार मिलता है और 'शेखर' इसका अपवाद नहीं है। लेकिन उसमें लगातार अपने भीतर से रोमैंटिकता को उलींचते रहने के प्रयास मिलते हैं। उसकी 'वस्तुनिष्ठता' चीजों और घटनाओं को मनोवैज्ञानिक ढंग से देखने और विश्लेषित करने में है। माँ, पिता, भाई, बहन, स्त्रियाँ, पुरुष सबको वह 'बाहर' रखकर वस्तुनिष्ठ ढंग से विश्लेषित करने की कोशिश करता है। 'शशि' जो उसकी

मौसेरी बहन है, उससे भी अपने सम्बन्धों में वह एक हद तक शारीरिकता को स्वीकार भी करता है और उसे प्रचलित नैतिक वर्जनाओं से मुक्त रखते हुए भी गौरवान्वित नहीं करता है। वह एक विकल्पहीन स्थिति में बना हुआ सम्बन्ध है। उसे लेकर उसमें कोई अपराधबोध भी नहीं है, हालाँकि सामाजिक स्तर पर वे एक बहिष्कृत जीवन जीने के लिए अभिशप्त हो जाते हैं लेकिन यहाँ भी वह पूरे वयस्क बोध के साथ इस दायित्व का निर्वाह करता है। शशि-शेखर प्रसंग शेखर का सफलतम प्रसंग है। कह सकते हैं कि वही शेखर-कथा की रीढ़ है। इसीलिए उपन्यास का प्रारम्भ 'शशि' के स्मरण के साथ ही होता है। प्रायः हिन्दी समीक्षकों का ध्यान इस पूरे प्रकरण की गम्भीरता तथा केन्द्रीयता की ओर नहीं गया है। वे प्रायः शेखर के सम्बन्ध में अवान्तर प्रसंगों में ही उलझे रहते हैं।

इसके अतिरिक्त अपनी सगी बड़ी बहन सरस्वती के प्रति भी उसमें जो एक दुर्निवार आकर्षण है उसे भी एक स्वाभाविक मनोवैज्ञानिक स्थिति के रूप में ही चित्रित किया गया है। मनोवैज्ञानिकता के आधार पर विश्लेषित ये सारे प्रसंग शेखर को आधुनिकता के निकट ले जाते हैं।

इसी तरह 'शारदा' जो उसकी किशोर काल की सहेली है, उसका बड़ा सूक्ष्म तथा ऐन्द्रिय चित्रण शेखर में किया गया है किन्तु इस प्रसंग का विकास नहीं हो पाता क्योंकि यहाँ अज्ञेय उपन्यास में आत्मकथात्मक तत्त्वों का ही निर्वाह कर सके हैं और यहाँ वह प्रसंग वहीं समाप्त हो जाता है जहाँ 'जीवन' में समाप्त हो गया होगा। उसकी कोई रचनात्मक परिणति नहीं होती।

समीक्षकों ने प्रायः 'शेखर' नाम के अनुरूप उसे एक व्यक्ति के रूप में ही विश्लेषित किया है, एक रचना के रूप में इसी अर्थ में उसे अहं केन्द्रित, कुण्ठाग्रस्त आदि कहा गया है। लेकिन एक कथाकृति या उपन्यास के रूप में शेखर क्या है, इसे कम ही विश्लेषित करने की चेष्टा की गई है।

इसका एक कारण तो उसे एक जीवनी बताना है और भूमिका में विस्तार से उसकी कथा को अपने जीवन से भिन्न विश्लेषित करना है। इस भ्रमात्मक स्थिति को हिन्दी के भोले पाठक अविकल रूप में स्वीकार भी कर लेते हैं, बिना इस मौलिक तथ्य को जाने हुए कि यदि वह जीवनी है भी तो जीवनीकार प्रायः अपनी जीवनी को भी रचनात्मक रूप देता चलता है, प्रायः अनजाने भी। इसी अर्थ में अधिकांश महत्त्वपूर्ण कथावृत्तियाँ जीवनी या आत्मकथाएँ ही होती हैं। 'शेखर' अनुक्षण अपने जीवन को रचना में ढालता रहता है, यही उसकी विशेषता तथा सफलता है।

इसलिए देखने की जरूरत मुख्यतः यह है कि एक कथा-कृति के रूप में उसकी विशेषताएँ क्या हैं ?

...हम उपन्यास के प्रारम्भ में ही देखते हैं कि अज्ञेय ने उसे एक 'विछिन्न प्रवाह' की शैली में लिखा है जिसे पश्चिम में 'फ्री एसोशिएसंस ऑफ आइडियाज़' की शैली कहा जाता था। जिसके अन्तर्गत कथा की घटनाएँ और स्थितियाँ क्रमशः दृश्यों के रूप

में स्मृति पटल पर आती जाती है। अज्ञेय ने इसमें भी एक सूक्ष्म मनोवैज्ञानिक तथ्य को ध्यान में रखा है : जो अधिक प्रखर तथा तीव्र स्मृतियाँ हैं, वे पहले आती हैं और उपन्यास क्रमशः इसी प्रक्रिया में आगे बढ़ता है। उस समय यह शिल्प अपने-आपमें एक नूतन प्रयोग था जिसका अज्ञेय ने बड़ी कुशलता से निर्वाह किया है। यद्यपि इसके धुँधले सूत्र जैनेन्द्र के 'त्यागपत्र' में ढूँढ़े जा सकते हैं किन्तु 'त्यागपत्र' की परिधि इतनी छोटी है और काया की दृष्टि से भी वह इतना क्षीण वप्रु है कि उसकी चिन्ताएँ भी बहुत व्यापक क्षेत्रों का स्पर्श नहीं कर पातीं। जबकि 'शेखर' में प्रायः महाकाव्यात्मक विस्तार तथा विकास है, उसकी प्रेक्षाएँ और जिज्ञासाएँ भी अपरिमित हैं।

एक व्यक्ति पर केन्द्रित होने के बावजूद वह आधुनिक भारत में शिक्षित तथा बौद्धिक मनुष्य के विकास और संघर्ष की गाथा बन गया है : नेहरू की 'डिस्कवरी ऑफ इंडिया' में जो अंतरंग प्रसंग हैं, शेखर एक दूसरे स्तर पर उनके निकट पहुँच जाता है। उस रूप में शेखर 'डिस्कवरी ऑफ इंडिया' तो नहीं किन्तु 'डिस्कवरी ऑफ सेल्फ' की कोशिश जरूर है।

कैमू अपनी पुस्तक 'द रिबेल' की शुरुआत में ही लिखता है कि विद्रोही वह है जो कहता है 'नहीं' ('हू सेज नो')। 'शेखर' की शुरुआत ही इस नकार या निषेध से होती है। इसके साथ ही उसमें जिज्ञासाओं का ज्वार है जो 'शेखर' के बचपन से ही शुरू हो जाती है : म्यूजियम में भूसे भरे शेर को देखकर शेखर डर जाता है, फिर वैसे ही शेर को घर में खाल उधेड़कर वह उसमें भरे हुए भूसे को बिखेर देता है यह भय दूर करने की एक मनोवैज्ञानिक प्रक्रिया तो है ही, पूरे 'शेखर' की संरचना में इस दृश्य का विशेष प्रतीकात्मक महत्त्व है। यह वास्तविकता को जानने की प्रक्रिया है—उससे भयभीत होकर नहीं, बल्कि उससे मुठभेड़ करके उसके स्वाँग या नकलीपन को उधेड़कर। 'शेखर' आगे के जीवन में भी यही करता है। हालाँकि इस प्रक्रिया में उसे अनेक आघात लगते हैं और वह आत्महत्या की मनःस्थिति में पहुँच जाता है किन्तु रूढ़ियों और पाखण्डों से लड़ने का उसका संघर्ष आद्योपान्त जारी रहता है।

प्रेम तथा शारीरिक सम्बन्धों के विश्लेषण में अज्ञेय ने प्रायः फ्रायडियन पद्धति अपनाई है या उसका सहारा लिया है। किशोर शेखर और शारदा के सम्बन्धों के विश्लेषण में यही पद्धति अपनाई गई है : शारदा को जब वह पहली बार भुजाओं में बाँध लेता है तो उसे जिज्ञासा होती है "शारदा का शरीर तनता क्यों है ? काँपता क्यों है ?" बाद में मद्रास में शारदा से दुबारा मिलने पर जब शारदा का परिवार इस प्रेम में बाधक बनता है और शारदा के मन में भी किशोरकालीन स्मृतियाँ मर चुकी हैं, उनमें कोई आवेग या उत्ताप नहीं रह गया है और 'शेखर' के आवेश की उपेक्षा कर उससे विमुख हो जाती है तो 'शेखर' इस आघात से काफी अरसे तक उबर नहीं पाता किन्तु जल्दी ही वह अपनी हताशा और पराजय पर काबू पा लेता है और सामाजिक कार्यों और सुधारों की ओर उन्मुख होता है। इन स्थलों पर शेखर का विद्रोही रूप प्रायः तिरोहित हो जाता है और केवल अलग, पृथक तथा असाधारण दीखने की आकांक्षा ही

परिलक्षित होती है। यहाँ शेखर का 'अहं केन्द्रित' रूप भी सामने आता है।

अपनी माता के प्रति 'शेखर' का कोई लगाव नहीं है, बल्कि एक विरक्ति है। इस सम्बन्ध में फ्रायड का कथन है कि यदि शैशव या किशोर काल में माँ के प्रति स्वाभाविक अनुराग तथा आत्मीयता न हो तो बालक का विकास भी स्वाभाविक नहीं हो पाता। अज्ञेय ने शेखर को इसी रूप में चित्रित किया है। माँ को लेकर शेखर के मन में शुरू से ही एक गाँठ है जो बराबर बनी रहती है। अज्ञेय सम्भवतः यह भी संकेत करना चाहते हैं कि इसी कारण 'शेखर' का विकास भी बहुत सामान्य या स्वाभाविक रूप से नहीं हो पाता। स्वयं शेखर अपना विश्लेषण करते हुए सोचता है कि उसका व्यक्तित्व मानो एक 'घोंघे' की तरह है जो केवल चारे की तलाश में या कामेच्छा से प्रेरित होकर ही अपने खोल से बाहर निकलता है। इसी प्रकार वह अपने को एक विभाजित व्यक्ति (डिवाइडेड पर्सन) के रूप में भी देखता है जिसके भीतर जैसे दो व्याक्ति हों जो प्रायः एक दूसरे के 'विलोम' हों। यद्यपि यह पूरी तरह मनोवैज्ञानिक दृष्टि से 'डॉ. जैकल और मि. हाइड' नहीं है किन्तु यह आत्मनिर्वासन (सेल्फ एलिएनेशन) का एक नमूना अवश्य है।

शिल्प की तरह ही अज्ञेय ने छायावादी अवशेषों तथा अवयवों के बाबजूद हिन्दी उपन्यास में एक सर्वथा नूतन 'कथा भाषा' का प्रयोग किया है जो जैनेन्द्र से आगे की कथा भाषा है : 'सुनीता' के प्रसंग में कथा भाषा में 'चित्रात्मकता' या चित्रभाषा का उल्लेख पहले दिया जा चुका है। शेखर की 'कथा भाषा' में और भी अनेक तत्त्व जुड़ जाते हैं : उसमें एक साथ चित्रात्मकता, संगीतात्मकता और स्थापत्य के तत्त्वों का प्रयोग मिलता है। उनकी भाषायें इन्हीं विधियों का अद्भुत संयोजन है। दो उदाहरणों से यह विशेषता स्पष्ट हो जाएगी : "जेहलम का गंदला पानी पार किया जा चुका है। अब तो झील की निर्मलता आकाश की अनभ्रता को प्रतिबिम्बित कर रही है और झील के अन्तर में उगी हुई लम्बी-लम्बी घास सूर्य की ज्योति को प्रतिबिम्बित करती हुई **अनेक रंगों में** चमक रही है : कहीं सुनहरी, कहीं लाल, कहीं प्रोज्ज्वल हरापन लिए हुए। उनके हरेपन को चीरकर कभी-कभी कोई किरण तल पर पड़े हुए किसी पत्थर को चमका देती है।" अथवा "जाड़ों की एक और प्रभात कहीं धूसर ताम्र-लोहित लाल और फिर सफेद होनेवाली प्रातकालीन धुंध, फिर **दिशाहीन आलोक**, फिर अलसाई सी पहली किरण।"

इस प्रकार के चित्रात्मक गद्य का प्रयोग अज्ञेय से पहले हिन्दी कथा साहित्य में नहीं हुआ था। इसके अतिरिक्त उपन्यास में **अनुभूतियों की भाषा** लिखनेवाले अज्ञेय पहले लेखक हैं। उसमें थोड़ी काव्यात्मकता भी है किन्तु यह काव्यात्मकता छायावादी काव्यात्मकता से भिन्न है जो आवेग से भरा हुआ ढीला (लूज) तथा कल्पना की कुहा में अनुभूतियों को धुँधला कर देनेवाला होता था। ऊपर के उद्धरण इस तथ्य के द्योतक हैं कि अज्ञेय ने दृश्य तथा अनुभूति की प्रत्येक सिलवट को सटीक ढंग से व्यक्त करनेवाले शब्दों की खोज की और बाह्य दृश्य को उसकी सम्पूर्ण वस्तुपरकता में अभिव्यक्त करनेवाले शब्द-बिम्बों का निर्माण किया।

अज्ञेय के इस भाषा तथा शिल्पगत प्रयोगों के पीछे छायावादियों और पश्चिमी रोमैंटिकों से पृथक फ्रेंच प्रतीकवादी भाषा का प्रभाव था। फ्रेंच प्रतीकवादी आन्दोलन मूलतः भाषा में टेक्सचर तथा शिल्प का आन्दोलन था। उस गद्य भाषा में संगीत और काव्य दोनों के तत्त्व संयुक्त कर दिए गए थे। भाषा को संगीत की सरहदों तक पहुँचा देनेवाली विशेषता भी प्रतीकवादियों की देन थी। प्रसिद्ध समीक्षक एडमंड विल्सन अपनी पुस्तक 'Axel's eastle' में लिखते हैं : "To find to invent the special language which will be alone capable of expressing his personality and **Feelings**...the **Symbolits** themselves were full of Ideas of producing with **Poetical Facts** like those of **Music**..."

अज्ञेय के इस शिल्प में प्रतीकवादी ये उपकरण अविकल रूप से मिलते हैं—अपनी शक्तियों तथा दुर्बलताओं दोनों के साथ। उनकी इस भाषा में विभिन्न इन्द्रियों के संश्लेषण से निर्मित ऐसे चित्र हैं जिन्हें भाषा का ऐसा मुकम्मिल रूप माना जा सकता है जो पाठक की भी प्रायः सभी पंचेन्द्रियों को परितृप्त करते हैं : संगीत में आवृत्तिमूलक स्वर होते हैं : शेखर में यह आवृत्तिमूलकता अनेक स्थलों पर मिलती है। मसलन एक स्थल पर सन्दर्भ विशेष में यह दृश्य चित्रित किया जाता है : "मेघाच्छन्न आकाश, उड़ते-उड़ते सहसा पंख टूट जाने से गिरता हुआ पक्षी, जो गिरता है, गिरता ही जाता है..." इन्हीं पंक्तियों की आगे पुनः दूसरे सन्दर्भ में आवृत्ति होती है जिसका बहुत मार्मिक प्रभाव पड़ता है।

इस प्रकार हम देखते हैं कि अन्तर्वस्तु, भावबोध, शिल्प तथा भाषा सभी स्तरों पर 'शेखर' एक सर्वथा नवीन तथा अभूतपूर्व उपस्थिति के रूप में प्रवेश करता है। उसकी सबसे बड़ी विशेषता है ऊपर उल्लिखित सभी अवयवों में परस्पर एक रचाव जो सर्जनात्मकता की बहुत बड़ी उपलब्धि है। 'शेखर' के बाद के उपन्यासों में इन तत्त्वों के बीच सघन रचाव क्रमशः क्षीण होता गया। भाषा तथा वर्णन प्रणाली या तो प्रेमचन्द की परम्परा के नाम पर रेटारिकल बयानबाजी बन गई या इसके विपरीत अनुभूतियों के चित्रण के नाम पर अमूर्त स्थितियों का अम्बार लगा दिया गया। आगे चलकर केवल फणीश्वर नाथ रेणु और एक हद तक निर्मल वर्मा के कथा साहित्य में यह समन्वय तथा संश्लिष्टता एक सीमित रूप में परिलक्षित होती है जिसमें अभिव्यक्ति की तीव्रता तो है किन्तु वह प्रखरता नहीं है जो 'शेखर' में है। साथ ही उसमें वह दृष्टि या 'विजन' भी नहीं है जो 'शेखर' में है। आगे प्रसंग आने पर उपरोक्त उपन्यासकारों के सन्दर्भ में इसका और अधिक विवेचन किया जाएगा।

किन्तु 'शेखर' की सीमाएँ भी स्पष्ट हैं। एक तो हिन्दी उपन्यासों में तब मनोविश्लेषण प्रणाली का किशोर काल ही चल रहा था और 'शेखर' में भी उसका उपयोग पाठ्य पुस्तकीय या 'एकेडेमिक' ढंग से ही किया गया है जिससे अनेक स्थलों पर वह क्रूड या स्थूल ही प्रतीत होता है—कम-से-कम 'शेखर—भाग एक' में उसका प्रयोग इसी रूप में हुआ है। कुल मिलाकर 'शेखर' किशोर और तरुण पाठक को

सम्बोधित उपन्यास ही है और इस रूप में उसे यद्यपि अभूतपूर्व सफलता मिली है लेकिन उसके प्रभाव का दायरा सीमित हो जाता है। अतः आश्चर्य नहीं कि आज के पाठकों को वह उतना प्रासंगिक नहीं प्रतीत हो।

'शेखर' की दूसरी अक्षमता चरित्र चित्रण के स्तर पर लक्षित होती है : 'शेखर' में लेखक द्वारा 'शेखर' प्रायः निरन्तर आत्मविश्लेषण करता हुआ ही दिखाया गया है। अतः विश्लेषण की यह पद्धति उसके भीतर ही घटित होती है या होनी चाहिए। किन्तु ऐसा हमेशा नहीं हो पाता। अकसर लेखक 'शेखर' के बाहर आकर हस्तक्षेप या आरोपण करने लगता है और इस प्रक्रिया में उसके कृत्यों व औचित्य भी सिद्ध करने लगता है। वस्तुतः लेखक या तो चरित्र के 'भीतर' होता है या 'बाहर'—जैसे हेमिंग्वे के उपन्यासों में होता है। हेमिंग्वे विश्लेषण की पद्धति न अपनाकर एक ठोस व्यवहार को अपनाता है यानी पाठकों को जो भी जानकारी मिलती है वह चरित्रों के व्यवहार के द्वारा ही मिलती है। लेकिन इसके विपरीत कोई लेखक यदि विश्लेषण की पद्धति अपनाता है तो उसे चरित्र के भीतर होना चाहिए जैसा कि हेमिंग्वे के बाद की पीढ़ी के उपन्यासकार 'सॉल बेलो' ने उपन्यासों में किया। इसी तथ्य की ओर संकेत करते हुए ज्यॉ पॉल सार्त्र मॉरयाक के उपन्यास 'थेरेसीं' के बारे में लिखा है : "Fitional beings have their own lawas : The Novelist may be either witness or accomplice, but naver both at the same time : The Novelist must be eather inside or out."

किन्तु शेखर में अज्ञेय ये दोनों भूमिकाएँ एक साथ निभाने की कोशिश करते हैं। इसीलिए 'शेखर' पूरी तरह से रचनात्मक चरित्र नहीं बन पाता।

इसके अतिरिक्त शेखर की एक कलात्मक असफलता यह भी है कि अज्ञेय जो शिल्प के स्तर पर उपलब्ध करते हैं उसे 'दृष्टि' के स्तर पर खो देते हैं : 'शेखर' इस सीमा तक लेखक का 'अभिन्न' बना रहता है कि वे लगातार उसके कृत्यों का औचित्य ही सिद्ध करते रहते हैं। इस कारण 'शेखर' में लेखकीय और रचनात्मक 'तटस्थता' नहीं आ पाई है।

अज्ञेय मूलतः वैचारिक अवधारणाओं के उपन्यासकार हैं। इस रूप में उनके उपन्यासों का विकास क्रमशः घृणा, प्रेम और करुणा की अवधारणाओं के रूप में हुआ है। शेखर के केन्द्र में 'घृणा' है जिसे वह स्वयं स्वीकार करता है। 'घृणा' को वह एक आवश्यक, स्वाभाविक मानवीय प्रवृत्ति के रूप में देखता है जो समाज में परिवर्तन और विकास के लिए जरूरी है इसीलिए वह 'विद्रोही' है। अज्ञेय का अगला उपन्यास 'नदी के द्वीप' मूलतः प्रेम की अवधारणा का उपन्यास है और उनका अन्तिम उपन्यास 'अपने-अपने अजनबी' 'करुणा' की अवधारणा का उपन्यास है। आगे यथास्थान इसका विवेचन किया जाएगा।

'शेखर' की शुरुआत 'वेदना' द्वारा 'दृष्टि' या 'विजन' पाने से होती है और 'नदी के द्वीप' की शुरुआत दुःख द्वारा माँजे जाने से होती है। यह मँजना या माँजा जाना भी 'दृष्टि' पाना ही है किन्तु यह उपलब्ध 'दृष्टि' भिन्न है। इस तरह हम देखते हैं कि

अज्ञेय अपने उपन्यासों में निरन्तर एक 'दर्शन' (दृष्टि से ही दर्शन उत्पन्न होता है) गढ़ रहे हैं। 'शेखर' की भूमिका में स्वयं अज्ञेय ने इसे एक 'फलासफा' (दर्शन) कहा है। किन्तु दर्शन 'गढ़ना' दार्शनिक होना नहीं है और फिर कोई दर्शन गढ़ना एक खतरनाक तथा नाजुक प्रक्रिया है। यह एक दुधारी तलवार की तरह है जिसका प्रभाव उलटा भी पड़ सकता है : मसलन 'शेखर' में तो उस यातना या पीड़ा के दर्शन का एक वस्तुगत आधार है वहाँ जेल में आसन्न मृत्यु का आतंक दृष्टि देता है। किन्तु देखने की जरूरत है कि क्या 'नदी के द्वीप' में दुःख द्वारा 'माँजे' जाने का कोई वस्तुगत आधार है ?

'नदी के द्वीप' में 'मुक्ति ' की तलाश है, जिसे पहले ही उद्‌घोषणा में कह दिया गया है। लेकिन कैसी और किससे 'मुक्ति' ? 'शेखर' तो बंदी है और बंदी की मुक्ति 'स्वतंत्र' हो जाने में है। किंतु 'नदी के द्वीप' का भुवन तो बंदी नहीं है फिर उसे किस 'मुक्ति' की तलाश है ? जेल में बन्द व्यक्ति को यातना देने या उसमें मृत्यु का आतंक उत्पन्न करनेवाली शक्ति बाहरी है, और यही उसकी पीड़ा या यातना का 'वस्तुगत आधार' है, लेकिन 'नदी के द्वीप' का भुवन एक प्रकार के आत्मपीड़न के द्वारा काल्पनिक दुःख की सृष्टि करता है। वहाँ भुवन और रेखा दोनों इस काल्पनिक दुःख का वरण करते हैं और कालान्तर में इसमें गौरा भी सम्मिलित कर ली जाती है। उपन्यास में एक पात्र चन्द्रमाधव भी है जिसे भोगवाद (प्लेजर प्रिंसिपल) का प्रतिनिधि बनाया गया है—इस पीड़ा के दर्शन को गौरवान्वित करने के लिए। किन्तु ऐसा हो नहीं पाता। क्यों नहीं हो पाता, इसे हम आगे देखेंगे। 'नदी के द्वीप' की संरचना इसी काल्पनिक पीड़ा पर आधारित 'प्रेम उपन्यास' की है। शेखर भी अन्ततः प्रेम उपन्यास ही बन जाता है, घोषित रूप से विद्रोह, विद्रोही और उसकी 'घृणा' पर आधारित भावना के बावजूद उसका पहला भाग समाप्त होता है शारदा के एक हताश प्रेम के अन्त के साथ और दूसरा भाग समाप्त होता है—'शशि' की मृत्यु के साथ। शशि के साथ शेखर का सम्बन्ध अन्ततः घनीभूत प्रेम का रूप ही ले लेता है।

'नदी के द्वीप' में इस प्रेम के दर्शन का स्वरूप क्या है ? गौर करने पर पता चलता है कि यह 'पीड़ावाद' रोमैंटिक पीड़ावाद से बहुत पृथक नहीं है। यहाँ भी एक प्रकार की 'रोमैंटिक-एगोनी' ही है : 'तुमको पीड़ा में ढूँढ़ा, तुममें ढूँढ़ूगी मैं पीड़ा' की तरह ही। उसके अतिरिक्त उसमें क्रिश्चियन 'सफरिंग' की चाशनी भी है : पीड़ा या सफरिंग से मुक्ति या 'सालवेशन' मुख्यतः ईसाई अवधारणा है। शेखर का लक्ष्य स्वतन्त्रता या फ्रीडम है किन्तु 'नदी के द्वीप' का लक्ष्य मुक्ति या 'सालवेशन' (Salvation) है।यानी एक सामाजिक लक्ष्य का अमूर्तन कर उसे तथाकथित तात्त्विक (मेटाफिजीकल) लक्ष्य में बदल दिया गया है। इसलिए शेखर के 'दर्शन' में फिर भी कुछ हाड़-मांस है किन्तु 'नदी के द्वीप' का यह पीड़ावादी द्वीप तो पूर्णतः अमूर्तन की 'स्रोत्स्विनी' में ही तैरता रहता है। अज्ञेय के उपन्यासों में यह अमूर्तन क्रमशः बढ़ता गया है और उनके अन्तिम उपन्यास 'अपने-अपने अजनबी' में तो वह चरम पर पहुँच गया है। ढूँढ़नेवालों को 'नदी के द्वीप' के दर्द या पीड़ा के दर्शन का एक स्रोत आंद्रेजीद के विख्यात उपन्यास 'स्ट्रेट

इज द गेट' में मिल सकता है जिसकी नायिका 'अलीसा' सेल्फ सफरिंग वरण करती हुई अन्त में 'नन' बन जाती है। इसके अतिरिक्त रूसी उपन्यासकार तुर्गनेव के उपन्यास 'नेस्ट ऑफ द जेंट्री' में भी ऐसा ही होता है। स्पष्टतः 'नदी के द्वीप' की रेखा पर उनका प्रभाव है। 'नदी के द्वीप' का एक तार जैनेन्द्र की प्रसिद्ध लम्बी कहानी 'एक रात' से भी जुड़ा हुआ है जहाँ यौन समर्पण के बाद 'मुक्ति' का एहसास दिखाया गया है–चरम तृप्ति के बाद की 'मुक्ति' का एहसास।

लेकिन यह तो 'नदी के द्वीप' के विचार पक्ष का विश्लेषण हुआ। वस्तुतः 'शेखर' की भाँति ही 'नदी के द्वीप' की एक बहुत बड़ी विशेषता उसकी भाषा है और जो शेखर से आगे की अधिक विकसित भाषा है। शेखर की भाषा में छायावादी अवयव और अवशेष हैं। उसमें भावनात्मक तरलता भी अधिक है। छायावादी भाषा से पूरी तरह मुक्त नहीं हो पाई है–इसका विश्लेषण ऊपर किया जा चुका है। 'नदी के द्वीप' की भाषा में अनुभूतियों तथा स्थितियों को उनकी स्वाभाविक गतिमयता में व्यक्त किया गया है–अधिक सूक्ष्म तथा सटीक ढंग से। यहाँ वाक्यों की अनावश्यक काव्यमयता मर गई है और एक 'माइक्रोस्कोपिक' गद्य सामने आता है। संवेदना तथा भावबोध में बहुत आधुनिक न होते हुए भी 'नदी के द्वीप' की भाषा के माध्यम से हिन्दी उपन्यास में आधुनिक गद्य का बहुत निखरा हुआ रूप सामने आता है। इस सम्बन्ध में यहाँ दो उद्धरण देने पर्याप्त होंगे : "रेखा कमरे के एक ओर शून्य के एक छोटे के वृत्त के बीचो-बीच कुरसी पर बैठी थी। उसका सिर कुरसी की पीठ पर टिका था, पलकें बन्द थीं। वह बिजली के प्रकाश से कुछ बचकर बैठी थी, अतः उसका माथा और आँखें अँधेरे में थी, बाकी चेहरे पर प्रकाश पड़ रहा था जिससे नाक, ओंठ और ठोढ़ी की आकार रेखा सुनहरी होकर उभर आई थी। इस स्वर्णाभ निश्चलता पर भुवन का कौतूहल आकर टिक गया था...वह कुछ क्षणों की तन्द्रा मानो रेखा को उस कमरे से कहीं दूर ले गई थी। वहाँ ओठों का कसाव बिना तनिक सा काँपे भी जैसे अनजाने कुछ नरम पड़ गया था, मुँह के आस-पास की असंख्य शिराओं का तनाव भी ढीला हो गया था।" दूसरा उद्धरण "...भुवन का स्वर जो पहले असम था, धीरे-धीरे सधा हुआ होने लगा और उसी अनुपात में निर्वैक्तिक, रागमुक्त, असम्पृक्त मानो गौरा के आगे एक सजीव व्यक्ति नहीं शब्दों का एक झरना हो जो अजस्र भाव से बहता जा रहा हो, कौन पास है, कौन उसके झर-झर बहते अभिप्रायों को सुनता है या नहीं सुनता, उससे सर्वथा असंलग्न...और कमरे में चीड़ की आग का आलोक शिखा में नाचती रही...आग लपकती और गिरती... कभी-कभी एक अधजली लकड़ी बीच में टूट जाती और आग का एक भाग दबकर अँधेरा में लोप हो जाता और फिर फुरफुराकर एक छोटी सी शिखा कमरे में उमग आती...इसी प्रकार भुवन का स्वर कभी मद्धिम पड़ जाता, कभी उसकी वाणी क्षण भर अटक कर फिर कई द्रुत चिनगारियाँ फेंक देती...उस महताबी की तरह जिसके भीतर से अंगारे बूँद-बूँद टपकते हैं, पिघली हुई आग के आँसुओं की तरह हवा में भी झरते हैं, पानी के नीचे भी झरते हैं, चुपचाप झरते ही जाते हैं।"

इन दो विशेष उद्धरणों को जान-बूझकर चुना गया है : पहले में एक स्थिर दृश्य है, एक फोटोग्राफ या पेंटिंग की तरह। एक मुद्रा की एक-एक सिलवट तथा रेखाओं का सूक्ष्म अंकन : अंधकार, प्रकाश में छाया से युक्त एक भंगिमा का दृश्यांकन : फिर भी एक अन्तर्निहित स्पन्दित गतिमयता है और इन सबके संयोग से एक ऐसी अभिव्यक्ति जो मात्र किसी फोटोग्राफ या पेंटिंग के द्वारा सम्भव नहीं हो सकती थी, उसके लिए शब्द अनिवार्य थे क्योंकि उनके बिना वह ध्वनित नहीं हो सकता था जो वांछित था और जो कथा की उस विशेष स्थिति का अपरिहार्य अंग था।

दूसरे उद्धरण में जो दृश्य है, वह बहुत स्थिर नहीं है : वह एक साथ श्रव्य, चाक्षुष तथा भावाद्वेलित है। फायर प्लेस में जलती आग की लपटों तथा भुवन के स्वराघातों के बीच जो एक स्पन्दित लयात्मकता स्थापित की गई है और उससे जो प्रभाव उत्पन्न होता है वह हिन्दी की भाषा का अपूर्व उदाहरण है। भुवन के मानसिक उद्वेलन तथा अपराधग्रस्त आत्मस्वीकृति को अभिव्यक्त करने के लिए इससे प्रभावपूर्ण कोई प्रविधि हो ही नहीं सकती थी। बल्कि इसके बिना उसका पूरा कथन आत्म औचित्य सिद्ध करने का छद्म वाग्जाल प्रतीत होता।

'नदी के द्वीप' 1952 में प्रकाशित हुआ था और मुझे नहीं मालूम कि तब तक किसी अन्य कथाकृति में भाषा ऐसी रागदीप्त भास्वरता के साथ प्रयुक्त हुई हो।

किन्तु इसी भाषा का वह पक्ष जो संवादों के रूप में हैं वे उसके सबसे कृत्रिम अंश हैं। यह विचित्र प्रतीत होता है कि अज्ञेय संवादों में सीधी अभिव्यक्ति तथा सम्बोधन से बचते रहते हैं। इस हिचक या अक्षमता का उत्तर तो लेखक की मूल संवेदना में ही ढूँढ़ना पड़ेगा। सम्भवतः यह कृत्रिमता उन आभिजात्य संस्कारों के कारण है जिनसे 'नदी के द्वीप' की पूरी संरचना बुनी हुई है। आभिजात्य संस्कार अभिव्यक्ति की नितान्त औपचारिकताओं पर आधारित होते हैं। जिस तरह आभिजात्य संस्कारों से युक्त व्यक्ति के कपड़ों की 'क्रीज' कभी खराब नहीं होती उसी तरह उसकी अभिव्यक्ति प्रणाली पर भी हमेशा 'क्रीज' बनी रहती है। वहाँ बातचीत की भाषा भी हमेशा 'कलफदार' होती है। ऐसे में कथा के संवाद उसके क्रिया व्यापार से अलग हो जाते हैं। मूलतः संवाद दो व्यक्तियों के बीच प्रेषणीयता तथा वैचारिक आदान-प्रदान के आधार पर होते हैं। यही नहीं वे प्रायः कथा की गति के अंग भी बन जाते हैं। लेकिन 'नदी के द्वीप' में तथाकथित संवाद 'एकालाप' या 'मोनोलॉग' ही बने रहते हैं। इसलिए यह आकस्मिक नहीं है कि 'नदी के द्वीप' में सीधे संवादों की अपेक्षा वैचारिक आदान-प्रदान अधिकांशतः पत्रों तथा पुर्जों और चिटों के माध्यम से होता है और आगे भी संवादों की अपेक्षा उद्धरणों की भरमार है। 'नदी के द्वीप' की यह प्रवृत्ति उसमें 'मूक चरित्रों' (म्यूट कैरेक्टर्स) का निर्माण करती है। यहाँ भी 'नदी के द्वीप' पर आभिजात्य संस्कार हावी दीखता है जहाँ बोलना या अपने को वाणी के माध्यम से व्यक्त करना ओछी मनोवृत्ति का द्योतक माना जाता है। मूक चरित्रों द्वारा निर्मित परिवेश स्थिर तथा गतिहीन होता है। परिवेश की यह स्थिरता ही अज्ञेय को 'स्पॉट' या 'लोकेशन' चुनने के लिए बाध्य

करती है। 'नदी के द्वीप' में परिवेश की जगह 'स्पॉट' या 'लोकेशन' है जो सुनियोजित ढंग से चुने जाते हैं। उससे उपन्यास का पूरा परिवेश एक सुरुचिसम्पन्न व्यक्ति के ड्राइंगरूम के जैसा हो गया है। उसकी यह लोकेशन चुनने की योजना आज की हिन्दी फिल्मों जैसी है जहाँ उन्हें आकर्षक तथा हिट बनाने के लिए पर्वतीय और पर्यटन स्थलों का 'लोकेशन' रूप में चयन किया जाता है। ये पर्यटन स्थल देश-विदेश के विभिन्न नगरों तक पसरे रहते हैं। 'नदी के द्वीप' में भी कश्मीर से लेकर नैनीताल, नौकुछिया, भीमताल तथा मसूरी आदि विभिन्न पर्वतीय स्थल ही उसके तथाकथित परिवेश हैं।

'नदी के द्वीप' इसीलिए अपनी श्रेष्ठ भाषा तथा शिल्प सम्पन्नता के बावजूद महत्त्वपूर्ण उपन्यास नहीं बन सका है। वह मूलतः अन्तरालों का ही उपन्यास बना रहता है। उसकी कथा में इसीलिए प्रवाह और अविच्छिन्नता नहीं है। उसके प्रभावशाली दृश्य कविता के विम्बों की भाँति अलग से चमकते जरूर हैं किन्तु वे कथा से विच्छिन्न ही प्रतीत होते हैं। उनका सौन्दर्य सूक्ष्म किन्तु स्थिर दृश्यात्मकता में ही बना रहता है मसलन नौकुछिया दृश्य में चाँदनी रेखा का मानो 'जम जाना', उसके गर्भपात का मार्मिक चित्रण, फॉयर प्लेस की कौंधती लपटों के सम्मुख भुवन का गौरा के आगे कॉनफेस करना आदि। ये सब दृश्य पाठक के मन पर अलग से अंकित हो जाते हैं किन्तु कथा में घुल-मिलकर उसका अविच्छिन्न अंग नहीं बन पाते। उपन्यासों की इसी प्रवृत्ति तथा सीमा को लक्ष्य कर फ्रेंच समीक्षक मार्टिन टर्नर ने फ्लावेयर के उपन्यासों के बारे में लिखा था कि "His originality appears in rather sudden glimpses in to moral simplification of a person of place..." अज्ञेय की सीमा भी रही है : वे जंगल के स्थान पर पेड़ और पेड़ के स्थान पर डाल भी नहीं, प्रायः एक पत्ती चुनकर उसी पर ध्यान केन्द्रित कर लेते हैं। 'स्पॉट सलेक्शन' की इसी प्रवृत्ति पर मार्टिन टर्नर ने आगे लिखा है कि "I think that we must go on to say that his sensibility was not simply limited and intermittant, but was undouet edly defective."

अतः टर्नर इस प्रवृत्ति को विकृत या दूषित संवेदना की देन मानता है और दूषित संवेदना दूषित नैतिक दृष्टि को जन्म देती है। स्वयं अज्ञेय ने संवेदना को नैतिक बोध का पर्याय माना है। (देखें शिक्षायत–कलकत्ता में दिया गया उनका वक्तव्य)। 'नदी के द्वीप' में प्रेम के माध्यम से एक विशेष प्रकार की नैतिक बोध के निर्माण का प्रयास भी किया गया है–जो परम्परागत नैतिकबोध से पृथक है। इस नैतिक बोध को भी समझ लेना जरूरी है : 'नदी के द्वीप' में प्रेम को सामान्य जीवन प्रक्रिया से पृथक एक अतिरिक्त मूल्य के रूप में देखा गया है–गोया प्रेम को जीवन से बाहर जाकर भी पाया जा सकता है और फिर इस प्रेम के माध्यम से किसी परोक्ष या उच्चतर जीवन दृष्टि को। ध्यान देने की बात है कि यह किसी मध्ययुगीन धार्मिक स्तर पर घटित नहीं होता, बल्कि 'प्रेम' (जिसमें यौन सम्बन्ध भी शामिल है) यहाँ चरम उपलब्धि का वह 'क्षण' है जिसके बाद जीने का भी कोई विशेष अर्थ नहीं रह जाता। यह अपने आप में दूषित नैतिक दृष्टि या प्रकारान्तर से गलत जीवन दृष्टि है–जीवन से कटी हुई, जीवन विरोधी

दृष्टि। यही 'नदी के द्वीप' है जिसकी प्रतिष्ठा 'नदी के द्वीप' उपन्यास में की गई है। अंग्रेज समीक्षक कॉलिन विल्सन ने हेमिंग्वे के विख्यात उपन्यास 'फेयरवेल टू आर्म्स' के बारे में लिखा है कि "The flow of a fasewell to arms is of love story, but lovestory ends and life goeson. The hero's bewhelderment is of a man who thought the meaning of life lay in the loveè thenfinds himself / foreed to live bethout it." (The london magzine—August 1956)

'नदी के द्वीप' के नायक भुवन का ऐसा कोई मोहभंग नहीं होता। वह उसी को उपलब्धि मानकर उसे ही गौरवान्वित करता है और उसे ही अपना जीवन दर्शन बना लेता है। यह भी रोमैंटिक भावबोधवाली रुग्णता है—आधुनिक भावबोधवाले हेमिंग्वे के नायक हेनरी के साथ ऐसा नहीं होता। वह उसके आधार पर किसी 'सफरिंग' या पीड़ा का दर्शन नहीं गढ़ता।

वस्तुतः रोमैंटिक भावबोध प्रेम और मुख्यतः शारीरिक सम्बन्ध को लेकर एक अपराधबोध से ग्रस्त रहता है क्योंकि उसके रूढ़िबद्ध संस्कारों में यह भावना अवचेतन रूप से निहित रहती है कि प्रेम में शारीरिक सम्बन्ध अनैतिक है। किन्तु मूलप्रवृत्तियों तथा संस्कारों के इस द्वन्द में वह सफरिंग का शिकार तो होता ही है, इंस्टिक्ट्स के दमन की प्रक्रिया में असफल होने पर वह उसे गौरवान्वित कर किसी दर्शन का रूप देने का प्रयास करता है या प्रारम्भ से ही प्रेम के आस-पास एक सुदूरता तथा वायवीपन का जाल बुन लेता है। प्रेमचन्द तक यही होता रहा किन्तु अज्ञेय एक कदम आगे बढ़कर शरीर सम्बन्ध तक तो पहुँच जाते हैं किन्तु चूँकि वे रोमैंटिक भावबोध के अपराधबोध से मुक्त नहीं है इसलिए यहाँ 'पीड़ा का दर्शन' या चरम क्षण की उपलब्धि का दर्शन गढ़ा जाता है। 'नदी के द्वीप' की इस पूरी प्रक्रिया में एक छद्म है इसीलिए अपनी तमाम भव्यता तथा भाषागत पच्चीकारी के बावजूद वह एक कृत्रिम उपन्यास बनकर रह जाता है। इसी कारण वह रोमैंटिक भावबोध तथा आधुनिकता से उत्पन्न नैतिकता से मुक्ति के प्रयास में त्रिशंकु मुद्रा में ही लटकता रहता है।

प्रारम्भ में ही कहा गया कि उपन्यास में एक पुरुष पात्र चन्द्रमाधव भी है जिसे प्रायः खलनायक के रूप में प्रस्तुत किया गया है किन्तु आश्चर्यजनक रूप से हम पाते हैं कि वह भुवन की अपेक्षा अधिक आधुनिक चरित्र है। उपन्यास में उसे भोगवाद का प्रतिनिधि बनाया गया है। किन्तु वास्तविकता यह है कि भोगवाद तो उस छद्म या 'बैड फेथ' में है जो प्रवृत्ति को उसके स्वाभाविक रूप से स्वीकार न कर उसके ऊपर प्रायः आध्यात्मिकता की 'रामनामी' डाल देता है। चन्द्रमाधव इस आडम्बर से मुक्त है और इसी अर्थ में वह आधुनिक है। चन्द्रमाधव को महज एक निगेटिव चरित्र के रूप में प्रस्तुत करना मूलतः आधुनिकता विरोधी दृष्टि है। चन्द्रमाधव की समस्याएँ शहरी शिक्षित तथा महत्त्वाकांक्षी युवक की समस्याएँ हैं जिसके सामने सारे रोमैंटिक भेद खुल चुके हैं। उसकी भावहीन तथा कथित 'चरित्रहीनता' फ्लर्ट करने की प्रवृत्ति, पत्नी और परिवार से अपने को संयुक्त न कर पाने की असमर्थता और एक मूलहीन (रूटलेस) जीवन जीने

की विवशता—यह सब आधुनिक जीवन के सम्मिलित विरस तथा करुण यथार्थ को व्यक्त करते हैं। दरअसल भुवन की उसके प्रति प्रच्छन्न रकाबत ही उसे उपन्यास में यह रूप दे देती है। कह सकते हैं कि 'नदी के द्वीप' का चन्द्रमाधव वह पहला आधुनिक चरित्र है जिसे हिन्दी के आनेवाले अनेक उपन्यासकारों ने अपने ढंग से विकसित किया। इसमें मोहन राकेश का उपन्यास 'अँधेरे बन्द कमरे' प्रमुख है जिसकी चर्चा यथास्थान की जाएगी।

अज्ञेय के अन्तिम उपन्यास 'अपने-अपने अजनबी' में उनकी अवधारणात्मक 'थीसिस' के विकास का एक वृत्त पूरा हो जाता है। पहले ही कहा जा चुका है कि शेखर के बाद वे अधिक अमूर्त अवधारणाओं की ओर बढ़ते हैं—'स्थूल' से 'सूक्ष्म' की ओर बढ़ने की प्रक्रिया 'अपने-अपने अजनबी' में अमूर्तता की सीमा तक पहुँच जाती है जहाँ पात्र तथा स्थितियाँ महज अवधारणात्मक स्थापन के लिए निर्मित की जाती है। 'अपने-अपने अजनबी' मूलतः अस्तित्ववादी अवधारणाओं का उपन्यास है जिसे अज्ञेय ने बड़े स्थूल तथा कृत्रिम ढंग से भारतीय आस्थावादी अवधारणाओं से जोड़ने का प्रयास किया है। 'नदी के द्वीप' के चन्द्रमाधव की तरह 'अपने-अपने अजनबी' में योके एक निगेटिव चरित्र की भूमिका निभाती है और जिसे अनास्थावादी अस्तित्ववाद का प्रतिनिधि बनाया गया है। 'अपने-अपने अजनबी' की पूरी शब्दावली प्रचलित अस्तित्ववाद के चर्चित शब्दों से भरी हुई है।

'अपने-अपने अजनबी' की यह अवधारणात्मकता 'शेखर' और 'नदी के द्वीप' की अपेक्षा संक्षिप्त ही नहीं एक रैखिक भी है। उसकी संक्षिप्तता के बारे में यह जरूर कहा जा सकता है कि वह अधिक 'कंडेस्ड्' है। उसकी चतुराई यह है कि तमाम अस्तित्ववादी उपकरणों का उपयोग करने के बावजूद अज्ञेय उसे एक आध्यात्मिक उपन्यास का रूप देने की कोशिश करते हैं मानो यह पश्चिमी अस्तित्ववाद का भारतीय आस्थावादी प्रत्युत्तर है। लेकिन वास्तविकता कुछ और भी है जिसका जिक्र किया जाएगा। वस्तुतः पश्चिम में अस्तित्ववाद की दो धाराएँ रही हैं जिन्हें मौटेतौर पर आस्तिक तथा नास्तिक अस्तित्ववाद कहा जा सकता है। मसलन डैनिश दार्शनिक क्रिकेगार्द और जास्पर्स आदि को आस्तिक अस्तित्ववादी माना जाता है जबकि हाइडेगर, सार्त्र तथा कैमू आदि नास्तिक अस्तित्ववादी माने जाते हैं। अज्ञेय ने 'अपने-अपने अजनबी' में नास्तिक अस्तित्ववादी विचारधारा का विरोध और जास्पर्स वाली आस्तिक विचारधारा का समर्थन किया है। अतः अपनी संवेदना शब्दावली और दृष्टिकोण में वह मूलतः अस्तित्ववादी उपन्यास ही है और उसका भारतीय आध्यात्मिकता तथा धर्म-दर्शन आदि से कोई सम्बन्ध नहीं है। अज्ञेय अपनी विशेष यात्रा वृतान्तवाली पुस्तक 'एक बूँद सहसा उछली' में जास्पर्स का जिक्र भी कर चुके हैं।

'अपने-अपने अजनबी' में अज्ञेय ने अस्तित्ववाद से जुड़े हुए इन्हीं आधारभूत प्रश्नों को उठाया है किन्तु अस्तित्ववादी उपन्यास तथा नाटक आदि जिस तरह उन्हें जीवन के ठोस प्रश्नों और समस्याओं से जोड़ते चलते हैं, अज्ञेय वैसा नहीं कर सके हैं और

अपनी अमूर्तन की प्रवृत्ति के कारण एक प्रकार की धार्मिक आस्था में उलझाते गए हैं।

'अपने-अपने अजनबी' की संरचना या गठन नाटक के रंगमंच की तरह है : उसमें क्रमशः अलग-अलग दृश्य खुलते हैं जिन्हें तीन अंकों में विभाजित किया गया जिनमें प्रत्यक्षतः कोई एकसूत्रता या तारतम्य नहीं है। उपन्यास का आरम्भ विदेशी परिवेश से होता है जिसे पात्रों के नामों द्वारा जापान का परिवेश माना जा सकता है। नाटक की भाँति ही उसका आरम्भ आकस्मिक ढंग से होता है...दूर-दूर तक अछूती क्वारी बर्फ और उसके बीच बर्फ से ही ढँका हुआ छोटा सा घर और उसमें कैद दो प्राणी दो—स्त्रियाँ सेल्मा और योके।

'अपने-अपने अजनबी' इसी अजनबी परिवेश तथा अजनबी पात्रों से शुरू होता है। सेल्मा वृद्धा है और योके युवती है। दोनों उस घर में सहसा कैद हो गई हैं। बर्फ पिघलने तक या उसी में घुटकर मर जाने तक। सेल्मा कैंसर की मरीज है।

उपन्यास का पहला अंक जहाँ योके के वर्तमान सम्बन्धित है वहीं उसका दूसरा अंक सेल्मा के अतीत से सम्बन्धित है और तीसरा योके के भविष्य से। इन दोनों स्त्रियों का इस तरह घर में कैद होना उनका चयन या वरण नहीं है बल्कि बाध्यता है। उपन्यास का आरम्भ इस तरह एक सम्भावित मृत्यु की आशंका से होता है—लगभग 'शेखर' के आरम्भ की तरह।

अतः 'मृत्युबोध' या मृत्यु का आंतक ही उपन्यास की कथावस्तु है। 'अपने-अपने अजनबी' का यह परिवेश हिन्दी उपन्यास के लिए एकदम नया तथा प्रायः चौंकानेवाला है। लेकिन अस्तित्ववादी साहित्य परम्परा के सन्दर्भ में अत्यन्त सुपरिचित है : सार्त्र का एक विख्यात नाटक है जो अंग्रेजी में 'इन कैमरा' और 'नो एग्जिट' दोनों नामों से छपा है। उसमें भी एक कमरे में कुछ लोग बन्द हैं और बाहर निकलने का कोई उपाय नहीं है और वह कमरा उन्हें 'नरक' सा प्रतीत होता है। उनमें लगातार बहसें और बातें होती रहती है और अन्त में वे इस निष्कर्ष तक पहुँचते हैं कि 'नरक' यह कमरा नहीं, बल्कि 'नरक' उनकी उसमें साथ रहने की बाध्यता है। वे वहाँ साथ रहने के लिए अभिशप्त है : दूसरों के साथ रहने की यह बाध्यता ही असली नरक है "Hell is other people." सेल्मा और योके भी एक ऐसी ही बाध्यता के कारण यहाँ साथ रहने के लिए अभिशप्त हैं। वहाँ कहा भी जाता है कि "जिस बाध्यता के कारण वे साथ हैं, उसकी पीड़ा मृत्यु के भय से भी बड़ी है। यह बाध्यता ही सबसे बड़ा सच है।" हम चुन नहीं सकते, कुछ भी किसी के बस का नहीं है। एक ही बात हमारे बस में है इस बात (या सच) को पहचान लेना। साथ रहने के बावजूद दोनों मानो दो दुनियाओं में रह रही है।

सेल्मा को मृत्यु का बोध हो चुका है, इसलिए वह मृत्यु से भयभीत नहीं है। योके को मृत्यु का भय है। सेल्मा को यह मृत्यु का बोध कैसे प्राप्त हुआ ?

उपन्यास का दूसरा खण्ड बोध प्राप्ति की इसी प्रक्रिया को चित्रित करने के लिए नियोजित किया गया है। 'अपने अपने अजनबी' का यह नियोजन 'नदी के द्वीप' के आयोजित दृश्यों से भिन्न है। यहाँ पर नियोजन अधिक अर्थगर्भित तथा उद्देश्यपूर्ण है,

हालाँकि आसन्न मृत्यु का भय यहाँ भी है। पहले खण्ड में जहाँ 'बर्फ की कब्र' है, वहीं दूसरे खण्ड में प्रलयंकर विनाश के बीच जल में "बेतुका सा खड़ा रह गया, तीन खम्भों पर टिका हुआ टूटे पुल का एक हिस्सा है। उसके ऊपर तीन-चार दुकानें और तीन चार लोग हैं। इन्हीं व्यक्तियों में 'सेल्मा' और यान नाम का एक युवक भी है। यहाँ 'सेल्मा' की मनःस्थिति प्रथम खण्ड के योके जैसी है और यान प्रथम खण्ड की सेल्मा की तरह बोध (या बोधि) प्राप्त व्यक्ति है। यहाँ से सेल्मा भी प्रथम खण्ड की योके की भाँति सोचती है 'दुनिया का मतलब केवल यह है कि केवल वह है और बाकी सब जो है वह नहीं है और जिसके साथ केवल केवल विरोध का सम्बन्ध है।' यह भी टिपिकल सार्त्रवाली अस्तित्ववादी उक्ति है जिसके अनुसार मनुष्य और दूसरे मनुष्य के बीच आई (I) और अदर (अदर) ensoi और persoi का सम्बन्ध है और जो एक दूसरे के प्रति विद्वेष पर आधारित है। यहाँ भी अज्ञेय सार्त्रवाली इस अवधारणा का प्रतिपक्ष प्रस्तुत करते हुए मृत्यु के साक्षातकार से प्राप्त भय के बीच पीड़ा के द्वारा मृत्यु-बोध की प्राप्ति का चित्रण करते हैं यानी पीड़ा के इस क्षणों में दूसरे के साथ होना ही मुक्ति है–पीड़ा की यह सहभागिता हमें मुक्त करती है–'अपने-अपने अजनबी' की इस अवधारणा में हम 'शेखर' और 'नदी के द्वीप' दोनों की छाया देखते हैं। लेकिन यहाँ यह अवधारणा सार्त्र की अवधारणा के विरोध में यास्पर्स की उस धारणा का समर्थन करती है कि 'To be means to be with others.' सार्त्र 'अदर' को हेल (नरक) मानता है जबकि यास्पर्स 'होने' का मतलब ही दूसरों के साथ होना मानता है। यहाँ 'सेल्मा' को मृत्यु के साक्षात्कार तथा यान से जो अन्तर्दृष्टि मिलती है उसे पहले खण्ड में योके की अपेक्षा भयमुक्त बनाती है। यद्यपि वह वहाँ दुहरी मृत्यु का साक्षात करा रही है : कैंसर और बर्फ की कब्र वाली आसन्न मृत्यु का। जबकि योके अपने अनुभव से यह बताना चाहती है कि "यही एक प्रत्यय है जो नए सिरे से जिया जाता है और जब जिया जाता है तब मरा नहीं जाता, जो प्रकाश पर टिका है और जिसमें अकेलापन नहीं है।"

किन्तु विडम्बना यह है कि योके इस प्रत्यय को प्राप्त नहीं कर पाती : उसे न प्रकाश मिलता है और न उसका अकेलापन दूर होता है। 'सेल्मा' अपने प्राप्तबोध के साथ निःसंग भाव से मर जाती है किन्तु योके इस गुफा से बाहर निकलकर भी एक गुफा से दूसरी गुफा तक भटकती रहती है और अन्त में उसके अकेलेपन को उसकी ठठरी ही दुहराती रह जाती है। सेल्मा मरकर भी यह सन्देश दे जाती है यद्यपि "वरण की स्वतन्त्रता नहीं है, फिर भी रचना सम्भव है और उसी में मुक्ति है।" यहाँ विडम्बनात्मक तथ्य यह उभरकर आता है कि यद्यपि अज्ञेय सार्त्रवाली अस्तित्ववादी अवधारणा का विरोध करते हुए एक प्रतिपक्ष की थीसिस प्रस्तुत करना चाहते हैं किन्तु जब वह रचना द्वारा मुक्ति की बात कहते हैं तो वह सार्त्रवाली मुक्ति की अवधारणा का ही समर्थन करते है : सार्त्र अपने तीन खण्डोंवाले वृहद उपन्यास 'रोड्स टू फ्रीडम' में यही स्थापित करता है और अपने पहले उपन्यास 'नॉसिया' के अन्त में भी कला या रचना द्वारा मुक्ति की बात करता है। लेकिन अज्ञेय अपनी अवधारणाओं के

अन्तर्विरोध को न समझते हुए सार्त्र की 'वरण की स्वतन्त्रता' वाली स्थापना का विरोध करने के लिए 'आत्महत्या' करती हुई योके से कहलाते हैं "मैंने स्वतन्त्रता को चुन लिया है...मैं मर रही हूँ, मैं अपनी इच्छा से चुनकर मर रही हूँ, एक **हरामी मौत**।" यानी अज्ञेय यह कहना चाहते हैं 'वरण की स्वतन्त्रता' या चुनने की स्वतंन्त्रता केवल एक आत्मघाती अवधारणा हो सकती है। जाहिर है सार्त्र की चुनने की स्वतन्त्रतावाली अवधारणा की लम्बी प्रक्रिया से वे या तो परिचित नहीं है या यहाँ वे उसकी अनदेखी कर जाते हैं : सार्त्र कहता है कि जब हम नहीं चुनते तो भी कुछ-न-कुछ तो चुनते ही हैं, जाने या अनजाने। इसलिए 'मनुष्य चुनने के लिए अभिशप्त है' (मैन इज कन्डेम्ड टू चूज)।

अतः अज्ञेय 'अपने-अपने अजनबी' में अस्तित्ववादी हाशिए की परिक्रमा करने के बाद पुनः अपने 'पीड़ावादी' दायरे में लौट आते हैं जो अपने आप में कृत्रिम ही नहीं अत्यन्त 'कन्फ्यूज्ड' अवधारणा है।

यशपाल

'शेखर' का प्रथम भाग 1940 में प्रकाशित हुआ था और इसे संयोग ही कहना चाहिए कि यशपाल का पहला उपन्यास 'दादा कामरेड' अगले ही वर्ष यानी 1941 में प्रकाशित हुआ। अज्ञेय के बाद उपन्यासकार के रूप में यशपाल का नाम लेना अकारण नहीं है : एक तो अज्ञेय की तरह यशपाल भी ब्रिटिश राज के प्रति क्रान्तिकारी गतिविधियों में भाग लेनेवाले व्यक्ति थे ओर दूसरा यह कि 'शेखर' की भाँति ही 'दादा कामरेड' भी क्रान्तिकारी चरित्र है। लेकिन 'शेखर' में जहाँ क्रान्तिकारी व्यक्तित्व के निर्माण तथा मनोविज्ञान का विश्लेषण है वहीं 'दादा कामरेड' एक बने-बनाए क्रान्तिकारी के रूप में सामने आता है। वह मूलतः तत्कालीन क्रान्तिकारी संगठन की गतिविधियों की कथा है जिसे एक प्रेमकथा से संयुक्त कर दिया गया है। इसके अतिरिक्त भाषा तथा शिल्प की दृष्टि से दोनों उपन्यासों में जमीन-आसमान का अन्तर है। 'दादा कामरेड' सीधा-सपाट, सरल कथा के रूप में लिखा गया घटनात्मक़ उपन्यास है जिसमें यशपाल ने अपनी नैतिक दृष्टि तथा नैतिक मूल्यों का भी समावेश किया है। इन सब बातों के अतिरिक्त यशपाल सम्भवतः हिन्दी के पहले उपन्यासकार थे जिन्होंने घोषित रूप से मार्क्सवादी या वामपंथी विचारधारा पर आधारित उपन्यास लिखे। 'दादा कामरेड' का विश्लेषण इन सभी सन्दर्भों को ध्यान में रखकर किया जाना चाहिए। विचारधारा से पृथक यह भी देखने की जरूरत है कि एक औपन्यासिक कृति के रूप में यशपाल को इसमें कितनी सफलता मिली है क्योंकि कोई भी कृति किसी विचारधारा विशेष का वादक बनकर महत्त्वपूर्ण नहीं बनती। केवल विचारधारा के आधार पर किसी रचना को न तो गौरवान्वित किया जा सकता है, न उसका आकलन किया जा सकता है।

'शेखर' की भाँति 'दादा कामरेड' में भी एक नातिदीर्घ भूमिका है जिसमें उन्होंने प्रकारान्तर से सम्भवतः जैनेन्द्र की नैतिक दृष्टि के प्रति अपना विरोध प्रकट किया है

और उपन्यास लिखने का औचित्य सिद्ध भी करना चाहा है।

'दादा कामरेड' का शीर्षक ही प्रकट रूप से मार्क्सवादी शीर्षक है—यशपाल अपने नायक को 'कामरेड' कहकर पहले से ही उस पर मार्क्सवादी मुहर लगा देते है।। भूमिका में नैतिकता के प्रति अपने विचार व्यक्त करते हुए वे लिखते हैं "आचार या नैतिकता का प्रयोजन यदि मनुष्य को व्यवस्था और विकास की ओर ले जाता है तो मानना पड़ेगा कि यह उद्देश्य हमारी वर्तमान नैतिक और आचार सम्बन्धी धारणा से पूरा नहीं हो रहा।"

अतः 'दादा कामरेड' का एक उद्देश्य परम्परागत नैतिक धारणा के विरुद्ध विकल्प के रूप में एक परिवर्तित नैतिक धारणा को भी प्रस्तुत करना है। उसका दूसरा उद्देश्य है "संसार में आज अनेक वादों—पूँजीवाद, नाजीवाद, गांधीवाद, समाजवाद का संघर्ष चल रहा है। इन सबकी नींव में परिस्थितियों, व्यवस्था और धारणाओं में सामंजस्य का प्रयत्न है।...वास्तविकता की दृष्टि से इस संघर्ष की चिन्ता, परमार्थ की भावना नहीं, स्वयं अपने और समाज के जीवन की चिन्ता है।

'नाजीवाद' को समाजवाद, गांधीवाद के समानान्तर प्रस्तुत करके यशपाल पहले तो अपने इस अज्ञान का परिचय देते हैं कि कोई पूछ सकता है कि भला 'नाजीवाद' ने कौन सा सामंजस्य ढूँढ़ने का प्रयास किया था ? बहरहाल इसे छोड़ दें तो देखने की जरूरत है कि प्रचलित नैतिकता और व्यवस्था के विरुद्ध यशपाल कौन सी नैतिक धारणा प्रस्तुत करना चाहते हैं ?

'शेखर' की शुरुआत एक अप्रत्याशित नाटकीय शब्द से होती है "फाँसी !" जबकि 'दादा कामरेड' की शुरुआत होती है "यशोदा के पति बिस्तर पर लेटे हुए, अखबार देखते हुए नींद की प्रतीक्षा कर रहे थे।" यह अत्यन्त सपाट तथा परम्परागत प्रारम्भ है। 'दादा कामरेड' की अपेक्षा उनके दूसरे उपन्यास 'देशद्रोही' का आरम्भ अधिक नाटकीय तथा उत्सुक्ता उत्पन्न करनेवाला है। 'अजानी अँधेरी राह पर उसे घसीटे लिए जा रहे थे। आँखों पर कपड़ा बँधा हुआ था। दोनों हाथ पीठ पर बँधे हुए थे।' यह आरम्भ अधिक सांकेतिक, आकस्मिक उत्सुक्ता उत्पन्न करनेवाला है। पाठक चौंककर इस आरम्भ की नाटकीय स्थिति से बँध सा जाता है। वह कौन है जिसे कुछ लोग इस तरह बाँधकर लिए जा रहे हैं ? बाँधनेवाले कौन हैं, बँधा व्यक्ति कौन है, उसे कहाँ लिए जा रहे हैं ? और क्यों ? ऐसे अनेक प्रश्न सहसा प्रारम्भ में ही कौंध जाते हैं। किसी कृति में 'सेंस ऑफ ऐंडिग' की तरह प्रारम्भ करने की कला का भी विशेष महत्त्व है जो 'दादा कामरेड' में नहीं है। सन् 1940 तक हिन्दी उपन्यास पर्याप्त प्रौढ़ तथा परिष्कृत हो चला था। इसका विश्लेषण जैनेन्द्र तथा अज्ञेय के उपन्यासों के सन्दर्भ में किया जा चुका है। उसकी तुलना में हम पाते हैं कि यशपाल के उपन्यासों की भाषा, शिल्प तथा वर्णन शैली नितान्त सपाट और प्रायः अनावश्यक ब्योरों से भरी हुई गूँजहीन तथा निरी तथ्यात्मक (मैटर ऑफ फैक्ट) भाषा है। उसमें साफगोई है पर भाषा का सौन्दर्य नहीं है। भाषा की दृष्टि से हिन्दी उपन्यास को यशपाल का कोई योगदान नहीं

है। वह निर्वाह की भाषा है। चलती हुई है किन्तु प्रवाहपूर्ण नहीं है। उनकी भाषा के सहारे आगे बढ़ने में पाठक को किसी उत्साह या आनन्द का अनुभव नहीं होता।

ठीक यही बात उनके उपन्यासों के शिल्प के सम्बन्ध में भी कही जा सकती है : वे 'त्यागपत्र' या 'शेखर' की तरह कोई शिल्पगत प्रयोग नहीं करते। उनके उपन्यासों की संरचना प्रेमचन्द से आगे की नहीं है, बल्कि प्रायः उसी पद्धति का उसमें निर्वाह है। उनके तथाकथित बौद्धकालीन उपन्यास 'दिव्या' में नवीन भाषागत प्रयोगों के नाम पर शब्दकोशों से उठाई गई अत्यन्त क्लिष्ट तथा कृत्रिम शब्दों की भरमार है। दिव्या में चार्वाक या मारीश के माध्यम से भारत की लोकायत चिन्तन परम्परा का चित्रण किया गया है जो प्रकारान्तर से मार्क्सवादी आवरण में भोगवाद की प्रतिष्ठा है। यशपाल ने अपने अधिकांश उपन्यासों में यही किया है जिसका विश्लेषण हम आगे करेंगे। अनेक दृष्टियों से भारत विभाजन पर आधारित उनका महाकाय उपन्यास 'झूठा सच' ही उनका सर्वश्रेष्ठ उपन्यास है लेकिन वह भी इस प्रवृत्ति से अछूता नहीं है। यथास्थान हम उसकी भी चर्चा करेंगे।

फिर भी यशपाल की लोकप्रियता का रहस्य क्या है ? प्रेमचन्द के बाद बहुत समय तक यशपाल हिन्दी के अत्यन्त लोकप्रिय उपन्यासकार रहे हैं। दरअसल यहाँ यह कहने का दुस्साहस किया जा सकता है कि यशपाल की लोकप्रियता साहित्योत्तर कारणों से अधिक रही है। यशपाल हिन्दी के पहले उपन्यासकार हैं जिन्हें वास्तविक अर्थों में 'राजनैतिक उपन्यासकार' कहा जा सकता है। उनकी यह राजनैतिकता भगवतीचरण वर्मा के 'टेढ़े मेढ़े रास्ते' या प्रताप नारायण श्रीवास्तव के 'वयालिस' आदि उपन्यासों से भिन्न है। वे रांगेय राघव की तरह कोई 'सीधा सादा रास्ता' भी नहीं अपनाते। उनके उपन्यासों के पीछे ठोस विचारधारात्मक दृष्टि तथा अनुभव सम्बद्ध है। उनकी पर्यवेक्षण क्षमता भी अद्भुत है किन्तु उसका इस्तेमाल वे प्रायः 'प्रोलेमिकल' स्तर पर ही करते हैं या कर पाते हैं। वह किसी रचनात्मकता से युक्त नहीं हो पाती। वे जैनेन्द्र या अज्ञेय की तरह राजनैतिक प्रश्नों को रहस्यवादी दार्शनिकता में नहीं उलझाते, न अनावश्यक जटिलताएँ उत्पन्न करते हैं। उनकी सीमाएँ दूसरी हैं जिसका विश्लेषण हम करेंगे। यशपाल ने मार्क्सवाद को प्रायः उसी तरह अपने उपन्यासों में प्रस्तुत किया जैसे राहुल सांकृत्यायन ने किया था। लेकिन राहुल इस दिशा में बहुत आगे नहीं बढ़े, उन्होंने अपने ज्ञान का विस्तार विविध दिशाओं में तथा विविध विधाओं में किया। यशपाल ने अपने को मुख्यतः कथा साहित्य तक सीमित रखा।

यशपाल ने अपने उपन्यासों में रक्त संचार के लिए मार्क्सवाद तथा फ्रायडवाद का एक अनोखा मिश्रण करने की कोशिश की जिसका परिणाम अन्ततः मुक्त यौनाचार तथा भोगवाद के रूप में सामने आ सका। इसके लिए वे इलाचन्द्र जोशी की तरह मनोविज्ञान का मनोविश्लेषण की शास्त्रीय पद्धतियाँ नहीं अपनाते और न उसकी ग्रन्थि विश्लेषण की प्रक्रिया में ही जाते हैं बल्कि उसे एक स्वाभाविक जीवन दृष्टि के रूप में शुद्ध तर्क के आधार पर प्रतिष्ठित करने का प्रयास करते हैं। इसीलिए उनके उपन्यासों

में मानसिक घात-प्रतिघात या चेतना के प्रवाहवाली शैली भी नहीं मिलती। जैनेन्द्र की 'सुनीता' के बरक्स वे 'दादा कामरेड' में मुक्त यौनाचार की प्रतिष्ठा करते हैं। और उसे ही बहुत बड़ी नैतिक क्रान्ति मानते हैं। इसी दृष्टि से उन्होंने 'दादा कामरेड' की शैला को हिन्दी उपन्यास की पहली 'मुक्त नारी' या 'लिबरेटेड वुमन' बनाने का प्रयास किया है। यहाँ इस मुक्त नारी का तनिक विस्तार से विश्लेषण उपेक्षित है क्योंकि वह यशपाल के उपन्यासों में प्रायः हर जगह किसी-न-किसी रूप में मिलती है। इसके लिए दादा कामरेड की कुछ कथा स्थितियों में जाना जरूरी है। उनके अनुसार वह (शैला) 'नए ढंग की लड़की' है। यह 'नए ढंग की लड़की' क्या है ? यह 'नए ढंग की लड़की' किशोरावस्था से ही विभिन्न लड़कों के सम्पर्क में रहती है—'स्वतन्त्रता' को वह मुख्यतः यौन स्वतन्त्रता का ही पर्याय मानती है और अन्त में हरीश को जिस तरह वह अपना शरीर समर्पित करती है उसे यद्यपि यशपाल ने करुणा से प्रेरित कृत्य बताया है किन्तु इस पूरी प्रक्रिया का उन्होंने जो 'रेशनेल' बनाया है वह तनिक भी कन्विसिंग नहीं है बल्कि क्रान्तिकारी हरिप्रसन्न के सम्मुख अपनी रक्षा के डिवाइस के रूप में 'सुनीता का निर्वस्त्र' होना अधिक कलात्मक डिवाइस है। यहाँ यशपाल का करुणा-आप्लावित शैल के शरीर समर्पण के पीछे तर्क यह है कि हरीश पर स्वयं उसका क्रान्तिकारी संगठन अविश्वास करता है और उसे एक तरह से गद्दार मानकर उसे खत्म (लिक्विडेट) करने की योजना भी बनाई जाती है। अपने प्रति अविश्वास की यह यंत्रणा पीड़ित हरीश शैला के पास सहानुभूति पाने जाता है और बदले में शैला उसे अपना शरीर ही दे देती है। यह एक अतिरेक है और यशपाल केवल इसे मुक्त यौन सम्बन्ध दिखाने के लिए नियोजित करते हैं—बाद में हरीश को जब फाँसी की सजा हो जाती है तो शैला अपने पेट में पल रहे उसके शिशु को लेकर 'दादा कामरेड' की शरण में चली जाती है। उसे भी यशपाल ने एक क्रान्तिकारी नैतिक कृत्य के रूप में प्रस्तुत किया है। यही उनकी परिवर्तित और नई नैतिक धारणा है और 'दादा कामरेड' की रचना का एक प्रयोजन भी।

'दादा कामरेड' के दादा कामरेड को भी यशपाल शरतचन्द्र के 'पयोर' दावीवाले सव्यवसाँची जैसा फौलादी चरित्र नहीं बना सके हैं : यहाँ दादा कामरेड एक अक्खड़, किंचित मन्दबुद्धि तथा क्रूड किस्म के चरित्र ही बन पाए हैं। जिन्हें यशपाल ने अन्त में शैला के शरणदाता के रूप में गौरवान्वित करने की कोशिश की है।

यहाँ 'दादा कामरेड' पर तनिक विस्तार से इसलिए विचार किया गया है—क्योंकि एक तो वह यशपाल का पहला उपन्यास है और उसके द्वारा यशपाल की औपचारिक प्राथमिकताएँ तथा प्रतिज्ञाएँ प्रायः तय हो जाती है और उनके बाद के उपन्यासों में विभिन्न सन्दर्भों तथा परिवेशों में प्रायः उन्हीं की पुनरावृत्ति होती है—कथा, पात्र और परिस्थितियाँ बदल जाती है किन्तु यशपाल की प्रतिज्ञाएँ प्रायः वही रहती हैं।

यद्यपि यशपाल अपने उपन्यासों को भरसक तर्क संगत बनाने का प्रयास करते हैं बल्कि वह सब कुछ तार्किक ढंग से ही प्रमाणित करना चाहते हैं इसीलिए उनके

उपन्यासों में लम्बी-लम्बी बहसें तथा दलीलें हैं। उनके तर्कों का आधार द्वन्द्वात्मक भौतिकवाद है किन्तु दार्शनिक दृष्टि से वे मूलतः इन्द्रियानुभववादी है और उनका 'द्वन्द्वात्मक भौतिकवाद' उनके उपन्यासों पर महज मुल्लमा बनकर रह जाता है। उनके अतिरिक्त उनका इन्द्रियानुभववाद भी हमेशा फ्रॉयड का अनुचर बना रहता है। आगे हम उनके सबसे महत्त्वपूर्ण उपन्यास 'झूठा सच' का विश्लेषण करते हुए देखेंगे कि उसके प्रमुख स्त्री पात्र—कनक, तारा और बंती इसी फ्रायडियन मनोवृत्ति के प्रतिनिधि बनाए गए हैं और उनका विद्रोह अन्ततः यौन विद्रोह बनकर ही रह जाता है। ऊपर हम उनके तथाकथित बौद्धकालीन उपन्यास 'दिव्या' की चर्चा कर आए हैं : दिव्या अपने यौन औदार्य तथा दुस्साहस के कारण ही दिव्या है और उसके आचार्य मारीश मानो कामसूत्र के वात्स्यायन के प्रतिरूप हैं। यशपाल के उपन्यासों में मार्क्सवाद और फ्रायडवाद का गठबन्धन उलझन में तो डालनेवाला है ही वे मानो अपने उपन्यासों की 'हाइपर सेक्सुएलिटी' को मार्क्सवाद के द्वारा ढँकने का प्रयास करते हैं। जबकि वास्तविकता यह है कि मार्क्सवाद फ्रायड के विचारों को बोर्जुआ प्रवृत्ति का परिचायक मानता है। मार्क्सवादी चिन्तक क्रिस्टोफर कॉडवेल ने अपनी पुस्तक 'स्टडीज इन डाइंग कल्चर' में फ्रायड के विचारों का विश्लेषण इसी रूप में किया है।

दरअसल यशपाल तार्किक तो हैं किन्तु चिन्तक नहीं हैं। उनके तर्क चिन्तन के स्तर तक नहीं पहुँच पाते। उनकी गांधीवादी तथा मार्क्सवादी दोनों की व्याख्याएँ सतही प्रतीत होती है। उन्होंने गांधीवाद की शव परीक्षा करते हुए उस पर जो अनावश्यक आक्रमण किया है वह पूर्वग्रहग्रस्त तो है ही उसमें गांधीवाद की समझ का भी अभाव है। सम्भवतः फ्रायड के विचारों का उनका अध्ययन भी अधकचरा है। यदि उन्होंने फ्रायड के 'टोटम एंड टैबू' का विधिवत अध्ययन किया होता और उसके 'इंट्रोडक्टट्री लेक्चर्स' को भी समझा होता तो वे उसकी 'लिविडों' की अवधारणा को मात्र 'यौनभावना' का पर्याय नहीं मान लेते। उनके उपन्यासों में कहीं यौनभावना का उन्नयन (सब्लीमेशन) नहीं दिखाई पड़ता जिसे फ्रायड रचनात्मकता (क्रियेटिविटी) का आधार मानता है।

अतः एक ओर तो सैद्धान्तिक तथा अवधारणात्मक कसौटी पर उनके उपन्यास खरे नहीं उतरते और दूसरी ओर उनमें गहरी रचनात्मकता का अभाव है। उन्होंने जैनेन्द्र या अज्ञेय की भाँति कोई निजी या मौलिक कथा भाषा भी नहीं उपार्जित की। वे शिल्प के स्तर भी कोई प्रयोग नहीं कर पाते और उनके उपन्यास सपाट वर्णानात्मकता से आगे नहीं बढ़ पाते। उनके उपन्यासों में न तो कोई सघन रचनात्मक द्वन्द्व है और न कोई अप्रतिम जटिल चरित्र उभरकर आता है (सुनीता या मृणाल की तरह) वहाँ 'शेखर' की तरह संघर्षशील एवं गहरे आत्ममंथन तथा आत्मविश्लेषण से युक्त पात्र भी नहीं है। उनके दादा अनगढ़, ढुलमुल किस्म के क्रान्तिकारी ही बने रहते हैं। वे 'मनुष्य' के अनेक रूप तो दिखलाते हैं किन्तु वे रूप इतने सतही तथा साधारण किस्म के हैं कि 'फिल्मी' प्रतीत होते हैं। उनका कोई क्रान्तिकारी पात्र शरत का सव्यसाँची तक क्या, टैगोर के 'चार अध्याय' के क्रान्तिकारी नायक तक भी नहीं पहुँच पाता।

फिर भी कुछ समीक्षकों की दृष्टि में 'झूठा सच' एक महत्त्वपूर्ण बल्कि कालजयी कृति है। अतः देखने की ज़रूरत है कि क्या सचमुच ऐसा है ?

यशपाल को सामान्यतः यथार्थवादी कथाकार कहा जाता है और सम्भवतः इसी दृष्टि से प्रेमचन्द के बाद सबसे बड़ा कथाकार भी माना जाता है। लेकिन हम देख चुके हैं कि यशपाल किस प्रकार मार्क्सवाद तथा फ्रायडवाद का गठबन्धन करा के अपना तथाकथित यथार्थवाद रचते हैं। अतः हम उनके 'झूठा सच' को एक महाकाव्य दस्तावेजी उपन्यास भले ही मान लें रचनात्मक दृष्टि से वह किसी महाकाव्यात्मक उपन्यास की ऊँचाई नहीं छू पाता। उसमें यशपाल ने विभाजन के पहले और बाद के ऐतिहासिक तथ्य तो बहुत एकत्र किए हैं और अपने ढंग से उनका राजनैतिक विश्लेषण भी किया है किन्तु उसमें पात्रों तथा घटनाओं का जो हुजूम है उसके सूत्रसंचालन में वे अकसर लड़खड़ा जाते हैं और फिर बड़े यान्त्रिक ढंग से उसके बिखरे सूत्रों को समेटने लगते हैं इसीलिए उपन्यास के पहले भाग के बाद दूसरा भाग अन्त तक बिखरा-बिखरा ही रहता है और उससे केवल दो बातें उभरकर सामने आती है, एक तो यह किसी को केवल यौन स्वतन्त्रता ही नहीं यौन सन्तुष्टि भी मिलनी चाहिए और इसके लिए वह अपने प्रेमी ही नहीं पति का भी परित्याग कर सकती है। दूसरी बात विचारधारात्मक है : यशपाल विभाजन के बाद की (यानी स्वतन्त्र भारत की) सत्ता से सन्तुष्ट नहीं हैं। वे 'झूठा सच' के माध्यम से कांग्रेस साकार का 'क्रिटीक' प्रस्तुत करना चाहते हैं। लेकिन यहाँ भी गांधी हत्याकांड को उन्होंने भारतीय जनमानस के गांधी प्रेम का जो मखौल उड़ाया है वह बेहद अमानवीय है और इसीलिए अनावश्यक भी है।

यशपाल 'रेशनैलिटी' को बहुत महत्त्व देते हैं किन्तु जैसा पहले कहा गया वे तार्किक तो हैं किन्तु चिन्तक नहीं हैं और इसी कारण उन्हें उच्च श्रेणी का बौद्धिक (इंटलेक्चुअल) भी नहीं कहा जा सकता। कोई रचनाकार यथार्थ को केवल यह मानकर प्रस्तुत नहीं करता कि 'वह है' (That is Reality) बल्कि वह चयन और आकलन (इवैल्यूएशन) के द्वारा विश्लेषण कर उसे प्रस्तुत करता है। ऐसा नहीं है कि यशपाल विश्लेषण नहीं करते किन्तु उनकी विश्लेषण पद्धति इतनी सरलीकृत तथा सामान्यीकृत होती है कि वह 'क्रूड' तथा 'स्थूल' निष्कर्षों तक ही पहुँच पाती है। मसलन 'झूठा सच' में कनक जब अपने पति देवराज से विलग होने का निर्णय लेती है तब तक वे विवाहित जीवन के अनेक वर्ष साथ बिता चुके हैं। अतः ऐसे में कनक का सहसा यह कहना कि चूँकि देवराज उसे यौन सन्तुष्टि नहीं दे पा रहा है इसलिए वह उससे विलग होना चाहती है—उसका यह कथन तर्क संगत नहीं प्रतीत होता। यही नहीं विवाह से पूर्व घर से भागकर वे काफी दिनों तक प्रेमी-प्रेमिका के रूप में साथ भी रह चुके हैं। अतः उनका यह आकस्मिक निर्णय 'कन्विसिंग नहीं' प्रतीत होता। दरअसल यशपाल देवराज का पतन दिखाना चाहते हैं। वह स्वतन्त्रता के बाद राजनेता बनकर भ्रष्ट हो चुका है और उसका पारिवारिक जीवन भी नष्ट हो रहा है। अतः कनक यदि उससे विलग होने का निर्णय लेती तो ये कारण ही उसके लिए पर्याप्त होते। इसके अतिरिक्त वास्तविकता यह है

कि ऐसे हजारों दम्पति हैं जो यौन रूप से सन्तुष्ट न होने पर भी यदि उनमें प्रगाढ़ प्रेम है जो उनका सम्बन्ध महज यौन सन्तुष्टि का मोहताज नहीं होता : सार्त्र की विख्यात कहानी 'इंटीमेसी' में दिखलाया गया है कि उसकी नायिका का पति नपुंसक है। अपनी सहेली की सलाह पर वह यौन-सन्तुष्टि के लिए पति को छोड़कर अन्य पुरुष से सम्पर्क करती है किन्तु शीध्र ही उसे एहसास हो जाता है कि तथाकथित यौन सन्तुष्टि महज एक क्षणिक यान्त्रिक क्रिया है उसमें स्वाभाविक मानवीय स्नेह का अभाव है। उसे निरन्तर अपने नपुंसक और असहाय अपंग पति की याद सताती रहती है और उसे अपने कृत्य की अमानवीयता का बोध भी होता रहता है। फलतः वह अपने पति के पास लौट आती है। यही वास्तविक 'इंटीमेसी' है। यशपाल ऐसा नहीं कर पाते। यद्यपि यह सही है कि देवराज और कनक के बीच सच्चे प्रेम का स्वाभाविक स्रोत सूख चुका है। ऐसे में कनक में यह नैतिक बल होना चाहिए था कि वह इसे घोषित रूप से स्वीकार करती हुई देवराज से विलग हो जाती किन्तु जैसा पहले भी कहा जा चुका है यशपाल यौन सम्बन्धों को अतिरिक्त महत्त्व देते हैं इसीलिए यहाँ भी वे उसे ही सर्वोपरि बना कर प्रस्तुत करते हैं। यही उनके निष्कर्षों की क्रूडिटी है। वरना वे विधायक बनने के बाद देवराज के पतन का व्यापक विश्लेषण करते और बतलाते कि किस प्रकार सत्ता और शक्ति मनुष्य को पतित तथा भ्रष्ट बनाती है। इसके दूरगामी प्रभाव पड़ते तथा पतन का यह चित्रण 'झूठा सच' को रचनात्मक स्तर पर भी अधिक महत्त्वपूर्ण उपन्यास बनाता। यह यशपाल की रचनात्मक चूक है। इन्हीं कारणों से 'झूठा सच' एक 'वेल डाक्युमेंटेड' उपन्यास तो है किन्तु उसमें रचनात्मक घनत्व तथा गहराई (प्रोफाडंडिटी) नहीं है। कमोबेश यही यशपाल के अन्य उपन्यासों के बारे में भी कहा जा सकता है।

वाणभट्ट की आत्मकथा

जीवनी परक तथा आत्मकथात्मक उपन्यासों के आरम्भ का सम्बन्ध सामान्यतः मनोवैज्ञानिक तथा मनोविश्लेषणात्मक सिद्धान्तों की शुरुआत से जोड़ा जाता है। हिन्दी में इसका उदाहरण 'शेखर' है जिसे 'शेखर : एक जीवनी' कहा गया है। वह जीवनी है भी और एक हद तक आत्मकथात्मक भी है किन्तु लेखक का कथन है कि उसे आत्मकथा न माना जाए और इसके लिए वह टी.एस. एलियट के निर्वैयक्तिकता के सिद्धान्त का सहारा लेता है।

इसके विपरीत हजारी प्रसाद द्विवेदी इस उद्घोषणा से ही शुरुआत करते हैं कि 'वाणभट्ट की आत्मकथा' को वाणभट्ट की आत्मकथा ही माना जाए और इसके लिए वे एक शिल्पयुक्ति प्रयुक्त करते हैं कि उसकी एक असमाप्त पाण्डुलिपि उन्हें एक विदेशी महिला से प्राप्त हुई। यद्यपि उन्हें यह भी पता है कि पाठक इसे एक युक्ति या डिवाइस ही मानेंगे और इसे एक उपन्यास के रूप में ही पढ़ेंगे। महत्त्वपूर्ण यह है कि वे ऐसा क्यों चाहते हैं कि इसे 'आत्मकथा' माना जाए ? इसका एक उद्देश्य तो यह हो सकता

है कि वे इसे इतनी प्रामाणिकता के साथ प्रस्तुत करें कि सामान्य पाठक उसकी विश्वसनीयता से इस हद तक बिंधा रहे कि उसे ऐसा महसूस हो कि वह सचमुच एक ऐतिहासिक दस्तावेज पढ़ रहा हो। विश्वसनीयता तथा प्रामाणिकता का यह भ्रम उत्पन्न कर पाना अपने आप में एक बड़ी रचनात्मकता है। 'वाणभट्ट' एक ऐतिहासिक व्यक्ति हैं और यहाँ तत्कालीन भाषा तथा परिवेश की निर्मिति इतनी कुशलता, क्षमता तथा विश्वसनीयता के साथ की गई कि इस दृष्टि से वाणभट्ट...अपने आप में एक अद्वितीय कृति बन गया है। द्विवेदी जी की रचनात्मक कल्पनाशीलता भी इस रूप में एक विलक्षण ऊँचाई तक पहुँच जाती है। एक रचनाकार किस तरह एक स्व-निर्मित संसार रचकर पाठक को मानो किसी 'टाइम मशीन' से एक दूसरे युग में 'ट्रांसपोर्ट' कर सकता है इसका सम्भवतः 'वाणभट्ट की आत्मकथा' हिन्दी उपन्यास में (या सम्भवतः किसी भी भारतीय भाषा में) एक मात्र उदाहरण है। यहाँ द्विवेदी जी की कल्पनाशील रचनात्मकता एक जादूगर की तरह अपना कमाल दिखलाती है और पाठक विस्मय विमूढ़ रह जाता है।

अतः 'वाणभट्ट की आत्मकथा' भले ही आत्मकथा न हो—(जो कि वह नहीं है) किन्तु क्या वह एक विशेष अर्थ में सचमुच आत्मकथात्मक उपन्यास नहीं है ? इस प्रश्न के उत्तर में ही उसकी रचनात्मक सफलता निहित है : 'शेखर' में अज्ञेय प्रयत्नपूर्वक अपनी समस्त युक्तियों के बावजूद उसके आत्मकथात्मक तथ्यों को प्रच्छन्न नहीं रख पाए हैं जबकि वाणभट्ट...में द्विवेदीजी इसका उलटा रास्ता ही अख्तियार करते हैं और इसमें उन्हें पूर्ण सफलता प्राप्त हुई है : वे इसमें इतने प्रामाणिक ऐतिहासिक तथ्यों को रचना के स्तर पर एकत्र कर पाते हैं कि हम उन तथ्यों की नहीं, उसमें घटित घटनाओं की वास्तविकता में भी विश्वास करने लगते हैं। इसके अतिरिक्त लेखक ने अपने 'व्यक्ति' को एक अन्य 'व्यक्ति' के ओट में इस तरह रखा है कि हम उस व्यक्ति को ही भोक्ता मानकर चलें और उसमें स्वयं लेखक का 'भोक्ता' कितना है, इसे लक्ष्य न कर पाएँ।

इसलिए यह जरूरी नहीं है कि वाणभट्ट...को ऐतिहासिक उपन्यास मानकर ही चला जाए क्योंकि इसमें 'समकालीन' को इतिहास में और इतिहास को समकालीन में स्थानान्तरित कर दिया गया है कि हम दोनों स्तरों पर उनका साक्षातकार कर पाते हैं। यह भी उसकी अद्भुत और अनोखी सफलता है। इसका एक अभिप्राय यह भी है कि वह महज एक स्तर पर न रहकर मनुष्य के मूलभूत सार्वकालिक सरोकारों का प्रतिनिधित्व कर सके। ऐसे सरोकार जो कालबद्ध न होकर प्रायः प्रत्येक युग में बार-बार सामने आते हैं और हमें उनका सामना करना पड़ता है—और नए सिरे से उनका समाधान ढूँढ़ना पड़ता है। नए सिरे से उनसे जूझना पड़ता है। उतनी ही प्रखरता तथा तीव्र अन्तर्द्वन्दों के साथ। शायद यही इतिहास की प्रासंगिकता तथा उसकी निरन्तर उपस्थिति और उसकी 'समकालीनता' है।

वे सरोकार या प्रश्न क्या हैं और वाणभट्ट...उसे किस रूप में प्रस्तुत करता है, उन्हें

किंचित निकट से देखने की जरूरत है। सत्ता या व्यवस्था के साथ कलाकार का सम्बन्ध क्या होता है या हो जाता है यह प्रश्न सम्भवतः 'राज्य' (स्टेट) की उत्पत्ति के साथ ही शुरू हो गया होगा। कुम्भनदास ने जब कहा था कि 'संतन को कहा सीकरी सो काम।' तो वे इसी सम्बन्ध की बात कर रहे थे। पश्चिम में भी 'गैलेलियो' इसका ज्वलंत उदाहरण है। यह भी विचारणीय है कि रचनाकारों ने अपने को प्रायः चर्च (धर्म संस्थान) तथा 'स्टेट' के विरुद्ध पाया है। सम्भवतः यह रचनाकर्म की अन्तर्निहित संरचना में ही उपस्थित है। आधुनिक भारत में स्वतन्त्रता के लिए जैसे-जैसे संघर्ष तीव्र होता गया वैसे-वैसे कलाकार की स्वतन्त्रता तथा स्वायत्तता का प्रश्न भी व्यापक स्तर पर उठाया जाने लगा। स्वतन्त्रता आजादी के बाद तो मानो वह कलाकार की 'इंटीग्रिटी' की कसौटी बन गया : रचनाकार को किस हद तक राज्याश्रय चाहिए, चाहिए भी या नहीं ? इस प्रकार का कोई प्रश्रय या 'एसाइनमेंट' क्या कलाकार की स्वतन्त्रता, स्वायत्तता या एक सीमा तक उसकी प्रतिभा के क्षरण का कारण बन सकता है ? इन प्रश्नों पर अघोषित रूप से प्रायः यह जनमत बन गया है कि शायद ऐसा होता है या हो सकता है। सत्ता कलाकार की स्वतन्त्रता तथा स्वायत्तता का अपहरण कर लेती है—प्रत्यक्ष या परोक्ष रूप से। सत्ता का पक्षधर होना पूरे सच का गला घोंट देना है। इसके साथ यह विडम्बना भी जुड़ गई कि आजादी के बाद 'कला' को प्रोत्साहित करने के नाम पर राज्याश्रय से जुड़े प्रलोभनों का जाल सा बिछ गया है। उसके मनलुभावन तथा मनरिझावन रूप से बच पाना आज कलाकार के लिए असम्भव सा हो गया है।

हिन्दी में 'वाणभट्ट की आत्मकथा' पहला उपन्यास है जो इस प्रश्न को इतने तीखे रूप में उठाता है। इस प्रश्न तथा सम्बन्ध की जटिलता की इतनी सघन व्याख्या तथा विश्लेषण करनेवाला और इससे जुड़ी त्रासदी की इतनी रचनात्मक सघनता से प्रस्तुत करनेवाला कोई उपन्यास शायद इसके बाद भी नहीं लिखा गया। वाणभट्ट...की कथा का केन्द्रीय तथा नाभकीय सूत्र ही है : "सत्य कहने के लिए किसी से भी नहीं डरना, गुरु से भी नहीं, वेद से भी नहीं, राजा से भी नहीं।" अनाधिकारिक तथा अनौपचारिक रूप से यह सूत्र मानो कला और कलाकर्म का मोटो बन गया है। द्विवेदी जी ने इस सूत्र के माध्यम से मानो रचनाकर्म का 'संविधान' रच दिया है। जो राजतन्त्र से अधिक आज जनतन्त्र के युग में कहीं अधिक जटिल तथा सांघातिक रूप से प्रासंगिक बन गया है।

इसीलिए 'वाणभट्ट...' का परिवेश यद्यपि मध्यकालीन है किन्तु वह अपनी रचनात्मक प्रछन्नता में अत्यधिक समकालीन उपन्यास है। इस उपन्यास की उपलब्धि तथा महत्त्व इस तथ्य की ओर ध्यान जाते ही कई गुना बढ़ जाता है। वाणभट्ट के रूप में द्विवेदी जी ने एक घुम्मकड़ बोहिमियन तथा प्रायः निरंकुश किस्म के व्यक्ति के माध्यम से राज्य तथा रचनाकार के सम्बन्धों को अत्यन्त जटिल तथा संश्लिष्ट रूप में प्रस्तुत किया है। वाणभट्ट की इस रूप में निर्मित तथा प्रस्तुति अकारण या आकस्मिक नहीं है, उसके पीछे द्विवेदी जी की गहरी अन्तर्दृष्टि तथा विशेष प्रयोजन है : यही प्रकारान्तर से

द्विवेदी जी ने सांकेतिक रूप में स्वयं अपने मन के संशय, संघर्ष तथा द्वन्द्व को भी व्यक्त कर दिया है। यह एक विडम्बनात्मक किन्तु ऐतिहासिक वास्तविकता है कि प्रायः विद्रोही बोहिमिपन तथा निरंकुश किस्म के व्यक्ति सत्ता के सबसे अनोखे तथा सुस्वादु शिकार होते हैं। निश्चित रूप से सत्ता उनको जीतकर या उन पर आरूढ़ होकर उन्हें अपना उपजीव्य बनाकर एक विशेष प्रकार की सन्तुष्टि तथा दर्प का भी अनुभव करती है। कैमू ने अपनी पुस्तक 'द रिबेल' में इसका व्यापक विश्लेषण किया है कि किस प्रकार अकसर एक विद्रोही की परिणति सत्ता द्वारा क्रीत 'कैरियरिस्ट' के रूप में होती है। वाणभट्ट...का एक स्तर और उद्देश्य यह भी है। किन्तु द्विवेदी जी ने इसे किसी सरलीकृत नुस्खे या सन्देश के रूप में प्रस्तुत न कर अत्यन्त रचनात्मक संश्लिष्टता के साथ प्रस्तुत किया है। यही इस पूरी कथा की विडम्बना और 'त्रासदी' दोनों है। 'वाणभट्ट' इस पूरी प्रक्रिया से जिस तरह गुजरता है वह एक त्रासद सत्य को सामने लाता है। इसे समझने के लिए वाणभट्ट...के कुछ प्रसंगों का विश्लेषण आवश्यक है : वाणभट्ट, संघर्ष करता है, प्रतिरोध करता है। अपनी पूरी क्षमता के साथ किन्तु अन्त में पराजित होता है। जिस क्षण उसकी यह संघर्ष क्षमता मर जाती है उसी क्षण जैसे वह स्वयं भी 'मर' जाता है।

'वाणभट्ट...' की रचना का एक और उद्देश्य है : ध्यान देने की बात है कि द्विवेदी जी ने वाणभट्ट को ही केन्द्र में रखकर ही यह उपन्यास क्यों लिखने का निर्णय लिया ? यह सर्वविदित तथा ऐतिहासिक तथ्य है कि वाणभट्ट ने सम्भवतः पहली भारतीय औपन्यासिक कृति 'कादम्बरी' की रचना की थी। मराठी आदि भाषाओं में उपन्यास को ही 'कादम्बरी' कहते हैं।

अतः द्विवेदी जी के इस निर्णय के पीछे कदाचित यह उद्देश्य भी है कि 'उपन्यास' जिसे सामत्कता पश्चिम से आई हुई विधा माना जाता है और आधुनिक युग की देन समझा जाता है उसके समानान्तर वे भारतीय उपन्यास की 'अवधारणा' प्रस्तुत करना चाहते थे। आज प्रायः 'भारतीय उपन्यास की अवधारणा' पर प्रायः विवाद होता रहता है। द्विवेदी जी 'वाणभट्ट' और 'कादम्बरी' के माध्यम से इस भारतीय उपन्यास का स्वरूप देख सकते हैं। वह पश्चिम का प्रत्युत्तर नहीं है किन्तु साहित्य के इतिहास के लेखक के रूप में द्विवेदी जी भारत में उपन्यास की परम्परा के स्रोतों का उत्खनन भी कर रहे हैं। इसीलिए उपन्यास के इस प्रश्न की ओर ध्यान दिलाना जरूरी है कि एक युक्ति (डिवाइस) की दृष्टि से यह रोचक लगता है कि द्विवेदी जी दिखलाते हैं कि इस आत्मकथात्मक औपन्यासिक कृति की खोज एक विदेशी महिला करती है और वह अपने अनुजवत साहित्य मर्मज्ञ युवक को उसकी अधूरी पाण्डुलिपि सौंप जाती है यानी इस भारतीय ज्ञान विधा का उद्घाटन भी एक विदेशी विदुषी द्वारा। कल्पना के स्तर पर यह भी किसी मैक्समूलर जैसा किया गया अन्वेषण प्रतीत होता है। उपन्यास में प्रायः अनुपस्थित यह विदेशी महिला एक विशेष चरित्र की भूमिका निभाती है। 'वाणभट्ट...' का विश्लेषण इस दृष्टि से भी किया जाना चाहिए—संरचना तथा अवधारणा दोनों ही दृष्टियों से। 'वाणभट्ट की आत्मकथा' प्रथम भारतीय औपन्यासिक कृति है।

जिन आधुनिकतावादी लेखकों को वाणभट्ट...की भाषा अरुचिकर ही नहीं अपाठ्य भी प्रतीत होती है, उन्हें इस पूरे सन्दर्भ को समझकर आनी 'सुरुचि' पर पुनः विचार करना चाहिए। द्विवेदी की यह युक्ति मात्र है कि वे यह 'भ्रम' निर्मित करना चाहते हैं कि इस 'आत्मकथा' की भाषा उनकी नहीं उसके मध्ययुगीन नायक वाणभट्ट की है। इस दृष्टि से पढ़ने पर इन पश्चिमोन्मुख साहित्यकारों को सम्भवतः यह भाषा विरत करनेवाली नहीं, बल्कि विस्मय वियुद्ध करनेवाली प्रतीत होगी—जो कि वस्तुतः वह है।

अतः वाणभट्ट की आत्मकथा केवल 'कला' और 'सत्ता' को प्रतिपक्ष में रखकर नहीं लिखी गई है : उसके सामने एक विशाल मानव समाज है और जो विभिन्न वर्गों, वर्णों, धर्मों तथा उनसे जुड़े बाह्याडम्बरों से घिरा हुआ है। उसके पारस्परिक द्वेष तथा इर्ष्याग्नि में "राजा जल रहा है, प्रजा जल रही है और इसी कारण एक समय ऐसा आएगा जब समूचा आर्यावर्त अपने तरुणों, बालकों और वृद्धों सहित जलकर भस्म हो जाएगा।"

वाणभट्ट के अन्तिम अंशों में यह साम्प्रदायिकता संघर्ष तीव्रतर होता जाता है और द्विवेदी जी इस 'संघर्ष' को ही कथा के केन्द्र में ला देते हैं : यह संघर्ष विशेष रूप से वैष्णवों, बौद्धों तथा शैवों के बीच है और द्विवेदी जी ने जिस प्रकार उसका चित्रण किया है, उससे उस संघर्ष का अत्यन्त कुत्सित रूप सामने आता है। द्विवेदी उसका विश्लेषण कर यही दिखाना चाहते हैं कि धार्मिक तथा साम्प्रदायिक उन्माद हमेशा विकृति तथा विखंडन को ही जन्म देते हैं और देश उससे दुर्बल तथा जर्जर होता है। भारतीय मध्ययुग के विशेषज्ञ द्विवेदी जी यह स्पष्ट कर देना चाहते हैं कि उस युग में भारत के पराभव का मुख्य कारण यह धार्मिक उन्माद तथा धर्मान्धता ही थी। स्पष्टतः राजनेता तथा स्वामी समुदाय भी उससे अछूता नहीं था। वह भी उसमें लिप्त था और उसके परिणामों को भुगत रहा था। फलस्वरूप भारत को अपनी स्वतन्त्रता की बलि देनी पड़ी जिससे उबरने में एक हजार वर्ष लग गए।

आज के सन्दर्भ में 'वाणभट्ट...' का यह पक्ष विशेष रूप से उल्लेखनीय तथा प्रासंगिक प्रतीत होता है : एक बार फिर भारत साम्प्रदायिक शक्तियों के उन्माद तथा ताण्डव नृत्य का प्रागंण बन रहा है जिससे यह अशुभ संकेत मिलता है कि क्या यह देश पुनः मध्ययुग की उस प्रत्यावर्तन प्रक्रिया को दुहरानेवाला है ? उससे भी विकट तथा विनाशकारी रूप में ? क्या खण्ड-खण्ड पाखण्ड पर्व से पूर्ण यह देश पुनः महाशक्तियों का उपनिवेश बनने जा रहा है ? क्या द्विवेदी जी के मस्तिष्क का 'ऐंटिना' उसी समय सहसा सशंकित हो गया था जब एक ओर यह देश विदेशी शक्ति से मुक्त हो रहा था जिसमें कवीन्द्र, रवीन्द्र का स्वर्णिम स्वप्न था और दूसरी ओर वह विभाजन तथा उससे उपजी विभीषिका में धू-धू जल रहा था। ध्यान देने की बात है कि 'वाणभट्ट की आत्मकथा' उसी दौर में लिखी गई थी : 'जन गण मन अधिनायक' का स्वप्न देखनेवाले कवि कुलगुरु रवीन्द्रनाथ के उसी 'शान्ति निकेतन' में बैठे हुए द्विवेदी जी तभी यह दुःस्वप्न देख रहे थे ? आज यह सोचकर विस्मय विमुग्ध होना पड़ता है कि द्विवेदी जी की रचनाशीलता अतीत, वर्तमान और भविष्य के आर-पार कितनी दूर तक देख रही

थी ! इस 'ज्योतिषाचार्य' की भविष्यवाणी किस तरह आज फलित हो रही है ?

इन सब सन्दर्भों में 'वाणभट्ट की आत्मकथा' का विशुद्ध विश्लेषण होना अभी बाकी है।

'वाणभट्ट की आत्मकथा' अत्यन्त गूढ़, जटिल तथा अनेक आयामी उपन्यास है। उसकी तथाकथित भाषा से बिदकनेवाले आज के अनेक मूढ़, अपनी श्रेष्ठता का दम भरनेवाले लेखक तो वाणभट्ट...में संकेतित आशंकाओं के बीज बोने का कार्य स्वयं सम्पन्न कर रहे हैं।

'वाणभट्ट की आत्मकथा' के अन्त में द्विवेदीजी ने 'उपसंहार' के रूप में उसका एक संक्षिप्त विश्लेषण भी स्वयं प्रस्तुत कर दिया है। यह भी एक अद्‌भुत युक्ति है : एक लेखक द्वारा अपनी ही 'कृति' की समीक्षा ? इसमें भी एक अन्तर्निहित अभिप्राय यह है कि अन्त में द्विवेदी जी यह स्पष्ट कर देना चाहते हैं कि यह भ्रम सचमुच न उत्पन्न हो जाए कि यह 'वाणभट्ट की आत्मकथा' है। उन्होंने रत्नावली, कादम्बरी तथा तत्कालीन अन्य कृतियों की भाषा, शैली तथा शिल्प को आत्मसात कर एक मौलिक कृति की रचना की है। इसीलिए वे उपसंहार में इस आत्मकथा से वाणभट्ट की 'भिन्नता' दिखलाते हुए ब्योरेवार बतलाते हैं कि संग्रहित तथा गृहीत होने के बावजूद 'वाण-भट्ट...' उनकी मौलिक कृति ही है। यह अक्षुण तथा अक्षत निजता ही वाणभट्ट...को हिन्दी उपन्यास में एक 'कालसिद्ध उपन्यास' का दर्जा प्रदान करती है। उनकी औपन्यासिक 'युक्ति' को सचमुच 'ऑटोबायोग्राफी' न मान लिया जाए इसलिए अन्त में चलते-चलते उसकी 'विदेशी दीदी' ने यह पूरी तरह स्पष्ट कर दिया है कि "वाणभट्ट की आत्मकथा ऑटोबायोग्राफी नहीं है।" वे इसे साहित्य में एक 'अभिनव प्रयोग' कहती हैं। यह बताने की जरूरत नहीं है कि यह 'अभिनव प्रयोग' किसने किया है।

इलाचन्द्र जोशी : असामान्य किन्तु विकृति से परे

मेरी समझ में इलाचन्द्र जोशी उन उपन्यासकारों में रहे हैं जिनके उपन्यासों की एक दौर विशेष में चर्चा तो पर्याप्त हुई थी किन्तु उनका विधिवत आकलन अभी तक नहीं हो सका। अब तो उन्हें विस्मृत कथाकार ही कहा जा सकता है। इसके प्रमुख कारण सम्भवतः ये रहे हैं : एक तो यह कि जोशी जी किसी साहित्य-आन्दोलन, सम्प्रदाय अथवा विचारधारा विशेष से उस तरह नहीं जुड़े रहे जो उन्हें पीठिका या प्रचार मंच प्रदान करता। दूसरा यह कि उनके उपन्यास स्थूल अर्थ में 'सामाजिक चेतना के उपन्यास नहीं थे जिसकी उस दौर में अपेक्षा की जाती थी और जिसके महज होने या न होने से कोई रचनाकार प्रासंगिक या अप्रासंगिक मान लिया जाता था (किसी-न-किसी रूप में आकलन का यह स्थूल निकष आज भी बरकरार है)। उनके उपन्यासों को मनोवैज्ञानिक या मनोविश्लेषणात्मक उपन्यास कहा गया था जो वे एक हद तक थे भी। तब कुछ लोगों की दृष्टि में मनोविश्लेषण एक बोर्जुआ दृष्टि या पद्धति का प्रतीक माना जाता था—खासतौर पर क्रिस्टोफर कॉडवेल ने

फ्रायड आदि के बारे में जो लिखा है उस सन्दर्भ में। हालाँकि फ्रायड की चिन्तन प्रणाली साहित्य-चेतना में आत्मसात होकर इस तरह अभिन्न हो चुकी है किं उसके विरोधी विडम्बनात्मक ढंग से उसका उपयोग करते हुए भी अपने को उसके प्रतिपक्ष में रखते हैं। जोशी जी को तो मनोविज्ञान की प्रयोगशाला का उपन्यासकार माना जाता था और अज्ञेय आदि को ही 'चेतना के प्रवाह' या फ्री एसोशिएसन ऑफ आइडियाज़ आदि का मनोविश्लेषक कथाकार कहा जाता था। यद्यपि जोशी जी के ही समकालीन उपन्यासकार यशपाल ने फ्रायडियन पद्धति का अपनी रचनाओं में प्रचुर उपयोग किया है किन्तु उस पर मार्क्सवादी मुल्लमे के कारण उसे प्रायः अलक्षित कर दिया जाता है।

जोशी जी के उपन्यासों की ओर अधिक एकाग्र ध्यान न जाने का एक कारण स्वयं उनके उपन्यासों की संरचना है : उन्हें उस अर्थ में 'कथा शिल्पी' कहा नहीं जा सकता जिस अर्थ में जैनेन्द्र, अज्ञेय आदि को कहा जाता है। उनकी कथा भाषा प्रायः निबन्धात्मक है और वे सीधी-सपाट वर्णन शैली अपनाते हैं। अतः जब तक उनके पात्रों की 'साइकी' तथा कथा की पेचीदी अन्तर्वस्तु को न समझा जाए तब तक उनमें तत्काल तल्लीन होना मुमकिन नहीं होता। वे कथा के सरस ब्योरों में भी अधिक नहीं जाते, परिणामतः वह थोड़ी रूखी और ठस प्रतीत होती है।

इस मामले में उनका एप्रोच तथा पद्धति-दास्तोवस्कियन कही जा सकती है जिसमें एक बीहड़, जटिल और एक सीमा तक बीमार चरित्रों का संसार है जिसे जोशी जी बेहद निर्मम तटस्थता के साथ उद्‌घाटित करते हैं। उनके चरित्र प्रायः एक 'पोजेस्ड' मनःस्थिति में रहते हैं, इसीलिए उन्हें 'असामान्य' का कथाकार कहा गया है। यदि हम संन्यासी, पर्दे की रानी तथा प्रेत और छाया जैसे उनके उपन्यासों को पढ़ें तो इस कथ्य की वास्तविकता समझी जा सकती है।

मनोवैज्ञानिक दृष्टि से उनके सभी उपन्यासों में 'अहं' या 'इगो' केन्द्र में होता है, 'लिबिडो' को उन्होंने अपने कथानकों का आधार नहीं बनाया है। इस अर्थ में वे फ्रायड की अपेक्षा एडलर के सिद्धान्तों के अधिक निकट हैं। किन्तु अन्तः वे पश्चिमी मनोविश्लेषणशास्त्र का अतिक्रमण करते हुए दिखाई देते हैं क्योंकि वे एक तर्कातीत रहस्यलोक की सृष्टि करते हैं जहाँ मनोविश्लेषणात्मक तर्कों के आधार पर नहीं पहुँचा जा सकता। उनके चरित्र अन्त तक रहस्यावृत ही बने रहते हैं। उनके निबन्धों से भी पता चलता है कि वे मनुष्य की प्रवृत्ति के सम्बन्ध में एक विशेष प्रकार के 'रहस्यवाद' में विश्वास करते थे। जोशी जी के यहाँ प्रेम मूलतः 'अहं' की अभिव्यक्ति है, इसलिए वहाँ प्रेम कभी पूरी तरह सम्भव ही नहीं हो पाता। बल्कि यह अहं ही सम्बन्धों के विनाश का माध्यम बनता है। लेकिन यहाँ प्रेम का सम्भव न हो पाना उस अस्तित्ववादी 'इम्पोसिबिलिटी' से भिन्न है जहाँ प्रेम इसलिए असम्भव है कि वहाँ के मनुष्य हमेशा 'आई' एंड 'अक्षर' (परसोई, इनसोई) बने रहते हैं और जहाँ-दूसरे का होना हमारे 'निजत्व' पर आक्रमण है और इसीलिए 'Hell is other people' है। इसके बरक्स जोशी जी के नायक प्रायः कायर और क्रूर हैं, वे अहं तथा आत्मकेन्द्रित हैं। जोशी जी

एक जर्राह की तरह उनके शैतान मस्तिष्क की शल्यक्रिया करते हैं। हिन्दी उपन्यास के पाँचवे दशक में वे इसीलिए एक अत्यन्त विरल स्तब्ध कर देनेवाली उपस्थिति थे, जिससे विमूढ़ समीक्षक कभी उनका समुचित आकलन नहीं कर सके।

फिर भी उनके 'जहाज का पंछी' जैसे उपन्यास को छोड़ दें जिसे अपेक्षाकृत अधिक लोकप्रियता भी प्राप्त हुई थी तो पाएँगे कि उनके उपन्यासों का क्षेत्र अत्यन्त सीमित है—यद्यपि यह उनकी सीमा नहीं है, बल्कि कहना चाहिए कि उनके उपन्यास बहुत 'फोकस्ड' उपन्यास है; एक विशेष प्रकार के कथावृत्त पर ही कई कोणों से प्रकाश पुंज फेंकते हैं। इसीलिए वहाँ आवृत्तियाँ मिल सकती हैं लेकिन हर बार वे प्रखरतर तथा जटिल होती जाती हैं। जैसा कहा गया वहाँ केन्द्र में हमेशा एक शैतान या डेविल होता है जो अपने अपराधों की शुरुआत अभियोग से करता है जिसकी परिणति विनाश में होती है, कभी-कभी आत्मविनाश में भी। इस शैतान को प्रायः अपने इस विनाशकारी शातिर मस्तिष्क की चेतना नहीं होती : उनके उपन्यास 'संन्यासी' का नायक कहता है "मैंने जैसा जीवन बिताया, यह सोचकर मैं स्तम्भित रह गया और रीढ़ से होकर एक आतंककारी लहर दौड़ गई।" अवचेतन से ये कृत्य ही उनके उपन्यासों की प्रेरणा है : इसीलिए वे पाठक को भी स्तम्भित तथा चकित करते हैं और कभी-कभी उन्हें अविस्मरणीय भी बना देते हैं।

दरअसल उनके चरित्र अपने युग के विरोधाभासों की अभिव्यक्तियाँ हैं। संन्यासी का नायक न तो प्रेमी बन पाता है, न गृहस्थ, न नेता और न सही अर्थों में संन्यासी। यह भटकन ही अपूर्णता 'कामायनी' की उन पंक्तियों की याद दिलाती है जहाँ मनु कहते हैं "शैल निर्झर न बना हत भाग्य, गल नहीं सका जो हिम खण्ड/दौड़कर मिला न जलनिधि अंक, आह वैसा ही हूँ पाखण्ड।" संन्यासी का नायक एक अभिशप्त चरित्र है। जोशी जी भगवतीचरण वर्मा की तरह नियतिवादी नहीं हैं, वे उन मनोवैज्ञानिक ग्रन्थियों का चित्रण करते हैं जिनके कारण उनके अनेक प्रमुख चरित्रों की नियति अभिशप्त होने की ही होती है।

'संन्यासी' की नायिका जिस तरह 'आत्मदाह' करती है वह हिन्दी के अनेक समीक्षकों को जुगोत्सपादक तथा वीभत्स प्रतीत हुआ था—वह जलते हुए चूल्हे पर बैठकर आत्महत्या करती है। निश्चित रूप से वह दृश्य वीभत्स और घिनौना लग सकता है। किन्तु यह विचारणीय है कि वह जिन परिस्थितियों में आत्महत्या करती है, उसकी यंत्रणा और यातना की चरम अभिव्यक्ति कुछ इसी रूप में हो सकती थी। जोशी जी ने आत्मदाह का यह विदारक दृश्य जान-बूझकर निर्मित किया है। वे बतलाना चाहते थे कि जिस मानसिक यातना से वह गुजर रही थी, उसकी यंत्रणा अग्निदाह की उस यंत्रणा से कहीं मारक तथा त्रासदायक थी। धधकते चूल्हे पर बैठी हुई 'जयन्ती' का चित्रण जोशी जी ने इतने 'ग्रैफिक' ढंग से किया है वह भले ही वैष्णव मानसिकता के लोगों को वीभत्स प्रतीत हो किन्तु पाठक के मन में यह रोमांचक दृश्य अमिट रूप से अंकित हो जाता है। मुझे स्मरण नहीं है कि हिन्दी के किसी अन्य उपन्यास में ऐसा कोई एक

विशेष दृश्य प्रायः अमानुषिक दृश्य इतनी गहरी मार्मिकता के साथ चित्रित किया हो।

दास्तोवस्की के उपन्यास 'द पोजेस्ड' में एक पात्र आत्महत्या और उससे होनेवाली पीड़ा के बारे में कहता है : "क्या आत्महत्या में पीड़ा और उसका भय सचमुच बहुत महत्त्वपूर्ण होता है ? आत्महत्याएँ दो प्रकार की होती हैं। एक तो वे लोग होते हैं जो गहरे अवसाद या आक्रोश के कारण आत्महत्या करते हैं, या वे विक्षुव्ध होते हैं। वे अक्स्मात आत्महत्या करते हैं। वे पीड़ा के बारे में नहीं सोचते। वे अचानक ऐसा कर लेते हैं और फिर सबकुछ समाप्त हो जाता है। जो जीने और मरने के कारणों के सम्बन्ध में बहुत सोचते हैं वही मृत्यु की पीड़ा के बारे में भी बहुत चिन्ता करते हैं। दरअसल जीवन ही भय और पीड़ा है। यह विडम्बना है कि मनुष्य जीवन को इसलिए प्यार करता है क्योंकि वह पीड़ा और भय को प्यार करता है। मृत्यु पीड़ा और भय से मुक्ति है।"

संन्यासी की जयन्ती इसी ''पीड़ा' और 'भय' से मुक्ति चाहती है, इसीलिए उसके लिए आत्मदाह की पद्धति और पीड़ा निरर्थक हो जाती है। 'संन्यासी' उपन्यास की विशद व्याख्या हो सकती है, लेकिन उसके लिए यहाँ अवकाश नहीं है।

मैंने जोशी जी को 'असामान्य' का उपन्यासकार कहा क्योंकि वे उन तत्त्वों को विश्लेषित करते हैं जो मनुष्य को असामान्य बनाते हैं, किन्तु वे विकृति या कुत्सित के उपन्यासकार नहीं हैं जो इधर हिन्दी के कुछ उपन्यासों में एक नई कथा प्रवित्ति बनकर उभर रही है।

शताब्दी का उत्तरार्द्ध

बीसवीं शताब्दी के हिन्दी उपन्यासों का विधिवत अध्ययन करनेवाले इस महत्त्वपूर्ण किन्तु किंचित-विडम्बनापूर्ण तथ्य को लक्षित किए बिना रह नहीं सकते कि शताब्दी के अधिकांश श्रेष्ठ तथा कलासिद्ध उपन्यास–शताब्दी के पूर्वार्द्ध अर्थात् सन् 50 तक लिखे जा चुके थे। यदि नाम लेना आवश्यक ही हो तो कह सकते हैं कि गोदान, सुनीता, त्यागपत्र, चित्रलेखा, शेखर और वाणभट्ट की आत्मकथा जैसी कृतियाँ जिन्हें हम कथा क्षेत्र के गौरवग्रन्थ कह सकते हैं–लिखे जा चुके थे।

यद्यपि ऐसा नहीं कहा जा सकता कि सन् 50 के बाद उपन्यास में कोई गतिरोध आ गया हो या कम उपन्यास लिखे गए हों किन्तु जो रचनात्मक उन्मेष सन् 30 और 50 के बीच परिलक्षित होता है वह सन् 50 के बाद कुछ क्षीण होता हुआ दिखाई देता है। यह अतिरंजित आकलन नहीं लगना चाहिए कि बाकी पचास वर्षों में मैला आँचल, झूठा सच और राग दरबारी आदि के अतिरिक्त उस कोटि के उपन्यास कम ही मिलते हैं जिनका उल्लेख ऊपर किया जा चुका है। यह कथन महज फतवा या सरलीकृत या 'स्वीपिंग रिमार्क' लग सकता है। इसलिए इस धारणा की थोड़ी जाँच-पड़ताल जरूरी है।

इसके लिए सबसे पहले उन उपन्यासों को सामने रखना जरूरी है जिन्हे शताब्दी के उत्तरार्द्ध के महत्त्वपूर्ण उपन्यास माना जाता है, इनमें 'मैला आँचल' को छोड़ दें

जिसका महत्त्व असंदिग्ध है—तो अमृत लाल नागर का बूँद और समुद्र, नरेश मेहता का यह पथ बन्धु था, नदी के द्वीप, जिन्दगीनामा, अँधेरे बन्द कमरे आदि की गणना की जा सकती है। ऐसा भी नहीं है कि झूठा सच, बूँद और समुद्र तथा यह पथ बन्धु था के बाद महाकाय उपन्यास लिखे नहीं गए किन्तु जिसे एपिक अथवा महाकाव्यात्मक उपन्यास कहा जा सकता है वैसा कोई श्रेष्ठ उपन्यास शायद ही लिखा गया हो। पश्चिम में भी महाकाव्यात्मक उपन्यासों का 'वार एंड पीस' के साथ ही अन्त सा मान लिया गया और जेम्स ज्वायस के 'यूलिसिस' को तो उपन्यास का 'डेड एंड' मान लिया गया। हालाँकि यह एक पुरानी धारणा है और इसे 'बद्धमूल' नहीं मानना चाहिए। 'महाकाव्यात्मक' से मेरा तात्पर्य है कि ऐसा उपन्यास जिसमें जरूरी नहीं कि 'सम्पूर्ण जिन्दगी' का चित्रण हो ही लेकिन ऐसा उपन्यास जिसमें एक 'जीवन-दृष्टि' या 'विजन' हो। इस दृष्टि से आगे हम पाएँगे कि यद्यपि सन् 80 के आस-पास हिन्दी उपन्यास में पिछले दशकों की मंथरता के बाद संख्या तथा रचनात्मकता की दृष्टि से एक अद्भुत उद्रेक दिखाई पड़ता है (जिसकी चर्चा हम आगे विस्तार से करेंगे) किन्तु उस या वैसी 'जीवन दृष्टि' का अभाव ही मिलता है जिसकी तलाश (क्वेस्ट) शताब्दी के पूर्वार्द्ध उपन्यासकारों ने की थी। ठीक वैसे ही जैसे कविता 'कामायनी' के बाद वैसी 'तलाश' मुक्तिबोध के शब्दों में कविता में थीसिस लिखनेवाली प्रवृत्ति नहीं दिखाई पड़ती। उपन्यास में तो 'जीवन दृष्टि' का अभाव एक प्रकार की 'मायोपिया' है जो क्षीण रचनात्मक क्षमता का भी द्योतक है।

किन्तु इसके साथ ही यह तथ्य भी विचारणीय है कि सन् 50 के बाद हिन्दी में लघु उपन्यासों की एक ऐसी परम्परा विकसित होती हुई दीखती है जिसका सूत्रपात जैनेन्द्र कुमार 'त्यागपत्र' से कर गए थे। इसी सन्दर्भ में यह भी गौर करने की बात है कि कथा साहित्य में सन् 50 के बाद का दौर 'नई कहानी' का दौर माना जाता है और 'कहानी' को साहित्य के केन्द्र में लाने की 'उस दौड़' में कथा लेखकों का ध्यान 'कहानी' की ओर अधिक गया, उपन्यास की ओर कम। बाद में रेणु, निर्मल वर्मा, राजेन्द्र यादव आदि लेखकों का ध्यान उपन्यास की ओर भी गया। दरअसल सबसे पहले रेणु ने 'मैला आँचल' (1954) लिखकर इस ओर पहल की। आजादी के बाद का परिवर्तित परिवेश सबसे पहले 'मैला आँचल' तथा राजेन्द्र यादव के 'उखड़े हुए लोग' में दिखाई पड़ा। इसे संयोग कहेंगे कि यह परिवेश राजेन्द्र यादव को 'उखड़े हुए लोगों' का परिवेश लगा और रेणु को 'मैला आँचल' के अन्त में एक 'चिथड़ा' मानचित्र के रूप में दिखाई पड़ा। बाद में यशपाल को यह 'झूठा सच' कहनेवालों का परिवेश प्रतीत हुआ। यानी आजादी के दस वर्षों के भीतर ही कथाकारों का उससे मोहभंग होने लगा। नरेश मेहता को यह 'पथभ्रष्ट' लोगों का समूह लगा। डॉ. देवराज को नए 'पथ की खोज' की आवश्यकता जरूरी लगी।

अतः 'नई कहानी' के कथाकारों को अधिक सघन रूप से समझने के लिए लघु उपन्यासों की विधा अधिक सुगम लगी। इसका एक कारण यह भी था कि उपन्यास

जिस 'कांसिसटेंसी' या निरन्तरता की माँग करता है उसका 'नई कहानी' के अधिकांश कथाकारों में अभाव था। पहले भी कहा गया कि 'काव्य' की तरह उपन्यास की भी विशेषता होती है कि वह एक जीवन दृष्टि की माँग करता है जिसे मुक्तिबोध ने 'विश्व दृष्टि' भी कहा है। इन कथाकारों में इस जीवन दृष्टि का भी अभाव था। इसी कारण अन्य अनेक रचनात्मक गुणों के अभाव में यशपाल के उपन्यास इस दौर में अधिक महत्त्वपूर्ण इसलिए भी प्रतीत हुए कि उनमें कम-से-कम सतही तौर पर ही सही 'मार्क्सवाद' के रूप में एक 'जीवन-दृष्टि' थी।

'लघु उपन्यासों' के इस दौर में उपन्यास का सर्वोत्तम रूप धर्मवीर भारती के 'सूरज का सातवाँ घोड़ा' के रूप में आया। जो शिल्प की दृष्टि से अनोखा प्रयोग था। दरअसल इन लघु उपन्यासों में 'शिल्प' के प्रयोग ही अधिक किए गए। मनोविज्ञान और 'शेखर' (उपन्यास) यह साबित कर चुके थे कि मनुष्य के व्यक्तित्व का निर्माण बहुत कुछ उनके बचपन और किशोरकाल पर निर्भर करता है। 'लघु उपन्यासों' में कृष्ण बलदेव वैद का 'उसका बचपन' इस दृष्टि से सर्वश्रेष्ठ था।

इसी दौर में कथानक कृष्णा सोबती को यह श्रेय दिया जा सकता है कि उन्होंने अपने दो लाघु उपन्यासों 'डार से बिछड़ी' और 'मित्रो मरजानी' में पहली बार 'नारी अस्मिता' की तलाश को बेहद रचनात्मक रूप में प्रस्तुत किया। यहीं से पहली बार 'नारी की स्थिति' को नारी की दृष्टि से पहचानने की परम्परा हिन्दी उपन्यास में शुरू हुई। कृष्णा सोबती सम्भवतः अकेली महिला कथाकार हैं जिनकी रचनाशीलता में उत्तरोत्तर विकास दीखता है। इसका सर्वोत्तम रूप शताब्दी के नवें दशक में लिखे उनके लघु-उपन्यास 'ऐ लड़की' में प्राप्त होता है।

शताब्दी के उत्तरार्द्ध में एक ओर अज्ञेय, रेणु तथा निर्मल वर्मा उपन्यास की भाषा को उसकी अनेक श्रेष्ठ सम्भावनाओं को आकार दे रहे थे वहीं यथार्थ के नाम पर अनेक अन्य उपन्यासकार उपन्यास को 'डाक्युमेंटेशन' का माध्यम बनाकर औपन्यासिक 'डाक्युमेंटीज' बना रहे थे। 'वामपंथी विचारधारा' के बावजूद अनेक उपन्यास महज 'सन्देश' बनकर रह गए थे। उस रूप में केवल रेणु उसके अपवाद थे जिनके उपन्यासों में भाषा, शिल्प और सन्देश का विलक्षण रचाव दिखाई पड़ता है। रेणु ने हिन्दी उपन्यास को 'सेंस परसेप्शन' का ऐसा आधार दिया जिसमें सामाजिक यथार्थ तथा शिल्पसौन्दर्य का अत्यन्त संश्लिष्ट रूप सामने आया। सम्भवतः उपन्यास का प्रकृत पथ यही हो सकता है जिसमें वह अपनी निजता और आंतरिकता को खोए बिना बाह्य यथार्थ की भी रचनात्मक अभिव्यक्ति कर सके। यहीं मानो हिन्दी उपन्यास को अज्ञेय और यशपाल के बीच का—'मध्यम मार्ग' मिल गया। रेणु के उपन्यासों की सर्वोत्तम उपलब्धि यही थी। उसके अतिरिक्त उन्होंने हिन्दी उपन्यास की एक ऐसी संरचना (स्ट्रक्चर) निर्मित की जिसे यथार्थ की 'लिरिकल' संरचना कहा जा सकता है। यह संगीतात्मकता केवल भावोद्रेक नहीं करती (जैसा कि 'गीत' करते हैं) बल्कि वह भाषा को और ठोस (सॉलिड) बनाती है जिससे वस्तुगत यथार्थ अधिक प्रखर होकर अभिव्यक्त होता है क्योंकि उसमें

इन्द्रियाँ और उससे जुड़ी हुई समस्त संवेदनाएँ एकत्र हो जाती है : 'स्पर्श, ध्वनि, रंग, गन्ध, प्रकाश, छाया और इन सबसे निर्मित परिवेश के साथ पात्रों की मनःस्थितियाँ एकात्म होकर इतनी सघन रूप से व्यक्त होती है कि पाठक भी उन्हें समग्रता के साथ ग्रहण कर पाता है। इससे भाषा में बिखराव की जगह अभिव्यक्ति की 'सटीकता' (प्रिसाइजनेस) आती है। अज्ञेय ने एक नया रूप केवल वैयक्तिक मनःस्थितियों और दृश्यों को व्यक्त करने के लिए उपलब्ध किया था जबकि रेणु ने अपनी यह भाषा सामाजिक तथा सामूहिक भावाभिव्यक्ति के लिए निर्मित की । इसी से रेणु ने अज्ञेय वाली भाषा के आभिजात्य को भी भंग किया। उस आभिजात्य में एक प्रकार की स्नाबरी थी जिससे वह मशीनी तथा 'सिंथेटिक' लगती थी। रेणु ने भाषा का यह दुराव दूर कर उसे जनसमूह की भावनाओं की अभिव्यक्ति का माध्यम बनाया। इसीलिए उनकी भाषा में जो रचाव है उसका प्रभाव एक समूहगीत (कोरस) की तरह पड़ता है। उन्होंने कथा क्षेत्र को अज्ञेय के 'भद्रलोक' से निकाल कर वहाँ की सूखी परती धरती पर 'मैला आँचल' की तरह फैला दिया। हिन्दी उपन्यास की कथा भाषा को यह रेणु की सबसे बड़ी देन है—किन्तु इसे विडम्बना ही कहा जाएगा कि इसने आनेवाले उपन्यासकारों के 'कर्म' को कठिनतर बना दिया। रेणु के बाद हिन्दी में आँचलिक कथाओं तथा उपन्यासों की बाढ़ आ गई किन्तु ऐसे उपन्यास 'पानी के प्राचीर' ही साबित हुए और 'गंगा मैया' तथा 'सती मैया का चौरा' आदि दर्जनों उपन्यासों की बहुत जोर मारने के बावजूद 'न हुआ मीर का अन्दाज नसीब' वाली स्थिति ही बनी रही। वस्तु और शिल्प के बीच वैसी संश्लिष्टता के अभाव में 'बाह्य' के आभिन्तरीकरण की समस्या बनी रही। मुक्तिबोध की इस पारिभाषिक शब्दावली को उधार लें तो बाद के अधिकांश उपन्यासों में बाह्य का रचनात्मक आभ्यन्तरीकरण नहीं हो सका। इसका सबसे महत्त्वपूर्ण उदाहरण यशपाल का 'झूठा सच' था जो अपनी तमाम अन्य विशेषताओं के बावजूद एक वृहत्तर दस्तावेजी उपन्यास ही रहा। 'काल' तथा क्षेत्रफल की दृष्टि से तो वह 'गोदान' से भी अधिक विस्तृत परिवेश में विचरण करता है। उसमें सूचनाओं, तथ्यों और आँकड़ों का अम्बार है। किन्तु उसके तथ्य तथा घटनाएँ पात्रों की आन्तरिकता में प्रवेश नहीं कर पाती और इसीलिए वे 'अंतरंग' भी नहीं प्रतीत होती। 'झूठा सच' अबदुल्ला हुसैन की 'उदास नस्लें' या कुरुर्तुल हैदर की 'आग का दरिया' भी नहीं बन पाता जिनमें एक जातीय या नस्ल विशेष की सामूहिक यंत्रणा और उसकी हत्भाग्य नियति पात्रों की आन्तरिकता में इतनी तीक्ष्णता से प्रवेश करती है कि पाठक प्रतिक्रिया में उतनी ही तीव्रता से उनका 'साधारणीकरण' भी कर पाता है।

लगभग यही हश्र श्री लालशुक्ल के 'राग दरबारी' का भी होता है : श्री लालशुक्ल को अपने प्रखर तथा तीक्ष्ण व्यंग्य की कीमत रचनात्मक जटिलता तथा आवश्यक गहराई (प्रोफाऊंडनेस) के अभाव के रूप में चुकानी पड़ती है। एक सीमा के बाद यह उपन्यास महज 'कैरीकेचर' बनकर रह जाता है : वह परिवर्तित परिवेश के व्यंग्य को तो व्यक्त कर पाता है किन्तु उससे उत्पन्न विडम्बना को व्यक्त करने में असमर्थ ही रहता है।

स्वतन्त्रता के बाद देश के नव सामाजिक तथा राजनैतिक परिवेश में क्रमशः जो नैतिक तथा मूल्यगत क्षरण हुआ है, इसके अतिरिक्त इसी कारण अमानवीय तथा पैशाचिक कृत्यों का जो नरक निर्मित हुआ है उसे अपनी सम्पूर्णता में इस "सौ वर्षों के निर्वासन" को शताब्दी के अन्त तक कोई भी हिन्दी उपन्यास व्यक्त नहीं कर पाया। बल्कि 'कैरीकेचर' वाली प्रवृत्तियों का ही विकास तथा विस्तार अधिक होता रहा। उस प्रवृत्ति के सबसे सफल तथा महत्त्वपूर्ण उदाहरण मनोहर श्याम जोशी के उपन्यास हैं। उनके उपन्यासों में या तो तंजिया अन्दाज है या एक 'सिनिसिज्म' जिसके प्रभाव स्वरूप वे शताब्दी के अन्त के उपन्यास 'क्याप' में विचारधारा के अन्त की ही घोषणा कर डालते हैं। उनके उपन्यास अज्ञेय या अमृत लाल की परम्परा के नहीं (जैसा कि वे मानते हैं) बल्कि 'राग दरबारी' की परम्परा के उपन्यास हैं। वस्तुतः ऊपर उल्लिखित रचनात्मक आभ्यांतरीकरण के अभाव में वास्तविकता या तो 'कैरीकेचर' के रूप में दिखाई पड़ती है या उसके प्रतिरूप 'सिनिसिज्म' के रूप में। ये सभी प्रवृत्तियाँ मनोहर श्याम जोशी के पहले उपन्यास 'कुरु-कुरु-स्वादा' में ही दिखाई पड़ने लगती हैं : वास्तविकता जब पहुँच से परे हो जाती है या वह महज सतह का यथार्थ बन जाती है तो मनोहर श्याम जोशी या तो उसे तंजिया अन्दाज में बयान करने लगते हैं या उसे रहस्यावृत्त कर देते हैं। वे अपने उपन्यासों में हमेशा 'सच' नहीं 'शैली' की तलाश में रहते हैं। 'सच' उन्हें हमेशा 'स्यादवाद' के रूप में दिखाई पड़ता है यानी यह भी सच हो सकता है और वह भी सच हो सकता है—'घट अस्ति, घट नास्ति च'—घड़ा है भी और नहीं भी है। उनके उपन्यासों का यह स्यादवाद 'कुरु-कुरु...' से 'क्याप' तक में चलता रहता है।

इसके ठीक विपरीत निर्मल वर्मा के उपन्यास हास्य-व्यंग्य से पूर्णतः रहित, शुद्ध रहस्यात्मक उपन्यास हैं जिनका अन्त एक 'अन्धे अरण्य' में होता है। वे उस 'दूसरी-परम्परा' के लेखक हैं जिसका इस धरती की वास्तविकता से कुछ लेना-देना नहीं है। वे इतिहास रहित एक अमूर्त वास्तविकता गढ़ते हैं और उसी को 'भारतीयता' भी मानते हैं : यदि उनके अन्तिम अरण्य की तथाकथित भारतीयता की तुलना 'वाणभट्ट की आत्मकथा' की भारतीयता से करें तो यह बात स्पष्ट हो जाएगी : वाणभट्ट...की चिन्ता उस भारतीयता से जुड़ी हुई है जो 'भारत' को बचाना चाहती है (ऊपर इसका विश्लेषण दिया जा चुका है) जबकि निर्मल वर्मा 'पिण्डदान' में ही सबसे बड़ी भारतीयता देखते हैं। 'वाणभट्ट...' की भारतीयता यह है कि वाणभट्ट, महावाराह की मूर्त्ति पानी में फेंक कर भट्टिनी को बचा लेता है, जबकि अन्तिम अरण्य का अन्त उस रहस्यमय व्यक्ति के आकृस्मिक प्रकटीकरण से होता है जो अपनी रहस्यमय शक्तियों से यह जानता रहता है कि 'पिण्डदान करने' वह युवक वहाँ आएगा : वह रहस्य पुरुष युवक से कहता है कि 'सरपा माई' (सरपा नदी) ने उसे 'तीन दिन' पहले ही बता दिया था "आज नहीं तीन दिन पहले कि कोई अन्त्येष्टि करने आएगा...ऐसा पता था।" पंडे-पुरोहित अकसर ऐसी बातें करते हैं—मानो वे सर्वज्ञाता हों किन्तु यहाँ यही निर्मल वर्मा का भारतीय सच है। यह पाखण्ड पुराण ही उनका 'अन्तिम अरण्य' है। लौटो, फिर से लौटो, कर्म काण्ड,

पिण्डदान, पीपल पर लटकाए गए मिट्टी की हाँडियों, प्रेतात्माओं और मन्त्र-शक्तियों की ओर लौटो। यह उनकी असली भारतीयता है। सुना है 'उत्तर आधुनिकता' वाले पश्चिम में भी लोग अब इन सबमें विश्वास करने लगे हैं। कम-से-कम हॉलीवुड की फिल्में तो इन दिनों भूत-प्रेत तथा मन्त्र-शक्तियों से ठसाठस हैं। निर्मल वर्मा कहाँ लौट रहे हैं ? रहस्य रचने तथा एक तर्कातीत परिवेश बनाने की यह प्रवृत्ति निर्मल वर्मा के उपन्यासों में प्रारम्भ से रही है उसी की न्याय परिणति 'अन्तिम अरण्य' में दिखाई देती है जहाँ सबकुछ तर्कातीत ही नहीं, लोकातीत या अलौकिक है।

यह महज संयोग नहीं है कि निर्मल वर्मा को साहित्य के अतिरिक्त आधुनिक चित्रकला तथा पश्चिमी संगीत विशेष रूप से प्रिय है : जिसे हम निर्मल वर्मा की कथा भाषा कह सकते हैं उसमें आधुनिक चित्रकला पश्चिमी संगीत का अद्‌भुत उपयोग है। डा.नामवर सिंह ने उसकी कहानियों में संगीत का सा प्रभाव रचने की क्षमता का जिक्र किया है। यह 'संगीत का सा प्रभाव' दरअसल भाषा पर संगीत के प्रभाव के माध्यम से होता है। निर्मल वर्मा अपनी भाषा के 'आवास' के लिए जिस परिवेश का निर्माण करते हैं उसकी ध्वनियों पर गौर करें तो उसमें संगीत के वाद्‌यवृंद (ऑरकेस्ट्रॉ) की सी गूँज मिलती है और वह परिवेश चाक्षुष रूप में जिस तरह उपस्थित होता है वह अपने 'बिम्बों' में आधुनिक अमूर्त चित्रकला का स्वरूप समेटे रहता है।

फणीश्वर नाथ रेणु तथा निर्मल वर्मा की भाषा में विपरीता या विलोम होते हुए भी एक अद्‌भुत समानता है। दोनों की भाषा एक ध्वनि-चित्रमय (आडोविजुअल) प्रभाव छोड़ती है। रेणु की भाषा में स्वरों का संसार अधिक मुखर है और 'संगीत' वहाँ अपनी सदेह उपस्थिति दर्ज कराता है। निर्मल वर्मा ही भाषा में ये 'स्वर' नेपथ्य से आते हुए प्रतीत होते हैं और वहाँ 'गीत' या संगीत की वो अभिधात्मक उपस्थिति नहीं होती। वहाँ संगीत केवल अपनी प्रभावात्मकता में ही व्यक्त होता है। इसे अतिरिक्त रेणु की भाषा का संगीत एक जनसमूह या जनपद के सामूहिक कलरव से निर्मित होता है, जबकि निर्मल वर्मा की भाषा का संगीत प्रायः निर्जन, एकान्त और अरण्य का संगीत है जिसकी चित्रात्मकता संगति में पीली, उदास तथा अवसादग्रस्त आकृतियाँ हैं। वहाँ पीली-धूप है, पतझड़ है, हाहाहूती हवा है, खण्डहरों की टूटी मीनारे तथा 'मेहराब' हैं, चमगादड़ों की फड़फड़ाहट है, चौंकानेवाली अज्ञात-अनाम छवियाँ हैं। वे इन सबके माध्यम से उसी 'रहस्य का वातावरण' निर्मित करते हैं जो उनका प्रिय परिवेश है। इसीलिए यह भी आकस्मिक नहीं है कि 'भुतैला' निर्मल वर्मा का प्रिय शब्द है जो उनकी कहानियों तथा उपन्यासों में बार-बार प्रयुक्त होता है। उनके उपन्यासें का संसार निरन्तर अवसादग्रस्त प्राणियों का संसार है जो यदि 'भुतैले' प्रतीत हों तो आश्चर्य नहीं होना चाहिए।

किन्तु इन सबसे शायद किसी को आपत्ति नहीं होनी चाहिए क्योंकि रचनाकार को यह अधिकार तो मिलना ही चाहिए कि वह चाहे जैसे प्राणियों का संसार रचे। किन्तु निर्मल वर्मा के साथ दिक्कत यह है कि उनके इस संसार में वस्तुनिष्ठ सह सम्बन्धों (ऑबजेक्टिव कोरिलेटिव) का अभाव है। उनके इस संसार के सारे प्राणी ऐसे क्यों हैं ?

उनकी यह मानसिकता किन धात-प्रतिधातों या घटनाओं की प्रतिकृति या निर्मिति है ? इसका कोई वस्तुगत आधार उनके उपन्यासों में नहीं दीखता। इसीलिए उनके चरित्र या पात्र आधार में या शून्य में लटके हुए 'त्रिशंकुवत' प्रतीत होते हैं। अतः वे 'प्रेत' प्रतीत हों तो इस पर भी आश्चर्य नहीं होना चाहिए।

यद्यपि उनकी कुछ कहानियों में उनके चरित्रों की अवसादग्रस्तता का 'वस्तुनिष्ठ आधार' उपस्थित है—जैसे 'परिन्दे' कहानी में 'लतिका' अवसाद और उसी के कारण कहानी के परिवेश की उदासी आती है क्योंकि उसमें लतिका के प्रेमी की मृत्यु और उसकी स्मृति लगातार लतिका 'हांट' करती रहती है। इसे और स्पष्ट करने के लिए निर्मल वर्मा ने कहानी के प्रारम्भ में ही कैथरीन मैन्स फील्ड का यह उद्धरण दे दिया है कि "क्या जो अब इस संसार में नहीं है, उनके लिए हम कुछ कर सकते हैं, और लम्बे अन्तराल के बाद उत्तर आता है कि नहीं, कुछ नहीं कर सकते।" लतिका को इस अवसाद से निकालने के लिए निर्मल वर्मा ने वहाँ नसी स्कूल की एक लड़की को उसी तरह आर्मी के एक अफसर से प्रेम करते हुए दिखाते हैं जिस तरह कभी ललिका ने दिवंगत आर्मी के ऑफिसर से प्यार किया था। लड़की को लिखे गए प्रेमपत्र का नीला लिफाफा जब लतिका के हाथ लग जाता है तो वह उसे क्षमा कर देती है। इस क्षमादान और नीले लिफाफे के माध्यम से निर्मल वर्मा मानो लतिका को भी अपने अतीत के प्रेत से मुक्त कर देते हैं।

यहाँ उनकी इस कहानी का उदाहरण इसलिए देना पड़ा कि बाद में उनके उपन्यासों से यह वस्तुनिष्ठ आधार एक सिरे से गायब हो गया। इसी तरह उनकी दूसरी कहानी 'डेढ़ इंच ऊपर' में निरन्तर शराब में धुत बार में बैठे बूढ़े व्यक्ति के मन का अवसाद और आतंक समझा जा सकता है क्योंकि जर्मनी का यह बूढ़ा हिटलर के आतंक को भुगत चुका है। हिटलर के 'गेस्टापों' उसकी पत्नी को पकड़ ले जाते हैं और उसकी हत्या कर दी जाती है। लेकिन भारत में 'आपातकाल' के तथाकथित आतंक से निरन्तर भयभीत उनके उपन्यास 'रात की रिर्पोटर' के आतंक का कोई वस्तुनिष्ठ आधार इस उपन्यास में नहीं है। 'आपातकाल' इस उपन्यास में महज मुल्लमा है और उसमें निर्मल वर्मा का 'चिर परिचित' रोमानी अवसाद (रोमैंटिक एगोनी) ही आधोपान्त छाया रहता है।

इसी कारण उनके उपन्यासों की 'अमूर्त रहस्यात्मकता' कथानक की कृत्रिमता को छुपाने के लिए ही गढ़ी जाती है। इन उपन्यासों का यह सिंथेटिक रहस्य और परिवेश पाठक को महज शब्दों की जादूगरी से सम्मोहित करने के लिए रचा जाता है। निर्मल वर्मा अपने उपन्यासों में एक 'कॉर्निवाल' और उसका जो 'तिलस्म' (यह भी उनका एक प्रिय शब्द है) रचते हैं, उसे अन्ततः टूटना ही है। सम्मोहन और उसका तिलस्म बहुत देर तक बना नहीं रह सकता। अतः यहाँ हम देखते हैं कि इन उपन्यासों में एक नकली अभ्यन्तर तो है किन्तु उसका कोई वास्तविक 'बाह्य' नहीं है।

मोहन राकेश के उपन्यास 'अँधेरे बन्द कमरे' में अनेक संरचनात्मक दुर्बलताओं के बाह्य और 'अभ्यन्तर' को संयुक्त करने की एक डेस्पेरेट कोशिश जरूर मिलती है—जिसे

'सस्टेन' न कर पाने के कारण यह उपन्यास पूर्णतः सफल नहीं हो पाता। लेकिन 'अँधेरे बन्द कमरे' सम्भवतः हिन्दी का पहला 'आधुनिकतावादी' उपन्यास है। यहाँ उसे 'आधुनिकतावादी' कहने का तात्पर्य है कि वह पहली बार आधुनिक मनुष्य से जुड़ी हुई समस्याओं को आधुनिकतावादी शब्दावली में व्यक्त करता है। उसके पात्र आधुनिक तो हैं ही एक विशेष अर्थ में बौद्धिक भी हैं। यह उपन्यास आधुनिक जीवन पद्धति में झाँकने की स्थिति तक तो पहुँचाता है किन्तु पूरी तरह उसका हिस्सा नहीं बन पाता और न पूरी तरह उसे आत्मसात कर पाता है।

वस्तुतः शताब्दी के उत्तरार्द्ध का हिन्दी उपन्यास अपनी तमाम नई चेतना के बावजूद बाह्य (बाह्य परिवेश) के आभ्यान्तरीकरण की रचनात्मक प्रक्रिया के अभाव के कारण आठवें दशक तक एक प्रकार की 'स्टेगूनेंसी' का शिकार ही होता रहा। यह केवल बाह्य तथा अभ्यन्तर में असंयोजन की समस्या अथवा दोनों से निर्मित एक समग्र वास्तविकता का 'अधूरा साक्षात्कार' ही नहीं है बल्कि उसकी असफलता प्रायः पूरे विश्व के स्तर पर साहित्य में 'आधुनिकतावाद' की असफलता भी है। पश्चिम में उपन्यास के जिस 'ग्रेट ट्रेडीशन' की बात की जा रही थी वह अपने चरम पर पहुँचकर समाप्त तो हो चुका था। उसके बाद की काफ्का, फॉकनर और हेमिंग्वे वाली पीढ़ी के बाद वस्तुतः यूरोप औपन्यासिक केन्द्र ही नहीं रह गया था। फ्रांस में अस्तित्ववादी आन्दोलन मर चुका था जिसका प्रभाव 'अँधेरे बन्द कमरे' और 'अपने-अपने अजनबी' जैसे उपन्यासों पर देखा जा सकता है। अस्तित्ववादी के बाद फ्रांस में ही तथाकथित 'न्यू नॉवेल' या 'एंटी नॉवेल' का प्रयोग भी असफल हो चुका था। अतः इस दौर का हिन्दी उपन्यास इन समाप्त हो गए या असफल रहे आन्दोलनों की एक हद तक प्रतिकृति बनकर ही लिखा जा रहा था।

वस्तुतः उपन्यास का केन्द्र तीसरी दुनिया के देश बन रहे हैं, जिन तक तब का हिन्दी उपन्यास नहीं पहुँच सका था। कोलम्बिया के उपन्यासकार हर्बट मारखेस के अत्यन्त महत्त्वपूर्ण उपन्यास 'हंड्रेड ईयर्स ऑफ सालीट्यूड' के बाद तो पूरे विश्व में उपन्यास की एक दूसरी परम्परा शुरू होती हुई दिखाई देती है। इसी तरह 'ब्लैक उपन्यासकारों' तथा स्त्रीवादी उपन्यासों ने उपन्यास की पूरी चेतना, संवेदना में ही आमूल परिवर्तन उपस्थित कर दिया। हिन्दी उपन्यास में ये परिस्थितियाँ तथा जीवन के प्रति ऐसा दृष्टिकोण आठवें दशक बाद ही दिखाई देता है। हिन्दी उपन्यास के इस परिवर्तित रूप की चर्चा आगे की जाएगी।

परिवर्तन की इस दिशा में पहला कदम रखनेवाला उपन्यास विनोद कुमार शुक्ल का 'नौकर की कमीज' ही माना जाएगा। इस उपन्यास ने एक 'नई कथा' भाषा तो रची ही जो निर्मल वर्मा की रोमानी अवसादग्रस्त भाषा से बिल्कुल भिन्न थी, उसने यथार्थवाद की भी एक नई परिभाषा दी। इस सन्दर्भ में यदि मनोहर श्याम जोशी के 'कुरु-कुरु स्वाहा' तथा 'नौकर की कमीज' की तुलना करके देखें तो यह बात स्पष्ट हो जाएगी। कुरु-कुरु स्वाहा में भी शिल्प, शैली तथा एक 'नए यथार्थ' की तलाश दीखती

है किन्तु दुर्भाग्य से वह उसे नसीब नहीं होती। उसका अन्दाज सिनेमाई है और भाषा का व्यंग्यात्मक तथा तंजिया अन्दाज श्रीलाल शुक्ल की दिशा में ही आगे बढ़नेवाला है। दरअसल मनोहर श्याम जोशी की भरसक कोशिश है कि वे भावुकता से बचें, अपने इस उद्देश्य को वे अपनी कृतियों में—अनेक बार घोषित रूप से व्यक्त करते रहे हैं। किन्तु केवल बंगला या शरतचन्द्रीय भावुकता से बचने के कारण ही कोई कलाकृति उत्पन्न नहीं की जा सकती। यह भी संयोग नहीं है कि 'कुरु-कुरु...' में मनोहर श्याम जोशी महान फिल्म-निर्देशक ऋत्विक घटक को भी एक चरित्र के रूप में उपस्थित करते हैं और उसके माध्यम से उनका मकसद इस भावुकतावाद पर ही प्रहार करना है। लेकिन अत्यन्त भावात्मक होने के बावजूद ऋत्विक घटक के 'अजान्त्रिक' तथा 'मेघे ढ़ाके तारा' जैसी कलात्मक तथा उत्कृष्ट फिल्मों की अवहेलना नहीं की जा सकती। कुरु-कुरु...का बिखरा हुआ प्रयोगवादी शिल्प दरअसल एक कलात्मक अक्षमता तक ही पहुँच पाता है क्योंकि मनोहर श्याम जोशी स्वयं तो कन्फ्यूज होते ही हैं पाठक को भी कन्फ्यूज करते चलते हैं। अपने प्रयोगात्मक प्रयत्न में वे एक रहस्यात्मक स्त्री चरित्र की रचना करते हैं जो उनकी 'स्यादवादी पद्धति' का ही प्रतिरूप है। वह कोई वास्तविक चरित्र न बनकर एक फिल्मी फंतासी बनकर रह जाती है। अतः 'कुरु-कुरु...' अपनी तमाम शिल्पगत कलाबाजियों के बावजूद 'चूँ-चूँ का मुरब्बा' बनकर रह जाता है।

जबकि 'नौकर की कमीज' न केवल निर्मल वर्मा के रोमानी वातावरण से बाहर निकलकर निर्मित होता है, बल्कि मनोहर श्याम जोशी जैसा पुर्णतःभावुकता से बचने का दुराग्रह भी उसमें नहीं है। पहली बात तो यह कि किसी भी रचना की प्रभावात्मकता अन्ततः उसकी रचनात्मक संगति तथा संरचनात्मक अन्विति पर ही निर्भर करती है। इसके अतिरिक्त आवेग और संवेग मनुष्य की प्रकृति के अन्दर तथा अन्तर्निहित अंग हैं, उनसे पूर्णतः रहित होने का दुराग्रह एक 'कृत्रिम' मैकानों जैसी आकृति ही बना सकता है।

विनोद कुमार शुक्ल, निर्मल वर्मा तथा मनोहर श्याम जोशी से पृथक यथार्थ की एक वस्तुनिष्ठ अवधारणा लेकर आते हैं। यद्यपि उनकी पद्धति तथा भाषा में भी एक प्रच्छन्न व्यंग्यात्मकता है किन्तु उसमें वह स्थूलता तथा तिक्तता नहीं है जो मनोहर श्याम जोशी की भाषा में है। वे यथार्थ का 'कैरीकेचर' या प्रहसन भी प्रस्तुत नहीं करते बल्कि आश्चर्यजनक ढंग से उनके 'व्यंग्य' में एक गहरा 'पैथोस' घुला हुआ है जो दरअसल 'वास्तविकता' का असली रूप है : अपनी व्यंजना में वह एक हास्य का उपादान तो प्रस्तुत करता है किन्तु उसके संकेत की दिशा उस करुण यथार्थ की ओर है जिससे हमारा आज का निम्न मध्यमवर्ग ग्रस्त है। दरअसल यह मुक्तिबोध की कहानियोंवाली यथार्थ अवधारणा को ही विकसित करनेवाली पद्धति है जिसे मुक्तिबोध अपने असमय अवसान के कारण पूर्णतः उपार्जित नहीं कर पाए थे। वहाँ एक विनोद वृत्ति तो है ही किन्तु सतह से नीचे एक गहरा पैथोस भी है (गालिब की गजरों की तरह कुछ-कुछ)।

'नौकर की कमीज' की प्रतीकात्मकता 'कमीज' की बेडौलता तथा बेढंगापन—इसी मिले-जुले प्रभाव को व्यक्त करता है।

यद्यपि विनोद कुमार शुक्ल 'नौकर की कमीज' का यह चमत्कारिक प्रभाव अपने अगले दो उपन्यासों में दुहरा नहीं सके किन्तु उनके इन दो उपन्यासों को कुछ लोगों ने हास्यास्पद प्रयास मानकर खारिज कर दिया वह महज उनकी समय के दिवालिएपन को ही व्यक्त करता है। उनके अगले दो उपन्यासों 'खिलेगा तो देखेंगे' और 'दीवार में खिड़की रहती थी' की उपलब्धि तथा सफलता अन्य स्तरों पर है जिसका विश्लेषण करने की जरूरत है। दरअसल ये दोनों उपन्यास परम्परागत हिन्दी उपन्यास की ही चूलें हिला देते हैं। इसीलिए पम्परा तथा परम्परागत उपन्यासों का अभ्यस्त पाठक (और कुछ समीक्षक भी) उसे न तो पसन्द कर पाता है और न पचा पाता है।

'नौकर की कमीज' के प्रायः दो दशकों बाद विनोद कुमार शुक्ल का दूसरा उपन्यास 'खिलेगा तो देखेंगे' (1996) प्रकाशित हुआ। तब तक बहुत लोग मान चुके थे कि विनोद कुमार शुक्ल अब शायद ही कोई उपन्यास लिखेंगे। इस बीच उन्हें जो भी प्रतिष्ठा मिल रही थी, वह एक कवि के रूप में ही मिल रही थी। लेकिन 'खिलेगा तो देखेंगे' ने न केवल उपन्यासकार के रूप में विनोद कुमार शुक्ल की ओर नए सिरे आकृष्ट किया बल्कि उसके प्रकाशन के साथ ही हिन्दी में हिन्दी उपन्यास में एक नई चहल-पहल दिखाई देने लगी। हिन्दी उपन्यास की जिस 'स्टेगनेंसी' (गतिरोध) का जिक्र ऊपर किया गया वह टूटता हुआ भी प्रतीत हुआ। वैसे इसकी शुरुआत नौवें दशक में प्रकाशित सुश्री कृष्णा सोबती के लघु उपन्यास 'ऐ लड़की' से ही हो चुकी थी।

'खिलेगा तो देखेंगे'—'शेखर' और 'मैला आँचल' के बाद (किन्तु उनसे नितान्त पृथक) सबसे महत्त्वपूर्ण शिल्पगत प्रयोग का उपन्यास है। 'खिलेगा तो देखेंगे' कोई दार्शनिक किस्म का उपन्यास नहीं है, न उसमें कोई तत्त्व चिन्तन है बल्कि अपने मूल रूप में वह एक आंचलिक उपन्यास है जिसका अंचल 'मैला आँचल' से बिलकुल भिन्न मध्यप्रदेश के आदिवासी इलाकों का अंचल है। उसके शिल्प में कला फिल्मों जैसा अमूर्तन तथा असंगत सी प्रतीत होनेवाली ऐसी काव्यात्मक भाषा है जो 'ऐबसर्डिटी' की सीमा तक पहुँच जाती है। किन्तु आश्चर्यजनक ढंग से इन सबके बावजूद वह एक घनघोर यथार्थवादी उपन्यास है। विनोद कुमार शुक्ल का 'खिलेगा तो देखेंगे' अंग्रेजी के कुछ उपन्यासों (जैसे नोबाकोव का 'पेल फायर') की तरह एक 'चम्पू काव्य शिल्प' का उपन्यास है। उसके अनेक 'अनावश्यक ब्योरों' का अर्थ दूसरे स्तरों पर खुलता है। यह उपन्यास पाठकों से उतनी तन्मयता, एकाग्रता तथा चौकन्ने दिमाग की माँग करता जैसे पश्चिम की अनेक फिल्में (मसलन ब्रेसाँ, फेलिनी, गोदार, कुरोसोवा और बर्गमैन आदि की फिल्में) करती हैं।

यह उपन्यास प्रारम्भ से ही पाठक को हतोत्साह करना शुरू कर देता है और उन्हें पढ़ने से विरत करता है। उसकी भाषा में ऐसे वाक्य आते हैं और आते चले जाते हैं कि पाठक को प्रतीत होता है मानो व एक प्रलाप या अनगेल शब्द समूह हों। यहाँ ऐसा

इसका एक उदाहरण देना पर्याप्त है : "गुरुजी मर गए/गुरुजी मरते नहीं/जो मरते हैं वे गुरु जी नहीं होते, वे केवल होते हैं/गुरु जी पुलिस की गोली से नहीं मरे/गोली बन्दूक से नहीं निकली थी/गोली काँच की थी, वह मुन्ना ही उँगलियों की निकली थी।... जिरावन रेडियो बन्द करना नहीं जानता था। जिरावन के पास घड़ी थी। घड़ी बन्द नहीं होती थी। रेडियो बन्द हो जाता था। जिरावन को गाय बाँधना भी नहीं आता था।..." इत्यादि ऐसे वाक्यों के बाद ज्यादा सम्भावना तो यही होती है बल्कि स्वाभाविक भी यही लगता है कि पाठक इस उपन्यास को पढ़ना ही 'बन्द' कर देगा। दरअसल विनोद कुमार शुक्ल यह बिलकुल नहीं चाहते कि पाठक इसे उपन्यास की तरह पढ़े, बल्कि वे चाहते हैं कि वह उसे उस तरह पढ़े जैसे वह कला फिल्में देखता है। या जैसे वह ब्राक, पिकासो, मातीस या हुसैन की पेंटिंग्स देखता है।

'खिलेगा...' हिन्दी उपन्यास को 'अपसेट' कर देता है। वह हिन्दी उपन्यास की चली आती परम्परा में बहुत बड़ी खलल है। लेकिन सवाल यह उठता है कि दुनिया में जब ऐसी फिल्मों तथा पेंटिंग्स के लिए जगह है, उनके प्रशंसक और गुणग्राहक हैं तो 'खिलेगा...' जैसे उपन्यासों का अधिक व्यापक सन्दर्भ में मूल्यांकन होना चाहिए। ऐसा कौन न निकष है जो फिल्मों और पेंटिंग्स तो वे जैसे है, वैसा होने की इजाजत देता है किन्तु उपन्यास को नहीं ?

ऊपर मैंने लिखा है कि मैं 'खिलेगा...' को मूलतः एक यथार्थवादी आंचलिक उपन्यास मानता हूँ। यहाँ इस यथार्थ और इस आंचलिकता की तनिक व्याख्या करनी पड़ेगी : दरअसल मुझे 'खिलेगा...' को पढ़ते हुए प्रसिद्ध फिल्म निर्देशक (अब स्वर्गीय) जी. अरविन्दन की मलयाली फिल्म की याद आई जिसे एक कलात्मक खण्डित कोलाज वाले शिल्प में निर्मित किया गया है : फिल्म में एक जंगली आदिवासी बस्ती है जहाँ जब पहली बार बिजली लाई जाती है, बसें चलती है, रेलवे लाइन बिछाई जाती है, सड़क बनती है तो वहाँ के आदिवासी रोजगार तो पाते हैं : पर बेघर हो जाते हैं। शहरी दरिन्दे, ठेकेदार, ओवरसियर आदि उनकी बहू-बेटियों से बलात्कार करते हैं, उन्हें अगवा कर लेते हैं और पूरा इलाका भ्रष्टाचार का अड्डा बन जाता है। इन सब कृत्यों के बीच फिल्म के अन्त में दिखलाया जाता है कि बिजली के तारों से चिपककर असंख्य मृत पक्षी लटके हुए हैं।

अपने औपन्यासिक कलेवर में 'खिलेगा...' भी प्रकारान्तर से यही प्रदर्शित करता है। उसका आंचलिक परिवेश भी प्रायः वैसा ही है। यहाँ भी थानेदार, पुलिस, स्कूल मास्टर आदि की भूमिका भी प्रायः वैसी ही है : घड़ी, रेडियो, बन्दूक, गोली आदि को विकास के 'मोटिफ' के रूप में प्रयुक्त किया है। स्कूल, थाना, रेलवे स्टेशन आदि का रोल भी प्रायः वैसा ही है इसीलिए स्कूल और थाने में कोई फर्क नहीं नजर आता। यहाँ मूल निवासियों के साथ भी वैसा ही व्यवहार होता है। 'खिलेगा...' की विशेषता यही है कि अपनी काव्यात्मक संरचना तथा ऐबसर्ड सी प्रतीत होती हुई 'सुरियलिस्टिक' भाषा के माध्यम से वह जो व्यक्त करता है वह एक 'आधुनिक त्रासदी' है। हालाँकि यह सब कुछ इतना

प्रच्छन्न और सूक्ष्म है कि अपने अमूर्तन के कारण जल्दी पकड़ में नहीं आता और इसीलिए प्रायः वह पाठक की झल्लाहट, झिड़कियों और मखौल का शिकार होता है।

'आधा गाँव' और 'काला जल'

राही मासूम रज़ा का उपन्यास 'आधा गाँव' रेणु के दूसरे उपन्यास 'परती परिकथा' के प्रायः एक दशक बाद प्रदर्शित हुआ था। सामान्यतः इसे भी 'आंचलिक उपन्यास' ही मानना चाहिए। यह उस आधे गाँव की कहानी है जिसमें मुस्लिम आबादी रहती है : सैयद और शिया आदि। 'आधा गाँव' को प्रारम्भ में ही पर्याप्त लोकप्रियता प्राप्त हुई : लेकिन इसे एक विवादास्पद उपन्यास माना गया। 'आधा गाँव' को कुछ लोगों ने विवादास्पद इसलिए पाया कि उसके आवरण पर ही उसे एक 'संयमहीन' उपन्यास कहा गया है। इस 'संयमहीनता' में उन्हीं लोगों को उसमें 'अश्लीलता' भी दिखाई पड़ी और कुछ अन्य लोगों ने इसी कारण उसे विद्रोही उपन्यास भी मान लिया। उसके बारे में ये दोनों दृष्टिकोण आधे-अधूरे नहीं, प्रायः आधारहीन हैं। इसी सन्दर्भ में पहले उपन्यास की कथा और कथानक का परीक्षण और विश्लेषण आवश्यक है : यह सही है कि 'आधा गाँव' की कथा मध्ययुगीन दरबारी संस्कृति के गलीज विस्तार को सामने लाती है और इसीलिए उसका परिवेश यौन विकृतियों का सड़ाँध भरा नाबदान है और उसे सामने लाने में 'आधा गाँव' हिन्दी के अधिकांश उपन्यासों की अपेक्षा अधिक बेबाक है किन्तु यौन सम्बन्धों को लेकर उसकी वाचलता तथा बेबाकी यशपाल के 'झूठा सच' की बेबाकी से अधिक नहीं है, वहाँ कनक, तारा, शीलो, उर्मिला जैसे स्त्री पात्र इस मामले में अद्‌भुत साहस (या दुस्साहस) दिखलाते हैं : उसकी शीलो अपने प्रेमी के पुत्र की माँ भी बनती है और जब बलात उसका विवाह किसी और से कर दिया जाता है तो वह पहले तो उसे अपने पति का ही घोषित कर देती है पर बाद में सच्चाई को स्वीकार कर उससे विलग हो जाती है। जबकि 'आधा गाँव' के सैयद हम्माद-मियाँ मेहरूनियाँ, नाइन से नाजायज सम्बन्ध रखे हुए है किन्तु स्वयं उनका बेटा मेहरूनियाँ की बेटी से खुलकर खेलने लगता है तो उनकी इज्जत दाँव पर चढ़ जाती है। यही नहीं मेहरूनियाँ बताती है कि उसकी वह बेटी सैफुनियाँ उन्हीं से पैदा हुई है। लेकिन तब तक उनका बेटा सैफुनियाँ से शादी करके अलग रहने लगता है। उससे सैफुनियाँ के दो बच्चे भी होते हैं। लेकिन जब सैफुनियाँ को पता चलता है कि उसका 'पति' दरअसल में उसका भाई है तो वह 'आत्महत्या' कर लेती है। राही मासूम रज़ा ने यह पूरा प्रसंग 'ग्रीक ट्रेजडी' की तरह उपस्थित किया है लगभग 'इडीपस' की कहानी की जैसा। यहाँ आत्महत्या करा के इस कृत्य का प्रायश्चित भी कर दिया जाता है। इस तरह यह 'संयमहीनता' संस्कारबद्ध ही बनी रहती है।

'झूठा सच' में अपनी अन्य कमियों के बावजूद कहीं अधिक बेबाकी है : वहाँ तारा अपने प्रेमी डॉक्टर नाथ से साफ बता देती है दंगों के दौरान दंगाइयों ने उससे बलात्कार

किया था और उसी के कारण वह यौन व्याधियों से पीड़ित है। इस तरह हम देखते हैं कि 'आधा गाँव' में न तो ऐसी कोई संयमहीनता है और न वैसी बेबाकी ही है जैसी 'झूठा सच' में है।

'आधा गाँव' के सुलेमान चा झंझटिया बो को रखैल बनाए हुए हैं लेकिन उसके हाथ का बनाया हुआ खाना नहीं खाते। वर्षों पहले प्रेमचन्द 'गोदान' में सवर्णों के उस पाखण्ड का उद्घाटन कर चुके थे। वहाँ 'मातादीन-सितिया' प्रसंग में उसे बहुत प्रभावपूर्ण ढंग से व्यक्त किया गया है। अतः कुल-मिलाकर 'आधा गाँव' कोई क्रान्तिकारी करतब भी नहीं करता। वह एक ढुलमुल सा रोमैंटिक मानवतावादी उपन्यास ही बना रहता है। 'आधा गाँव' का लेखक सहानुभूतिपूर्वक अनेक रूढ़ियों की रक्षा ही करता है, न कि उन्हें तोड़ता है। 'आधा गाँव' की औपचारिक संरचना उन्नीसवीं सदी के परम्परागत उपन्यासों वाली ही है और भाषा के स्तर पर 'स्लैंग्स' का भरपूर उपयोग करने के बावजूद वह कोई शिल्पगत प्रयोग भी नहीं करता और हत्याएँ तथा आत्महत्याएँ दिखलाकर 'ग्रीक ट्रेजडीज' की घटनात्मक पुनरावृत्ति ही करता है तथा 'पाप' और 'प्रायश्चित' की पुरानी अवधारणा को ही स्थापित करता है। गाँव के परिवर्तित यथार्थ को प्रस्तुत करने की उसकी प्रविधि 'डाक्युमेंट्री' फिल्मोंवाली है। वह एक अत्यन्त पठनीय उपन्यास है किन्तु हिन्दी उपन्यास के विकास में उसका कोई बहुत महत्त्वपूर्ण योगदान नहीं माना जाएगा।

इस सन्दर्भ में 'आधा गाँव' के साथ शानी के उपन्यास 'काला जल' का उल्लेख कई दृष्टियों से आवश्यक है : एक तो ये दोनों उपन्यास दो महत्त्वपूर्ण मुसलमान कथाकारों द्वारा हिन्दी में लिखे गए हैं और दूसरे इन दोनों उपन्यासों में अत्यन्त संवेदनशील अल्पसंख्यक समुदाय का बेहद रचनात्मक चित्रण किया गया है तथा उनके जीवन को बड़ी सघनता के साथ संश्लिष्ट ढंग से प्रस्तुत किया गया है।

'आधा गाँव' के विपरीत 'काला जल' किसी सामाजिक यथार्थ के चित्रण का दावा नहीं करता बल्कि वह मूलतः एक पारिवारिक कहानी है जिसका परिवेश 'आधा गाँव' से ज्यादा ग्रामीण तथा आंचलिक है। हालाँकि वह भी एक पतनशील परिवार की कहानी कहता है। वह बेहद सधे हुए शिल्प में लिखा गया उपन्यास है जिसमें फातिहा पढ़ते हुए एक-एक करके पितरों का पिण्डदान होता रहता है और उपन्यास की अन्तर्कथा उसी से गुँथी हुई चलती रहती है। इस तरह उपन्यास का आरम्भ फातिहा पढ़ते हुए शुरू होता है और उसी क्रम में उसका अन्त भी फातिहा पढ़ते हुए होता है। इस तरह उपन्यास के आरम्भ और अन्त के बीच एक ऐसा रचनात्मक वृत्त बन जाता है जो एक सर्वथा नए औपन्यासिक शिल्प की सृष्टि करता है जिसके अन्तर्गत पाठक अनेक बहुरंगी दृश्य बिम्बों से गुजरता रहता है। भाषा और शिल्प की इस महारत के कारण 'काला जल' एक कालजयी कृति बन गया है।

पिण्डदान करनेवाले इस जल का रंग काला इसलिए भी है कि तीन पीढ़ियों की इस कथा में कहीं उछाह, उमंग या आनन्द नहीं है बल्कि एक पीढ़ी से दूसरी पीढ़ी में स्थानान्तरित होती हुई अभिशाप की काली छाया है जो उसके पूरे परिवेश को भी

अभिशापग्रस्त रखती है। किन्तु यह निर्मल वर्मा के उपन्यासों की तरह कोई काल्पनिक भुतैली छाया नहीं है बल्कि एक विकृत सामाजिक क्षरण की गाथा है जो पतनशील सामन्ती व्यवस्था की अनिवार्य परिणति है। 'काला जल' की विशेषता यह भी है कि इस 'पतन' की कहानी कहने के लिए उसे 'आधा गाँव' की तरह दर्जनों परिवारों का जत्था जमा करने की जरूरत नहीं पड़ी है बल्कि एक परिवार की ही कई पीढ़ियों को 'स्पेसीमेन' या 'मॉडल' बनाकर उस सामन्ती सड़ाँध के 'काले जल' को उजागर कर दिया गया है। इस कथा की प्रतीकात्मक व्यंजना यह भी है कि कोई 'पिण्डदान' या 'फातिहा' इस अभिशापग्रस्त परिवार को उसकी 'प्रेतयोनि' से मुक्त नहीं करा पाता और जैसा कि कहा गया, यह किसी परिवार की ही नहीं एक पूरी व्यवस्था की अनिवार्य नियति है।

औपन्यासिक दृष्टि से 'काला जल' की कथा इतनी 'क्लोजनिट' तथा संश्लिष्ट है कि वह इस 'काले जल' के वृत्त में ही बहुस्तरीय तथा क्रमशः वृहत्तर होती हुई तरंगें उठाता चलता है।

'काला जल' की एक विशेषता उसकी बुनावट के रचनात्मक विरोधाभास में भी है : उसमें एक ओर बस्तर का नितान्त पिछड़ा हुआ दरिद्र अभावग्रस्त वनवासी परिवेश है जिसकी शुरुआत ही होती है "एक चिमगादड़ों से भरी हुई शाम, धूल भरी सड़क, रिरियाती आवाजों और इनके बीच एक सही साबित खण्डहर भरे मकान से किन्तु इसके बाहर है प्रकृति का उन्मुक्त सौन्दर्य जहाँ स्वच्छन्द विचरण करते हुए निर्भीक जीव-जन्तु तथा पशु-पक्षी हैं। इस विरोधाभास की परस्पर पृथकता में ही मानो उपन्यास का असली कार्य छिपा हुआ है : मानव जीवन तथा प्राकृतिक जीवन के बीच सम्बन्धों का वह संसार जिसके सेतु को मनुष्य ने न जाने कब से तोड़ डाला है। यहाँ वड्सवर्थ की वह प्रसिद्ध पंक्ति याद आती है जहाँ वह कहता है : "व्हाट मैन हैज मेड ऑफ मैन!" मनुष्य अपने को और दूसरे मनुष्यों को क्या बनाता जा रहा है और इस निरन्तर चलती प्रक्रिया का अन्त कहाँ होगा ? 'काला जल' सही अर्थों में इसी मानवीय 'त्रासदी' की कहानी है। 1967-68 में प्रकाशित इस उपन्यास से हिन्दी उपन्यास के विकास का एक वृत्त भी पूरा हो जाता है : भारत का 'आधा समाज' जो अभी तक किसी भी उपन्यास में इतनी पूर्णता के साथ व्यक्त नहीं हुआ था और उसके अंतरंग का कोई परिचय बाकी आधे समाज को इतनी प्रामाणिकता से साथ नहीं प्राप्त हुआ था, वह पहली बार 'काला जल' और 'आधा गाँव' के माध्यम से हिन्दी उपन्यास-परिवार का अभिन्न अंग बनकर सामने आया। 'काला जल' तथा 'आधा गाँव' इन दोनों उपन्यासों का अध्ययन इस दृष्टि से भी होना चाहिए।

शताब्दी का अन्तिम दशक और उपन्यास

उपन्यास के क्षेत्र में सार्थक सक्रियता की दृष्टि से बीसवीं सदी का अन्तिम दशक महत्त्वपूर्ण है। इस दशक में तीन उपन्यासकारों का योगदान विशेष रूप से उल्लेखनीय

है। वे हैं मनोहर श्याम जोशी, विनोद कुमार शुक्ल और मैत्रेयी पुष्पा। इनमें मैत्रेयी पुष्पा तो पूर्ण रूप से शताब्दी के अन्तिम दशक की देन हैं। प्रायः दस वर्षों के भीतर ही उन्होंने पाँच महत्त्वपूर्ण उपन्यासों की रचना कर डाली। ऐसा रचनात्मक उद्रेक तो यशपाल, रेणु और अमृतलाल नागर के बाद की पीढ़ी में पहले कभी परिलक्षित नहीं हुआ। मैत्रेयी पुष्पा के उपन्यासों की एक विशेषता यह है कि उन्हें हम आधुनिकता की कसौटी पर कसने के लिए विवश नहीं हैं। उनमें उस तरह की आधुनिकता नहीं मिलेगी जैसी मनोहर श्याम जोशी तथा विनोद कुमार शुक्ल के उपन्यासों में मिलती है। वे अपने उपन्यासों में भाषा, शिल्प तथा संरचना के स्तर पर कोई विशेष प्रयोग नहीं करती। उनके पात्र तथा कथानक भी सामान्य से निकलकर ही आते हैं। उनमें कोई आधुनिक बिम्ब, प्रतीक या रूपक नहीं मिलेगा। इसके विपरीत उनके चरित्र या तो सीधे-सीधे खलनायक हैं या संघर्षशील, जुझारू और यातना के ताप में तपे हुए। उनके नारी चरित्रों में यदि 'नई नारी' के तेवर दिखाई पड़ते हैं तो इस अर्थ में कि उनका आचरण परम्परा अनुमोदित भारतीय आचरण नहीं होता। पुरुष समुदाय को वे हमेशा मुँह तोड़ जवाब देती हैं। वे संघर्ष करती है और अपने विद्रोही कृत्यों का उत्तरदायित्व लेने के लिए तत्पर रहती हैं। उनकी नारी के इसी रूप में कुछ लोगों के आज का 'फेमिनिज्म' नजर आ सकता है जबकि यदि गौर करें तो उनका यह रूप कथा में निहित परिस्थितियों का स्वाभाविक विकास ही होता है, विशेष रूप से भारतीय ग्रामीण स्त्री का यह रूप बहुत नया नहीं है : प्रेमचन्द और रेणु के उपन्यासों में भी हमें ऐसे नारी चरित्र मिलते हैं। मैत्रेयी के उपन्यासों की एक विशेषता यह भी है कि उनके सम्मुख पश्चिमी उपन्यासों का कोई मॉडल नहीं। निखालिस रूप में उनका मॉडल भारतीय होता है।

यह एक प्रायः चमत्कृत करनेवाला तथ्य है कि अनेक पुरुष हिन्दी उपन्यासकारों की अपेक्षा मैत्रेयी पुष्पा के पास कच्ची सामग्री का जखीरा है जिसका उपयोग वे बड़ी सहजता के साथ अपने रचनात्मक लेखन में कर लेती हैं। कई अन्य आधुनिक उपन्यासकारों की तरह उनके उपन्यासों में कोई 'यौन आब्सेशन' भी नजर नहीं आता यद्यपि यौन सम्बन्धों की उनके उपन्यासों में प्रमुख भूमिका होती है और उसे लेकर उनका दृष्टिकोण कोई शुद्धतावादी भी नहीं है। उनके उपन्यासों की यौन प्रवृत्तियाँ किसी एकेडेमिक मनोविलाप से जुड़ी न होकर सीधे-सीधे भाव की सामाजिक तथा राजनैतिक परिस्थितियों से जुड़ी होती है। 'अल्मा कबूतरी' जैसे उपन्यास अपराधी जनजाति मानी जानेवाली खानाबदोशों की जिन्दगी को जितनी प्रामाणिकता तथा प्रखरता के साथ प्रस्तुत करती है वह चकित करनेवाला है। जिस तरह वे इस अभागी जनजाति के जीवन की 'त्रासदी' को आज की राजनीति से जोड़कर प्रस्तुत करती है वह राजनैतिक भ्रष्टाचार तथा अनाचार के भंडार का एक नया दरवाजा खोल देता है। अपनी विविध अति नाटकीय परिणतियों के बावजूद यह उपन्यास सम्भवतः शताब्दी के अन्तिम दशक का सर्वोत्तम उपन्यास है।

इस रूप में उनके उपन्यास एक स्तर पर एक 'प्रति आधुनिकता' निर्मित करते हैं

जिनमें उनके पात्र, उनका परिवेश और उनका आचार-व्यवहार प्रचलित आधुनिक जीवनशैली से बहुत पृथक है। बल्कि इसके बरक्स वे एक ठेठ 'देहाती दुनिया' रचती हैं जहाँ भाषा तथा जीवन शैली दोनों में एक प्रकार की 'क्रडिटी' है—एक प्रकार का अनगढ़पन और कभी-कभी ऊबड़-खाबड़ तथा विषम कथाविस्तार भी दिखाई पड़ता है। वे अपनी इन्हीं विशेषताओं के कारण (अपनी कमजोरियों सहित) हिन्दी की अधिकांश उपन्यास लेखिकाओं से बिलकुल अलग हैं।

मनोहर श्याम जोशी तथा विनोद कुमार शुक्ल के उपन्यासों का जिक्र पहले किया जा चुका है। इस मामले में मैत्रेयी पुष्पा के उपन्यासों का ठीक विलोम देखना हो तो वह जोशी और शुक्ल के उपन्यासों में देखा जा सकता है : विनोद कुमार के तीनों उपन्यासों (नौकर की कमीज, खिलेगा तो देखेंगे और दीवार में खिड़की रहती थी) में कला-प्रयोगों की भरमार है जिसे भाषा तथा शिल्प दोनों स्तरों पर देखा जा सकता है। मनोहर श्याम जोशी 'कलात्मक उपलब्धियों' के लिए तरह-तरह की कलाबाजियाँ करते हुए दिखाई देते हैं। उनके उपन्यास 'जिमनास्टिक' की इसी प्रक्रिया से निर्मित होते हैं। अपने इन प्रयासों में वे एक विशेष प्रकार के 'रहस्य' की सृष्टि भी करते हैं जो यद्यपि निर्मल वर्मा से भिन्न है लेकिन उसका मकसद भी पाठक के मन में एक भ्रम की सृष्टि करना है। फिर भी मनोहर श्याम जोशी शताब्दी के अन्तिम दशक के अत्यन्त सक्रिय तथा महत्त्वाकांक्षी उपन्यासकार हैं। उनमें विभिन्न कथा दिशाओं में प्रयोग करने की क्षमता है, यह अलग बात है कि वे इसमें हमेशा सफल नहीं होते।

औपन्यासिक प्रयोग की दृष्टि से अपेक्षाकृत नई कथाकार 'गीतांजलि श्री' के 'तिरोहित' में पर्याप्त सम्भावनाएँ दिखाई पड़ती हैं। इस उपन्यास में उन्होंने उपन्यास के परम्परागत ढाँचे से पृथक एक नई संरचना निर्मित की है, किन्तु इस क्रिया में उनका प्रयास कोई 'नया उपन्यास' या 'प्रति उपन्यास' रचने की नहीं है। वे किसी मनोवैज्ञानिक सिद्धान्त का सहारा भी नहीं लेती। उपन्यास के घटनाक्रम में क्रमबद्धता नहीं है और वर्णन पद्धति घटनाओं तथा दृश्यों को चाक्षुष रूप में प्रस्तुत करनेवाली है—यानी जहाँ सब कुछ 'होता हुआ' दिखाई पड़े। किन्तु यह दिखाई पड़ना भी बहुत प्रत्यक्ष नहीं होता, बल्कि सब कुछ धुँधलके में घटित होता हुआ ही दिखाई पड़ता है। यानी उपन्यास में क्रमहीन ढंग से एक खण्डित कोलाज तो है ही, यहाँ भी एक प्रकार की रहस्यमयता है, किन्तु यह रहस्यमयता पाठक को 'अँधेरे में' रखकर उलझानेवाली नहीं है बल्कि वह बहुत सूक्ष्म तथा सटीक प्रविधि का अंग है। कथा के इस 'रहस्य' में एक प्रकार का विषाद या अवसाद है जिसे हमारे समाज में स्त्री होने का विषाद भी कह सकते हैं। जिसे दो अभिशापग्रस्त स्त्रियों के पारस्परिक सम्बन्धों के माध्यम से व्यक्त किया गया है। उपन्यास यहाँ जिस प्रविधि का उपयोग करता है उससे पता चलता है कि हमारी स्मृतियाँ एकरैखिक नहीं होती, न वे 'क्रोनोलॉजिकल' ढंग से हमारे सामने आती हैं। स्मृतियों में 'क्रोनोलॉजिकल' ढंग व्यक्त करना उनकी वास्तविकता के साथ छल करना तो है ही, उस कथ्य का भी नकार है जिसे उपन्यास अभिव्यक्त करना चाहता है। केवल

शब्दों में ही यह क्षमता होती है कि वे वास्तविकता को 'त्रि-दिक्' (थ्री डाइमेंन्सनल) रूप में व्यक्त कर सकें। 'तिरोहित' में यही प्रयास है और अपनी अन्य सीमाओं के बावजूद वह हिन्दी का एक नया उपन्यास (न्यू नॉवेल) जरूर बन सका है। उसमें नया उपन्यास बनने की यह कोशिश उस तरह नहीं है जिस तरह 'खिलेगा तो देखेंगे' में है।

इस तरह देखें तो अपनी अनेक विशेषताओं के बावजूद अलका सरावगी का 'कलिकथा वाया बाइपास' नया उपन्यास नहीं है। वह एक अच्छा उपन्यास है किन्तु परम्परागत रूप में ही। उसकी अवधारणाएँ स्पष्ट रूप से पूर्व निर्धारित हैं। यानी वह एक 'रिजोल्वड उपन्यास' है। वह इतिहास तथा वर्तमान के सन्दर्भ में मारवाड़ियों और बंगालियों के सम्बन्धों का विश्लेषण तो है ही बंगाल पर अंग्रेजों के आक्रमण के समय मारवाड़ियों की भूमिका का भी अन्वेषण है। उसके केन्द्रीय पात्र किशोरी बाबू की अर्धविक्षिप्तता का एक कारण वह अवचेतन में निहित अपराधबोध भी है कि उनके पूर्वजों ने कहीं उस समय देश के साथ कोई गद्दारी तो नहीं की थी ? इस सम्बन्ध में लेखिका की चिन्ता तथा तलाश पर्याप्त आँकड़ों तथा तथ्यों पर आधारित है और उपन्यास की केन्द्रीय विशेषता यही है। किन्तु अपनी वर्णनप्रणाली तथा भावबोध में उपन्यास परम्परागत ही है। जैसा कि पहले कहा गया उपन्यास का ढाँचा पूर्वनिर्धारित है, यहाँ तक उसका निष्कर्ष भी पूर्वनिर्धारित ढंग से ही सामने आता है। उसके चरित्र परम्परागत मॉडल चरित्र हैं। उसके नारी चरित्रों पर शरतचन्द्र के नारी चरित्रों का प्रभाव है। बंगला उपन्यासों की तरह उसका आन्तरिक संसार भावुकता विचलित है : ...की बहू जब परदेस जानेवाले पति के लिए पूरियों का आटा गूँथती है तो मानो वे पानी से नहीं उसके आँसुओं की धार से गूँथा जा रहा हो—ऐसी पंक्तियाँ सुदामा चरित्र की उन पंक्तियों की याद दिलाती हैं जहाँ कृष्ण अपने बाल सखा सुदामा के पाँव धो रहे हैं और कहा जाता है कि 'पानी परात को हाथ गह्यो नहिं, अँसुमन जल से पग धोये।' उपन्यास में ऐसे अनेक स्थल हैं जहाँ पाठक भाव-विगलित हुए बिना नहीं रह सकता। जबकि 'नया उपन्यास' भाव विह्वलता से बचता ही है और उसमें सामान्यतः कुछ भी पूर्वनिर्धारित होता—या कम-से-कम नहीं होना चाहिए।

यों तो अलका सरावगी मानती है कि "कहानी सिद्ध स्थितियों से नहीं बनती, वह गढ़ने की प्रक्रियाओं से बनती है या संयोगों के रसायन से।" किन्तु 'कलिकथा...' संयोगों का रसायन नहीं है। उसकी प्रक्रिया तथा उसका तथाकथित 'रसायन' भी पूर्वनिर्मित है और इसीलिए उसकी कथा का मृत अमोलक इस तरह अन्त में 'जीवित' दिखाया गया है कि पाठक उसे जीवित/मृत दोनों मान सके। उपन्यास का यह पूर्वनिर्धारित अन्त लचर है। वस्तुतः उसका तर्क संगत-अन्त यह है "अपने देश के स्रोतों को 'बाइपास' कर विदेशी फंड से तुम कुछ नहीं कर सकते। जो कुछ करना होगा अपने बल बूते पर ही।" (पृ. 215-216)

जिस उपन्यास का अन्त इस 'आर्षवाक्य' से हो उसकी रचना प्रक्रिया न तो स्वतःस्फूर्त हो सकती है और न संयोगों पर आधारित। यह आर्षवाक्य अन्त में सहसा

'जीवित' हो चुके पात्र अमोलक द्वारा ही कहलाया गया है और सबकुछ इस अन्त तक पहुँचने के लिए ही सारी 'प्रक्रिया' में रचयित रखा गया है। इसी तरह उपन्यास के एक स्मृति प्रसंग में किशोर बाबू की इस टिप्पणी की ओर लोगों का ध्यान गया है या नहीं कि "हिजड़े पाकिस्तान आबाद करने जा रहे हैं।" (पृ. 213)

इस वाक्य से अनेक अर्थ ध्वनित होते हैं किन्तु जो अर्थ चमकता हुआ सीधा सामने आता है वह तो स्तब्ध कर देनेवाला है : यहाँ किसे या किन्हें हिंजड़े कहा जा रहा है ? और यह कहने का तात्पर्य क्या है? 'बाबरी मस्जिद विध्वंस' के बाद लिखा जानेवाला यह वाक्य क्या सिद्ध कर रहा है? अलका सरावगी कहाँ खड़ी हैं?

बहरहाल यह बात गौरतलब है कि सन् 60 के बाद तक हिन्दी में उल्लेखनीय कुल चार-पाँच महिला उपन्यासकार ही थीं (कृष्णा सोबती, उषा प्रियंवदा, मन्नू भण्डारी, मृदुला गर्ग और ममता कालिया आदि) किन्तु शताब्दी के अन्त तक आते-आते हम कम-से-कम एक दर्जन महत्त्वपूर्ण महिला उपन्यासकारों को रचनारत देखते हैं उनमें से अधिकांश ने शताब्दी के अन्तिम वर्षों में कम-से-कम एक महत्त्वपूर्ण उपन्यास अवश्य लिखा। इनमें से कुछ उल्लेखनीय नाम ये हैं : मैत्रेयी पुष्पा (आल्मा कबूतरी), चित्रा मुदगल (आँवा), मृदुला गर्ग (कठ गुलाब), गीतांजलि श्री (तिरोहित), चन्द्रकान्ता (कथा सतीसर) और अलका सरावागी (कलिकथा वाया बाइपास)

नौकरी करनेवाली महिलाओं पर कहानियाँ मोहन राकेश के जमाने से लिखी जा रही थीं किन्तु उन पर केन्द्रित उपन्यास लिखने की परम्परा उषा प्रियंवदा के 'पचपन खम्भे लाल दीवारें' से शुरू हाती है। यद्यपि यह एक घनघोर रोमानी उपन्यास है और उनकी कहानियों की तरह उसका परिवेश भी 'पीले गुलाबों' वाला ही है किन्तु उसमें पहली बार एक ऐसी आधुनिक स्त्री सामने आती है जो 'स्वतन्त्र' होने की छटपटाहट में अपने को मिसफिट पाती है। उसकी आधुनिक मानसिकता प्रचलित नैतिक मूल्यों को तोड़ना चाहती है और वह एक स्वतन्त्र निजी जीवन जीना चाहती है। उषा प्रियंवदा के दूसरे उपन्यास 'रुकोगी नहीं राधिका...' में भी यही विकलता तथा छटपटाहट है किन्तु उषा प्रियंवदा की कामकाजी स्त्री (वर्किंग वुमन) जहाँ रुक जाती है वहीं से चित्रा मुद्गल की आधुनिक स्त्री अपनी जमीन की तलाश शुरू करती है : 'वह जिसके आगे राह नहीं है' (नो एक्जिट) की घुटन से बाहर निकलना चाहती है वह एक 'एसेटिव' औरत है : तकनीकी युग की शुरुआत की औरत केवल 'मॉडल' बनकर (प्रतीकात्मक तथा अभिधा दोनों अर्थों में) नहीं रहना चाहती। किन्तु वह जिस 'अपनी जमीन' को तलाश रही है, वह उसे नहीं मिलती और उसका एक प्रतिरूप 'आत्महत्या' द्वारा अपना अन्त कर लेता है। किन्तु दूसरा रूप 'अपनी जमीन' पर अडिग खड़ा रहता है।

अपने दूसरे और अधिक महत्त्वपूर्ण उपन्यास 'आँवा' में चित्रा मुद्गल की यह स्त्री केवल नौकरी ही नहीं करती बल्कि सामाजिक तथा श्रमिक संगठनों में सक्रिय भूमिका भी निभाती है। वह 'स्त्री शक्ति' बनने का प्रयास करती है किन्तु इस प्रक्रिया में उसे जिस भट्टी (आँवा) में तपना पड़ता है वह किसी 'रौरवनरक' की यातना से कम नहीं

है। इस उपन्यास में चित्रा मुद्गल ने दलित समुदाय तथा स्त्री को एक ही जमीन पर स्थित करके देखा है और उसके संघर्षों को एकाकार कर दिया है। यहाँ स्त्री अबला से शक्ति बनने की चेष्टा करती है किन्तु इस कथा की विडम्बना यह है कि यहाँ भी पुरुष वर्ग उसका ही लगातार शोषण करता है : चाहे वह 'ट्रेड यूनियन' के शीर्षस्थ नेता हो या कोई धनाढ्य युवा व्यापारी। इस कथा का अन्त यद्यपि लगभग क्रान्तिकारी कदम तथा आशावादी स्वर से होता है किन्तु मूलतः यह एक 'त्रासदी' ही है। इसीलिए उपन्यास आशावादी अन्त में पूरी कथा पर एक 'स्टीकर' बनकर ही रह जाता है। इस आँवा में तपकर स्त्री न तो कुन्दन बनती है और न सुगढ़ परिपक्व मृत्तिका पात्र। अन्ततः यह इस तथाकथित आधुनिक 'नई नारी' की करुण कथा ही है।

फिर भी बीसवीं शताब्दी का अन्तिम दशक जीवन के सभी क्षेत्रों में स्त्री की निर्णायक सक्रियता तथा संघर्ष का द्योतक तो है ही, कथा साहित्य में विशेष रूप से उपन्यास में स्त्रीलेखन में अपूर्व रचनात्मक-उन्मेष का दशक है। जिस प्रकार अब दलित लेखक को अपने जीवन-चित्रण तथा संघर्ष के लिए किसी वय-कुल-शीलवाले बौद्धिक की कूँची की दरकार नहीं है इसी प्रकार उस नई स्त्री को अपनी 'सुनीता' या मृणाल के लिए किसी 'जैनेन्द्र' की प्रतीक्षा या जरूरत नहीं है। इसे संयोग ही कहना चाहिए कि हिन्दी में महिला लेखन तथा दलित लेखन का उद्रेक प्रायः समानान्तर ही हुआ। किन्तु यह संयोग नहीं है कि अपनी अस्मिता के लिए 'दलित' तथा 'स्त्री संघर्ष' प्रायः साथ-साथ प्रखरतर हुआ है।

आजादी के बाद के प्रमुख उपन्यासकारों का उल्लेख करते हुए पहले ही श्रीलाल शुक्ल के उपन्यास 'राग दरबारी' का जिक्र किया जा चुका है। वहाँ उनकी कतिपय सीमाओं का भी जिक्र किया गया है और उसकी सन्दर्भ में कहा गया है कि केवल तंजिया अन्दाज तथा व्यंग्योक्तियों से किसी महत्त्वपूर्ण उपन्यास की रचना नहीं की जा सकती। महज व्यंग्योक्तियों से महत्त्वपूर्ण कहानी भले ही बन जाए, कोई 'बड़ा उपन्यास' नहीं बन सकती। शताब्दी के अन्तिम दशक में प्रकाशित श्रीलाल शुक्ल का उपन्यास 'विश्रामपुर का सन्त' उनके कथा लेखन में परिवर्तन का द्योतक है। यद्यपि उसमें व्यंग्योक्तियाँ हैं किन्तु क्रमशः वह एक गहरे नैतिक द्वन्द्व का उपन्यास बन जाता है : इसके नायक भोगवादी तथा सुखवादी (हेडोनिस्ट) जयन्ती प्रसाद सिंह के लिए 'सन्त' विशेषण महज व्यंग्य के लिए नहीं इस्तेमाल किया गया है बल्कि वह सचमुच एक व्यक्तित्व रूपान्तरण (मेटामारफोसिस) की प्रक्रिया से उपजा हुआ विशेषण है। 'रूपान्तरण' की इस प्रक्रिया का सूक्ष्म विश्लेषण ही इस उपन्यास की विशेषता है जो हिन्दी उपन्यासों में कम ही दिखाई पड़ती है। इसके अतिरिक्त सम्भवतः यह हिन्दी का पहला उपन्यास है जो एक सम्पन्न, समृद्ध और लिप्सा लिप्त वृद्ध व्यक्ति के मनोलोक की चीर-फाड़ (पोस्टमॉर्टम) करता है। यह 'ओल्ड ऐज' की साठ की पर केन्द्रित उपन्यास है जो 'पापपंक' में बड़े व्यक्ति को 'पतन' और उससे उत्पन्न गहरे नैतिक द्वन्द्व को प्रायः उसी तरह चित्रित करता है जैसा टॉल्सटॉय के लघु उपन्यास 'फादर सर्जियस' में दिखाई

पड़ता है। यह उपन्यास इस बात का द्योतक है कि रचनात्मक विकास में उम्र हमेशा बाधक सिद्ध नहीं होती।

कुछ साठोत्तरी कहानीकारों ने भी शताब्दी के अन्तिम दशक के आस-पास उपन्यास क़े क्षेत्र में भी पर्याप्त सक्रियता प्रदर्शित की और इनमें से कुछ ने श्रेष्ठ उपन्यासों की रचना भी की। इनमें कहानीकार गिरिराज किशोर बहुत पहले से ही उपन्यासों की ओर उन्मुख हो गए थे और यद्यपि उन्होंने आधा दर्जन से अधिक उपन्यासों की रचना की किन्तु इसे रचनात्मक विडम्बना ही कहेंगे कि उन्हें सर्वाधिक सफलता अपने प्रारम्भिक उपन्यास 'जुगलबन्दी' में ही मिली। स्पष्ट है कि 'जुगलबन्दी' शीर्षक 'राग दरबारी' से प्रभावित है किन्तु इस उपन्यास का कथाक्षेत्र सर्वथा भिन्न है। उसमें विरोधी शासक वर्ग (अंग्रेज) तथा भारतीय सामन्त वर्ग के जटिल सम्बन्धों का पर्याप्त रचनात्मक तनाव के साथ वर्णन किया गया है। यद्यपि इस उपन्यास की संरचना उन्नीसवीं सदी के उपन्यासों जैसी ही है किन्तु उसके भीतर से ही एक वर्ग विशेष या वैयक्तिक संघर्ष जिस तरह व्यक्त किया गया है वह महत्त्वपूर्ण है : निश्चित रूप से यह सामन्त समुदाय (ताल्लुकेदार, जमींदार, राजा-रजबाड़े) एक अपराधबोध से ग्रस्त है जो अनेक स्तरों पर ध्वनित होता है : एक ओर वह शासक वर्ग के उपकारों तथा प्रलोभनों तले दबा हुआ है, बल्कि उनका अस्त्र बनकर अपने ही देशवासियों पर कहर ढाता रहता है, लेकिन दूसरे स्तर पर उसकी अन्तर्आत्मा भीषण अपराधबोध से ग्रस्त है। उपन्यास में यह तनाव पूर्ण 'जुगलबन्दी' दूर तक चलती है किन्तु अन्त में इस द्वन्द्व के तनाव को न झेल पाने के के कारण उसके जमींदार नायक आत्महत्या कर लेते हैं और इस जुगलबन्दी का तार टूट जाता है। अपने इस विशेष कथानक तथा उसको अन्त तक रचनात्मक निर्वाह करने कारण ही यह उपन्यास अपेक्षाकृत महत्त्वपूर्ण बन सका है, वरना इसकी कथा शैली या भाषा में कोई चमक या उन्मेष नहीं है। दुर्भाग्य से गिरिराज किशोर के बाद के उपन्यासों में उनकी परिश्रमी प्रकृति के बावजूद कोई बात बनती नहीं दिखाई देती है। उनकी निर्वहन क्षमता क्रमशः क्षीण होती गई और उनके उपन्यासों में कृत्रिमता आती गई। केवल आई.आई.टी. के परिवेश पर लिखा गया उनका उपन्यास...इसका अपवाद है जो आई.आई.टी. कल्चर तथा उससे जुड़ी अनेक त्रासदियों को उजागर करता है : आई. आई.टी., एग्रीकलचर कॉलेजों, वैज्ञानिक संस्थानों तथा ऐसे अनेक आधुनिक तकनीकी तथा शोध संस्थानों के छात्र, प्राध्यापक, वैज्ञानिक आदि प्रायः 'आत्महत्याओं' के लिए क्यों विवश हो जाते हैं ? इस रहस्य पर से पर्दा उठाने के लिए ऐसे अनेक और इससे भी अधिक रचनात्मक अन्वेषी उपन्यास लिखे जाने चाहिए। दुर्भाग्य से स्वयं गिरिराज किशोर उस दिशा में और उन्मुख होने के बजाय उससे प्रायः विमुख होकर 'गांधीवादी नियति' को प्राप्त हो गए।

सन् 60 के बाद के कहानीकारों में सम्भवतः सबसे पहले महेन्द्र भल्ला ने एक लघु उपन्यास 'एक पति के नोट्स' लिखा था जिसकी पर्याप्त चर्चा हुई थी। चर्चा का कारण उसका सुन्दर बेलौस गद्य तथा बेबाक दैहिक वर्णन था। इतनी तटस्थ निर्भीकता के साथ

अपने शारीरिक संवेगों का वर्णन हिन्दी में इससे पहले किसी कथाकार ने नहीं किया था। अपने कुछ अद्‌भुत विशेषणों के कारण भी यह उपन्यास बेहद पठनीय बन गया था। मसलन स्त्री की योनि का भीतरी भाग कथाकार को आँख के कोणों की तरह दीख रहा है। कुछ लोगों को यह वीभत्स भी प्रतीत हो सकता है किन्तु विशेषण बहुल इस कथा भाषा में एक टटकापन और बेलाग सटीकता है, जैसे उसी के आस-पास छपनेवाले कवि श्रीकान्त वर्मा के उपन्यास 'दूसरी बार' में है। यद्यपि जहाँ 'एक पति के नोट्स' की भाषा अपनी विशेषण बहुलता के कारण उल्लेखनीय है वहीं श्रीकान्त वर्मा का गद्य नितान्त अनलंकृत तथा विशेषणहीन है। उनके सीधे संक्षिप्त तथा पारदर्शी वाक्य हेमिंग्वे की कथा भाषा स्मरण करानेवाले हैं। महेन्द्र भल्ला ने बाद में दो-तीन उपन्यास और लिखे किन्तु जहाँ उनके पहले लघु उपन्यास में घनघोर ऐन्द्रियता थी वहीं उनके दूसरे उपन्यास-दूसरी तरफ में बौद्धिक विश्लेष्णात्मकता प्रधान हो गई है। किन्तु एक ओर तो लेखक को अंग्रेजों तथा भारतीयों के बीच के जटिल सम्बन्धों का पूरी तरह पता नहीं है और दूसरी ओर उसका मस्तिष्क इस सम्बन्ध को उसके पूरे सन्दर्भ में विश्लेषित करने के लिए प्रस्तुत नहीं है। इसीलिए उसके निष्कर्ष या तो पूर्वग्रहग्रस्त है या सपाट है। 'कथारस' का भी इसी कारण अभाव है। उपन्यास अन्त तक विरस तथा सपाट बना रहता है। अपने तीसरे उपन्यास 'उड़ने से पेश्तर' में लेखक ने अपनी पूर्ववर्ती स्वतःस्फूर्त, वर्णानात्मकता प्राप्त करने की कोशिश की है लेकिन अंग्रेजों की जातीय ज्यादती रंगभेद तथा कलई लोगों के प्रति उनकी प्रतिहिंसा उस पर इतनी हावी हो गई है कि यहाँ भी वह इस 'मानसिकता' का न तो उद्‌घाटन कर पाया है न ऐतिहासिक सन्दर्भ में इस घृणा और प्रेम की बुनावट को व्याख्यायित कर पाया है। दरअसल ऐन्द्रियता का रस सूख जाने के बाद वह अपने बौद्धिक विश्लेषण क्षमता का विकास भी नहीं कर पाई है। इसीलिए महेन्द्र भल्ला को बाद के उपन्यास 'न इधर न उधर' की स्थिति में ही रह जाते हैं। लगभग यही हश्र एक दूसरे साठोत्तरी कथाकार रवीन्द्र वर्मा के उपन्यासों का होता है। रवीन्द्र वर्मा की स्थिति इसलिए भी थोड़ी और दुर्बल हो जाती है कि उनके पास कोई ऐसी उपार्जित निजी कथा भाषा नहीं है, जैसी महेन्द्र भल्ला के पास है। हालाँकि वे पूर्वग्रहहीन हैं किन्तु उनके पास न तो कोई विस्तृत कथाक्षेत्र और न कोई सघन तीव्र अनुभव है जिसे वे रचनात्मक प्रखरता के साथ अपने उपन्यासों में व्यक्त कर सकें। इसीलिए वे प्रायः विख्यात उपन्यासों से प्रेरणा लेते हुए प्रतीत होते हैं और उनके अनुरूप कथा स्थितियाँ गढ़ने की कोशिश में उनके उपन्याास कृत्रिम तथा प्रायः प्राणहीन हो जाते हैं। वे कथानकों में (जो प्रायः होती ही नहीं) मिथकों, प्रतीकों आदि का प्रयोग करने की कोशिश करते हैं किन्तु चूँकि मिथकों तथा प्रतीकों का प्रयोग दुधारी तलवार की तरह होता है इसलिए सन्दर्भपूर्ण भराव के अभाव में वे प्रायः किसी विशेष अर्थ की अभिव्यक्ति नहीं कर पाते। रवीन्द्र वर्मा के उपन्यासों में श्रम और प्रयत्न तो होता है लेकिन किसी गहरी सामाजिक तथा राजनैतिक समय के अभाव में वे स्मार्ट सरलीकृत निष्कर्षों तक ही पहुँच पाते हैं। वे जिन अवधारणाओं को मन में बैठा कर उपन्यास

लिखते हैं प्रायः वे अवधारणाएँ ही अवास्तविक तथा अधारहीन होती हैं। इसीलिए उनके श्रमपूर्वक तथा अपनी ओर से सावधानीपूर्वक लिखे गए उपन्यास भी स्थूल स्तर से बहुत ऊपर नहीं उठ पाते। यह बात उनके अभिमन्यु...जवाहर नगर, निन्नायवे तथा पत्थर ऊपर पानी आदि प्रायः सभी उपन्यासों पर लागू होती है। फिर भी वे एक अत्यन्त सक्रिय तथा 'हार न माननेवाले' उपन्यासकार हैं, इसीलिए उनमें अब भी सम्भावनाएँ देखी जा सकती हैं।

जैसा कि पहले ही कहा जा चुका है शताब्दी का अन्तिम दशक उपन्यासों की दृष्टि से अत्यन्त ऊर्वर तथा सम्भावनाओं से भरा हुआ दिखाई पड़ने लगा। इसके बरक्श कविताओं में मात्रात्मक विकास तो दिखाई पड़ा बल्कि कविताएँ इतनी लिखी जाने लगी जितनी त्वरा से शायद कभी नहीं लिखी गई। किन्तु अब यह बात विवादास्पद नहीं प्रतीत होनी चाहिए कि कविताओं में गुणवत्ता की दृष्टि से भयानक क्षण दिखाई पड़ता है न केवल उसमें विरसता तथा एकरसता है बल्कि ऐसा प्रतीत होता है मानो पूरी उपमहाद्वीप को आवृत्त कर लेनेवाली एक ही कविता लिखी जा रही हो और उसी की असंख्य कतरनें विभिन्न पत्र-पत्रिकाओं तथा संकलनों में निरन्तर प्रकाशित हो रही हों। महत्त्वपूर्ण कविताओं और कवियों का उल्लेख कवितावाले प्रकरण में किया जा चुका है। लेकिन यहाँ उल्लेखनीय है कि केवल कविता के परिदृश्य में ही नहीं कहानी के क्षेत्र में भी अधिक चमकदार तथा उल्लेखनीय कहानियों का अन्तिम दशक में अभाव दिखाई पड़ा। अतः कहा जा सकता है कि केवल उपन्यास के क्षेत्र में नए ही नहीं अपेक्षाकृत पुराने कथाकारों में भी ऐसी प्रखरता दिखाई पड़ी जैसी केवल शताब्दी के तीसरे तथा चौथे दशक में दिखाई पड़ी थी : नाटककार सुरेन्द्र वर्मा एक वृहदाकार उपन्यास 'मुझे चाँद चाहिए' लिखकर सबको चौंका दिया था : यद्यपि इस उपन्यास को उन कालसिद्ध उपन्यासों की श्रेणी में नहीं रखा जा सकता जिसमें गोदान, शेखर, त्यागपत्र, मैला आँचल और झूठा सच आदि को रखा जाता है किन्तु एक तो यह हिन्दी में नाटक-सिनेमा तथा संचार माध्यमों से जुड़े चरित्रों पर केन्द्रित पहला उपन्यास था जिसमें उसका अन्तरंग ही उद्घाटित नहीं किया था उनके जीवन की कारुणिकता तथा त्रासदी को भी बड़ी रचनात्मक उष्मा के साथ चित्रित किया गया था। इस महाकाय उपन्यास में घटनात्मक स्तर इतनी तीव्रतर है और उसे इतनी दृश्यात्मक प्रवीणता के साथ व्यक्त किया गया है कि पाठक को साँस लेने की भी मुहलत नहीं मिलती। हालाँकि इतनी सफलता भी इस उपन्यास को महत्त्वपूर्ण सिद्ध करने के लिए पर्याप्त थी किन्तु हम उसमें कथा भाषा के स्तर पर भी एक नया उन्मेष देखते हैं। अपनी परम्परागत समृद्ध साहित्य में पारंगत हुए बिना ऐसी कथा भाषा की रचना असम्भव थी। उसके साथ ही सुरेन्द्र वर्मा इसमें समान शयता के साथ पश्चिम की महान नाट्यधारा को भी इस तरह सुगन्धित कर देते हैं कि इस भाषा तथा भावबोध के समन्वय तथा संयोजन पर चकित होना पड़ता है : इसमें हम अचानक ही—हालाँकि अस्वाभाविक तथा कृत्रिम ढंग से नहीं—कालिदास और 'कैलिग्रन्थ' (कैमू विख्यात नाटक का नायक) को प्रायः एक ही जमीन पर आमने-सामने

खड़ा पाते हैं। उपन्यास की शुरुआत ही 'कैलिगुला' के उस कथन से होती है जहाँ वह अपनी महत्त्वाकांक्षा के उस शिखर पर है जहाँ उसे चाँद से कमतर कुछ नहीं चाहिए। लेकिन उपन्यास के प्रायः प्रत्येक पृष्ठ कालिदास, भारवि, भाष और श्री हर्ष की उक्तियों से इस प्रकार गुँथा हुआ है कि पाठक स्वयं को आधुनिकता तथा परम्परा के एक रचनात्मक सेतु से गुजरता हुआ पाता है। इसमें नाटककार सुरेन्द्र वर्मा ने अपनी नाट्यलेखन क्षमता तथा उसकी रचनात्मक पद्धति का भी भरपूर उपयोग किया है और उपन्यास की पूरी संरचना नाट्यशिल्प से निर्मित की गई है। नाटकीय दृश्य विधान तथा संवादों में उपन्यास को एक 'त्रि-दिक्' (थ्री-डायमेंशनल) आयाम दे दिया है। किन्तु इस उपन्यास की सीमाएँ भी स्पष्ट हैं : उपन्यास में उसकी नायिका का जिस तरह उत्तरोत्तर उत्थान दिखाया गया है और उसे शाहजहाँपुर के एक कस्बे से उठाकर प्रायः 'लाल कालीन' पर उड़ाते हुए 'बॉलीवुड से हॉलीवुड' पहुँचा दिया गया है वह आज की हिन्दी फिल्मों की जादुई चमत्कारिक पद्धति का प्रभाव प्रतीत होता है। उपन्यास 'कैलिगुल' की ही त्रासदी को यदि पूरी तरह पकड़कर व्यक्त कर सका होता तो निश्चित रूप से वह हिन्दी के काल-सिद्ध उपन्यासों की श्रेणी में जुड़ जाता। इसीलिए हम इस 'चाँद' को 'थाली' के प्रतिबिम्ब में ही देख पाते हैं जो थाली के जल के हिलने से बार-बार खण्डित हो जाता है।

वयोवृद्ध उपन्यासकार कृष्ण बलदेव वैद भी पिछले बीस वर्षों से अत्यन्त सक्रिय उपन्यासकारों में हैं। प्रायः प्रतिवर्ष उनका एक उपन्यास प्रकाशित होता रहा है किन्तु अपनी दुर्दांत प्रयोगधर्मिता के कारण उनके उपन्यासों को मान्यता नहीं मिल सकी जो इतने वरिष्ठ तथा निरन्तर सक्रिय उपन्यासकार को मिलनी चाहिए थी। अब तक वे प्रायः एक दर्जन उपन्यास लिख चुके हैं। इक्कीसवीं सदी के शुरुआत में भी उनकी कृतियाँ निरन्तर आ रही हैं। मैं जो उनके उपन्यासों का प्रारम्भ से ही पाठक रहा हूँ, स्वयं उनके प्रारम्भिक लघु उपन्यास 'उसका बचपन' के अतिरिक्त किसी भी उपन्यास को न तो तन्मयता से पढ़ पाया और न उसकी विशेषता को ही रेखांकित कर सका। यह मेरी पाठकीय सीमा भी हो सकती है, किन्तु मैं इसे अपना पूर्वग्रह नहीं मानता। मैं उनके उपन्यासों में वह कलात्मकता भी परिलक्षित नहीं कर सका जो मुझे विनोद कुमार शुक्ल जैसे उपन्यासकार के उपन्यासों में दीखी। इसका क्या कारण हो सकता है ? यदि मैं अपनी रुचि या समझ की सीमा का विश्लेषण करूँ तो पहली बात शायद यह है कि मुझे 'उसका बचपन' के बाद के सभी उपन्यास अत्यधिक यौन आक्रान्त लगे। यह यौन आक्रान्ति या 'सेक्सुअल ऑब्सेशन' अक्सर यौन विकृतियों की सीमा तक पहुँचा हुआ है जो कभी-कभी युगुप्सा भी उत्पन्न करता है। दूसरी बात यह कि कोई उपन्यासकार अपनी विशेष शैली या पद्धति के अन्तर्गत कथा वर्णन में कोई पूर्वापर सम्बन्ध न रखे और मुक्त-साहचर्य (फ्री एसोसिएशन) की शैली में लिखे तो इसे अवांछित और कलात्मक कमजोरी नहीं मानना चाहिए। अतः केवल इसी कारण उनके उपन्यास पाठकों के गले नहीं उतरते तो इसे पाठक की सीमा माननी चाहिए न कि लेखक की। लेकिन

मुझे जो बात उनकी असफलता की हद तक कमजोरी प्रतीत होती है कि एक तो उनके उपन्यासों में 'कथानक' प्रायः नहीं होता और वे आवृत्तिमूलक वृत्त बनाते हुए लिखे जाते हैं, जिसमें आवृत्तियाँ अनावश्यक पुनरावृत्तियाँ बन जाती हैं। इसके अतिरिक्त वे अपने उपन्यासों में 'फंतासी' तथा यथार्थ का ऐसा घालमेल कर देते हैं कि उससे कोई अर्थ का मंतव्य निकालना मुश्किल हो जाता है। उनकी अन्तिम और फाइनल दुर्बलता उनकी भाषा है जो शब्दों के खेल खेलती है, अनावश्यक तुकबन्दियाँ करती है जो अकसर 'अनांक्षरी' बनकर रह जाती है। शब्दों से खेलना बुरी बात नहीं है लेकिन पूरा का पूरा उपन्यास ही शब्दाडम्बर बनकर रह जाए तो वह असह्य और अपाठ्य दोनों हो जाता है। और ऐसा चूँकि उनके प्रत्येक उपन्यास में होता ही रहता है तो पाठक उन्हें गम्भीरता से लेना बन्द कर देता है। उनके उपन्यासों से कोई 'फलसफा' या विशेष दृष्टि निकलती हो ऐसा भी कहीं परिलक्षित नहीं होता। स्वयं उन्होंने कोई लेखकीय वक्तव्य देकर अपने उपन्यासों में ताले या कुंजी को समझाने का प्रयत्न भी नहीं किया है। अतः उनके उपन्यास खिलंदड़े ही नहीं शब्दों के खिलवाड़ बनकर रह जाते हैं।

फिर भी कुल मिलाकर शताब्दी के अन्त का औपन्यासिक परिदृश्य सम्भावनाओं से भरपूर दीखता है। मंजूर एहतशाम, असग़र वज़ाहत, पंकज विष्ट, विद्यासागर नौटियाल, काशीनाथ सिंह, दूधनाथ सिंह जैसे अपेक्षाकृत पुराने और वरिष्ठ उपन्यासकार तो नई ऊर्जा से भरपूर उपन्यास लिख ही रहे हैं, प्रियंवद आदि नए कथाकार भी उपन्यासों की दिशा में नई कथा भाषा तथा नई कथा दृष्टि लेकर आ रहे हैं। शताब्दी का अवसान हिन्दी उपन्यास के नवोत्थान का सूचक तथा संकेत बनकर आया।

कहानी

अनेक कारणों से कविता, उपन्यास आदि की अपेक्षा हिन्दी कहानी का आरम्भ अधिक आकर्षक, उत्तेजक तथा महत्त्वपूर्ण लगता है। वैसे तो आचार्य रामचन्द्र शुक्ल भी मानते हैं कि उपन्यासों की अपेक्षा हिन्दी कहानी का विकास अधिक त्वारा तथा प्रचुरता से हुआ है : "उपन्यासों से भी प्रचुर विकास हिन्दी में छोटी कहानियों का हुआ है।" (इतिहास)

इस प्रकार के विकास के अनेक लक्षण प्रारम्भ में ही परिलक्षित होने लगते हैं। मसलन हिन्दी की कथा समीक्षा में 'विडम्बना' शब्द तो बहुत बाद में आया किन्तु हिन्दी की एक प्रमुख प्रारम्भिक कहानी का शीर्षक था "कानों में कँगना" ! राजा राधिका रमण सिंह की यह कहानी संवत 1970 में 'इन्दु' पत्रिका में प्रकाशित हुई थी। सब जानते हैं कि 'कँगना' हाथों में पहनने की चीज है, कानों में नहीं। अतः यह शीर्षक ही प्रारम्भ से हिन्दी कहानी में एक विडम्बना का बोध कराने लगता है।

हिन्दी कहानी के सम्बन्ध में दूसरा महत्त्वपूर्ण तथ्य यह है कि उसका प्रारम्भ करनेवाले प्रमुख कहानीकारों में से एक न केवल महिला कहानीकार थीं, बल्कि बंगाली महिला थीं। जिन्होंने 'बंग महिला' उपनाम से 'दुलाईवाली' कहानी लिखी थी जो संवत 1964 में 'सरस्वती' (भाग-8, संख्या-5) में प्रकाशित हुई थी। इससे स्पष्ट हो जाता है कि 'हिन्दी कहानी' में प्रारम्भ से ही एक अधिक उदार, व्यापक तथा भाषा-निरपेक्ष सांस्कृतिक समग्रता के बीज निहित थे जिसने क्रमशः विकसित होकर इस शताब्दी के अन्त तक आते-आते एक ऐसा विराट रूप धारण कर लिया जिसने जाति, धर्म, जनपद, प्रदेश, लिंग भेद—सबके कूल-कगारों को ढहाकर अपना एक पृथक, स्वायत्त राष्ट्रीय रूप निर्मित किया और जिसमें परम्परा, अतीत और वर्तमान के बीच ही नहीं सभी दिशाओं से विश्वव्यापी स्तर पर निर्बाध आवा-जाही के मार्ग प्रशस्त हो गए ! इसके प्रशस्त तथा विश्वव्यापी रूप का निकट से सघन विश्लेषण आगे यथास्थान किया जाएगा। यहाँ उद्देश्य केवल यह संकेत करना था कि हिन्दी कहानी का आरम्भ ही अत्यन्त संश्लिष्ट तथा जनतान्त्रिक आधार लिए हुए हुआ जिसका विश्लेषण प्रथम दो दशकों की कुछ प्रमुख कहानियों के माध्यम से किया जा सकता है।

यहाँ यह मानकर चलना चाहिए कि उन्नीसवीं सदी के उत्तरार्द्ध की जिन कहानियों का उल्लेख हिन्दी की प्रारम्भिक कहानियों के रूप में किया जाता रहा है वे भाषा, शिल्प

तथा संरचना आदि की दृष्टि से केवल कहानियाँ नहीं मानी जा सकती, बल्कि भावबोध की दृष्टि से भी उनका कोई सम्बन्ध बीसवीं शताब्दी की हिन्दी कहानी से नहीं स्थापित होता। स्वयं शुक्लजी भी मानते हैं कि "रानी केतकी की कहानी और राजा भोज का सपना आधुनिक कहानियाँ नहीं मानी जाएँगी।" यद्यपि शुक्ल जी की आधुनिक तथा 'आधुनिकता' के सम्बन्ध में जो अवधारणा थी उसे आज के सन्दर्भ में और आधुनिकता तथा आधुनिक भावबोध की वास्तविक व्याख्या के सन्दर्भ में स्वीकार नहीं किया जा सकता ! उनका 'आधुनिक काल' तो 'रीति काल' के बाद ही शुरू हो जाता है। शुक्ल जी 'इन्दुमती' 'ग्यारह वर्ष का समय' और 'दुलाईवाली' को हिन्दी की प्रारम्भिक कहानियाँ मानते हैं। इनमें 'ग्यारह वर्ष का समय' स्वयं शुक्ल की कहानी थी जिसे उन्होंने 'विनम्रतापूर्वक' इस सूची में शामिल कर लिया है।

वास्तविकता तो यह है कि इस सदी के पहले दशक में प्रकाशित अनेक छिट-पुट कहानियों को छोड़ दें तो हिन्दी कहानी का जो विशाल मानचित्र आज परिलक्षित होता है उनकी रेखाओं का निर्माण 'सरस्वती' में 1915 में प्रकाशित चन्द्रधर शर्मा गुलेरी की 'उसने कहा था' कहानी से ही प्रारम्भ होता है। इस रूप में यह 'आरम्भ' विस्मित करनेवाला है : भाषा तथा प्रविधि की दृष्टि से यह कहानी उस समय की सभी साहित्यिक विधाओं को केवल पीछे ही नहीं छोड़ देती, बल्कि उनकी उपस्थिति को ही हास्यास्पद बना देती है। 1915 तक तो हिन्दी साहित्य में छायावादी या स्वच्छन्दतावादी भावबोध का भी कायदे से प्रवेश नहीं हुआ था। कविता रीतिकालीन भावबोध और भाषा ब्रजभाषा की लीक पर ही खिसकती हुई चल रही थी। हिन्दी गद्य यद्यपि अधिक प्रस्फुटित था और यथार्थ की भूमि पर आ रहा था। किन्तु 'उसने कहा था' तो एक चमत्कारिक विस्फोट थी। 'प्रथम महायुद्ध' इस कहानी में पृष्ठभूमि नहीं, कथा क्षेत्र है जिसकी कल्पना भी उस समय असम्भव थी। प्रथम तो क्या द्वितीय महायुद्ध पर भी हिन्दी में शायद ही कोई महत्त्वपूर्ण कहानी लिखी गई हो। इस कहानी का शीर्षक ही जिस तरह पूरी कहानी में मँड़राता रहता है वह रचनात्मकता के उन्मेष का विलक्षण उदाहरण है। प्रविधि के रूप में तब तक 'पूर्वदीप्ति' (फ्लैश बैक) और चेतना का प्रवाह (स्ट्रीम ऑफ कांससनेस) का नाम भी हिन्दी में सुना नहीं गया था जिसका इस कहानी में अपूर्व कौशल से उपयोग किया गया है।

भावबोध की दृष्टि से यह कहानी हिन्दी कथा साहित्य की ही नहीं हिन्दी साहित्य मात्र की पहली रोमैंटिक संवेदना या स्वच्छन्दतावादी भावबोध की रचना है। तो क्या यह माना जाए कि 'स्वच्छन्दतावादी भावबोध' तथाकथित 'छायावाद' से पहले (यानी कविता से पहले) इस कहानी के माध्यम से प्रकट हुआ ? यह ऐतिहासिक तथ्य विचारणीय है।

हिन्दी कहानी के विकास क्रम में उस समय के जिन प्रारम्भिक कहानीकारों का उल्लेख आचार्य शुक्ल अपने इतिहास में नहीं कर सके, उनमें माधवराव सप्रे प्रमुख हैं, जिन्होंने केवल सन् 1900 में पाँच हिन्दी कहानियाँ लिखी थी। हिन्दी में सौ वर्षों की

कहानियों का चयन करनेवाले कथाकार महेश दर्पण ने बारह खण्डों में प्रकाशित इस ग्रन्थ के प्रथम खण्ड में इन कहानियों का व्यापक रूप से उल्लेख किया है।

'एक पथिक का स्वप्न' (माधवराव सप्रे) सम्भवतः पहली ऐसी रचना है जिसमें 'स्वतन्त्रता' शब्द का प्रयोग किया गया है और उसकी महत्ता की ओर संकेत करते हुए कहा गया है कि "स्वतन्त्रता मनुष्य मात्र को ईश्वर के यहाँ से मिली है, उसे मोल लेने की मेरी इच्छा नहीं।" इस पंक्ति को बाल गंगाधर तिलक की उस ऐतिहासिक घोषणा के सन्दर्भ में देखना चाहिए कि "स्वतन्त्रता हमारा जन्मसिद्ध अधिकार है।" अर्थात् प्रारम्भ से ही हिन्दी कहानी के 'स्वप्न' में 'स्वतन्त्रता' एक महत्त्वपूर्ण अवधारणा तथा कामना के रूप में उभर रही थी। बाद के वर्षों में जयशंकर प्रसाद की अनेक कहानियों और नाटकों में 'स्वतन्त्रता' को अनेक सन्दर्भों में निरूपित और विश्लेषित किया गया। 'स्वतन्त्रता' जयशंकर प्रसाद के साहित्य में एक ऐसा 'बीज शब्द' (की वर्ड) है जिसे ऐतिहासिकता के खाते में डालकर यह समझने की कोशिश ही नहीं की गई। प्रसाद जी अंग्रेजी राज के उन वर्षों में क्यों तथा किस सन्दर्भ में जोर देकर 'स्वतन्त्रता' की आकांक्षा और महत्ता को उद्घोषित कर रहे थे ? कविता में भी "स्वयं प्रभा, सम्मुज्वला, 'स्वतन्त्रता' पुकारती...' का उद्घोष एक देशव्यापी पुकार तथा ललकार बनकर उनकी रचनाओं में प्रायः हर जगह गूँजता रहता है।

कहने का तात्पर्य यह है कि हिन्दी कहानी के मूल चरित्र के प्रारम्भ से ही समझने तथा उसकी विशेषताओं को रेखांकित करने की आवश्यकता है। मसलन सामान्यतः प्रेमचन्द को ग्रामजीवन तथा कृषिकेन्द्रित समाज का पहला तथा सबसे महत्त्वपूर्ण कथाकार माना जाता है और जो वे हैं भी। किन्तु यह न भूलना चहिए कि ग्रामजीवन पर केन्द्रित प्रसाद जी की पहली कहानी जिसका शीर्षक भी 'ग्राम' है, 'इन्दु' पत्रिका में 1910 में प्रकाशित हुई थी यानी प्रेमचन्द के 'पंच परमेश्वर' से छह वर्ष पूर्व। यह तथ्य भी ध्यान देने योग्य है कि जमींदार द्वारा किसान की जमीन हड़पने जैसे शोषण के कृत्यों की ओर सबसे पहले प्रसाद जी का ही ध्यान गया था। अतिउत्साह तथा आवेश में अनेकानेक फतवे दे डालनेवाले हिन्दी के प्राध्यापकों और समीक्षकों को अपनी सोच में संशोधन करने की जरूरत तो है ही ऐतिहासिक तथ्यों में किए गए घालमेल को भी संशोधित करने की जरूरत है। हम कहानी में ही नहीं अन्य विधाओं में भी देखने की कोशिश करेंगे कि किस प्रकार बिना सोचे-समझे कभी तो अनर्गल स्थापनाएँ की गई और कभी किसी विशेष योजना के तहत (यदि षडयन्त्र नहीं तो) किसी रचनाकार को हाशिए पर खिसकाने की चेष्टा की गई और कुछ को शीर्षस्थ तथा केन्द्रस्थ बनाने की।

हिन्दी में 'जनवादी साहित्य' और 'प्रगतिशील साहित्य' जैसे आन्दोलन तो बहुत बाद में शुरू हुए। 'जनवादी साहित्य' तो एक नाम के रूप में ही पिछले दो-तीन दशकों की देन है किन्तु यदि हिन्दी कहानी के इतिहास और विकास पर गौर करें तो किसानों और मजदूरों से सम्बन्धित जितनी कहानियाँ प्रारम्भिक दो दशकों में लिखी गई उतनी

फिर कभी नहीं लिखी गई। अतः आज दिल्ली, बम्बई और कलकत्ता की साहित्य सभाओं तथा संस्थाओं द्वारा मध्यवर्गीय शहरी साहित्य को 'जनवादी' कहना एक 'क्लिशे' ही लगता है। उस दौर में राजनीति, पत्रकारिता तथा साहित्य में ऐसी पारस्परिकता थी जो सीधे अपना लक्ष्य किसानों तथा मजदूरों की समस्याओं को केन्द्र में रखकर चलती थी। पूर्वी उत्तर प्रदेश का किसान राजनीति में बाबा रामचन्द्र, पत्रकारिता में गणेश शंकर विद्यार्थी, महावीर प्रसाद द्विवेदी, माधवराव सप्रे तथा...आदि लोगों ने सीधे अपना ध्यान किसान-मजदूरों की समस्याओं पर केन्द्रित कर रखा था। इस प्रसंग में माधवराव सप्रे की 1901 में प्रकाशित (छत्तीसगढ़ मित्र) 'एक टोकरी भर मिट्टी' विशेष रूप से उल्लेखनीय है। इसी दौर में स्वयं महावीर प्रसाद द्विवेदी तथा गणेश शंकर विद्यार्थी ने भी कई महत्त्वपूर्ण कहानियाँ लिखी थीं। 1924 में प्रकाशित आचार्य शिवपूजन सहाय की कहानी 'कहानी का प्लॉट' एक अर्थ में हिन्दी की पहली यथार्थवादी कहानी मानी जाएगी क्योंकि तब तक की अधिकांश कहानियाँ अपनी यथार्थवादी सामाजिक चेतना के बावजूद अन्त में भावभीने आदर्शवाद या सुधारवाद की ओर मुड़ जाती हैं। 'एक टोकरी भर मिट्टी' तक इस भावाकुल सुधारवाद से सिक्त है।

'कहानी का प्लॉट' एक अद्‌भुत कहानी है। शायद 'उसने कहा था' के बाद तब तक की सबसे अधिक चकित करनेवाली कहानी। इसकी भाषा तथा मुहावरे यदि प्रेमचन्द की कहानियों को भी यदि मात देनेवाले नहीं हैं तो उससे कमतर भी नहीं हैं। कुछ बानगी देखें "वे गाँजे में बढ़िया-से-बढ़िया इत्र मलकर पीते थे—चिलम कभी ठंडी नहीं होती थी। एक जून बत्तीस बटेर और चौदह चपातियाँ उड़ा जाते थे।"... "थानेदार की कमाई और फूस का तापना दोनों बराबर है।"... "शायद किस्मत की फटी चादर का कोई रफूगर नहीं है।" आदि। लेकिन चाहे 'उसने कहा था' हो या, 'एक टोकरी भर मिट्टी' अथवा उस समय के सबसे प्रखर सामाजिक टिप्पणीकार उग्र की 'ध्रुव धारणा'। इन सब कहानियों का अन्त भावविगलित है, जबकि 'कहानी का प्लॉट' का अन्त स्तब्ध कर देनेवाला है। ऐसा भयानक यथार्थबोध तब तो अकल्पनीय था ही... आज भी कम अकल्पनीय नहीं है। संक्षेप में 'कहानी का प्लॉट' यह है कि इत्र-फुलेल से रसे-बसे गाँजे का दम लगानेवाले और 'बत्तीस बटेर' चट कर जानेवाले मुंशीजी बुढ़ापे में दर-दर फिरनेवाले और 'माँग मधुकरी' खानेवाले बन जाते हैं और अन्त में अपनी एक मात्र 'टूअर' बेटी 'भगजोगनी' का विवाह एक बूढ़े से करने के लिए विवश होते हैं।...शायद कहानी का अन्त यहाँ हो सकता था, किन्तु कहानी का अन्त तो डाइनामाईट के विस्फोट की तरह होता है। इस अन्त की वास्तविकता का उद्‌घाटन हिन्दी कहानी में विरल ही माना जाएगा : भगजोगनी का बूढ़ा पति शीघ्र ही स्वर्ग सिधार जाता है। वह दुबारा विवाह करती है और कहानी की अन्तिम पंक्ति है "दूसरा पति है—उसका सौतेला बेटा।"...जहाँ तक यथार्थबोध के विस्फोट किन्तु अत्यन्त स्वाभाविक वास्तविकता के उद्‌घाटन का प्रश्न है यह कहानी हिन्दी में अप्रतिम है।

बीसवीं सदी के हिन्दी साहित्यकारों में यदि वास्तविक अर्थों में किसी की प्रतिभा बहुमुखी थी, तो वे जयशंकर प्रसाद थे। भारत में उनकी तुलना यदि किसी से की जा सकती है तो केवल रवीन्द्रनाथ ठाकुर से। बल्कि दोनों के साहित्य को समानान्तर रखकर यह तुलना की जानी चाहिए। पता नहीं हिन्दी में ऐसी तुलना करने से संकोच का अनुभव क्यों किया जाता है। वास्तविकता तो यह है कि जयशंकर प्रसाद का देहावसान महज अड़तालिस वर्ष की आयु में 1937 में हो गया था जबकि रवीन्द्रनाथ टैगोर 1941 में अस्सी वर्ष की दीर्घ आयु प्राप्त कर दिवंगत हुए थे। अतः स्वाभाविक है कि जहाँ तक साहित्यिक अवदान की विपुलता का प्रश्न है रवीन्द्रनाथ का साहित्य मात्रा में प्रसाद जी से अधिक है किन्तु गुणवत्ता में प्रसाद जी मात्र अड़तालिस की आयु में कविता, कहानी, नाटक और उपन्यास के क्षेत्र में जितना और जैसा साहित्य देकर गए वह चमत्कृत करनेवाला है। रवीन्द्रनाथ ठाकुर के संगीत तथा चित्रकला के क्षेत्र में अवदान को छोड़ दें तो प्रसाद के नाटक, काव्य और कहानियाँ उनसे न्यूनतर नहीं सिद्ध होंगी। नाटकों तथा कविता के प्रसंग में उनका विस्तार से विवेचन किया जाएगा। अज्ञेय जी रवीन्द्रनाथ ठाकुर को भारत का सबसे बड़ा कहानीकार मानते हैं : यह सम्भवतः उनकी काव्यमयता के कारण। काव्यात्मकता को अज्ञेय किसी भी रचना विधा का अनिवार्य तत्त्व मानते हैं। यह एक विवादास्पद स्थापना हो सकती है किन्तु प्रसाद जी की कहानियों को इस बिनाह पर खारिज नहीं किया जा सकता और न प्रेमचन्द की कहानियों से न्यूनतर सिद्ध किया जा सकता कि उनमें काव्यात्मकता तथा कल्पनाशीलता है। वस्तुतः साहित्य में यथार्थ का नगाड़ा पीटनेवालों ने इस उपक्रम में साहित्य से रचनात्मकता को ही बहिष्कृत कर देने का फूहड़ प्रयास किया। कम-से-कम हिन्दी में 'यथार्थ' पर यह अतिरिक्त तथा नासमझ आग्रह 'बाथवाटर' के साथ 'बेबी' को भी फेंक देनेवाला सिद्ध हुआ। प्रसाद की उपेक्षा इसी कारण अधिक हुई। कुछ लोगों ने संतुलन के नाम पर 'प्रसाद स्कूल' और 'प्रेमचन्द्र स्कूल' नाम के अलग-अलग सम्प्रदाय ही स्थापित कर दिए और उनके दुराग्रहों का परिणाम प्रेमचन्द से अधिक प्रसाद को भुगतना पड़ा। दूसरा कारण प्रसाद साहित्य को ऐतिहासिक करार करना था। पहली बात तो यह कि साहित्य में ऐतिहासिकता बहिष्कार की वस्तु नहीं है, और दूसरी बात कि साहित्य में 'ऐतिहासिकता' की सीमा कहाँ शुरू होती है ओर कहाँ खत्म, यह बता पाना बहुत मुश्किल है। क्या संसार का सर्वश्रेष्ठ उपन्यास माना जानेवाला 'वार एंड पीस' ऐतिहासिक उपन्यास नहीं है ? वस्तुतः प्रसाद जी ने हिन्दी कहानी के क्षितिज को जो विस्तार दिया उसकी चकाचौंध को हिन्दी में बर्दाश्त नहीं किया जा सका और न समझा जा सका। प्रसाद ने अपनी कहानियों में वस्तु और शिल्प सम्बन्धी जितने प्रयोग किए उतने आगे चलकर सम्भवतः अज्ञेय ने भी नहीं किए होंगे : स्वर्ग के खंडहर में, से लेकर 'सुनहरा साँप, बिसाती, आँधी आदि कहानियों में प्रसाद जी ने जो शिल्प सम्बन्धी प्रयोग किए हैं वे तब हिन्दी कहानी में बहुत आगे की चीज थी। उनकी कालजयी कहानी 'आकाशदीप' तो वस्तु और शिल्प दोनों दृष्टियों से हिन्दी की अप्रतिम कहानी है : संवादों से कहानी

की शुरुआत का शिल्प हिन्दी में पहली बार इसी कहानी में दिखाई पड़ता है। पूरी कहानी अपनी संरचना में नाट्य शिल्प को इस तरह समाहित कर लेती है कि दोनों के संयोग से हिन्दी कहानी में कथा प्रविधि का एक अद्भुत रूप सामने आता है। इसके अतिरिक्त बिना रुक्ष या सपाट अथवा नीरस वर्णनात्मकता के यह कहानी भारत की सांस्कृतिक जड़ों की खोज में वहाँ जा पहुँचती है जहाँ तब भारतीय नाविक और व्यापारी ही पहुँचे होंगे। जावा, सुमात्रा, बोर्नियो और बाली द्वीपों से हमारे सांस्कृतिक तथा व्यापारिक सम्बन्ध इसी प्रकार बने थे! नितान्त व्यक्तिगत, अन्तरंग तथा मानवीय सम्बन्धों के कोमल तन्तुओं से बुनी हुई यह कहानी अत्यन्त सहजता से अपनी परिधि का विस्तार कर जातीय जड़ों की खोज करनेवाली सांस्कृतिक सम्बन्धों की कहानी बन जाती है। 'आकाशदीप' कहानी गम्भीर तथा व्यापक विश्लेषण की माँग करती है जो अपने आपमें एक स्वतन्त्र अध्ययन का विषय है। हिन्दी में 'कफन' के अध्ययन की तो अनेक विधियाँ विकसित की गई है किन्तु प्रसाद की 'आकाशदीप' जैसी कहानियों को निकट से उसके पूरे प्रसंग तथा अर्थ-गर्भत्व के साथ विश्लेषित करने की आवश्यकता कभी अनुभव नहीं की गई। उससे हानि निश्चित रूप से हिन्दी और हिन्दी कहानी के पाठकों की ही हुई है और एक विशाल तथा समृद्ध कथा संसार को प्रायः उपेक्षित और अँधेरे में ही छोड़ दिया गया।

वस्तुतः प्रसाद की सांस्कृतिक चेतना तथा अन्वेषण की प्रवृत्ति इतनी प्रबल थी कि वे उसके बिना किसी भारतीय 'अस्मिता' की कल्पना भी नहीं कर सकते थे। उनकी रचनाओं में किसी प्रकार की साम्प्रदायिकता की बू पानेवालों को 'स्वर्ग के खंडहर' कहानी के उन तमाम मुसलमान पात्रों को देखना चाहिए (गुल...) जो समान रूप से एक ही तानाशाह के कैदी हैं और वह 'तानाशाह' कौन है इसे समझने में भूल नहीं करनी चाहिए। इसी तरह 'गुण्डा' कहानी में तो किसी तरह का रूपक भी नहीं है, वह सीधे-सीधे सत्ता और अपहरण के विरोध की कहानी है। प्रसाद प्रायः अपनी प्रत्येक कहानी में अन्तरंगता, रचनात्मक ऊष्मा और विश्वसनीयता लाने के लिए उसे निजी प्रसंगों के कोमल तन्तुओं से जोड़ देते थे जिससे सम्बन्धित वृतान्त के नीरस छिलके स्वतः झर जाते थे। अतः काव्यात्मकता या भावुकता कहकर उनका तिरस्कार नहीं किया जा सकता। उनकी 'ममता' 'पुरस्कार' आदि कहानियों का अध्ययन उसी सन्दर्भ में किया जाना चाहिए।

अपनी इसी रचनात्मक शिल्प सजगता के अन्तर्गत प्रसाद ने अनेक ऐसी कहानियाँ भी लिखी जिन्हें उनका केवल स्थूल पक्ष परखनेवाले भी 'यथार्थवादी' कहानियाँ कहकर थोड़ी दाद भी देते रहे। नन्हा जादूगर, मधुआ, विरामचिह्न आदि ऐसी ही कहानियाँ हैं। 'नन्हा जादूगर' कहानी को यदि प्रेचन्द की 'ईदगाह' जैसी कहानी के समानान्तर रखकर देखें तो 'नन्हा जादूगर' में तो जिजीविषा है उसके बरक्स 'ईदगाह' कहानी का अन्त एक भावुकतापूर्ण 'गिमिकरी' बनकर रह जाता है। यहाँ प्रेमचन्द प्रसाद से कहीं अधिक भावुकताग्रस्त नजर आते हैं।

आज बहुत से लोग प्रसाद की संस्कृतनिष्ठ तत्सम शब्दावलीवाली भाषा से ही बिदकते हैं : जब वे उपवन, आलिन्दरंजित प्रवाह, लालासा, क्रन्दन, ताम्रवर्णी तरंग मालाएँ, समुद्र संतरण; द्राक्षा मण्डप, वन्य कुसुमों की झालरें, चाँदनी का निर्मित रंगमंच, दृश्यहारी दास विलास आदि सैकड़ों शब्द और विशेषण प्रयुक्त करते हैं जो ये आज के आधुनिकों के लिए हास्य के स्थायी उपादान बन गए हैं और यह मानकर चला जाता है कि ऐसी भाषा में 'रचना' सम्भव नहीं है, कम-से-कम कथा रचना भाषा के प्रति इस प्रकार का संकीर्ण दृष्टिकोण हमारी विशाल समृद्ध शब्द सम्पदा के प्रति अज्ञान का द्योतक तो है ही जिसकी वजह से हमारी कथा भाषा झीनी और इकहरी होकर अखबारी भाषा बनकर रह गई है, साथ ही यह उसी उपनिवेशवादी संवेदना का विस्तार है जिसके कारण आज प्रायः अनुवाद की भाषा में लिखा जाने लगा है और वहाँ भी समान्तर शब्दों की तलाश में ऐसे ही शब्दों की भोंड़ी तथा हास्यास्पद अनुकृतियाँ होने लगी है। हिन्दी के प्रथम आधुनिक साहित्यकार अज्ञेय ने प्रसाद की कथा भाषा के महत्त्व को समझा था और अपनी कहानियों तथा उपन्यासों में उसका बेहद सटीक सर्जनात्मक उपयोग किया था। उनकी कालजयी कृति 'शेखर' में इस भाषा का अत्यन्त सर्जनात्मक उपयोग मिलता है। प्रसाद की कथा भाषा में जो सांस्कृतिक अनुगूँज है उसके अभाव में ही आज हम दरिद्र, विपन्न और अनुगूँजहीन निर्जीव भाषा में लिखने लगे हैं। आश्चर्य नहीं कि इसी कारण आज 'व्यंजना' के अभाव में व्यंग्य से अधिक काम लिया जा रहा है। कहानी में इसी कारण व्यंग्य और 'तंजिया अन्दाजों' की भरमार है क्योंकि भाषा को जीवन्त बनाने का और कोई उपाय नहीं रह गया है। प्रसाद की कथा भाषा के आलोचक उनकी भाषा को अतिअलंकृत, विशेषण बहुल तथा सम्प्रेषणहीन कह सकते हैं जिसमें रीतिकालीन अवशेष परिलक्षित होते हैं। एक हद तक यह बात सच भी हो सकती है किन्तु ध्यान रखने की बात है कि यह भाषा जिस परिवेश, पात्र विशेष तथा कालखण्ड के सन्दर्भ में प्रयुक्त की गई है उसे किसी और प्रकार की भाषा में सम्प्रेषित किया ही नहीं जा सकता था। इस सन्दर्भ में उसकी सम्प्रेषण क्षमता अत्यन्त प्रखर होकर सामने आती है।

प्रसाद अपनी पृथक परिवेशवाली कहानियों में ऐसे अनोखे प्रयोग करते हैं कि हम चमत्कृत रह जाते हैं। मसलन 'विजया' कहानी में वे लिखते हैं "आकाश में बादल थे, उनके बीच में 'गोल रुपए के समान' चन्द्रमा निकलना चाहता था।" आधुनिक प्रयोगवादियों ने आगे चलकर ऐसे ही उपमानों से साहित्य में आधुनिकता के आगमन की दुन्दभी बजा दी थी। अज्ञेय ने भाषा के 'वासन' पर ऐसे ही नए मुलम्मे चढ़ाने की घोषणा की थी। इस सन्दर्भ में हम प्रसाद की भाषा को क्या कहेंगे ?

दरअसल प्रसाद की शब्द सम्पदा इतनी विपुल थी कि उनका अलग से 'शब्द कोश' बनाने की आवश्यकता भी पड़ी। जबकि प्रेमचन्द के विषय में ऐसा नहीं कहा जा सकता। किसी भी साहित्यकार की महत्ता का एक बहुत बड़ा प्रमाण उसकी शब्द-सम्पदा होती है। इससे वह पुनरावृत्ति दोष से तो बचता ही है, उसकी भाषा से 'खनक' कभी

गायब नहीं होती है, न उसमें 'प्रतीकों के देवता' कभी 'कूच' करते हैं। प्रसाद ने बौद्ध धर्म के शब्द 'स्तूप' को लेकर उसमें जो प्रतीकार्थ भर दिया है, वह इसका अन्यतम उदाहरण है।

प्रसाद के कथा साहित्य, काव्य और नाट्य साहित्य में ऐसी पारस्परिक अनुस्यूतता है कि उसे समझे बिना इसमें से किसी एक को नहीं समझा जा सकता। यह उनके विचार, भावबोध तथा जीवन दृष्टि की ऐसी विकासमान तथा 'कांसिस्टेंट' अनुस्यूतता है, जो कई दिशाओं से आकर एक ही चरम लक्ष्य की ओर बढ़ती है। यहाँ 'प्रत्यक्ष' तथा 'स्थूल' की निस्सारता का बोध तो है ही, एक सीमा के बाद मनुष्य की अन्तिम असहायता का एहसास भी है जो प्रत्येक महान रचनाकार में हमेशा होता आया है। मनुष्य की नियति का ऐसा तीक्ष्ण तथा तीव्र दंश बीसवीं सदी के किसी अन्य हिन्दी साहित्यकार की रचनाओं में प्राप्त नहीं होता।

प्रेमचन्द की कहानियाँ

प्रसाद की तरह ही प्रेमचन्द्र के साथ भी एक दुर्घटना हुई : जिस प्रकार प्रसाद को कुछ लोगों ने एक सम्प्रदाय विशेष का साहित्यकार बना दिया, उसी प्रकार प्रेमचन्द को एक वर्ग विशेष का कथाकार बना दिया। इस धारणा को 1936 में प्रगतिशील लेखक संघ की स्थापना के बाद और अधिक बढ़ावा मिला। प्रेमचन्द को लेकर एक प्रकार का बद्धमूल दृष्टिकोण आज भी बना हुआ है और यह इस हद तक प्रशस्तिमूलक तथा उपासनावादी दृष्टिकोण है कि इसने आज तक प्रेमचन्द के साहित्य का तर्क-सम्मत, तटस्थ मूल्यांकन होने ही नहीं दिया ! जबकि आज की सबसे बड़ी माँग यह है कि बीसवीं सदी के प्रत्येक महत्त्वपूर्ण हिन्दी साहित्यकार के साहित्य का पुनर्मूल्यांकन हो। इस दृष्टि से सबसे पहले प्रेमचन्द की कहानियों को देखने की आवश्यकता है क्योंकि प्रेमचन्द को उस सदी का सबसे बड़ा कहानीकार माना जाता है (हिन्दी का)। पहली बात तो यह धारणा पूरी तरह निर्मूल है कि प्रेमचन्द किसी वर्ग विशेष यानी मूलतः किसानों, मजदूरों और शोषित वर्ग के ही कथाकार थे। यदि महज प्रारम्भ की दृष्टि से देखें तो 'ग्राम' शीर्षक कहानी तो पहले प्रसाद ने ही लिखी थी, जो 1910 में 'इन्दू' में प्रकाशित हुई थी।

माना जाता है कि प्रेमचन्द की पहली कहानी 'पंच परमेश्वर' (1915) थी जबकि बीसवीं शताब्दी की हिन्दी कहानियाँ' के सम्पादक महेश दर्पण के अनुसार उनकी पहली कहानी 'सौत' थी जो उर्दू में 1907 में प्रकाशित हुई थी। प्रसाद की 'ग्राम' जहाँ जमींदार द्वारा जमीन हड़पने की पहली हिन्दी कहानी है वहीं 'सौत' एक घनघोर पारिवारिक कहानी है जिसमें पहली पत्नी की उदारता वंशवृद्धि के लिए पति का दूसरा विवाह करा देने के द्वारा दिखलाई गई है। यह भावुकता विगलित कहानी शुद्ध मध्यमवर्गीय परिवार की है। दरअसल यह 'उदारता' तथा 'मानवता' प्रेमचन्द की कहानियों में बहुत दूर तक

चलती है—कभी गांधीवाद की आड़ में और कभी आर्यसमाजी जीवन दृष्टि से प्रेरित होकर ! 'पंच परमेश्वर' में भी यह उदारता और मानव के मूलभूत स्वभाव में निहित 'शिवत्व' पर उनका अटल विश्वास है जो बहुत बाद में जाकर टूटता है।

वस्तुतः प्रेमचन्द की कहानियों का विकास कई चरणों में हुआ। 'कथ्य' और 'शिल्प' दोनों दृष्टियों से उनके विकास का ग्राफ बहुत धीरे-धीरे उर्ध्वमुख हुआ जिसकी चरम परिणति 1936 में 'कफन' में हुई। यह प्रेमचन्द की बहुत बड़ी विशेषता मानी जाएगी कि कहानियों में उन्होंने अद्भुत परिपक्वता तथा व्यस्कता हासिल की। लेकिन ठीक यही बात उनके उपन्यासों के विषय में नहीं कही जा सकती। इसका विश्लेषण हम उपन्यासों के प्रसंग में करेंगे।

कहानियों में प्रेमचन्द का उदार मानवीय दृष्टिकोण उनकी अनेक लोकप्रिय कहानियों में दिखाई पड़ता है। बल्कि इसी दृष्टिकोण के कारण वे तब अधिक लोकप्रिय हुई भी थी। यानी कहीं-न-कहीं उस वक्त का जनमानस ऐसी ही कहानियों की अपेक्षा भी करता था। बल्कि उसे यों ही कहा जा सकता है कि जिसे 'सामान्य पाठक वर्ग' कहते हैं वह ऐसे ही लुभावने आदर्शों और निष्कर्षों की ओर हमेशा से ही अधिक उमड़ता रहा है। यह तथ्य बहुत सीमा तक आज भी सच है : हिन्दी फिल्मों तथा दूरदर्शन के धारावाहिकों की लोकप्रियता देखकर यह अनुमान लगाना बहुत कठिन नहीं है।

अर्थात् प्रेमचन्द अपने विकास के पूर्वाद्ध में ऐसी लोकरंजक कहानियाँ लेकर ही अवतरित हुए थे। तब उनकी अधिकांश विख्यात कहानियाँ कौन सी थीं ? निश्चित रूप से वे सवा सेर गेहूँ, ठाकुर का कुआँ अथवा कफन नहीं थी। वे थीं : पंच परमेश्वर, बड़े घर की बेटी, बड़े भाई साहब, बूढ़ी काकी, नमक का दारोगा आदि। उनकी अत्यन्त महत्त्वपूर्ण कहानी 'पूस की रात' का अन्त भी एक दिलचस्प किन्तु मूलतः 'सिनीकल' है : एक किसान रात भर चैन की नींद सोने के एवज में जानवरों द्वारा फसल का सफाया होने देना पसन्द करता है। किन्तु जैसा कि प्रारम्भ में ही कहा गया प्रेमचन्द अत्यन्त चौकन्ने कथाकार थे, सामाजिक सन्दर्भ में उन्होंने अपने वस्तुनिष्ठ दृष्टिकोण का विस्तार क्रमशः किया और उसी रूप में उन्होंने सामाजिक वास्तविकता की परम्परा भी प्राप्त की। किन्तु यह 'पहचान' वर्ग विशेष तक सीमित नहीं थी। उसे समझने के लिए उनकी कुछ अपेक्षाकृत कम चर्चित कहानियों को विश्लेषित कर देखा जा सकता है ? अपनी कहानियों में प्रेमचन्द 'सरलता' से 'जटिलता' की ओर बढ़ते हैं। वह उनकी समझ तथा शिल्प दोनों को जटिलतर बनाता जाता है। उनकी कहानियाँ किसी 'खास' या 'वर्ग विशेष' की न होकर 'जिन्दगी' की कहानियाँ हैं—'जिन्दगी' जिसे उन्होंने एक जागरूक व्यक्ति के रूप में समझा और अपनी कहानियों में व्यक्त किया। प्रेमचन्द की एक बहुत बड़ी विशेषता यह थी—जो उन्हें अपने समय के और आनेवाले समय के कहानीकारों से भी पृथक करती है, वह यह कि वे जीवन को उसके सम्पूर्ण 'व्यास' और बहुरंगेपन में देखना चाहते थे। इस क्रम में वे सहज समझौतों तथा सरलीकृत निष्कर्षों से क्रमशः बाहर निकले। 'कफन' के बाद उनका अगला मुकाम कुछ और हो सकता था किन्तु

निश्चित रूप से वह और अधिक व्यापक तथा विस्फोटक होता। उनकी कहानियों के बहुरंगेपन को देखना हो तो उनके पात्रों की विशाल वाहिनी को देखना चाहिए। उसमें जितने किसान हैं उतने ही मजदूर, जमींदार, जागीरदार, बाबू, भिखारी, बड़े घर की बेटियाँ, विधवाएँ, भिखारिणें, परित्यक्ताएँ, मातृहीन बालक, जिज्ञासा भरे किशोर, बूढ़ी स्त्रियाँ और बूढ़े पुरुष। बाकी भारतीय भाषाओं की बात नहीं जानता किन्तु हिन्दी में किसी भी दूसरे कहानीकार के पात्रों का संसार इतना व्यापक और विविधवर्णी नहीं हो सका। किन्तु पात्रों को 'टाइप' बनाकर या 'टाइप' के रूप में नहीं देखा जा सकता। 'ईदगाह' कहानी का बच्चा 'गृहदाह' कहानी के बच्चे से बिलकुल भिन्न है और 'बड़े भाई साहब' का किशोर 'गृहदाह' के किशोर से !

प्रेमचन्द 'सामान्यीकरण' जरूर करते हैं और उनकी कहानियाँ सूत्रों से भरी हुई हैं। वे तुलसीदास की चौपाइयों की तरह हैं जो उपदेशों की सूत्रात्मक बैसाखियों के बिना चल नहीं पातीं। किन्तु वे रचनाकार की बहुलता तथा मानव मन के सम्बन्ध में उसके सामान्य ज्ञान को प्रदर्शित करती हैं। प्रेमचन्द की कहानियों में 'सूत्र बहुलता' खटकती जरूर है किन्तु उनके सूत्र बड़े स्वाभाविक हैं और भारतीय जनमानस के अनुकूल पड़नेवाले हैं। स्वयं प्रेमचन्द 'गृहदाह' कहानी में लिखते हैं "सत्यप्रकाश अपने सूत्रों को व्याख्या देकर मजदूरों को मुग्ध कर देता है।" प्रेमचन्द के 'सूत्र' भी सामान्य पाठक को इसी प्रकार मुग्ध कर देनेवाले हैं।

प्रेमचन्द की एक अपेक्षाकृत कम चर्चित कहानी 'दो कब्रें' हमारी सामाजिक संरचना की विडम्बना को जिस तरह उद्घाटित करती है वह चकित कर देनेवाली है। वह स्वयं प्रेमचन्द के 'सुधारवादी' और 'समझौतावादी' दृष्टिकोण को तार-तार कर देती है। कहानी के अध्यापक रामेन्द्र भावुकता और क्रान्तिकारी विचारों के चलते वेश्या पुत्री 'सुलोचना' से विवाह कर लेते हैं। ऐसा दुस्साहस किया जा सकता है किन्तु विडम्बनाओं की शुरुआत उसके बाद ही होती है। जिस 'सुधारवादी' युग के प्रेमचन्द स्वयं बहुत बड़े हिमायती थे, उसकी विडम्बना को भी उनसे अधिक शायद ही किसी ने समझा हो। कहानी में जब प्रो. रामेन्द्र की पुत्री के जन्मोत्सव में कोई कुल-वधू शामिल नहीं होती और केवल वेश्याओं का समूह ही बधावा लेकर पहुँचता है तो वे गुस्से से बौखला उठते हैं। किन्तु उसके बाद वे जिस गहरे द्वन्द्व से गुजरते हैं उसकी अभिव्यक्ति 'कहानी कला' के सर्वोत्तम उदाहरणों में से एक है। भारतीय परिवेश में शायद यही सबसे प्रामाणिक अकेलेपन या अजनबीपन (एलिएनेशन) का बोध है जिसे प्रेमचन्द से अधिक शायद ही किसी ने पहचाना हो। इस अकेली कहानी के सन्दर्भ में बाद की हिन्दी कहानियों का तथाकथित 'अकेलापन' और 'अजनबीपन' थोथा और नकली प्रतीत होता है। प्रेमचन्द ने अपने समय के लगभग सभी चुनौती भरे सवालों का अपनी कहानियों में गहरी रचनात्मकता के साथ साक्षातकार किया था।

आज जिस 'शोषण तन्त्र' की बात की जाती है प्रेमचन्द ने उसे उसके सम्पूर्ण सन्दर्भ में समझा था। इसीलिए उनके यहाँ 'शोषक' तथा 'शोषित' के बीच कोई स्थूल

विभाजन नहीं है। वहाँ शोषकों के अनेक छोटे-बड़े गिरोह हैं। चींटीं से लेकर 'हाथी' तक वे बीच शोषण-तन्त्र की अनेक इकाइयाँ है। केवल मजदूर-किसान का शोषण सेठ-साहूकार, जमींदार-पटवारी नहीं करते। शोषकों के बीच भी शोषण का एक दूसरा स्तर है। इसका परिचय भी हमें प्रेमचन्द की एक दूसरी कम चर्चित कहानी 'मृतक-भोज' में मिलता है जिसमें सेठों का समुदाय अपने बीच के ही एक मृत सेठ की विधवा तथा उसके बच्चों का जिस नृशंसता से शोषण करता है और धन पिशाचों का जो ताण्डवनृत्य इस कहानी में देखने को मिलता है वह शोषण तन्त्र की अनेक स्तरीयता का अप्रतिम उदाहरण है।

सामान्यतः प्रेमचन्द जीवन्तता, प्रसन्नता और उत्फुल्लता के कहानीकार माने जाते हैं जो चूँकि तत्कालीन छायावादी वेदना, पीड़ा और दुःख का गान करनेवाली रचनाओं के विपरीत जीवन के प्रति एक विधेयात्मक भाव उत्पन्न करता है इसलिए यथार्थवादियों द्वारा उसकी सराहना की गई। किन्तु जैसा कि कहा गया प्रेमचन्द एक सर्वांगीण तथा सम्पूर्ण जीवन के कहानीकार थे इसीलिए उनकी कहानियों में गहरी वेदना तथा समाज की क्रूरतम कृत्यों के इतने दहलानेवाले दृश्य मिलते हैं कि हम उनका वह 'बिम्ब' भूल जाते हैं जो पाठ्य पुस्तकों द्वारा मन पर अंकित कर दिया गया है। उनकी कहानियों में इतनी हत्याएँ, आत्महत्याएँ और अकाल मृत्यु है कि इस पहलू से देखने पर उनकी कहानियों का एक नया ही रूप सामने आता है जो हमें झकझोर कर नंगे सवालों के सम्मुख खड़ा कर देता है ? वह कौन सा समाज या सामाजिक व्यवस्था है जिसमें छोटे बच्चे खिलौनों की जगह 'चिमटा' खरीदने पर मजबूर होते हैं (ईदगाह) युवती होने से पूर्व ही किशोरियाँ आत्महत्याएँ करती हैं (मृतक भोज) मित्र द्वारा किए गए गवन का प्रायश्चित उसके मित्र को 'आत्महत्या' करके करना पड़ता है (प्रायश्चित) जहाँ ईर्ष्या की अग्नि में जलकर जघन्य-से-जघन्य अपराध करनेवालों का हुजूम है, चाहे वह गाँव हो या शहर हो वहाँ 'अहाग्राम्य जीवन' कहीं नहीं है। मनुष्य की 'प्रकृति' नहीं, उसके द्वारा निर्मित समाज का ऐसा भीषण दृश्य वहाँ उपस्थित है जो उसमें अन्तर्निहित किसी गहरी विकृति, सड़ाँध तथा 'बजबजाहट' को व्यक्त करता है।

प्रेमचन्द के किसान-मजदूर ही नहीं, समाज की प्रत्येक इकाई का व्यक्ति इसका शिकार है। प्रेमचन्द ने जिस रचनात्मकता के साथ इस व्यापक विकृति को पहचानकर उसे अर्द्धसामन्ती तथा अर्द्धपूँजीवादी व्यवस्था से जोड़ते हुए व्यक्त किया है, वह आज भी कम प्रासंगिक नहीं है। प्रेमचन्द की अधिकांश कहानियाँ एक दूसरे से गुँथी हुई है, उनमें एक आन्तरिक एकसूत्रता है और कोई चाहे तो उनमें उस समय की सामाजिक स्थिति का पूरा इतिहास उनमें पढ़ सकता है। 'कफन' कहानी का स्रोत 'सवा सेर गेहूँ' में मिलता है। 'सवा सेर गेहूँ' में वे लिखते हैं "विप्रजी विप्र से महाजन हुए, शंकर किसान से मजदूर हो गया।" और जब विप्रजी का ऋण चुकाए नहीं चुकता, ब्याजरूपी सुरसा का मुँह बढ़ता ही जाता है तब वे लिखते हैं "शंकर आशाहीन और उदासीन हो गया, जहाँ तमाखू पिया करता था वहाँ अब गाँजे और चरस का भी चसका लग गया। उसे

अब रुपए अदा करने की चिन्ता न थी, मानो उसके ऊपर किसी का एक पैसा भी नहीं आता।" यहीं शंकर के भीतर से 'कफन' के माधो और घीसू उपजते हैं। 'कफन' की व्याख्या के लिए प्रेमचन्द की पूर्ववर्ती कहानियों को ध्यान में रखना जरूरी है। एक सीधा सिलसिला है जो साबित कर देता है कि अमानवीयता पैदा करनेवाली शक्तियाँ कौन सी है। 'अजनबीपन' की तरह ही 'अमानवीयता' का भी भारतीय सन्दर्भ यही हो सकता है जिसे दुर्भाग्य से हिन्दी में केवल प्रेमचन्द ने पहचाना। आनेवाली पीढ़ियों ने अमानवीयता, अजनबीपन, अकेलापन, संत्रास, भोगा हुआ यथार्थ आदि दर्जनों लुभावने शब्दों को पश्चिम से आयातित कर उनका सन्दर्भहीन रूप में इस्तेमाल किया। दरअसल हिन्दी कविता के विपरीत हिन्दी कहानी में छिटफुट उदाहरणों को छोड़कर रोमैंटिक भावबोध प्रेमचन्द के बाद आया। इसकी चर्चा प्रसंग आने पर की जाएगी।

प्रेमचन्द की परम्परा में विश्वम्भरनाथ शर्मा कौशिक, पं. सुदर्शन, भगवती प्रसाद वाजपेयी आदि कहानीकारों का नाम लिया जाता है, किन्तु एक तो प्रेमचन्द जैसी गहरी सामाजिक चेतना, और पकड़ इनमें नहीं थी, दूसरी ओर प्रेमचन्द की सी परिधि और विस्तार भी उनमें दूर-दूर तक परिलक्षित नहीं होता। प्रेमचन्द की कहानियों का ग्राफ जिस तरह उत्तरोत्तर उर्द्धवमुख होकर विकास की ओर बढ़ती है, ऐसा कोई क्रम इन कहानीकारों की कहानियों में दिखाई नहीं पड़ता। 'कौशिक' की कहानियों, 'ताई', 'हिन्दुस्तानी' आदि में सरल सुधारवाद और मानवीय भावोच्छवास ही अधिक है। 1925 की माधुरी में प्रकाशित पं. सुदर्शन की कहानी 'हार की जीत' उस दौर की सर्वाधिक चर्चित तथा लोकप्रिय कहानी थी। माधुरी में इस कहानी के साथ चार चित्र भी प्रकाशित किए गए थे जो कहानी के महत्त्वपूर्ण स्थलों को संवादों के साथ चित्रांकित करने के साथ कहानी के 'सन्देश' को पाठकों तक पहुँचाने में सहायक सिद्ध होते हैं। हिन्दी में कथा के साथ चित्रांकन का यह पहला और अनूठा प्रयोग था। इस शताब्दी के आखिरी दशक में कहानीकार उदय प्रकाश ने अपनी कहानी 'वारेन हेस्टिंग्स का साँड़' के साथ तत्कालीन युग के दो फोटोग्राफ्स देकर उसे ही आगे बढ़ाते हुए दो विधाओं के संयुक्त शिल्प का अद्भुत प्रयोग किया। हिन्दी कहानी के विकास में इस प्रकार के सातत्य को भी रेखांकित करना जरूरी है।

दरअसल प्रेमचन्द की कहानियों के 'स्वर' को यदि किसी ने अपेक्षाकृत निकट से समझा तो वे तीसरे दशक में आनेवाले कथाकार भगवतीचरण वर्मा थे जिन्होंने अपनी दो बाँके, मुगलों ने सल्तनत बक्श दी और काली बिल्ली आदि कहानियों के माध्यम से कहानी विधा में सामाजिक जागरूकता से युक्त एक अद्भुत व्यंग्यात्मकता उत्पन्न की। उनकी कहानी 'दो बाँके' बताती है कि लखनऊ की अवधी फिजा में 'शतरंज के खिलाड़ी' ही पैदा नहीं होते हैं, बल्कि 'दो बाँके' जैसे 'वीर' भी जन्म लेते हैं। 'मुगलों ने सल्तनत बक्श दी' भी मुगल राज्य की पतनोन्मुख कायर प्रविति पर करारा प्रहार है और 'काली बिल्ली' हमारी अन्धविश्वासी सामाजिक रूढ़ियों पर ! भगवतीचरण वर्मा की कहानियों का गहरा व्यंग्यबोध ही आगे चलकर उसी लखनवी संस्कृति में उपजे

श्रीलाल शुक्ल जैसे व्यंग्य कथाकारों में अपने अधिक विकसित रूप में दिखाई पड़ा।

यह नहीं भूलना चाहिए कि जिन वर्षों में उपरोक्त कथाकार तथा अनेक अन्य कहानीकार अपनी शताधिक कहानियों से हिन्दी कथा साहित्य को समृद्ध कर रहे थे, उन्हीं वर्षों में इस शताब्दी का सर्वाधिक महत्त्वपूर्ण साहित्य आन्दोलन 'छायावाद' भी फल-फूल रहा था। जन्म के साथ ही 'छायावाद' को जिस तरह अंग्रेजी के 'रोमैंटिसिज्म' से जोड़ दिया गया (जिसका प्रमुख श्रेय आचार्य प्रवर रामचन्द्र शुक्ल को है) उससे 'छायावाद' को 'रोमैंटिसिज्म' का भारतीय रूप मानने की जो परम्परा चल पड़ी (जो आज भी बद्धमूल ढंग से बरकरार है) उसने 'छायावाद' के सम्बन्ध में ऐसी भ्रान्तियों को जन्म दिया जिनका परिहार आज भी नहीं हो सका है। वे भ्रान्तियाँ क्या थीं और क्या हैं इसका तनिक विस्तार से विश्लेषण इस शताब्दी की कविता के सन्दर्भ में किया गया है, क्योंकि मूलतः 'छायावाद' को काव्यान्दोलन ही माना गया और किसी कथाकार को 'छायावादी कथाकार' नहीं कहा गया—कम-से-कम उस अर्थ में नहीं जिस अर्थ में प्रसाद, पन्त, निराला आदि को निभ्रान्तभाव से 'छायावादी कवि' माना जाता है। यह एक विवाद का विषय हो सकता है क्योंकि 'छायावाद' मुख्यतः एक भावबोध है जिसकी अभिव्यक्ति 'काव्य' और कथा साहित्य दोनों में समान रूप से होनी चाहिए थी और काफी हद तक हुई भी किन्तु छायावादी भावबोध और उसकी विशेषताओं को हिन्दी कथा साहित्य से 'बाहर और परे' ही रखा गया है। जबकि वास्तविकता यह है कि जयशंकर प्रसाद की अधिकांश कहानियाँ छायावादी भावबोध की कहानियाँ तो हैं ही तत्कालीन अनेक कथाकारों की कहानियों में भी उनके तत्त्व निहित थे। मसलन एक प्रकार की वायवीयता, सुदूरपन ! स्थूलता का निषेध जो छायावाद की विशेषता मानी जाती है उसकी अभिव्यक्ति उस समय की अधिकांश कहानियों में देखी जा सकती है—खासतौर पर स्त्री-पुरुष सम्बन्धों में ! प्रेमचन्द जैसे यथार्थवादी कहे जानेवाले कथाकार भी सामान्यतः यौन प्रसंगों से बचते ही रहे। 'रंगभूमि' (विनय और सोफिया) तथा 'कर्मभूमि' (रमाशंकर और शकीना) जैसे उपन्यासों में भी वे प्रेम सम्बन्धों को शरीर सम्बन्धों तक नहीं ले जा सके और जैनेन्द्र भी 'एक रात' जैसी कहानी और 'त्यागपत्र' जैसे उपन्यासों तक आकर ही इस वर्जना या निषेध की अर्गला तोड़ सके। 'छायावाद' को कविता से इस सीमा तक जोड़ दिया गया कि आज 'कथा' में 'काव्य तत्त्व' को विजातीय अथवा कथा विरोधी तत्त्व माना जाता है। यद्यपि अज्ञेय ने बहुत पहले ही इस धारणा को निर्मूल सिद्ध कर दिया था किन्तु आज भी काव्यात्मकता से भरपूर कहानियों की अनथक सराहना करनेवाले इसके बावजूद कथा में काव्यात्मकता के विरोधी बने हुए हैं। हिन्दी में इस प्रकार की अनेक पाखण्डपूर्ण तथा छद्म विश्वास (बैड फेथ) वाली धारणाएँ बनी हुई हैं जिनका कोई आधार नहीं है : वरना प्रसाद ही नहीं, जैनेन्द्र, अज्ञेय, रेणु और निर्मल वर्मा आदि की अधिकांश कहानियों को उनकी अपूर्व काव्यात्मक रचनात्मकता से पृथक करके कैसे समझ सकते हैं? वस्तुतः जिसे काव्यात्मकता तथा कहीं-कहीं गीति-तत्त्व कहते हैं उसे रचनात्मकता मात्र से पूर्णतः बहिष्कृत नहीं क्या जा

सकता। 'गोदान' में जब फाग-चैता तथा अनेक अन्य लोकगीतों का उपयोग होता है तो यही आलोचक प्रेमचन्द का अद्भुत कलाबोध कहकर उसकी स्तुति करते हैं, बल्कि यह भी मान लेते हैं कि संगीत तथा काव्य तत्त्व 'लोक जीवन' तथा लोक संस्कृति की अविभाज्य विशेषता है, किन्तु 'लोक' से इतर होते ही यही काव्य तत्त्व कथा साहित्य विरोधी हो जाता है। इस तरह की 'लॉजिकल फैलेसिज' (तर्काभास) से हिन्दी का समीक्षात्मक साहित्य पटा हुआ है किन्तु सामान्यतः उसके इन अन्तर्विरोधों की ओर ध्यान दिलाया नहीं गया है। यथास्थान इसकी भी सविस्तार चर्चा की जाएगी।

निश्चित रूप से कहानी में चिन्तन तथा विचार की भाषा अज्ञेय लेकर आए। इस दृष्टि से 'विशाल भारत' में प्रकाशित उनकी कहानी (1938 में प्रकाशित किन्तु लेखन काल सम्भवतः 1934) 'कोठरी की बात' विशेष रूप से उल्लेखनीय है, इस कहानी को हिन्दी कहानी में एक महत्त्वपूर्ण मोड़ मानना चाहिए। यद्यपि यह 'उसने कहा था' या 'कफन' की तरह किसी निर्णायक परिवर्तनवाली कहानी नहीं थी किन्तु इससे कई महत्त्वपूर्ण परिवर्तनों की सूचना मिलती है। अज्ञेय की कथा भाषा पर प्रसाद का प्रभाव स्पष्ट था, वह इस कहानी में भी है। वही परिनिष्ठित हिन्दीवाली काव्यात्मक शब्दावली—वज्रहृदय, धूम्रपुंज, आत्मप्रवंचना, विस्तृत मरू, विक्षोभ, उत्पत्ता, सम्मोहिनी ज्योत्सना आदि। इस कहानी में भी प्रसाद की कहानियों की सी दार्शनिक जिज्ञासाएँ और जीवन के मूलभूत प्रश्नों की शृंखला है। किन्तु यही वह कहानी है जिसमें अज्ञेय प्रसाद से गुजरते हुए एक नए और दूसरे कथा-संसार में प्रवेश करते हैं। इस लम्बी कहानी में (डिमाई साईज में 21 पृष्ठ) यह सन्धि-स्थल स्पष्ट है। कहानी का उत्तम पुरुष में लिखा जाना उतना महत्त्वपूर्ण नहीं है जितना यह कि कथावाचक कोई व्यक्ति न होकर एक कोठरी का होना वह भी जेल की कोठरी ! यह कोठरी, अपनी बात कहते-कहते उस युवक की बात कहने लगती है जो उसमें लम्बे समय तक बन्द था ! कोठरी उस युवक का मानसिक विश्लेषण करने लगती है और कहानी, कोठरी की न होकर उस युवक की हो जाती है।...यही वह सन्धि-स्थल है जहाँ अज्ञेय प्रसाद की कहानियों के 'निर्मोक' से बाहर आ जाते हैं। युवक विद्रोही है और विद्रोही कौन होता है, 'क्यों' होता है—कहानी इसी का विवेचन करती हुई, मनोविश्लेषण के आधुनिक संसार में आ जाती है। यह हिन्दी की सम्भवतः पहली मनोविश्लेषणात्मक कहानी है। 'उसने कहा था' अपने शिल्प और प्रविधि में अत्याधुनिक होते हुए भी अपनी संवेदना में घनघोर रोमैंटिक कहानी थी। अज्ञेय इस कहानी में उस युवक के विकास का जो विश्लेषण करते हैं, उसकी पद्धति मनोवैज्ञानिक है : युवक अपनी बहन के करीब लेटा हुआ कुछ सोच रहा है, बहन भी सोच रही है। कह सकते हैं कि दोनों सोच नहीं रहे हैं, 'सपने' देख रहे हैं। किशोर सपने ! सहसा उनके सपनों को उनके पिता की कर्कश आवाज भंग कर देती है, जो इसलिए क्रूद्ध है कि वह अपनी बहन के करीब क्यों लेटा है ? इस ध्वनि और दृष्टि से "उसके मन में कोई परदा फट जाता है और उसे एक कोष मिल जाता है।" मनोविश्लेषणशास्त्र बतलाता है कि मानव व्यक्तित्व और चरित्र का निर्माण शैशव

और किशोर काल के ऐसे ही क्षणों और अनुभवों द्वारा होता है। उस कहानी में ही अज्ञेय के कालजयी उपन्यास 'शेखर : एक जीवनी' के अधिकांश बीज और तत्त्व मिल जाते हैं।

...नए चिन्तन सूत्र और नए शिल्प प्रयोग—ये अज्ञेय की कहानियों की मुख्य विशेषताएँ थीं। 'कोठरी की बात' ही नहीं, अमर बल्लरी, पुलिस की सीटी, सिग्नेलर, पगोडा वृक्ष साँप और आगे चलकर 'पठार का धीरज' आदि अपनी अधिकांश कहानियों में अज्ञेय ने नए-नए शिल्पों तथा कथा प्रविधियों का प्रयोग किया। अपनी कहानियों में वे गहरी मनोवैज्ञानिकता के साथ प्रखर चिन्तन सूत्र छोड़ भी जाते हैं। उसका चरमोत्कर्ष उनके 1951 में प्रकाशित 'जयदोल' की कहानियों में परिलक्षित होता है। 'जयदोल' उन सर्वोत्तम कथा संग्रहों में है जिसकी प्रत्येक कहानी चिन्तन तथा कथा प्रविधि के स्तर पर नई दिशाओं की ओर बढ़ती है। उनकी रोज या गैंग्रीन जैसी कालजयी कहानी निम्न मध्यमवर्गीय गार्हस्थ्य जीवन की विरसता को नल की लगातार रिसती हुई पानी की बूँद की ध्वनि के साथ संयुक्त करके जिस प्रतीकात्मकता के साथ व्यक्त करती है, वह सम्पूर्ण हिन्दी कहानी साहित्य में विरल है।

अज्ञेय यदि कहानी को 'दौड़ती लहर की गतिचित्र' मानते हैं तो 'यथार्थ' को एक मिथ्या धारणा या आत्म प्रवंचना ! अपनी उस अवधारणा को वे 'जयदोल' संग्रह की ही विख्यात कहानी 'पठार का धीरज' के द्वारा स्थापित करते हैं जिसमें यथार्थ के अनेक स्तरों की बात कही गई है और अतीत और वर्तमान के यथार्थबोध को इस तरह घुला-मिला दिया गया है कि स्वप्न भी यथार्थ प्रतीत होने लगता है। वे प्रश्न करते हैं कि स्वप्न, कल्पना या 'प्रतीति' यथार्थ क्यों नहीं हो सकता ?...यदि पठार का तीतर कथानायक को अपनी प्रेमिका 'प्रमिला' का नाम पुकारता हुआ प्रतीत होता है तो यह यथार्थ क्यों नहीं हो सकता ? फिर यथार्थ है क्या ? वे यथार्थ को हमेशा 'विषयीगत' मानते हैं, विषयगत अथवा वस्तुगत नहीं! 'विषयीगत' प्रतीति के अतिरिक्त यथार्थ का कोई स्वतन्त्र अस्तित्व नहीं हो सकता। इस क्रम में वे निरर्थकता अथवा 'ऐबसर्डिटी' की अवधारणा के निकट पहुँच जाते हैं क्योंकि जब सब कुछ आत्मगत प्रतीति के अलावा कुछ नहीं है तो कोई सर्वस्वीकृत, सर्वअनुभूत सत्य और अर्थ भी नहीं हो सकता। अपनी अन्तिम परिणति में सबकुछ निरर्थक या 'एबसर्ड' है। अपनी इस धारणा को अज्ञेय कितनी दूर ढोकर चल सके, यह कहना मुश्किल है, क्योंकि अपनी परवर्ती साहित्य में (कथा और काव्य दोनों में) जिन अवधारणाओं तथा विश्वासों की ओर लौटते हैं उनके निष्कर्ष कुछ और हैं।

...कहानी की दृष्टि से (विचार या चिन्तन से पृथक) 'हीली बोन की बत्तखें' अज्ञेय की सर्वोत्तम कहानी है। उसमें विचार या चिन्तन का कोई आरोपण नहीं है बल्कि रचनात्मक स्तर पर ऐसा उत्ताप और तनाव है जो गहरी और मार्मिक मानवीयता के साथ व्यक्त हुआ है कि 'हत्या' जैसा नृशंस तथा जघन्य कार्य भी एक निराले सच से साक्षातकार कराता है : 'हीली बोन' (कहानी की नायिका) को जब पता चलता है कि

अपनी रोजी-रोटी का साधन 'बत्तखों' को खा जानेवाले भेड़ियों की आगंतुक फौजी अफ़सर से हत्या कराकर वह उस मादा भेड़िए की अबोध सन्तानों को अनाथ कर देती है तो उसका उमड़ता हुआ करुण आक्रोश अपनी बत्तखों की ओर प्रत्यावर्तित होता है और वह एक-एक करके उनकी हत्या करने लगती है। वह कहानी का कोई चमत्कारिक अन्त नहीं है बल्कि अत्यन्त मनोवैज्ञानिक मानवीय वास्तविकता है जिसका उद्घाटन स्तब्ध कर देनेवाला है। 'हीली बोन की बत्तखें' इस शताब्दी के उत्तरार्द्ध की चरम कथा उपलब्धियों में से एक है (यदि अद्वितीय नहीं तो !)।

अज्ञेय ने आगे चलकर कहानी लिखना बन्द कर दिया था। बल्कि '60 के बाद तो वे कथा साहित्य रचना से ही विमुख हो गए थे और कवि के रूप में ही उन्होंने विशेष ख्याति अर्जित की। किन्तु अज्ञेय का कथा साहित्य उनकी कविताओं की तुलना में यदि अधिक महत्त्वपूर्ण नहीं है तो उससे कमतर भी नहीं है। हिन्दी कहानी को जो उन्होंने 'नई दिशा' दी उसका विकास और विस्तार आगे चलकर निर्मल वर्मा की कहानियों में हुआ जिसकी चर्चा निर्मल वर्मा के प्रसंग में की जाएगी।

अज्ञेय के आस-पास ही यशपाल ने भी कहानियाँ लिखना शुरू की थीं। उनकी पहली कहानी 1924 में भ्रमर में प्रकाशित हुई थी। उनका पहला कहानी संग्रह 'पिंजड़े की उड़ान' था। उसके बाद तो उनके एक दर्जन से अधिक कहानी संग्रह प्रकाशित हुए। प्रेमचन्द के बाद इतनी त्वरा से कहानियाँ लिखनेवाले वे दूसरे हिन्दी कहानीकार हैं। कुछ लोग उन्हें प्रेमचन्द की परम्परा का सबसे महत्त्वपूर्ण कहानीकार मानते हैं। इसका कारण सम्भवतः उनकी प्रगतिशील सामाजिक चेतना थी जिसे प्रगतिशील साहित्य संगठन का संरक्षण प्राप्त था। प्रेमचन्द के बाद ऐसी लोकप्रियता भी किसी कहानीकार को प्राप्त नहीं हुई। पाँचवे और छठे दशक में यशपाल हिन्दी के सबसे महत्त्वपूर्ण कहानीकार माने जाते थे और बाद में आनेवाले दौर में 'नई कहानी' के कथाकारों ने भी उन्हें पर्याप्त सम्मान और आदर दिया जबकि जैनेन्द्र और अज्ञेय (विशेष रूप से जैनेन्द्र) उन्हें अपने कन्धों पर सवार 'सिन्दबाद के बूढ़े' प्रतीत हुए। यशपाल की इस तक्षण लोकप्रियता का रहस्य क्या था ? वस्तुतः यशपाल को कहानी लेखन का एक बड़ा सरल नुस्खा प्राप्त हो गया था जिसका उन्होंने भरपूर उपयोग किया। यशपाल ने स्वयं लिखा है कि मुझे अचरज हुआ कि शीघ्र ही लोग मुझे कहानी का एक 'महारथी' मानने लगे। 'महारथी' बनने की इस महारत के पीछे एक तो यशपाल की भाषा थी जो सामान्यतः तो प्रेमचन्द की तरह आम-फ़हम थी, किन्तु जिसे जरूरत के मुताबिक वे तोड़-मरोड़ कर विषय और वातावरण के अनुकूल बना लेते थे। अज्ञेय जहाँ कहानी में चिन्तन की प्रधानता लेकर आए थे, वहीं यशपाल विचारों या किसी विचारधारा को केन्द्र में रखकर लिखनेवाले कहानीकार थे। प्रत्यक्षतः उनकी यह 'विचारधारा' मार्क्सवादी थी जिसका तीसरे, चौथे और पाँचवे दशक के सम्पूर्ण विश्व के बुद्धिजीवियों पर गहरा प्रभाव था। दूसरे महायुद्ध के बाद विचारधारा और सत्ता के स्तर पर जो ध्रुवीकरण हो रहा था, यशपाल उसी की उपज थे। स्वाभाविक रूप से उनकी सहानुभूति पूँजीवादी अमेरिका या पश्चिमी देशों की

अपेक्षा सोवियत रूस और समाजवादी देशों के प्रति थी। मार्क्सवाद से प्रेरित बुद्धिजीवियों ने भारत में सबसे पहले जिस विचारधारा पर आक्रमण किया वह गांधीवादी विचारधारा थी। दूसरे और तीसरे दशक में किसी-न-किसी रूप में जहाँ गांधीवादी विचारधारा अधिकांश साहित्यकारों का प्रेरणा स्रोत थी (यह प्रेमचन्द से लेकर जैनेन्द्र तक केन्द्रीय विचारधारा बनी रही) वही चौथे दशक से वह अनेक बुद्धिजीवियों के आक्रमण का केन्द्र बन गई। भारत में विभाजन के बाद यह आक्रमण तीव्रतर होता गया। कथा क्षेत्र में यशपाल उसके प्रमुख ध्वजवाहक थे। उन्होंने न केवल 'गांधीवाद की शवपरीक्षा' पुस्तक लिखी बल्कि अपने सर्वश्रेष्ठ उपन्यास 'झूठा सच' में गांधी और गांधीवाद पर प्रखर आक्रमण किए। इन्हीं कारणों से वे तत्काल प्रगतिशील तथा मार्क्सवादी खेमे के 'कथानायक' बन गए। गांधीवाद तथा गंधीवादी आचरण उनके लिए रूढ़ियों तथा पाखण्ड का पुंज था। अपनी प्रसिद्ध कहानी 'धर्मयुद्ध' में उन्होंने इसी अहिंसा और अनसनवाली जीवन पद्धति का मखौल उड़ाया है। इसके अतिरिक्त आजादी के बाद गांधीवादी सत्ता पक्ष की विचारधारा मानी जाती थी और सत्ता के 'प्रतिपक्ष' में होना पूरे विश्व में बुद्धिजीवी होने की पहली शर्त मानी जाती थी (आज भी मानी जाती है) और यशपाल सबसे पहले इस शर्त पर खरे उतरे। अपने कथा तथा विचार साहित्य में वे लगातार इस प्रतिपक्ष के सबसे प्रखर प्रवक्ता बने रहे। इस रौ और उत्साह में उनके कथा साहित्य की अनेक कमजोरियों को नजरअन्दाज किया गया। यशपाल आजादी के बाद के सबसे अधिक 'ओवर रेटेड' कथाकार रहे हैं किन्तु शताब्दी के अन्त तक आते-आते यह ज्वार उतर चला।

...इस तथ्य की परीक्षा के लिए उनकी कुछ प्रसिद्ध कहानियों का उल्लेख तथा किंचित विस्तार से व्याख्या जरूरी है। मसलन उनकी प्रसिद्ध कहानी 'धर्मयुद्ध' को ही लें। इस कहानी के नायक का परिचय लेखक श्री कन्हैयालाल कहकर देता है। उसमें 'श्री' विशेषण ही इस बात का द्योतक है कि 'श्री कन्हैयालाल' कहानी में आगे चलकर लेखक द्वारा व्यंग्य वाणी से बेधे जानेवाले हैं। लेखक बतलाता है कि बाकी बाबू लोगों की तरह ही श्री कन्हैयालाल का मासिक वेतन सौ-सवा सौ रुपए ही है किन्तु उनके रहन-सहन और व्यवहार में बड़प्पन और शाहखर्ची है। वे सिगरेट-पान मँगानेवाले चपरासियों को 'टिप' देते हैं और घर जाने पर चाय-शर्बत तथा नाश्ते से स्वागत करते हैं। बाद में बताया जाता है कि अपने कुछ खास मेहमानों का स्वागत वे 'ए डैश ऑफ व्हिस्की' से भी करते हैं। उनकी बैठक में दिनोदिन सोफे, मेजें और दूसरी कीमती तथा नए सामानों की वृद्धि भी होने लगती है। लेखक द्वारा यह भी बताया जाता है कि लाख प्रयत्नों के बावजूद अभी तक उनके वेतन में कोई वृद्धि भी नहीं हुई है। इसी बीच वह 'तलहका' मचा देनेवाली ऐतिहासिक शराब पार्टी भी होती है जिसमें अपनी माँ द्वारा भीषण हस्तक्षेप होने पर 'श्री कन्हैयालाल' को अहिंसात्मक 'धर्मयुद्ध' छोड़कर अपने अतिथियों के अपमान का समाधान ढूँढ़ना पड़ता है। चूँकि यशपाल को इस पाखण्डपूर्ण अहिंसक 'धर्मयुद्ध' पर व्यंग्य करना था और इस ढोंगी प्रतिरोध का उद्घाटन

करना था, इसलिए वे इस 'चरम क्षण' तक पहुँचने की उतावली में यह बतलाना भी भूल गए कि यदि श्री कन्हैयालाल का वेतन सौ-सवा सौ से अभी बढ़ा ही नहीं तो वे किस प्रकार इतना महँगा रहन-सहन रखते हुए ऐसी महँगी पार्टी का आयोजन कर सके और घर में व्हिस्की-रम आदि की बोतलें कहाँ से आती रहीं ? यदि यशपाल ने कहानी के इस पक्ष पर भी ध्यान दिया होता तो वे श्री कन्हैयालाल के इन गुप्त आय के स्रोतों का उद्घाटन भी कर सके होते जैसा आगे चलकर मोहन राकेश ने अपनी एक महत्त्वपूर्ण कहानी 'घर का आखिरी सामान' में किया था। किन्तु यशपाल अपनी धुन में यह भूल गए और एक अतिनाटकीय दृश्य की रचना करके कहानी की इतिश्री कर दी गई।

दरअसल यशपाल ज्यादातर 'रिर्जाल्वड' कहानियाँ लिखते थे जिनका एक नाटकीय चमत्कारपूर्ण अन्त उनके मस्तिष्क में पहले से ही सुरक्षित रहता था और वहाँ तक पहुँचने की उतावली में वे कहानी की प्रक्रिया पर बहुत ध्यान नहीं देते थे। अपने तीखे व्यंग्यों और ऐसे ही चमत्कारपूर्ण चौंकानेवाले अन्त के कारण उनकी कहानियाँ तत्काल 'हिट' हो जाती थीं। उनकी कई अन्य प्रसिद्ध कहानियाँ मसलन तुमने क्यों कहा मैं सुन्दर हूँ, एक सिगरेट, महाराजा का इलाज, फूलों का कुर्ता आदि भी इसी तरह की कहानियाँ हैं। इसके अतिरिक्त यशपाल ने अपने कथा साहित्य में (कहानियाँ तथा उपन्यास दोनों में) एक और लोकप्रिय तथा दिलचस्प नुस्खे का उपयोग किया था और वह था मार्क्सवाद के साथ मनोविश्लेषण शास्त्र का सहारा लेकर यौन भावना या यौन प्रवृत्तियों की 'ब्लैंडिंग', बिना वर्जित शारीरिक तथा यौन सम्बन्धों के उनकी रचनाएँ कम ही आगे बढ़ती थीं।

वे रोमैंटिक अशरीरीपन या प्लैटोनिक सम्बन्धों के ही विरुद्ध नहीं थे बल्कि जैनेन्द्र की तथाकथित (उनकी दृष्टि में) नई नैतिकता में भी उन्हें ढोंग और पाखण्ड नजर आता था जिसे उन्होंने अपने उपन्यास 'दादा कामरेड' की भूमिका में विस्तार से व्यक्त भी किया है।

लेकिन यहाँ यह सब कहने का तात्पर्य यह नहीं है कि हिन्दी कहानी के विकास में यशपाल का योगदान कमतर था ! बल्कि यह भी सच है कि उनकी कहानियों की परिधि तथा पहुँच का विस्तार चकित करनेवाला है। उन्होंने व्यक्ति, समाज, राजनीति, मनोविज्ञान, पारिवारिक तथा वैयक्तिक सम्बन्ध, पाखण्ड, रूढ़ियों आदि से सम्बन्धित इतनी अधिक कहानियाँ लिखी है जैसा पहले भी कहा गया—जितनी हिन्दी में प्रेमचन्द के अतिरिक्त कोई नहीं लिख सका। केवल परिणाम तथा संख्या बढ़ाने की त्वरा में यशपाल की अनेक कहानियाँ झीनी और इकहरी रह गई है। अकसर उनका वैचारिक आरोपण भी कहानियों की कलात्मकता में बाधक बनता है। फिर भी हिन्दी कहानी में यशपाल एक अनिवार्य तथा महत्त्वपूर्ण उपस्थिति हैं।

नई कहानी आन्दोलन और हिन्दी कहानी

प्रायः ऐसा माना जाता है कि हिन्दी कहानी में एक गुणात्मक परिवर्तन 50 के आस-पास हुआ और वह 'नई कहानी' नाम दिए गए एक कथा आन्दोलन के माध्यम से हुआ। यानी प्रेमचन्द, जैनेन्द्र, अज्ञेय और यशपाल आदि के बाद। यह दावा एक विश्लेषण की माँग करता है। अपने नएपन और आगमन का जितना डंका नई कहानीवालों ने बजाया उतना इस शताब्दी के सबसे महत्त्वपूर्ण साहित्य आन्दोलन 'छायावाद' वालों ने भी नहीं बजाया था।

जबकि वास्तविकता यह है कि 'नई कहानी' वालों को 'नई कहानी' नाम तब सूझा जब कविता में 'नई कविता' शब्द आ चुका था और छायावादी भावबोध, भाषा, शिल्प से पृथक उसका अपना स्वरूप बनने लगा था। सन् 50 के आस-पास कहानी के क्षेत्र में आनेवाले कुछ नौजवानों को लगा कि कहानी में अपनी पहचान बनाने के लिए कोई नया नाम, नया आन्दोलन चाहिए। यह विडम्बना ही थी कि वे अपनी 'कहानी' के द्वारा नहीं, बल्कि 'नए नाम' के द्वारा अपनी पहचान बनाना चाहते थे। इस हड़बड़ी में उन्हें कुछ नहीं सूझा तो अपनी समकालीन कविता से उन्होंने तत्काल 'नई कहानी' नाम—बिना आभार व्यक्त किए, उधार ले लिया। इस ऐतिहासिक तथ्य को अज्ञेय ने सबसे पहले लक्ष्य किया था (किसी और का ध्यान इसकी ओर गया या नहीं, यह मुझे नहीं मालूम।) राजपाल से प्रकाशित 'मेरी प्रिय कहानियाँ' के 'प्रतिवेदन' में वे लिखते हैं : "कहानी में नएपन का आन्दोलन कविता में उसके आन्दोलन के बाद समानान्तर अनुक्रिया और प्रतिक्रिया रूप में आया। पर उतना भर होता तो कोई चिन्ता की बात नहीं थी। लेकिन आन्दोलन के बढ़ते चरणों ने यह स्पष्ट कर दिया कि उसके चिन्तन में 'युक्तयाभास' बढ़ता गया है।" (पृ. 13)...अज्ञेय ही नहीं उस दौर के सभी सजग पाठक और सुधी समीक्षक जानते हैं और उन्हें याद भी होगा कि 'नई कहानी' शब्द 'नई कविता' की प्रतिक्रिया या अनुक्रिया में ही प्रचलित हो गया। 'नई कहानी' आन्दोलन के साथ दूसरी विडम्बना यह जुड़ गई कि इस शायद अपराध या 'चोर बोध' के कारण ही उसने कहानी मात्र को काव्य तत्त्व विरोधी मान लिया यानी कहानी में 'काव्य तत्त्व' आया और कहानी गई। जहाँ से आपने उधार लिया या चोरी की उसी का बहिष्कार करो ! कहने की आवश्यकता नहीं कि यह धारणा कितनी अज्ञानतापूर्ण थी यह तो स्वयं अज्ञेय ने बड़े तर्क तथा तथ्य संगत रूप में समझा दिया था किन्तु देखने की जरूरत है कि इस आग्रह के पीछे छिपी हुई मंशा क्या थी ? 'नई कहानी' के दावेदारों और झण्डावरदारों को बहुत अच्छी तरह पता था कि जिस समय में 'काव्य तत्त्व' कहानी के लिए संहारक और अछूत मानकर अपना तथाकथित शुद्ध इकहरा गद्य लिख रहे थे वहीं उनके अनेक समानधर्मा समकालीन लेखक जो अज्ञेय की भाँति ही महत्त्वपूर्ण कवि भी थे, ऐसी कहानियाँ लिख रहे थे जो उनसे बेहतर नहीं तो हीनतर भी नहीं थीं। रेणु तथा निर्मल वर्मा जैसे कहानीकार भी ऐसी कहानियाँ लिख रहे थे जिनमें काव्य तत्त्वों

की भरमार थी और जो गीतात्मकता (लिरीकैलिटी) से गुँथी हुई थीं। इसके अलावा कोई भी न तब कह सकता था न आज कि रेणु की कहानियों में वास्तविकता और यथार्थ की पकड़ तथा अभिव्यक्ति मोहन राकेश, राजेन्द्र यादव या कमलेश्वर आदि से कम थी। कहानी पर अपना इकलौता आधिपत्य जमाए रखने के लिए उन्होंने अनेक स्वाँग रचे : पहले तो यह कि जो कवि है, उसकी कहानियों में चूँकि अनिवार्य रूप से काव्य तत्त्व होगा ही (जैसे कि मुक्तिबोध, रघुवीर सहाय, सर्वेश्वर दयाल सक्सेना, श्रीकान्त वर्मा, कुँवर नारायण आदि) इसलिए वह केवल महत्त्वपूर्ण कहानीकार ही नहीं है, बल्कि उसकी कहानियाँ यथार्थ से परे है। और रेणु तथा निर्मल की कहानियों में चूँकि काव्य तत्त्व है इसलिए वे भी वास्तविकता विमुख कहानियाँ ही मानी जाएँगी। यही नहीं इन्हें जब एक आलोचक मिला जिसे शायद 'नई कहानी' नाम देने का भी श्रेय जाता है, उसने चूँकि निर्मल वर्मा को नई कहानी का 'पहला कहानीकार' कह दिया तो उसकी आलोचना इसलिए जरूरी हो गई कि अपनी आलोचना में उसने व्यंग्य-विडम्बना, तनाव, संकेत, प्रतीक, बिम्ब आदि शब्दों का प्रयोग किया जो इनके अनुसार मूलतः काव्य विश्लेषण के पारिभाषिक शब्द या औजार हैं।

...साहित्य के इतिहास में (शायद किसी भी साहित्य के इतिहास में) शायद ही कभी ऐसा हुआ हो कि एक विधा-विशेष के कुछ लोगों ने निहित स्वार्थों से प्रेरित होकर अपनी ही एक महत्त्वपूर्ण समानान्तर विरादर विधा के प्रति इतना विद्वेषपूर्ण रवैया अपनाया हो। जबकि वास्तविकता यह है कि काव्य विरोधी दृष्टि (अपने व्यापक और मौलिक अर्थ में) मूलतः रचना और यथार्थ तथा वास्तविकता विरोधी दृष्टि है। 'नई कहानी' के कुछ उतावले 'स्वयं सेवकों' ने इस प्रयास में सामूहिक 'हाराकिरी' कर डाली।

जबकि ऐतिहासिक स्थिति यह थी : 'नई कहानीवालों' ने कविता के प्रतिमानों से कहानी का मूल्यांकन करने का विरोध तो किया किन्तु यह न समझ सके कि स्वयं हिन्दी कहानी की ऐतिहासिक स्थिति तत्कालीन हिन्दी कविता से सर्वथा भिन्न थी। वस्तुतः प्रश्न कहानी में 'काव्य तत्त्व' होने या न होने अथवा कविता के प्रतिमानों से कहानी को परखने या न परखने का नहीं था बल्कि यह समझने का था कि कविता के पीछे जो ऐतिहासिक पृष्ठभूमि और परम्परा थी, उस पर 'छायावाद' का जो भारी बोझ था जिससे कुछ ही पहले हिन्दी कविता में रीतिकालीन भावबोध ही नहीं भाषा, छन्द, जीवनदृष्टि और रूढ़ियों से पूरी तरह मुक्त होकर अपना स्वतन्त्र, निजी, ठोस तथा अत्यन्त प्रभावशाली व्यक्तित्व निर्मित कर लिया था। वह स्वयं (यानी छायावाद) स्वतन्त्रता के बाद का परिवर्तित सामाजिक, राजनैतिक परिस्थितियों में हिन्दी के लिए सबसे बड़ी रूढ़ि और विकास में बाधक बन गई थी। कविता को अपने विकास के लिए छायावादी रूढ़ियों से भी मुक्त होना अनिवार्य था। जबकि कहानी के सामने न तो ऐसी कोई समस्या थी और न परम्परा का ऐसा कोई बोझ। वह अपेक्षाकृत एक नई विधा भी थी। यह विधागत नवीनता ही उसकी वास्तविक नवीनता थी। इसके अतिरिक्त उसे प्रेमचन्द जैसा कथानायक मिला था जिसने बहुत पहले छायावादी जाल से मुक्त होकर

हिन्दी कहानी का अधिक यथार्थवादी, सामाजिक चेतना से युक्त ऐसा व्यापक तथा मुक्त रूप गढ़ दिया था जिसे हिन्दी कहानी एक प्रशस्त राजपथ के रूप में प्राप्त कर सकी थी। यानी कविता के लिए जहाँ छायावाद एक समृद्ध विरासत होते हुए भी विकास के पथ में एक बाधक तत्त्व था वहीं कहानी को कोई रूढ़िबद्ध विरासत नहीं मिली थी, बल्कि प्रेमचन्द जैसा एक पथप्रदर्शक पिता मिला था जिसके आलोक में वह परिवर्तित सामाजिक-राजनैतिक परिस्थितियों में अपना पथ निर्धारित कर अपना स्वरूप गढ़ सकती थी। बहुत हद तक ऐसा हुआ भी : यदि हम यशपाल के बाद मोहन राकेश की कहानियों 'मलवे का मालिक', मवाली, परमात्मा का कुत्ता, घर का आखिरी सामान, सुहागिनें, जानवर और जानवर तथा दर्जनों दूसरी कहानियाँ देखें तो वे प्रेमचन्द की ही परम्परा में यशपाल की कहानियों से अधिक विकसित, शिल्प सम्पन्न तथा स्वस्थ सामाजिक चेतना से युक्त (किसी विचारधारा के स्थूल आरोपण के बिना) थीं जिनमें आजादी के बाद का हिन्दी समाज अपने सभी रंग-रूपों में दीप्त होकर व्यक्त हो रहा था। यही बात अपेक्षाकृत सरल रूप में अमरकान्त की कहानियों के बारे में भी कही जा सकती है। डिप्टी कलक्टरी, दोपहर का भोजन, जिन्दगी और जोंक, हत्यारे आदि ऐसी ही कहानियाँ थीं। किन्तु यही बात भीष्म साहनी की 'चीफ की दावत' या विष्णु प्रभाकर की 'धरती अब भी झूम रही है, जैसी कहानियों के विषय में नहीं कही जा सकती जो यशपाल की परम्परावाली कहानियों का ही सरलीकृत परिवर्तित रूप थी। रेणु की भी अधिकांश कहानियों में स्वतन्त्र भारत का परिवर्तित, सामाजिक तथा राजनैतिक परिवेश कुछ वैसी ही चेतना से मुक्त होकर व्यक्त हो रहा था जिसे प्रेमचन्द के बाद का परिवर्तित ग्रामीण परिवेश कहा जा सकता है।

किन्तु 'नई कहानी' के नाम का अपना पृथक खेमा गाड़ने के जोश और उत्साह में उसके झण्डावरदार अपनी इस समृद्ध परम्परा को समझे बिना उसे एक बोझ समझ कर सिर से उतारकर फेंकने में लग गए। इस प्रक्रिया में परम्परा उन्मूलन की एक 'अपरम्परावादी' परम्परा चल पड़ी। परम्परा उन्मूलन के अभियान में वे प्रेमचन्द को तो छूने का साहस कर नहीं सकते थे इसलिए उनका आक्रोश जैनेन्द्र और अज्ञेय जैसे कहानीकारों के प्रति व्यक्त हुआ जो प्रेमचन्द का ऋण स्वीकार करते हुए भी आधुनिकता का जो आलोक पूरे विश्व साहित्य में फैल रहा था, उसे प्रविधि, भाषा और भावबोध सभी स्तरों पर समेटकर अपनी कहानियाँ लिख रहे थे।

'नई कहानी' के इस 'गिरोह' की प्रमुख समस्या थी कि वे न तो कलात्मक स्तर पर पूर्ववर्ती जैनेन्द्र और अज्ञेय की ऊचाइयाँ प्राप्त कर सकते थे और न अपने समकालीन समानधर्मा रेणु और निर्मल वर्मा की समानता कर सकते थे। अपनी इस बौखलाहट में वे प्रगतिवादियों से भी पृथक पड़ गए। अतः पहले अपनी प्रगतिशील सामाजिक चेतना के साथ अपने होने का दावा करनेवाले वे लोग फिर नया रास्ता तलाशने की कोशिश में अस्तित्ववादी जुमलों (अस्तित्ववाद के सामाजिक-दार्शनिक पक्ष को समझना तो इनके बस की बात थी नहीं) की ओर मुड़ गए : इस दुर्घटना के सबसे

बड़े शिकार इनके सबसे अधिक प्रतिभावान कथाकार मोहन राकेश हुए : उनका अस्तित्ववादी उपन्यास 'अँधेरे बन्द कमरे' तो बन्द पड़ा ही रहा एक और जिन्दगी, एक ठहरा हुआ चाकू आदि कहानियों के रास्ते से होते हुए वे 'आधे-अधुरे' नाटकों के क्षेत्र में चले गए। कमलेश्वर और राजेन्द्र यादव 'खोई हुई दिशाएँ' (कमलेश्वर) तलाशते हुए 'अभिमन्यु की आत्महत्या' में राजेन्द्र यादव के रूप में आत्महत्या कर बैठे।

वस्तुतः 'नई कहानी' को उसके पूरे सन्दर्भ में समझने की कोशिश ही नहीं की गई और उसे चन्द झंडावरदारों और नारेबाजों के साए में ही सीमित रखा गया। जैसा कि पहले कहा गया यह 'नया' कहलाने की आत्ममुग्धता ही थी जिसके 'नारद मोह' में उन्होंने अपने आस-पास कुछ और देखा ही नहीं।

'प्रयोगवाद' के सन्दर्भ में अज्ञेय ने तो अपने से इतर के सहयोगियों की पृथक सत्ता तथा इयक्ता स्वीकार करते हुए उन्हें अलग-अलग राहों का अन्वेषी स्वीकार किया जिसमें मुक्तिबोध, रामविलास शर्मा और शमशेर के लिए भी जगहें थीं। किन्तु नई कहानी के 'हाशिए' से कहानी में समानरूप से सक्रिय मुक्तिबोध, रघुवीर सहाय, सर्वेश्वर दयाल सक्सेना, कुँवर नारायण, श्रीकान्त वर्मा और यहाँ तक कि काफी हद तक रेणु और निर्मल वर्मा को भी पृथक रखा गया। जाहिर है उस उपक्रम में नई कहानी की मुकम्मिल तस्वीर तो क्या बनती कोई 'काला कोलाज' भी नहीं बन सका।

नई कहानी के दौर में हिन्दी कहानी का भौगोलिक विस्तार अवश्य हुआ : कश्मीर से कन्याकुमारी तक के क्षेत्रों और जीवन पर कहानियाँ लिखी गईं। पर्वतीय प्रदेशों से लेकर सागर तट के निवासियों तक को कहानी के दायरे में समेटा गया। भिखमंगों, मवालियों, मजदूरों, बाबूओं, अध्यापकों, सरकारी अधिकारियों, खेतिहर, लोहार, चर्मकार, बेकार शिक्षित युवक, काम करनेवाली औरतें—सभी वर्गों के लोग कहानी के पात्र बनकर आए। मोहन राकेश के यात्रा वृतान्त "आखिरी चट्टान" से ही जाहिर होता है कि नए कहानीकार के मन में अपने देश को नए सिरे से जानने की ललक थी। मोहन राकेश में तो सबकुछ को कहानी बना डालने की ललक इतनी अधिक थी कि उन्हें 'डाक बँगले' का कहानीकार कहा जाने लगा था। दरअसल बसें, रेलगाड़ियाँ, रेलवे स्टेशन, बस स्टैण्ड और डाक बँगले आदि इस दौर की कहानियों में बेशुमार आए। छायावादी महादेवी वर्मा यदि अपनी हर 'साँस का लेखा-जोखा' कविता में व्यक्त कर देना चाहती थीं तो नई कहानी के दौर का कहानीकार अपने हर अनुभव को कहानी बना देना चाहता था। इसी कारण नई कहानी के कुछ आलोचकों ने उन्हें 'अनुभववादी' कहना अधिक उपयुक्त समझा।

काव्य तत्त्व को कहानी के लिए वर्जित मानने के बावजूद 'नई कहानी' में प्रतीकों, बिम्बो, रूपकों, संकेतों आदि की भरमार होने लगी जो कि मुख्यतः आधुनिक कविता के गुण थे। यह बात केवल निर्मल वर्मा की कहानियों पर लागू नहीं होती जिनमें ये उपकरण बड़े सूक्ष्म तथा रचनात्मक स्तर पर प्रयुक्त हुए थे : उनकी पहली प्रख्यात कहानी 'परिन्दे' में शीर्षक से लेकर आद्योपान्त प्रतीकों और बिम्बों की भरमार है। मोहन

राकेश की 'ग्लासटैंक', राजेन्द्र यादव की 'पुराने नाले पर बना नया फ्लैट' कमलेश्वर की 'खोई हुई दिशाएँ' शेखर जोशी की 'बदबू' आदि उस समय की दर्जनों कहानियाँ इन उपकरणों से युक्त थीं। अब यदि किसी आलोचक ने उनके विश्लेषण के लिए काव्य प्रतिमानों का उपयोग किया तो क्या गलत किया ? कथा और काव्य विश्लेषण के लिए हमेशा दुहरे तथा सपाट मापदण्ड काम में नहीं लाए जा सकते। बीसवीं शताब्दी के सर्वश्रेष्ठ उपन्यास 'यूलिसिस' से अधिक काव्य तत्त्व और किस कथाकृति में मिलेंगे ? या फिर काफ़्का के उपन्यासों की फैंटेसी, रूपकों और 'कैसिल' जैसे प्रतीकों को क्या कहेंगे। जिनसे इस शताब्दी का अधिकांश कथा साहित्य किसी-न-किसी रूप में प्रभावित हुआ था। जिन नए कहानीकारों ने कैमू के 'प्लेग फॉल' जैसे उपन्यासों तथा चेखव के 'सीगल' तथा 'चेरी आर्चर्ड' जैसे नाटकों के अनुवाद किए थे और उन जैसे रूपकों तथा प्रतीकों का इस्तेमाल अपनी कहानियों में किया था उनके 'काव्य तत्त्व' विरोधी रूख को पाखण्ड के अलावा और क्या कहेंगे ?

...'नई कहानी' को जिनका ऋणी होना चाहिए था उसने उनको अपना विरोधी माना, महज अपने को 'नया' तथा 'मौलिक' कहे जाने के लिए ! परम्परा का तिरस्कार भी उन्हीं में से एक था और वह परम्परा केवल प्रेमचन्द की नहीं, प्रसाद, जैनेन्द्र, अज्ञेय सबकी थी। 'नई कहानी' ने सबसे ग्रहण किया और यह कोई न्यूनता या नकल की बात नहीं थी। परम्परा का स्वस्थ ग्रहण तथा विकास साहित्य मात्र के विकास के लिए आवश्यक है।

'नई कहानी' आन्दोलन की धूल छँट जाने के बाद हम पाते हैं कि उसके दो विपरीत ध्रुवों पर स्थित कहानीकार रेणु और निर्मल वर्मा ही उसके सर्वश्रेष्ठ कहानीकार सिद्ध होते हैं जिन्होंने उसके विवाद में पड़ना उचित नहीं समझा और जिन्हें तब भरसक कोशिश की गई कि नई कहानी की तथाकथित 'मुख्यधारा' का कहानीकार न माना जाए। इन्होंने वस्तुतः जिस कथा भाषा का निर्माण किया और जितनी गहरी रचनात्मकता से युक्त कहानियाँ लिखीं, उतनी 'नई कहानी' के दौर का कोई अन्य कहानीकार नहीं लिख सका। केवल मोहन राकेश की प्रारम्भिक कहानियाँ इसका अपवाद कही जा सकती है किन्तु वे क्रमशः जितनी आत्मकेन्द्रित अनुभववादी कहानियाँ लिखने लगे थे उसने उनमें विकास की सम्भावना नष्ट कर दी थी। उनके 'नाटक' की ओर मुड़ जाने का एक महत्त्वपूर्ण कारण यह 'खत्म हो जाने का भय' भी था।

कहने का तात्पर्य यह कि यदि नई कहानी ने अपने को परम्परा का ही विकसित तथा अभिन्न अंग मानकर समझने-समझाने की चेष्टा की होती तो उसके महत्त्व को न तो अतिरंजित किया जाता और न उसकी तीखी प्रतिक्रियाएँ होतीं !

साठोत्तरी कहानी

'साठोत्तरी कहानी' इसी 'प्रतिक्रिया' का परिणाम थी। उसने 'नई कहानी' के अस्तित्व

के अस्वीकार से ही शुरुआत की पर इसकी चर्चा कभी उन्होंने नहीं की। बल्कि 'नई कहानी' के ही कुछ वरिष्ठ समीक्षकों को लगा कि हिन्दी की साठोत्तरी कहानियों में भावबोध, भाषा और शिल्प-संरचना के स्तर पर ऐसे परिवर्तन परिलक्षित हो रहे हैं जिनका अध्ययन और आकलन उसे 'नई कहानी' से पृथक करके ही हो सकता है। सबसे पहले तथाकथित नई कहानी के 'बासीपन' की ओर उसके (तब के) प्रखर प्रवक्ता देवीशंकर अवस्थी का ही ध्यान गया था "इधर पिछले कुछ वर्षों में हिन्दी कहानी के क्षेत्र में बासीपन लगने लगा है। लगता है पुराने फार्मूले दुहराए जाने लगे हैं। उदाहरण लें, सद्यः प्रकाशित अमरकान्त की कहानी 'मूस'। यह कहानी वैसे रोचक तथा सशक्त है...पर कहानी की परम्परा में यह उसी प्रवृत्ति के अन्तर्गत है जिसमें उपेक्षित तथा विचित्र चरित्रों को शोध शोधकर लाया गया है–बिन्दा महाराज, हंसा जाई अकेला, काल सुन्दरी जैसी कहानियाँ इसके पहले ऐसे ही उपेक्षितों को लाई है।...उनमें प्रवृत्तिगत नयापन नहीं है...दर्जनों कहानियाँ पढ़िए और लगेगा कि इन्हें पहले भी कहीं पढ़ चुके हैं।...'नई कहानी' मुझे अभूतपूर्व नहीं लगती।" ('रचना और आलोचना' पृ. 129)

अतः एक ओर तो देवीशंकर अवस्थी को 'नई कहानी' में बहुत नया कुछ नहीं लगता और क्रमशः उसमें 'बासीपन' का एहसास भी होने लगता है किन्तु उन्हें साठोत्तरी कहानीकार महेन्द्र भल्ला की कहानी 'एक पति के नोट्स' पढ़कर नएपन का आघात लगता है : "महेन्द्र भल्ला की कहानी 'एक पति के नोट्स' एक नए तरह के पाठक की माँग करती है।" इसी कहानी के साथ वे नई कहानी के प्रमुख कहानीकार धर्मवीर भारती की कहानी 'यह मेरे लिए नहीं' की तुलना करते हैं और कहते हैं कि "महेन्द्र भल्ला यथार्थ की नब्ज पर हाथ रखते हैं जो आधुनिक जीवन की विडम्बना और नियति है। जबकि भारती का संसार उसी पुराने संसार का चढ़ाव है जो पिछले पचास वर्षों से हिन्दी कहानी में व्यक्त होता आया है। इन दोनों संसारों की व्यंजनाएँ दो भिन्न शिल्पों, दो भिन्न भाषा भंगिमाओं की माँग करती है।" (वही, पृ. 136)

इसके बाद इस 'नए संसार' के भावबोध की विस्तार से व्याख्या करते हुए वे साठोत्तरी कहानी की उन विशेषताओं को रेखांकित करते हैं जो 'नई कहानी' से उसके प्रस्थान बिन्दुओं का निर्धारण करती है। संक्षेप में देखा जा सकता है कि अवस्थी जी की दृष्टि में वे विशेषताएँ क्या थी ? 'एक पति के नोट्स' के माध्यम से वे इन परिवर्तनों को रेखांकित करते हुए लिखते हैं : "स्पष्ट है कि प्रेम, परिवार, सेक्स, पति-पत्नी सम्बन्ध, पड़ोसी व्यवहार आदि के पुराने स्थापित आदर्शों से यह स्थिति भिन्न है... स्वतन्त्रता के बाद नवलेखन में 'कल उगने' का जो आशावादी रोमैंटिक झोंका आया था वह '60 तक पहुँचते-पहुँचते गुजर जाता है और जो एक अत्यन्त जिज्ञासु मन सचाई में गहरे पैठता है वह निरन्तर निराशा, अनास्था, ऊब, बुराई, अनैतिकता आदि की सिंग्नीफिकेंस को स्पष्ट करता है।" (वही पृ. 136)।

...इस तरह के अनुभवों पर आधारित कहानियों को देवीशंकर अवस्थी 'प्रामाणिक अनुभवों की' कहानियाँ कहते हैं। बाद में कुछ साठोत्तरी कहानीकारों ने ही इन्हें 'भोगा

हुआ यथार्थ' की कहानियाँ कहा। 'भोगा हुआ यथार्थ' विशेषण में ही एक युक्तयाभास (लॉजिकल फैलेसी) है—क्योंकि जो भोगा हुआ है (या भुगता हुआ है, 'भोग' शब्द एक अलग अर्थ देता है) उसे शायद यथार्थ न कहा जा सके, क्योंकि यथार्थ वस्तुपरक होता है, तभी वह यथार्थ होता है !

इन कहानियों की विशेषता थी सम्बन्धों में 'अलगाव की अनुभूति' जो किसी भी कर्म में पूरी तरह संलग्नता का अभाव बनकर व्यक्त होती है जिसे 'सेल्फ एलिएनेशन' भी कहा जा सकता है और जिसकी परिणति एक निरन्तर 'अकेलेपन' और 'ऊब' के रूप में होती है। देवीशंकर अवस्थी ने ठीक ही लिखा था कि उसे 'ट्रेजडी' या 'कॉमेडी' जैसे रूढ़ शब्दों या परिभाषाओं में बाँधा नहीं जा सकता बल्कि एक 'तिक्त कथा' या 'निरर्थकता की अनुभूति' की कहानी कहा जा सकता है। जो दरअसल 'सेंस ऑफ एबसर्डनेस' की उत्पत्ति है। '60 से '70 तक ऐसी ही कहानियों का दौर था : ज्ञानरंजन की सम्बन्ध, पिता, यात्रा, फेंस के इधर और उधर, महेन्द्र भल्ला की एक पति के नोट्स और बदरंग, दूधनाथ सिंह की रक्तपात, काशीनाथ सिंह की आखिरी रात, प्रबोध कुमार की आखेट; विजय चौहान की मुक्ति, श्रीकान्त वर्मा की घर और शवयात्रा, रवीन्द्र कालिया की नौ साल छोटी पत्नी और डरी हुई औरत तथा अन्य अनेक तत्कालीन कहानीकारों की कहानियों में ये प्रवृत्तियाँ और विशेषताएँ स्पष्ट रूप से लक्षित की जा सकती है।

...साठोत्तरी कहानी के इस 'पार्थक्य' तथा प्रस्थान बिन्दु को ध्यान में रखते हुए तथा उसकी ओर ध्यानाकर्षण के लिए इन पंक्तियों के लेखक ने 1967 में उस दौर के चौदह कहानीकारों की अट्ठाइस कहानियों का एक संकलन 'सन् 60 के बाद की कहानियाँ' नाम से प्रकाशित किया था जिसमें उपरोक्त कहानीकारों के अतिरिक्त और भी अनेक कहानीकार संकलित किए गए थे। तब सन् '60 के बाद की कहानियों की जिन विशेषताओं की ओर संकलनकर्त्ता का ध्यान गया था (और जिसका तनिक विस्तार से उसने पुस्तक की भूमिका में विश्लेषण किया था) वे संक्षेप में इस प्रकार थीं : सन् '60 के बाद जो परिवर्तित भावबोध या संवेदना निर्मित हुई उसका सर्वाधिक प्रभाव मानवीय सम्बन्धों पर पड़ा, क्योंकि संवेदना में परिवर्तन का सबसे पहला और गहरा प्रभाव सम्बन्धों पर ही होता है। सारे सम्बन्ध नए सिरे से सवाल बन गए थे : माँ, पिता, भाई, मित्र, पत्नी सारे सम्बन्ध नए सिरे से सवाल बनकर नए अर्थों में परिभाषित होने लगे थे। किन्तु साठोत्तर की कहानी असामान्य या असामान्य अनुभवों की कहानी नहीं थी। वस्तुतः वह आजादी के बाद क्रमशः बदलते हुए परिवेश तथा परिस्थितियों की कहानी थी जिसके पात्र मुख्यतः वे मध्यवर्गीय युवक थे जो अपनी बौद्धिक चेतना में संशयग्रस्त, प्रश्नाकुल, किंचित कटु और निषेधवादी थे। इस 'सामान्य' के प्रतिनिधि कहानीकार रामनारायण शुक्ल थे। असामान्य प्रवृत्तियों की अतिचारवादी कहानियाँ 'अ-कहानी' या 'भूखी पीढ़ी' से प्रभावित कहानीकारों ने लिखीं थीं और जिन्हें साठोत्तरी कहानी की सामान्य विशेषताओं से जोड़ना उचित नहीं है।

इस दौर में सबसे बड़ी बात यह हुई कि एक सर्वथा नई 'कथा भाषा' निर्मित हुई। यह नई 'कथा भाषा' नए अनुभवों से अनुस्यूत थी। अनुभवों से अलग किसी चमत्कार या अलंकार की तरह नहीं थी, जैसा कि 'नई कहानी' की कहानियों में था। यहाँ 'अनुभव' अपने-आप पारदर्शी होकर 'भाषा' बन रहे थे। इसी कारण इस दौर के प्रायः प्रत्येक कहानीकार की अपनी भाषा, मिजाज और अन्दाज थे। यह उस भाषा से सर्वथा पृथक थी जिसे लक्ष्य कर देवीशंकर अवस्थी ने कहा था कि दर्जनों कहानियों को पढ़कर लगता था कि एक ही कहानी या पहले की पढ़ी हुई कहानी ही पढ़ रहे हैं। साठोत्तरी कहानियाँ पढ़ते हुए लग रहा था कि प्रत्येक कहानीकार अपनी भाषा तथा वर्णन प्रणाली स्वतः उपलब्ध कर लिख रहा है : यह बात महेन्द्र भल्ला, रवीन्द्र कालिया, काशीनाथ सिंह, ज्ञान रंजन और दूधनाथ सिंह की कहानियों में विशेष रूप से दिखाई पड़ रही थी। इस दौर की कहानियों की भाषा में जो ताजगी तथा स्वतस्फूर्त शब्द प्रतिक्रियायें थीं वह दुर्भाग्य से बीसवीं शताब्दी के अन्तिम दौर की कहानियों को दुबारा नहीं प्राप्त हुई। स्वयं साठोत्तरी दौर के वे कहानीकार जो शताब्दी के अन्त तक सक्रिय रहे या हैं (जिनकी संख्या भी इनी-गिनी ही रह गई है) उनकी भाषा में भी वह ताजगी पुनः प्राप्त नहीं हो सकी।

इस भाषा की विशेषता थी कि एक ओर जहाँ इसमें एक तरह की तिक्ति, व्यंग्य और सिनिकल तत्त्व थे, वहीं दूसरी ओर एक खिलंदड़ापन, मनमौजीपन, उत्फुल्ल हास्यबोध और स्थानीय स्लैंग्स का दिलचस्प इस्तेमाल भी था। महेन्द्र भल्ला और काशीनाथ सिंह की भाषा में यह 'उजड्ड' सौन्दर्य खूब दिखाई पड़ा।

बिना 'अनैतिक' हुए ही नैतिकता से मुक्ति इस दौर की कहानियों की एक और प्रमुख विशेषता थी जिसे उपलब्ध करने के लिए जैनेन्द्र से लेकर नई कहानी के राजेन्द्र यादव सरीखे कहानीकारों को 'नैतिक द्वन्द्व' के अनेक दौरों से गुजरना पड़ा था किन्तु जिसे वे हासिल नहीं कर सके थे। महेन्द्र भल्ला की कहानी 'तीन चार दिन' का नायक बिना 'अपराध बोध' से ग्रस्त हुए ही मित्र पत्नी के बारे में वह सब सोच लेता है जिसे परम्परावादी लम्पटता ही कहेंगे जबकि यहाँ केवल मानव मन की स्वाभाविक भावनाओं को पारदर्शी किया गया है (मनोविश्लेषणशास्त्र की व्याख्याओं के बाद उस 'पाखण्ड बोध' को टूटना ही था)। कहानियों में व्यक्त होनेवाली यह बेबाकी, व्यवहार और सोच में होनेवाले उस व्यापक परिवर्तन का सूचक थी जिसे शिक्षित मध्यवर्ग जीवन में तो प्रायः अपना चुका था किन्तु साहित्य जिस तथाकथित आदर्श प्रतिबिम्ब को देखने का अभ्यस्त था, उसे न पाकर साठोत्तरी कहानियों को अतिचार की कहानियाँ समझा जाने लगा था। 'नई कहानी' छायावादी भावबोध तथा अभिव्यक्ति की जिस भाभीवादवाले पाखण्ड से स्वयं को मुक्त होने की घोषणा कर चुकी थी (देखें, 'नई कहानी की भूमिका'—कमलेश्वर) उसे ही 'साठोत्तरी कहानी' की यह आँच बर्दाश्त नहीं हुई क्योंकि उसके प्रकाश में उन्हें स्पष्ट दीख गया कि जिस 'नई संवेदना' की बात वे सोच रहे थे किन्तु अभी भी अपनी मध्यवर्गीय वर्जनाओं में ग्रस्त संवेदना के कारण 'जहाँ लक्ष्मी कैद है' और 'राजा

निरबंसिया' वाली मूलतः छायावादी भावबोधवाली भावुकता से ग्रस्त कहानियाँ ही लिख रहे थे—साठोत्तरी कहानियाँ वहाँ पहुँचकर निरद्वन्द्व भाव से उन्हें व्यक्त करने लगी थीं। अतः अपनी अक्षमता से ग्रस्त उनके कुण्ठित मन में सहसा 'नैतिक बोध' (!) का उदय हुआ और इस प्रवाह को रोकने के लिए 'मांस का दरिया' के लेखक कमलेश्वर ने साठोत्तरी कहानियों की भर्त्सना करते हुए, गिन-गिनकर नाम लेकर 'ऐय्यास प्रेतों का विद्रोह' निबन्ध लिखा और अपने मित्र तथा समानधर्मा धर्मवीर भारती से 'चिकनी सतहें बहते आन्दोलन' जैसा निबन्ध लिखवाया। जाहिर था कि इसके पीछे नई पीढ़ी का भी मसीहा बनने की मंशा थी। लेकिन न तो साठोत्तरी कहानी की सतह इतनी चिकनी थी और न वह बह जानेवाली थी। वह 'बहने' नहीं 'रहने' के लिए आई थी। 'नई कहानी' वालों के मन में अपने पूर्ववर्त्तियों के लिए तो एक दग्ध भाव था ही अपने अनुवर्तियों के प्रति भी वे द्वेष मुक्त नहीं रह सके। स्पष्टतः इस कुण्ठाग्रस्त मानसिकता द्वारा किसी स्वस्थ तथा सार्थक सांहित्य का निर्माण असम्भव था।

किन्तु 'साठोत्तरी कहानी' की जीवनी शक्ति भी उतनी दीर्घायु नहीं थी : न केवल उसमें व्यापक अनुभव तथा किसी सम्पूर्ण जीवन दृष्टि का अभाव था, बल्कि कुल मिलाकर उनका 'एप्रोच', 'सिनिकल' ही अधिक था। इसके पीछे विश्व स्तर पर होनेवाले व्यापक परिवर्तन और उनसे उत्पन्न प्रवृत्तियों का प्रभाव था। वह दौर था जब फ्रेंच अस्तित्ववाद सबसे चमकीला तथा आकर्षक विचारधारा और दर्शन बनकर उभर रहा था और उसके कारण न केवल सार्त्र और कैमू आदि के साहित्य तथा विचारों का असर छनकर यहाँ पहुँच रहा था, बल्कि उसी के अनुसंग रूप में इंग्लैण्ड की 'क्रुद्ध युवा पीढ़ी का साहित्य' (लुक बैक इन ऐंगर !) और पूरे यूरोप मे व्याप्त 'ऐबसर्ड' साहित्य का प्रभाव भी उसी में सम्मिलित था। अमरीकी 'बीट-पीढ़ी' भी 'भूखी पीढ़ी' बनकर भारत पहुँच चुकी थी। अतः क्रमशः 'साठोत्तरी कहानियों' का एक पक्ष 'देह' और भोग बनकर रिसने लगा था। यह निरंकुशता तथा उछृंखलता रमेश बक्षी तथा राजकमल चौधरी जैसे कहानीकारों की कहानियों में अधिक फली-फूली (उनके उपन्यासों में भी) ? किन्तु इसके दूसरे पक्ष के कहानीकार चूँकि क्रमशः मार्क्सवादी प्रगतिशीलता से अधिक प्रभावित हो रहे थे, इसलिए वे व्यक्तिवादी आत्मकेन्द्रीयता से बाहर निकलकर अधिक संतुलित, सामाजिक चेतनावादी कहानियाँ लिख रहे थे। रामनारायण शुक्ल, ज्ञानरंजन, काशीनाथ सिंह आदि ऐसे ही कहानीकार थे।

...क्या साठोत्तरी कहानी के बाद भी कोई अगला 'प्रस्थान बिन्दु' भी हिन्दी कहानी में ढूँढ़ा जा सकता है ? यानी भावबोध, भाषा, कथा प्रविधि तथा विषय अथवा वस्तु की कुछ ऐसी विशेषताओं को रेखांकित किया जा सकता है, जैसी विशेषताओं की ओर नामवर सिंह ने 'नई कहानी' के सन्दर्भ में और देवीशंकर अवस्थी तथा कुछ अन्य समीक्षकों ने साठोत्तरी कहानी के सन्दर्भ में रेखांकित किया था ? नई कहानी तथा साठोत्तरी कहानी की ऐसी अनेक विशेषताओं को तत्कालीन कई पत्रिकाओं ने भी प्रोजेक्ट किया था। मसलन 'नई कहानी' की कहानियों का सम्बन्ध अविच्छिन्न रूप से

'कहानी' पत्रिका से जुड़ जाता है, विशेष रूप से उसके वार्षिक विशेषांकों में 'नई कहानी' की अनेक प्रतिनिधि कहानियाँ एकत्र रूप से देखने को मिल जाती है। ऐसा ही कार्य हंस, संकेत तथा निकष के विशेषांकों ने भी किया था। इसी प्रकार यद्यपि 'नई कहानियाँ' पत्रिका का नामकरण 'नई कहानी' के अर्थ में ही किया गया था किन्तु उसके अधिकांश अंकों में अनेक साठोत्तरी कहानीकारों की तब कई प्रसिद्ध कहानियाँ प्रकाशित हुई थीं। महेन्द्र भल्ला, ज्ञानरंजन, दूधनाथ सिंह, रवीन्द्र कालिया आदि की अनेकानेक चर्चित कहानियाँ 'नई कहानियाँ' में ही प्रकाशित हुई थीं। यही कार्य 'ज्ञानोदय' तथा 'कल्पना' सरीखी पत्रिकाओं ने भी किया था।

यद्यपि आठवें दशक और उसके बाद हिन्दी पत्रिकाओं का प्रकाशन कम नहीं हुआ (सारिका, धर्मयुग और कई दूसरी व्यावसायिक पत्रिकाएँ अवश्य बन्द हो गईं) किन्तु किसी ऐसी पत्रिका का उल्लेख करना मुश्किल है जिसने इस 'परिवर्तन' की कहानियों को एकत्र रूप से प्रकाशित ही नहीं किया हो, बल्कि रेखांकित भी किया हो ! शायद इस रूप में किसी हद तक हंस, वर्तमान साहित्य और साक्षातकार जैसी पत्रिकाओं का उल्लेख किया जा सकता है—विशेष रूप से 'हंस' का। यानी इन पत्रिकाओं में तथा कुछ अन्य पत्रिकाओं में प्रकाशित इस दौर की चर्चित कहानियों का निकट से अध्ययन तथा विश्लेषण शायद यह बता सके कि उपरोक्त परिवर्तनों के उपकरण इन कहानियों में परिलक्षित होते हैं अथवा नहीं।

...कहानीकार और कथा समीक्षक महेश दर्पण को यह 'प्रस्थान बिन्दु' स्पष्ट नजर आता है और उन्होंने यह प्रस्थान बिन्दु उपस्थित करनेवाले कहानीकारों की एक मनचाही सूची भी बना डाली है। वे कहानीकार हैं : अखिलेश, संजय खाती, सारा राय, देवेन्द्र, हरि भटनागर, अशोक शुक्ल, योगेन्द्र आहूजा, नवीन नैथानी, सृंजय, रामदेव सिंह, रघुनन्दन त्रिवेदी, भगवानदास मोरवाल, अरविन्द कुमार सिंह, आनन्द हर्षुल, मनोज रूपड़ा, अलका सरावगी, ओमप्रकाश वाल्मीकि, तेजिन्दर, दीपक शर्मा, नीलिमा सिन्हा और प्रभुनाथ सिंह। इक्कीस कहानीकारों की इस सूची से स्पष्ट है कि पर्याप्त उदार आशयता से काम लिया गया है। साथ ही उदय प्रकाश, पंकज बिष्ट, असगर वजाहत, नासिरा शर्मा, स्वयं प्रकाश आदि अपेक्षाकृत वरिष्ठ कहानीकारों के बाद की सूची है। दूसरे इन कहानीकारों की यहाँ संग्रहीत कहानियों को पढ़कर यह प्रतीत नहीं होता कि वे वस्तुतः किसी प्रस्थान बिन्दु की कहानियाँ हैं : केवल विषय वैविध्य, फैंटेसी, मेहनतकश इंसान की स्वादहीन जिन्दगी, व्यंग्यात्मकता या किसी सम्प्रदाय विशेष के चरित्रों की अधिकता आदि से शायद 'कहानी' में कोई वास्तविक 'प्रस्थान बिन्दु' नहीं बनता। ये कहानियाँ न तो भाषा, न प्रविधि और न भावबोध के स्तर पर कोई प्रभावकारी परिवर्तन का संकेत देती है।

नौवे दशक के आरम्भ में अपने कहानी संग्रह 'दरियाई घोड़ा' के साथ आनेवाले कहानीकार उदय प्रकाश में अवश्य कथालेखन की प्रचुर सम्भावनाएँ हैं और अपने पहले कहानी संग्रह से लेकर 'पॉल गोमरा का स्कूटर' तक में उनके कथालेखन का ग्राफ

उतरोत्तर बढ़ता हुआ देखा जा सकता है। एक तो वे आधुनिक कथालेखन के विश्व परिदृश्य से पूरी तरह परिचित ही नहीं हैं, बल्कि उन्होंने उसे भलीभाँति आत्मसात भी किया है। इसलिए उनकी भाषा तथा तकनीक इतनी परिष्कृत है कि उसकी परिधि में इतिहास, समाजशास्त्र, नृतत्वशास्त्र सभी कुछ बड़े कौशल से समाहित हो जाता है। विश्व कथाक्षेत्र में ये विशेषताएँ हेमिंग्वे आदि कथालेखकों के बाद आई है। उदय प्रकाश चूँकि बहुपठित तथा सुविज्ञ है। (स्वयं अपने ही शब्दों में : "मैं पढ़ता खूब हूँ।") अतः वे बड़ी सजगता तथा सर्तकता से कहानियाँ लिखते हैं। वे कहानी के सूक्ष्म ब्योरों तथा उसके संवेदन पक्ष पर जितना ध्यान देते हैं, उतना ही उसे महज ब्योरों तथा उसके ऐन्द्रिक पक्ष के क्षेत्र से निकालकर एक व्यापक सामाजिक सन्दर्भ देने में भी। यह अद्‌भुत समंवय उनकी कहानियों के सही अर्थ में 'शताब्दी के ढलान' की कहानियाँ बनाता है जहाँ तिक्तता, व्यंग्य, हताशा तथा आक्रोश एक साथ व्यक्त होते हैं। इस दृष्टि से 'वारेन हेस्टिंग्स का साँड' उनकी कहानियों की चरम परिणति है। किन्तु दुर्भाग्य से यह प्रतिभाशाली, बहुपठित सतर्क कथाकार यह सन्तुलन हमेशा नहीं कायम रख पाता और उनकी अद्यतन प्रकाशित कृति 'पीली छतरीवाली लड़की' स्थूल जातिवाद तथा छिछली फिल्मी नाटकीयता का शिकार हो गई है। फिर भी इस निरन्तर रचनारत कथाकार के सम्बन्ध में कोई अन्तिम राय देना उचित नहीं है।

शताब्दी के अन्तिम दो दशकों की कहानियों के बारे में सामान्यतः बिना पूर्वग्रह ग्रस्त हुए कहा जा सकता है कि विस्तार तथा विविधता के बावजूद उनमें एक आन्तरिक थकान है तथा स्फूर्ति का अभाव तो है ही, 'विचारधारा' के बावजूद किसी 'जीवन दृष्टि' से वे नितान्त शून्य है। विचारधारा किसी उपार्जित जीवन दृष्टि का विकल्प नहीं बन सकती, इसलिए वह हमेशा आरोपित होकर रचनात्मकता को क्षति ही पहुँचाती है। इस सम्बन्ध में आधुनिक हिन्दी कहानी के प्रथम समीक्षक डॉ. नामवर सिंह की राय भी भिन्न नहीं है। एक साक्षातकार में वे कहते हैं "कुछ लोग उसे विविधता कहकर मुदित जरूर हो सकते हैं लेकिन मुझे लगता है कि कहानी की रचनाधर्मिता के क्षेत्र में बिखराव बहुत ज्यादा है। कुल मिलाकर कोई एक स्वर या कोई प्रमुख स्वर या कोई एक प्रवृत्ति का नाम आप नहीं ले सकते।" इसके बरक्श वे यह जरूर मानते हैं कि "इधर के कुछ नए कहानीकारों के आने से 'नई कहानी' का बचा-खुचा 'मुलम्मा' भी उतर गया है।" यानी 'नई कहानी' के पहले तथा प्रमुख समीक्षक नामवर सिंह भी यही मानते हैं कि कहानी पर 'नई कहानी' मूलतः एक 'मुलम्मा' भर थी।

इसके अतिरिक्त इसी साक्षात्कार में नामवर सिंह का ध्यान इस महत्त्वपूर्ण तथ्य की ओर गया है कि इधर के कहानीकार "दावे बहुत ज्यादा करते हैं और कहानियाँ बड़ी खराब लिखते हैं और कुछ लोग ही चुपचाप अच्छी कहानियाँ लिखते हैं।" यह एक वास्तविकता है। नए कहानीकारों में अखिलेश ने कुछ बहुत अच्छी कहानियाँ लिखी हैं, उनके पास एक नई कथा भाषा के बीज भी हैं किन्तु उनकी कहानियाँ भी प्रायः अतिनाटकीयता तथा वाग्‌विस्फार का शिकार हो जाती हैं। जबकि संजय खाती जैसे

अपेक्षाकृत तरुण कथाकारों ने 'पिंटी का साबुन' सरीखी अत्यन्त अर्थगर्भित सांकेतिकता से युक्त मितकथनवाली कहानी लिखी है। यही बात अशोक शुक्ल की कहानी 'नन्दिनी का पर्स' के सम्बन्ध में भी कही जा सकती है जो महज सामान्य से प्रतीत होनेवाले संकेत से हमारी नैतिक चेतना में आनेवाले गहरे परिवर्तन को चुपचाप बिना किसी वागाडम्बर के व्यक्त करती है। स्वयं प्रकाश की कहानी 'मुसलमान' विभाजन के इतने वर्षों बाद उसके दारुण प्रभाव को बड़ी मार्मिकता से व्यक्त करती है। सच तो यह है कि कथा रचना में नाटकियताओं का युग समाप्त हो चुका है (वह चेखव और हेमिंग्वे तक आते-आते ही समाप्त हो चुका था)। महज संकेतों (यदि प्रतीकों या बिम्बों से नहीं तो) से आज की विराट वास्तविकता तथा विभीषिका को अधिक प्रभावशाली ढंग से व्यक्त किया जा सकता है। इस घनघोर असंवेदनशील युग में नाटकीय लटके केवल छिछले होकर सतह पर ही बिखर जानेवाले होते हैं जबकि एक सूक्ष्म किन्तु सटीक संकेत अधिक मारक ही नहीं सिद्ध होता है बल्कि दूर तक अपनी प्रतिध्वनि भी छोड़ जाता है। महज सूचनाओं से खचाखच इस संहारक युग में रचना अपनी अचूक प्रतिध्वनियों से ही हमें हिला सकती है। इसके अतिरिक्त कथा प्रविधि और कहानी कला आज जहाँ पहुँच चुकी है उससे अनभिज्ञ होकर भोली भंगिमाओं की सपाट नाटकीयता से युक्त बड़बोलेपन की कहानियाँ लिखना अपने 'इग्नोरेंस' को 'ब्लिस' बनाकर पेश करना है। नया कहानीकार इस 'सन्तुष्टि के सूअर बाड़े' (स्टाई ऑफ कॉन्टेंटमेंट) को तोड़कर ही विकास कर सकता है।

महिला कहानीकार

यद्यपि महिला कहानीकारों की कहानियों पर अलग से लिखना न तो अपेक्षित है और न वांछित, किन्तु इधर महिला कहानीकारों पर पृथक से पत्रिकाओं के विशेषांकों में तथा स्वयं महिला कहानीकारों द्वारा सम्भवतः अपनी अस्मिता के स्थापन के लिए जो आग्रह बढ़ा है (उनकी अपनी कुछ अलग पत्रिकायें तो है ही) उसे देखते हुए कहानियों में इस 'नारी शक्ति' पर थोड़ा अलग से विस्तृत विचार आवश्यक प्रतीत होता है। जैसा इस निबन्ध के प्रारम्भ में ही उल्लेख किया जा चुका है कि हिन्दी की प्रारम्भिक कहानी एक नारी ने लिखी थी, वह भी अहिन्दी भाषी नारी (बंग महिला) ने। इससे हिन्दी कहानी का मूल सेक्यूलर चरित्र तो उद्घाटित होता ही है यह भी पता चलता है कि तब यद्यपि विधिवत शिक्षित महिलाएँ कम ही मिलती थी, फिर भी साहित्य और समाज के प्रति उनकी जागरूकता तथा रचना में उसे रूपान्तरित करने की प्रवृत्ति का पता चलता है। वैसे तो बंगभाषियों में हिन्दी के प्रति अरुचि विख्यात है किन्तु मानना पड़ेगा कि महाराष्ट्रियों की तरह उन्होंने भी हिन्दी के विकास के लिए प्रचुर कार्य किया। यह माधवराव सप्रे तथा विष्णु राव पराड़कर आदि तक सीमित नहीं था बल्कि दूसरे महायुद्ध के दौरान बंगभाषी मित्र बन्धुओं ने 'माया' नाम की जो हिन्दी कहानी पत्रिका निकाली

थी उसका भी हिन्दी कहानी के विकास में अत्यन्त महत्त्वपूर्ण योगदान है। वस्तुतः माया ने अपने माध्यम से प्रायः सम्पूर्ण विश्व के कथा साहित्य को हिन्दी में उपलब्ध कराया जिसका महत्त्व केवल ऐतिहासिक नहीं था बल्कि उसने हमारी कथा रुचि का परिष्कार कर ऐसी चेतना उत्पन्न की जिससे हिन्दी के पाठकों को ही नहीं, भावी कथाकारों को भी वह निधि और सम्पदा प्राप्त हुई जिसके आलोक वे स्वयं अपनी रचनात्मकता का विस्तार कर सकते थे।

यद्यपि 'माया' में महिला कहानीकारों ने अधिक नहीं लिखा और सच तो यह है (यही सच है !) कि आजादी के बाद ही क्रमशः हम गुणवत्ता तथा परिभाषा की दृष्टि से महिला कहानीकारों की एक बड़ी जमात को उभरता हुआ देखते हैं। हिन्दी कहानी के प्रारम्भ में गिनी-चुनी महिला लेखिकाएँ ही कहानी के क्षेत्र में सक्रिय दिखाई देती हैं जिनमें बंग महिला और उषा देवी मित्रा के अतिरिक्त शिवरानी देवी, सुभद्राकुमारी चौहान, उमा नेहरू, कमला देवी चौधरी, होमती देवी तथा सत्यवती मलिक आदि प्रमुख थीं। किन्तु इनमें सर्वाधिक महत्त्वपूर्ण तथा सक्रिय उषा देवी मित्रा थीं। इनके सात-आठ कहानी संग्रह प्रकाशित हुए थे और तब की सभी प्रमुख पत्र-पत्रिकाओं में इनकी कहानियाँ प्रकाशित हुई थीं। उस समय के अन्य कहानीकारों की तरह ही उनकी कहानियाँ सामाजिक कुरीतियों, वैवाहिक समस्याओं और समाज में स्त्री की लांछित उपेक्षित स्थिति सम्बन्धित थी।

कहानियों का 'छायावाद' के समानान्तर विकास होने के बावजूद उनमें 'आत्माभिव्यक्ति' की परम्परा नहीं शुरू हुई थी। स्वयं जयशंकर प्रसाद जैसे कहानीकार में जो कविता में 'आँसू' लिख रहे थे और उनके लिए कविता वह आत्माभिव्यक्ति थी जो दुर्दिन में आँसू बनकर बरसने आई थी, कहानी में परानुभूति या पर्यवेक्षण बनकर ही आती रही। कहानी में कोई 'सरोज स्मृति' नहीं लिखी गई थी। अधिक खुली विधा होने के बावजूद तीसरे दशक तक कहानी आत्मानुभव अथवा आत्मकथ्य बनकर नहीं अभिव्यक्त हो रही थी। वह सामाजिक सत्य का ही वाहक बनी रही। सम्भवतः इसका कारण यह था कि कविता में अमूर्तन हो सकता था, किन्तु कहानी में अमूर्तन सम्भव नहीं है, उसका विधागत खुलापन अधिक बेबाकी तथा प्रत्यक्षता की माँग करता है जो कहानी में तब तक आया नहीं था या सम्भवतः कहानी अत्यन्त 'निजी' का वाहक नहीं बनी थी। प्रेमचन्द या प्रसाद की भी किसी कहानी को हम उस अर्थ में आत्मकथात्मक नहीं कह सकते जिस अर्थ में आगे चलकर 'नई कहानी' या साठोत्तरी कहानियों को कह सकते हैं। यह जैनेन्द्र तक की कहानियों में नहीं मिलता। सबसे पहले यह प्रवृत्ति अज्ञेय की कहानियों में परिलक्षित हुई। वे हिन्दी कहानी में आत्मकथात्मक वृतान्त के प्रस्तोता कहे जा सकते हैं। उनकी साँप, पुलिस की सीटी, कोठरी की बात, और मुख्य रूप से 'वे दूसरे' कहानी में यह प्रत्यक्ष आत्माभिव्यक्ति पाई जाती है। 'वे दूसरे' हिन्दी की पहली आत्मविश्लेषणात्मक आधुनिक कहानी है। 'आधुनिक' वह और भी कई अर्थों में है। उसमें हिन्दी की 'नई कहानी' की पहली पदचाप सुनाई पड़ती है : अपने से पृथक या

बाहर होकर स्वयं अपना विश्लेषण और अवलोकन करने का शिल्प लेकर आनेवाली यह कहानी पहली बार आधुनिक नायक का निर्माण करती है। उसे 'सेल्फ एलिएनेशन' भी कहा जा सकता है किन्तु यह मूलतः अपने को ही विश्लेषण का विषय बनाकर अपने से बाहर आकर देखती है उस व्यक्ति या उसके प्रेम सम्बन्ध को जो मूलतः 'मैं' है। प्रेम जैसी सघन तथा आत्मविलीनता की प्रतीति करानेवाली अनुभूति में यह कहानी स्थूल रूप से तीसरे की अनुपस्थिति के बावजूद निरन्तर उसकी उपस्थिति का बोध कराती रहती है। हिन्दी में ऐसी विरल तथा जटिल प्रेम कहानी बाद में भी शायद ही लिखी गई। अज्ञेय की कई अन्य कहानियों की तरह यह कहानी भी 'ट्रेंड सेटर' कहानी थी।

तात्पर्य यह कि उस समय के पुरुष कहानीकारों की कहानियों में जब आत्माभिव्यक्ति खुलकर नहीं हो रही थी तो महिला कहानीकारों से उसकी अपेक्षा करना ही व्यर्थ था। 'नई कहानी' के दौर तक—यद्यपि तब तक अनेक महिला कहानीकारों की कहानियाँ छपने लगी थी—दो तीन महिला कहानीकारों को छोड़कर कोई महत्त्वपूर्ण हस्ताक्षर महिला कहानीकारों में नहीं दिखाई देता।

लेकिन सन् 50 और 60 के बीच तीन ऐसी महिला कहानीकार हिन्दी में आई जो अपने अनेक पुरुष समकालीनों से न केवल श्रेष्ठतर थीं बल्कि उनकी कुछ कहानियों ने हिन्दी कहानी की मानसिकता में ही मूलभूत परिवर्तन कर दिया। सुश्री कृष्णा सोबती जो सन् 50 के पहले से ही लिख रही थीं की कहानी 'बादलों के घेरे' में (जो सम्भवतः '54 में लिखी गई थी) का शुमारउस दौर की अत्यन्त महत्त्वपूर्ण कहानियों में किया गया। 'बादलों के घेरे में' एक ऐसी रूमानियत थी, जो यद्यपि सोबती की अन्य कहानियों के मिजाज से मेल नहीं खाती थी किन्तु रामकुमार की कहानियों और चित्रों की तरह उनमें ऐसी सघन उदास स्वर था जो उस समय की पाठकीय रुचि को बहुत पकड़नेवाला था। उनकी अधिक महत्त्वपूर्ण कहानी 'सिक्का बदल गया' थी। आगे चलकर उनके सम्पूर्ण कथा साहित्य में जो गहरा यथार्थवादी स्वर आया (सामाजिक वास्तविकता की ऐसी पकड़ उनकी किसी समकालीन महिला कथाकार में नहीं पाई गई) उसकी झलक इस कहानी में ही पहली बार मिली थी। सोबती जी की कहानियाँ प्रारम्भ से ही अपने किसी समकालीन कहानीकार से पृथक थीं। (और आज भी है) उनकी 'तिन पहाड़' जैसी कहानी तथा 'डार से बिछुड़ी' और 'मित्रो मरजानी' जैसे लघु उपन्यासों ने (जो मूलतः लम्बी कहानियाँ ही है) सामाजिक यथार्थ का वह पक्ष पहली बाद उद्घाटित किया जिसके केन्द्र में स्त्री तो थी ही उसकी स्थिति का पहला प्रामाणिक पक्ष भी सामने आया। निश्चित रूप से उसकी अभिव्यक्ति एक स्त्री के द्वारा ही हो सकती थी। सोबती जी को उस अर्थ में 'नारीवादी' लेखिका तो नहीं कहा जा सकता जिस अर्थ में फ्रेंच लेखिका 'सिमोन दी बोडआ' को कहा जाता है, किन्तु हिन्दी में बिना किसी वैचारिक दावे के—स्त्री की सामाजिक स्थिति का सही रचनात्मक चित्रण उन्हीं की कहानियों तथा उपन्यासों से प्रारम्भ होता है। सोबती जी के कथालेखन की विशेषताओं से समझने के लिए उनका बारीकी से अध्ययन करने की जरूरत है, वरना उनकी कहानियों की

रचनात्मक बुनावट इतनी सघन है कि प्रायः आसानी से सरलीकृत निष्कर्ष निकाल लिए जाते हैं। इसकी भी एक वजह है। अन्य कहानीकारों से पृथक सोबती जी की कहानियों में से कोई एक सूत्र निकालकर विश्लेषित करना कठिन है : उनमें विचार, शिल्प, भाषा सब इतने संश्लिष्ट रूप से गूँथे हुए रहते हैं कि उनका सम्प्रेषण उनके पूरे पैटर्न के द्वारा ही होती है। इस मामले में उनकी कहानियाँ रेणु की कहानियों के निकट पड़ती है। मसलन 'तीसरी कसम' को आप महज नौटंकी में नाचनेवाली कहानी नहीं कह सकते और न हीरामन नाम के बैलगाड़ीवाले की कहानी। कहानी का प्रभाव और सम्प्रेषण एक समग्र रूप में होता है और उस समग्र प्रभाव की अनेकानेक दिशाओं में जानेवाली व्याख्याएँ हो सकती हैं। ठीक यही बात लाल पान की बेगम, एक आदिम रात्रि की महक और रसप्रिया जैसी कहानियों के सम्बन्ध में भी कही जा सकती है। मैं रेणु की कहानियों के सम्बन्ध में विस्तार से अन्यत्र लिख चुका हूँ। यहाँ उन्हें दुहराने की आवश्यकता नहीं है। यहाँ कहना केवल यह है कि सोबती जी की कहानियाँ उसी बुनावट तथा पैटर्न की है। कथ्य, शिल्प, भाषा, भावबोध इन सबकी संश्लिष्टता कहानी रचना की चरम उपलब्धि है। हिन्दी की महिला कहानीकारों में उसे केवल कृष्णा सोबती उपलब्ध कर सकी है। सोबती जी की ही प्रायः समकालीन कहानी लेखिका मन्नू भण्डारी की कहानियाँ इसके ठीक विपरीत सहज तथा शिल्प की अभिव्यक्ति करनेवाली कहानियाँ हैं। उनकी 'यही सच है' से लेकर 'अकेली' और 'त्रिशंकु' जैसी चर्चित कहानियाँ सहजता का ऐसा आधार लेकर लिखी गई है कि उनमें शिल्प तथा बुनावट अलग से दीखती ही नहीं है। उनकी भाषा भी ऐसी आम-फहम और सरल प्रकृनि की है कि उनकी 'सरलता का आकाश' ही अभिव्यंजना का एक अलग रूप रचता है उनकी कहानी 'एरवॉनी आकाश नाय'—मध्यमवर्गीय स्त्री की घुटन का ऐसा मार्मिक एहसास कराती है कि उसे शिल्प से सँवारने की कोई जरूरत ही नहीं रह जाती। इसी दौर की तीसरी महिला कहानीकार उषा प्रियंवदा है। उनकी कहानियाँ एक विशेष प्रकार का मानसिक तथा परिवेशगत वातावरण रचती है, जिसमें उदासी, अकेलापन और 'बाहर' या 'दूसरे' से न जुड़ पाने की एक अभिशप्त स्थिति अंकित की जाती है। वह प्रायः उच्च शिक्षा प्राप्त कामकाजी आधुनिक स्त्री की नियति बन जाती है, खासतौर पर एक ऐसी स्त्री जो स्वतन्त्र, निजी और लीक से तनिक हटकर जीना चाहती है। यद्यपि उनकी सर्वाधिक चर्चित कहानी 'वापसी' एक भिन्न प्रकार की कहानी है। उसमें एक सेवानिवृत्त व्यक्ति का अभिशप्त रूप व्यक्त किया गया है। वह 'वापस' उसी दुनिया में (परिवार) नहीं जा सकता जहाँ वह जाना चाहता है, या जा सकता है। आधुनिक पारिवारिक संरचना की यह अनिवार्य नियति है। यह कहानी उसी तरह एक पूर्वाभास के रूप में संकेत दे जाती है। उषा प्रियंवदा के कहानी संग्रह 'पीले गुलाब' की कहानियाँ इसी प्रकार की है। 'नई कहानी' के दौर में ये तीन महिलाएँ ही उस समय की सर्वाधिक प्रतिभाशाली कहानी लेखिकाएँ थीं।

यद्यपि इस निबन्ध में रचनाकारों की सूची बनाना मेरा उद्देश्य बिलकुल नहीं था

और न इसे मैं महज 'टेलिफोन डायरेक्टरी' बनाना ही समझता हूँ लेकिन 'वर्तमान साहित्य' 1991 के कथा महाविशेषांक में स्वर्गीय उपेन्द्र नाथ अश्क ने महिला कहानीकारों की एक ऐसी विस्तृत सूची मुहैय्या करा दी है जिसे मैं आभार सहित यथावत उद्धृत करने का लोभ संवरण नहीं कर पा रहा हूँ। कथा-परिचय सहित ये नाम इस प्रकार है : शिवरानी देवी, उषा देवी मित्रा, सत्यवती मल्लिक, कमला चौधरी, महादेवी, महादेवी वर्मा, चन्द्र किरण सौनरिक्सा, कौशल्या अश्क, मन्नू भण्डारी, उषा प्रियंवदा, सोभा वीरा, सुधा अरोड़ा, शिवानी, चन्द्र औलक, कृष्णा सोबती, राजी सेठ, नासिरा शर्मा, ममता कालिया, रजनी पणिकर, निरुपमा, सेवती, दीप्ति खण्डेलवाल, विजय चौहान, अचला शर्मा, मणिका मोहिनी, सुमति अय्यर, मालती जोशी, कुसुम अंसल, शशिप्रभा शास्त्री, मृदुला गर्ग, मंजुल भगत, चित्रा मुद्गल, मेहरुन्निसा परवेज, नमिता सिंह, प्रतिमा वर्मा, सूर्यबाला, सिम्मी हर्षिता, सुकीर्ति गुप्त, निर्मला वाजपेयी, मृणाल पाण्डे, उर्मिला शिरीष, माधुरी छेड़ा, चन्द्रकला त्रिपाठी, मुक्ता सिंह, रूपला चमोला, निर्मला चान्देकर, अनिता औलक।

यह तो रही सूची की बात। लेकिन मुझे जिन महिला लेखिकाओं की कहानियाँ 'नई कहानी' के दौर के बाद आज महत्त्वपूर्ण लगीं उनमें मृदुला गर्ग की कहानी 'डैफोडिल जल रहे हैं' मंजुल भगत की लम्बी कहानी 'अनारो', चित्रा मुद्गल की कहानी 'जिनावर' आदि प्रमुख है। इन लेखिकाओं में एक निजी कथा भाषा के अतिरिक्त सटीक वर्णन और वातावरण रचने की क्षमता तथा कहानी के लिए विषय चयन करनेवाली चौकन्नी दृष्टि है। ऐसी ही-बल्कि कुछ मामलों अधिक विस्तृत कथा लेखन क्षमता नासिरा शर्मा में है। वे बेबाक और संयत दोनों है। इस प्रकार का सन्तुलन उनकी कहानियों में एक दायित्वबोध से उत्पन्न होता है। कुछ अन्य महिला कहानीकारों में जो एक प्रकार की गुस्सैल, चिड़चिड़ी मानसिकता से उत्पन्न उद्धत निरंकुशता है, नासिरा शर्मा उससे मुक्त और अधिक परिपक्व है।

शताब्दी के आखिरी दशक में जिन महिला कहानीकारों ने कहानी के शिल्प पर ध्यान देते हुए नई कहानी से सम्पन्न कहानियाँ लिखी और लिख रही हैं—उनमें अलका सरावगी, सारा रॉय और गीतांजलि श्री प्रमुख हैं। बिलकुल नई कहानीकार (जिन्होंने बहुत थोड़ी कहानियाँ लिखी हैं) दूर्वा सहाय के पास अत्यन्त सूक्ष्म तथा संवेदनशील शिल्प है जो अपनी परिपक्वता से चौंकाता है। सारा रॉय यदि अपने को निर्मल वर्मा के 'मैनरिज्म' से मुक्त कर सकें तो बेहतर कहानियाँ लिखेंगी।

अन्त में यह कहना आवश्यक है कि शताब्दी के अन्तिम दो दशकों में महिला कहानीकारों की जो एक बहुत बड़ी जमात कहानी लेखन में अचानक सक्रिय हो गई है वह कोई अनायास या अप्रत्याशित नहीं है। जीवन के अन्य विविध क्षेत्रों में महिलाओं की साझेदारी जिस अनुपात में बढ़ी है यह उसी की स्वाभाविक परिणति है। किन्तु कहानीकारों की उस बड़ी जमात के बावजूद जीवन दृष्टि, कथाक्षेत्र और सघन भावबोध का विस्तार उस अनुपात में नहीं हुआ है। इस दृष्टि से कृष्णा सोबती तथा प्रभा खेतान

सम्भवतः अकेली लेखिकाएँ हैं जिनकी कहानियाँ वृहत्तर क्षेत्रों में भ्रमण करती हैं और कहानियों को बिना आरोपित किए दार्शनिक ऊचाइयों तक ले जाती हैं। कृष्णा सोबती की कहानी 'ऐ लड़की' शताब्दी के उत्तरार्द्ध की दो-तीन सर्वोत्तम कहानियों में है। महिला कहानीकारों में चमत्कृत कर देनेवाली ऊष्मा और निजता है किन्तु जीवन के विस्तृत तथा विविध क्षेत्रों में 'परकाया प्रवेश' वाली रचनात्मकता वहाँ अभी भी कम दिखाई देती है।

नाटक

यद्यपि यह अनिवार्य नहीं है कि बीसवीं शताब्दी के नाटकों की चर्चा करते हुए भारतेन्दु हरिश्चन्द्र के नाटकों की चर्चा की ही जाए किन्तु मुश्किल यह है कि बिना भारतेन्दु के हिन्दी नाटकों का कोई परिप्रेक्ष्य ही नहीं बनता। संस्कृत के नाटकों की समृद्ध परम्परा के बाद हिन्दी में नाटकों का प्रायः लोप हो जाना एक पृथक विश्लेषण की माँग करता है जो यहाँ अपेक्षित नहीं है। फिर भी यह समझना जरूरी है कि यह परम्परा एकदम से लुप्त नहीं हुई थी और विभिन्न भाषाओं तथा बोलियों की लोक परम्परा के रूप में फलवती होती रही है : राज्याश्रयों से अलक्षित तथा रसिक नागर-जनों की दृष्टि से दूर।

उन्नीसवीं सदी के उत्तरार्द्ध में भारतेन्दु के नाटकों का आविर्भाव चकित करनेवाला तो नहीं था किन्तु एक खोए हुए सूत्र को पकड़कर उसका सिलसिला शुरू करने की ऐतिहासिक चेष्टा अवश्य थी। भारतेन्दु को संस्कृत तथा अंग्रज़ी दोनों भाषाओं की नाटक परम्परा की जानकारी थी। कालिदास पर उन्होंने निबन्ध भी लिखा था तथा संस्कृत और अंग्रेज़ी नाटकों का अनुवाद किया था। किन्तु उनका उद्देश्य नाटकों की भारतीय परम्परा का पुनर्जागरण था। उन्हें लगता था कि पारसी नाटक दुष्यन्त तथा शकुन्तला जैसे परम्परा पूज्य चरित्रों के साथ खिलवाड़ कर रहे हैं। ऐसे उन्नायक उद्देश्य के बावजूद यह तथ्य दिलचस्प तथा महत्त्वपूर्ण है कि स्वयं भारतेन्दु के छोटे-बड़े प्रायः तेईस नाटकों में संस्कृत की अभिजात परम्परा के विपरीत नाटकों की लोक परम्परा का पालन अधिक किया गया है। स्वयं अभिजात होते हुए भी नाटक को लोक परम्परा के निकट ले जाना तथा भाषा और संरचना दोनों स्तरों पर लोक रुचि का ध्यान रखना यह भारतेन्दु के नाटकों की प्रमुख विशेषता थी। यह ध्यान में रखना भी ज़रूरी है कि हिन्दी नाटकों की नींव इसी परम्परा पर पड़ी थी। इसके अतिरिक्त भारतेन्दु का युग गदर, महामारी और अकाल का युग था जिसमें करोड़ों लोगों की जानें गई थीं। भारतेन्दु की चेतना और भावबोध पर उसका गहरा प्रभाव था। उनके नाटक इसी भावबोध की सृष्टि है। उनके नाटकों में 'नागर' की अपेक्षा 'ग्राम्य' अधिक हैं। वैसे भी उन्हें शहरों की अपेक्षा गाँव अधिक आकृष्ट करते थे।

दूसरी बात जो इस सन्दर्भ में उल्लेखनीय है वह है कि भारतेन्दु के नाटक रूढ़ अर्थ में गद्य नाटक (प्रोज प्ले) नहीं हैं। नाट्य-भाषा अपनी रवानगी के लिए एक अन्तर्निहित काव्यात्मकता का उपयोग करने के लिए प्रायः बाध्य होती है...यह संयोग ही है कि

भारतेन्दु युग के आस-पास ही युरोप में छह शताब्दियों के अन्तराल के बाद 1850 में इब्सन का नाटक कैलिटीना (Calitina) प्रकाशित हुआ था जो मूलतः एक गीतिनाट्य (verse play)था। इब्सन यद्यपि आगे चलकर समस्या-मूलक यथार्थवादी या 'नेचुरिलिस्टिक' नाटकों के लिए विख्यात हुआ किन्तु उसका यह शुरुआती नाटक गीति-नाट्य ही था।

पश्चिम और पूर्व में एक लम्बे अन्तराल के बाद उन्नीसवीं सदी के मध्य में गीति-नाट्य का पुनरारम्भ एक सामाजिक-ऐतिहासिक विश्लेषण की माँग करता है। भारतेन्दु के नाटकों में एक विशेष प्रकार की पद्यात्मकता उनमें निहित सामाजिक व्यंग्य के प्रखर करने को प्रयुक्त होती है। उन्हें आलोचनात्मक नाटकों की संज्ञा दी जा सकती है।

हिन्दी के बीसवीं शताब्दी के शुरुआती नाटकों को इसी सन्दर्भ में देखना चाहिए। चूँकि मेरा मकसद हिन्दी नाटकों का सर्वेक्षण नहीं है बल्कि एक साहित्यिक कृति के रूप में उनका विश्लेषण है इसलिए नाटक के स्वरूप पर कुछ विचार करना आवश्यक है। अभिनय या Performance नाटक में सम्प्रेषण का केन्द्रीय माध्यम है इसलिए अभिनय को साहित्यिक क्रिया (लिटरेरी ऐक्टीविटी) के रूप में नहीं देखा जा सकता। भारत में यद्यपि नाट्य को भी काव्य रूप के अन्तर्गत ही रखा गया है या दोनों के प्रायः पर्याय ही माना गया है। रंगमंच एक विशेष 'स्पेस' के रूप में नाटक को किंचित साहित्येतर बना देता है। इस रूप में रंगमंच की सफलता या रंगमंचीय सफलता ही नाटक की सफलता बन जाती है।

किन्तु नाटक—मूलतः आधुनिक नाटक, साहित्य के रूप में विवेच्य होने के लिए इसलिए बाध्य है कि वह साहित्यिक उपकरणों को लेकर ही अधिक संवेद्य, सम्प्रेषणशील तथा प्रभावात्मक होता है। चेखव ने पहली बार जिस तरह बिम्बों, प्रतीकों, ध्वनियों तथा अन्तर्निहित अर्थछवियों का उपयोग अपने नाटकों में किया था वे उसके नाटकों को एक उच्चतर साहित्यिक भूमि पर ही प्रतिष्ठित करते हैं। यदि लौट कर परम्परा की ओर जाएँ तो कालिदास के नाटकों में भी ये तत्त्व प्रचुर मात्रा में उपस्थित है।

इसके अतिरिक्त नाटक एक अन्तर्दृष्टि या विजन के भी वाहक होते हैं जो उन्हें एक अतिक्रमित करनेवाली दार्शनिकता के स्तर पर भी प्रतिष्ठित करती है जहाँ वे जीवन के इतने समकक्ष और समानान्तर हो जाते हैं कि मनुष्य उनमें अपना अनेक आयामी प्रतिरूप देखने लगता है। वे जीवन से संयुक्त सभी प्रश्नों, जिज्ञासाओं तथा तलाशों (क्वेस्ट) के सम्वाहक बन जाते हैं। उनमें हम कला मात्र की पूर्णता देखने लगते हैं।

हिन्दी नाटक में हम जयशंकर प्रसाद से पूर्व इस प्रकार की कलात्मक पूर्णता का प्रयास नहीं देखते। वस्तुतः 'कामायनी' को भी व्यापक अर्थ में एक 'काव्य-नाट्य' के रूप में ही देखना चाहिए। यह दुर्भाग्य ही है कि समीक्षकों ने उसकी सम्पूर्ण संरचना में निहित नाट्य तत्त्वों को लक्षित नहीं किया। इन नाट्य तत्त्वों को प्रस्फुटित रूप में देखना हो तो इन संविदित तत्त्वों को नाट्य प्रस्तुति के रूप में ही देखना चहिए।

'कामायनी' का वास्तविक तथा विशद विश्लेषण तभी किया जा सकता है।

...नाटक की शब्दावली का संयोजन मूलतः अभिनय की अभिव्यक्ति और उसी प्रक्रिया में सम्प्रेषण क्षमता में अभिवृद्धि के लिए होता है। यहीं शायद वह अन्य साहित्य रूपों से किंचित भिन्न हो जाता है। यहीं वह 'चाक्षुष' तथा श्रव्य का संयुक्त रूप प्राप्त कर लेता है। यहीं हम नाटक के रंगमंचीय रूप द्वारा अधिक त्वरा से सिक्त तथा द्रवित हो जाते हैं। इस द्रवित हो जाने को ही शास्त्रों में 'रस ग्रहण' या 'साधारणीकरण' कहा गया है। इसी कारण नाटकीय सम्वादों में प्रभावित करने की आशु क्षमता होनी चाहिए। सर्वोत्तम अभिनेता वह होता है जो एक्सटूमपोर बोलता हुआ प्रतीत होता है। यहाँ नाटक की शब्दावली तथा अभिनय की भंगिमाओं में एक ऐसी आत्मीयता तथा अन्तरंगता अनिवार्य हो जाती है जो केवल एक अभिनेता और दूसरे अभिनेता के बीच ही नहीं बल्कि अभिनेता तथा दर्शक समुदाय के बीच भी स्वतः स्थापित हो जाती है।

इस सन्दर्भ में हिन्दी नाटक के विकास को समझने के लिए नाटक की भाषा में होनेवाले परिवर्तन को समझना जरूरी है। मसलन भारतेन्दु और प्रसाद के नाटकों की भाषा में मूलभूत अन्तर क्या है ? इस दृष्टि से देखें तो भारतेन्दु के नाटकों की भाषा वास्तविकता के अधिक निकट है। यद्यपि उसकी कथन शैली अतिनाटकीय तथा अतिरंजनापूर्ण है। जबकि प्रसाद के नाटकों की कथा शैली में अतिनाटकीयता नहीं है। भारतेन्दु अपने नाटकों की कथन शैली लोकपरम्परा से लेते हैं। और प्रसाद साहित्य परम्परा से। लोक शैली की अतिरंजनाएँ भारतेन्दु को प्रहसन के निकट ले जाती हैं। किन्तु दिलचस्प तथ्य यह है कि प्रहसन के माध्यम से व्यक्त हुई ये अतिरंजनाएँ उन्हें वास्तविकता के भी अधिक निकट ले जाती हैं। प्रहसन का यह 'प्रदर्शन' उन्हें अन्तर्निहित वास्तविकता की 'त्रासदी' से साक्षात्कार कराता है। यह संरचनात्मक प्रहसन मूलतः एक सामाजिक ट्रेजडी को व्यक्त करता है। प्रसाद अपने नाटकों में सामाजिक वास्तविकता से अधिक 'मानव नियति' को केन्द्र में रखते हैं। इसीलिए उनके नाटकों में 'दार्शनिक तत्त्व' प्रधान होते हैं। उनमें एक दार्शनिक दृष्टि का विजन है जो हर जगह विद्यमान रहती है। इसीलिए प्रसाद में प्रहसन शायद ही कहीं मिले। वे 'मानव नियति' की 'त्रासदी' से सीधे साक्षात्कार कराते हैं। इसलिए उनके यहाँ 'भाषा' चिन्तन की 'साहित्यिक परम्परा' से आती है जबकि भारतेन्दु के यहाँ लोकपरम्परा से। प्रसाद के पात्र हमेशा 'इन्टेस' मनःस्थिति में रहते हैं। इसीलिए उनकी भाषा में तथाकथित सहजता कहीं नहीं मिलेगी। किन्तु वह अस्वाभाविक नहीं है क्योंकि उन मनःस्थितियों की स्वाभाविक अभिव्यक्ति इसी भाषा में हो सकती थी। इसी कारण प्रसाद को 'पारसी थिएटर' की भाषा और भंगिमा अस्वाभाविक प्रतीत होती थी।

प्रसाद की भाषा में एक प्रगीतात्मकता हमेशा रहती है, वहाँ भी जहाँ प्रत्यक्ष रूप से 'गीत' नहीं होते। इस सन्दर्भ में टी.एस. एलियट का यह कथन अत्यन्त महत्त्वपूर्ण है कि—"The human soul in entense emotion strives to express itself in verse. This is not for me but for neurologists to discover why this so and how feeling and rhythem is related. If we want to get at permanent and universal we tend to express ourselves in verse."

चूँकि प्रसाद के नाटकों के पात्र हमेशा इस 'परमानेंट' और 'यूनिवर्सल' प्रश्नों तथा समस्याओं का सामना करते हैं इसलिए वे अपनी तीव्र अनुभूतियों (इन्टेंस फिलींग्स) को व्यक्त करने की प्रक्रिया में प्रायः काव्यात्मक हो जाते हैं। यहीं उनकी अनुभूतियाँ दार्शनिकता की सरहदों को भी छूने लगती हैं। स्कन्दगुप्त और चाणक्य के स्वगत कथन इसके सर्वोत्तम उदाहरण हैं। शेक्सपीयर तथा कुछ अन्य नाटककारों के मस्तिष्क में नाटक लिखते वक्त कुछ विशेष अभिनेता रहते होंगे जो बहुत दूर तक उनके संवादों का स्वरूप भी निर्धारित करते होंगे। डी.एल. रॉय आदि के जमाने में बंगाल में भी ऐसा होने लगा था। शायद हिन्दी में भी यह परम्परा फिदा हुसैन आदि तक चली हो। आगा हश्र कश्मीरी भी इसी मानसिकता के अन्तर्गत लिखते होंगे। किन्तु निश्चित रूप से प्रसाद के सामने ऐसा कोई 'मॉडल' नहीं रहता होगा। यदि होता भी होगा तो वह उन ऐतिहासिक चरित्रों की मानसिक छवियाँ ही रहती होंगी। ऐसा कोई 'मॉडल' मन में होने या न होने से नाटक की रचना शैली पूरी तरह बदल जाती है। प्रसाद के नाटकों को अक्सर लोग इसी कारण रंगमंच के लिए बहुत अनुकूल नहीं पाते। किन्तु इसीलिए ऐसे नाटकों को मुख्यतः एक साहित्यिक पाठ (लिटरेरी टेक्स्ट) के रूप में देखना जरूरी हो जाता है। जहाँ तक प्रसाद का प्रश्न है उनके लिए सबसे महत्त्वपूर्ण जीवन दर्शन या जीवन दृष्टि थी। यह दृष्टि विशेष ही उनकी समस्त रचनाओं को—चाहे वे जिस विधा में लिखी गई हों, परस्पर अनुस्यूत कर देती हैं। नाटकों में यह जीवन दृष्टि उनके चरित्रों के माध्यम से व्यक्त होती है चाहे वह चाणक्य हो, स्कन्दगुप्त हो, दाण्डायन हो, सिंहरण या अजातशत्रु हो। वस्तुतः ये चरित्र उस जीवन दृष्टि को ही व्यक्त करने के लिए ही निर्मित किए गए हैं। अतः किसी भी अभिनेता के लिए उन चरित्रों में प्रवेश करने के पूर्व उस जीवन दृष्टि के भीतर प्रवेश करना जरूरी है यानी उस जीवन दृष्टि के मर्म को समझना। उसके अभिनय के स्वरूप को वे चरित्र ही निर्धारित करते हैं। अतः एक तो यहाँ परम्परागत 'संकलनत्रय' की बात अपने आप ही अप्रासंगिक हो जाती है और दूसरे कि तब हम नाटककार से यह अपेक्षा नहीं कर सकते कि उसमें 'गतिशीलता' हो ही या संवाद चुटीले, चुस्त था संक्षिप्त हों। यही बात 'दृश्य' और वर्णनशैली पर भी लागू होती है।

इस दृष्टि से देखें तो प्रसाद ने नाटक की परम्परागत अवधारणा को ही ध्वस्त कर दिया था। उनके नाटकों में 'दृश्यबन्ध' कुछ भी हो सकता था, बिना इस बात को ध्यान में रखे हुए कि उसे रंगमंच पर प्रस्तुत किया जा सकता है या नहीं। वहाँ कहीं भी 'वन पथ में अलका' दिखाई जा सकती थी या दुर्ग के प्राचीर पर भीषण युद्ध का शाब्दिक दृश्य रचा जा सकता था। संवाद या स्वगत कथन इतने सुदीर्घ हो सकते थे कि अभिनेता को साँस लेने का मौका न मिले और दर्शकों का धैर्य टूट जाए। लेकिन यहाँ ध्यान देने योग्य है कि प्रसाद नाटक का एक केन्द्रीय तत्त्व बरकरार रखते थे और वह था एक

विशेष प्रकार का 'तनाव'। 'चन्द्रगुप्त' नाटक में अन्तर्निहित 'तनाव' तक्षशिला से लेकर पाटलीपुत्र तक कहीं नहीं टूटता। इस तनाव को चाणक्य निरन्तर बनाए रखता है। नाटक तनावमुक्त होता है केवल नाटक के अन्त में—चाणक्य के सन्यस्थ होने पर। लेकिन चाणक्य का सन्यस्थ होना भी आकूस्मिक नहीं है, बल्कि वही प्रसाद जी के जीवन दर्शन की परिणति है। लगभग यह वही परिणति है जो 'कामायनी' में मनु की होती है। यह 'रोमैंटिक एगोनी' या 'विषाद' का दर्शन नहीं है बल्कि प्रसाद तो इसे 'आनन्द' का दर्शन मानते हैं जहाँ सबकुछ 'समरस' हो जाता है। 'सूर्य, चन्द्र और नक्षत्रों के निवासी' चाणक्य को आखिर विश्राम कहाँ मिल सकता था ?

'स्कन्दगुप्त' जैसे नाटक में इस परिणति को हम 'ट्रेजिक विजन' के रूप में देखते हैं जहाँ इस वास्तविकता का अन्तिम एहसास है कि 'चढ़कर मेरे जीवन रथ पर, प्रलय चल रहा अपने पथ पर / मैंने निज दुर्बल पद बल से उससे हारी होड़ लगाई...'

इसके अतिरिक्त प्रसाद के नाटकों में यद्यपि 'गद्य' और 'गेय' का स्पष्ट विभाजन है किन्तु उनमें एक पारस्परिक पूर्णता भी है जहाँ चरम स्थितियों में 'गद्य' ही पिघलकर 'गेय' हो जाता है। प्रसाद का यह प्रत्यक्षतः यथार्थ विरोधी रूप ही 'अनुकृतिमूलक' नाटकों से पृथक होकर 'मिथकीय रूप' ले लेता है जो 'यथार्थ विरोधी' होकर भी 'वास्तविकता विरोधी' नहीं होता।

प्रसाद के बाद आनेवाले अनेक हिन्दी नाटककारों ने इब्सन के 'डॉल्स हाउस' या 'एनेमी ऑफ द पिपुल' जैसे प्रकृतिवादी (नेचुरलिस्टिक) नाटकों से 'क्यू' लेकर यथार्थवादी सामाजिक समस्या प्रधान नाटकों की रचना प्रारम्भ की और बाद में उसमें प्रचलित मनोवैज्ञानिकता भी भरने की कोशिश की। सामाजिक समस्यामूलक नाटकों के नाम पर लक्ष्मीनारायण मिश्र आदि ने 'सिन्दूर की होली' खेली और उपेन्द्रनाथ अश्क आदि ने उसे मनोवैज्ञानिक गुत्थियों के 'भँवर' में उलझाते हुए 'अंजो दीदी' जैसे नाटक लिखे। हरिकृष्ण प्रेमी और उदयशंकर भट्ट जैसे नाटककार भी इसी कोटि में आते हैं।

किन्तु उपेन्द्रनाथ अश्क के नाटकों को किंचित भिन्न कोटि में रखना होगा, क्योंकि उन्होंने भावविह्वल सामाजिक यथार्थ के बदले मनोवैज्ञानिक यथार्थ को अपने नाटकों का विषय बनाया। 'अंजो दीदी' के रूप में मनोवैज्ञानिक गुत्थियों की शिकार एक नई नारी पहली बार नाटकों में दिखाई पड़ी जिससे सम्भवतः आगे चलकर मोहन राकेश को 'आधे अधूरे' की 'सावित्री' के लिए कोई सूत्र मिला हो। अश्क का नाटक भी मनोवैज्ञानिक गुत्थियों का 'भँवर' ही है।

प्रसाद की मृत्यु से कुछ ही पूर्व एक ऐसा नाटककार हिन्दी नाटकों के क्षेत्र में आया जिसने तब तो हिन्दी के पाठकों और दर्शक को विस्मित किया ही था आज भी उनके एकांकी कहे जानेवाले नाटकों की विशिष्टता का पूरी तरह उद्घाटन नहीं किया जा सका है। वह नाटककार थे भुवनेश्वर जिनके नाटकों का संग्रह 'कारवाँ' 1936 में प्रकाशित हुआ था। भुवनेश्वर के नाटक कुछ निकट से विश्लेषण की माँग करते हैं। प्रसाद और भुवनेश्वर दोनों स्वतन्त्रापूर्व के नाटककार हैं। पारसी रंगमंच को छोड़ दें तो तब तक

हिन्दी रंगमंच प्रायः ओझल ही नजर आता है। पारसी रंगमंच को साहित्यिक रंगमंच नहीं कहा जा सकता। उसका उद्देश्य किसी साहित्यिक कृति की रचना करना था भी नहीं। इसीलिए तब 'रचना' को रंगमंच पर प्रस्तुत करने की समस्या थी भी नहीं।

यह समस्या प्रसाद के नाटकों के साथ ही उत्पन्न होती है। प्रसाद के नाटक मूलतः साहित्यिक कृतियाँ हैं। इसीलिए उनका मूल्यांकन उसी आधार पर होना चाहिए किन्तु इसके साथ यह प्रश्न जुड़ा हुआ है कि कवि और कथाकार प्रसाद ने नाटक को एक स्वतन्त्र विधा के रूप में अभिव्यक्ति के लिए क्यों चुना?

जो लोग प्रसाद के कवित्व और कथाओं से भली-भाँति परिचित हैं उन्हें ज्ञात होगा कि उनमें भी एक मौलिक नाटकीय तत्त्व स्पष्ट झलकता है। यानी एक विशेष प्रकार की नाटकीयता प्रसाद के भावबोध तथा अभिव्यक्ति प्रणाली में निरन्तर उपस्थित रहती है। प्रसाद के नाटक केवल 'साहित्यिक पाठ' (लिटरेरी टेक्स्ट) नहीं है। जैसा कि ऊपर कहा जा चुका है कि प्रसाद के मन में नाटक की जो अवधारणा थी वह परम्परागत नाटकों की अवधारणा से भिन्न थी। साथ ही यह भी सच है कि प्रसाद के सामने कोई अपना या अपने नाटकों के योग्य रंगमंच नहीं था। उनके नाटक एक 'पृथक रंगमंच' की माँग भी करते हैं। ऐसी ही माँग प्रायः उसी युग में अंग्रेज़ी नाटककार डब्लू.बी. एट्स और टी.आर. एलियट भी करते हैं।

'I think theatre must be reformed into plays, its speaking, its acting and its scenery'—एट्स और टी.एस एलियट ने लिखा था 'I believe that theatre has reached a point at which a revolution in its principles should take place.'

दुर्भाग्य से ऐसा कोई परिवर्तन हिन्दी रंगमंच में प्रसाद के दौर में नहीं हो सका। ऐसे परिवर्तन का अवसर स्वतन्त्रता के बाद ही उपस्थित हो सका। इस परिवर्तन या विकास का उल्लेख बाद में किया जाएगा।

प्रसाद के पूर्व उस शताब्दी के किसी हिन्दी नाटककार का जिक्र किया जा सकता है तो वे थे आगा हश्र कश्मीरी। यह तथ्य है कि आगा हश्र कश्मीरी जैसी लोकप्रियता बीसवीं शताब्दी के किसी अन्य नाटककार को नसीब नहीं हुई। कविता में श्रीधर पाठक की तरह आगा हश्र कश्मीरी उन्नीसवीं और बीसवीं शताब्दी के बीच सेतु नाटककार थे। वे रंगमंच तथा बाद में फिल्मों के आगमन के साथ पटकथा लेखक के रूप में भी समान रूप से लोकप्रिय थे। आगा हश्र कश्मीरी तथा प्रसाद जी एक ही नगर (काशी) के निवासी थे। प्रसाद जी ने उनसे प्रेरणा भले ही न ली हो लेकिन पारसी रंगमंच के प्रति उनकी प्रतिक्रिया सर्वविदित है।

लेकिन स्वयं आगा हश्र कश्मीरी को पारसी रंगमंच की सीमाएँ ज्ञात थीं। अभी हाल में ही 'आलोचना' जुलाई-सितम्बर अंक में प्रकाशित अपने निबन्ध में देवेन्द्र राज अंकुर ने बताया है कि बीसवीं शताब्दी के प्रारम्भ के नाटकों में आगा हश्र कश्मीरी पारसी नाटकों से विरक्त होकर कुछ नए प्रयोग करने लगे थे जो तकनीक, रचना-विधान और

विषयवस्तु के स्तर पर भी उनसे भिन्न थे। उनके नाटकों के स्रोत 'ग्रीक ट्रेजडीज' से अधिक जुड़ते हैं : सोफोक्लीस के 'इडिपस' और 'एंटीगोनी' जैसे नाटक आगा हश्र कश्मीरी के 'यहूदी की लड़की' के प्रेरणास्रोत हैं। 'यहूदी की लड़की' तो एक काल सिद्ध रचना का दर्जा हासिल कर चुकी है और बीसवीं सदी के विकास के साथ उसकी प्रासंगकिता बढ़ती ही गई। दूसरे महायुद्ध और हिटलर के बाद तो 'यहूदी की लड़की' एक भविष्यवाणी की तरह साबित हुई। उस पर फिल्म निर्माता सोहराब मोदी पहले ही एक फिल्म बना चुके थे। बाद में विमल रॉय जैसे नए सिनेमा के निर्देशक ने दिलीप कुमार और मीना कुमारी को लेकर यहूदी फिल्म बनाई थी।

कहने का तात्पर्य यह कि प्रसाद ने आगा हश्र से प्रेरणा भले ही न ली हो किन्तु 'यहूदी की लड़की' का ट्रेजिक सेंस प्रसाद के नाटकों में बराबर देखा जा सकता है। यद्यपि प्रसाद का ट्रेजिक विजन बिलकुल अलग और निजी है। ट्रेजडी के साथ विडम्बना का गहरा सम्बन्ध है। यह 'विडम्बनाबोध', 'यहूदी की लड़की' में भी और 'सोहराब रुस्तम' में भी ग्रीक त्रासदियों से छनकर आनेवाली ऐसी विडम्बनात्मक स्थितियाँ जड़ीभूत रूढ़ियाँ बनकर आज तक मुम्बइया फिल्मों में चली आ रही है।

अतः आगा हश्र कश्मीरी को बीसवीं सदी के हिन्दी नाटकों का जनक कहें तो कोई अत्युक्ति नहीं होगी। इस सन्दर्भ में यह भी महत्त्वपूर्ण है कि नाटकों पर से 'यथार्थवाद' का ज्वार उतर जाने के बाद आज पारसी नाटकों की पुनर्व्याख्या होने लगी है और इस प्रक्रिया में आगा हश्र कश्मीरी के नाटकों को एक नई प्रासंगिकता प्राप्त हो सकती है।

प्रसाद अपने नाटकों के लिए इतिहास की ओर उसी तरह नहीं मुड़े थे जैसे शेक्सपीयर अपने नाटकों के लिए इतिहास में गए थे। शेक्सपीयर का इतिहास एक मिथकीय इतिहास है जिसमें शेक्सपीयर अपने चरित्रों की स्थापना करते हैं। वे चरित्र वास्तविक होते हुए भी मूलतः शेक्सपीयर की निर्मितियाँ हैं। वह उसका पुनर्विश्लेषण करते हैं। प्रसाद के नाटकों का इतिहास वर्तमान का प्रक्षेपण है। उसमें भारत की तत्कालीन राजनैतिक स्थितियाँ अन्तर्धारा के रूप में निरन्तर विद्यमान रहती हैं। इसे न समझ पाने के कारण ही सम्भवतः प्रेमचन्द ने उनसे 'गड़े मुर्दे उखाड़ने' वाली बात कही थी। प्रसाद के नाटकों का अन्तर्द्वन्द्व (कॉनफिलिक्ट) शेक्सपीयर के नाटकों के निकट अवश्य पड़ता है। खासतौर पर 'हैमलेट' और 'स्कन्दगुप्त' के अन्तर्द्वन्द्व में समानता देखी जा सकती है। 'स्कन्दगुप्त' का प्रारम्भिक वाक्य है 'अधिकार सुख कितना मादक और सारहीन होता है।' और पूरा 'हैमलेट' नाटक ही इस 'सारहीनता' की व्याख्या है। 'मादकता' तथा 'सारहीनता' के बीच का द्वन्द्व ही 'हैमलेट' को यह सोचने के लिए विवश करता है कि 'टू बी आर नाट टू बी, दैट इज द क्वेश्चन।' 'स्टेट ऑफ डेनमार्क' के प्रति हैमलेट की अनुभूतियाँ 'राज्य' के प्रति स्कन्दगुप्त की भावनाओं से मिलती-जुलती हैं।

यदि आगा हश्र और प्रसाद बीसवीं सदी के हिन्दी नाटक के जनक थे तो उनके बाद प्रायः धूमकेतु की तरह अवतरित नाटककार भुवनेश्वर को हिन्दी के 'नए नाटक'

का जनक कहा जा सकता है। किन्तु जिसे हम 'नया नाटक' कहते हैं वह वास्तव में है क्या ? इस प्रश्न के उत्तर के लिए हमें पश्चिमी नाटकों के विकास को देखना होगा। पश्चिम में इस नए नाटक की शुरुआत वैसे तो चेखव से होती है किन्तु उसका आधुनिक स्वरूप दूसरे महायुद्ध के बाद विकसित हुआ। इसका एक पक्ष मूलतः फ्रांस में 'जर्मन आक्युपेशन' के दिनों में 'लिबरेशन मूवमेंट' के रूप में सामने आया और सार्त्र के प्रिजनर ऑफ ऐलटोना, मैन विदाउट शैडोज, इन कैमरा और फ्लाइज में तथा कैमू के कैलिगुला क्रॉस परपस ज्यॉ जेने के बॉलकोनी, मेड्स आदि नाटकों के माध्यम से व्यक्त हुआ। इसका दूसरा पक्ष अस्तित्ववादी नाटकों के ही ऑफशूट रूप में आइनेस्को के रैनासार्स, हाउ टू गेट रिड ऑफ इट, एलबी के हू इज अफ्रेड ऑफ वर्जिनिया वुल्फ और जू स्टोरी जैसे 'ऐबसर्ड' नाटकों में उभरा।

ज्यॉ जेने का नाटक मेड्स 1947 में पेरिस में पहली बार खेला गया। यहाँ समानान्तरता ढूँढ़ने की जरूरत नहीं है किन्तु गौरतलब है कि भुवनेश्वर की 'ताँबे के कीड़े' 1946 में प्रकाशित हुआ था। 'ताँबे के कीड़े' में हम 'ऐबसर्ड नाटकों' की झलक देख सकते हैं जिसका जिक्र आगे किया जाएगा। एक मूवमेंट के रूप में 'ऐबसर्ड प्ले' पश्चिम में 1950 के बाद फैला। अतः यह कहना उचित नहीं होगा कि भुवनेश्वर ने उससे प्रभावित होकर अपने नाटक लिखे थे। 'ताँबे के कीड़े' की भाषा पर गौर करें तो सम्वादों में ऐबसर्ड नाटकों के तत्त्व दीखेंगे। मसलन उसका एक पात्र कहता है 'मैं सीटी बजाऊँगा। मैं अपनी सारी ताकत सीटी बजाने पर खर्च कर दूँगा।' या यह संवाद 'तुम बाइसिकल पर कहाँ गए थे ?' 'मैं साइकिल पर कहीं नहीं गया। मैं कहीं गया ही नहीं।' निश्चित रूप से यह भाषा की ऐबसर्ड शैली है। इसमें कोई तर्कसगत कथन ढूँढ़ना कठिन है। भुवनेश्वर के नाटकों का यह 'ऐबसर्ड बोध' कोई परिवर्तित शैली मात्र नहीं था बल्कि जीवन का नया भावबोध था। जीवन में प्रायः घटनाएँ क्रमबद्ध ढंग से घटित नहीं होतीं। उनमें कोई कथानक या संकलनत्रय नहीं होता। गौर से देखने-सुनने पर उनमें अक्सर बेतरतीबी, बेतुकापन या कुछ ऊल-जुलूल निरर्थक-सा ही दिखाई पड़ता है। अस्तित्ववादियों को यह अचानक सम्प्रेषणीयता का गुम हो जाना लगता है। कैमू कहता है कि जैसे कोई टेलीफोन बूथ के अन्दर बात कर रहा हो और शीशे के बाहर से उनके चहेरे और ओठों की हरकतें तथा हाव-भाव जिस तरह समझ से परे तथा बेतुके लगते हैं उसी तरह आदमी और आदमी के बीच भी ऐसी ही सम्प्रेषणहीनता भर गई है जिसकी अभिव्यक्ति निरर्थक वाक्यों के रूप में ही होती है। ऐबसर्ड नाटक जीवन को व्यक्त करता है। यानी एक अर्थ में वह परिभाषित साहित्यिक यथार्थ से अधिक वास्तविकता या यथार्थ की अभिव्यक्ति है।

भुवनेश्वर ने जीवन के इसी यथार्थ को अपने नाटकों में अभिव्यक्त किया है। पश्चिम में बहु-प्रचलित ऐबसर्ड नाटक आन्दोलन से काफी पहले। उनके नाटकों के पात्र जीवन के, मानवीय सम्बन्धों और स्थितियों को जिस रूप में अनुभव करते हैं, वह भुवनेश्वर का अपना अनुभव-बोध है। वे 'सीटी' बजाकर दुनिया को आकर्षित करना

या चौंकाना चाहते थे क्योंकि एक बार 'ऐटम बम गिर जाने' के बाद कुछ भी ऐसा नहीं बचता जो अकरणीय न हो। इसलिए भुवनेश्वर की दृष्टि में 'कला अपनी चरमस्थिति में परम अश्लील हो जाती है' क्योंकि अश्लीलता की कोई अवधारणा शेष नहीं रह जाती। मनुष्यों की खाल खींचकर उससे लैम्पशेड बनाने, शवों के कफन और ताबूतों का रोजगार करने के बाद कौन-सी क्रिया अकरणीय या अश्लील रह जाती हैं ? भुवनेश्वर हिन्दी में बीसवीं शताब्दी के पहले और अन्तिम 'नए नाटककार' थे।

उनके बाद आनेवाले हिन्दी नाटककार इस शुद्ध भावबोध के नाटककार नहीं रह गए। उन्होंने अपनी कलावन्तता प्रदर्शित करने के लिए बहुत घालमेल किया। इस 'मिक्सिंग' से जो 'नया नाटक' आया उसकी चर्चा तनिक बाद में करेंगे। किन्तु भुवनेश्वर अपने समय के सबसे शुद्ध तथा सात्विक अर्थ में 'ऐबसर्ड बोध' के नाटककार थे। जब वे कहते हैं कि 'हमारा आधुनिक युग पागल वृद्धा के समान है। उसे बकने दो। और यदि सतर्क नहीं हो तो बर्तन, कुर्सियाँ और टेबल भी तोड़ दो।' तो आधुनिक युग पर इससे 'सार्थक' टिप्पणी और क्या हो सकती है ? जीवन के यथार्थ का इससे बड़ा 'ऐबसर्ड बोध' भी और क्या हो सकता है ?

दरअसल नाटकीयता अपने चरम रूप में 'ऐबसर्ड' ही हो जाती है। इस तथ्य को हिन्दी नाटक में सबसे पहले और सबसे अधिक भुवनेश्वर ने समझा था। यह अजीब बात है कि कविता में शमशेर की 'ऐबसर्डिटी' को लोगों ने बिना समझे पूरे ताम-झाम के साथ स्वीकार कर लिया किन्तु भुवनेश्वर के नाटकों (और कहानियों के भी) के इस 'चरम नाटकीय यथार्थ' को आज तक समझा नहीं गया।...मृत्यु, शवयात्रा, वैवाहिक अनुष्ठान, तमाम खेल (क्रिकेट, फुटबॉल, टेनिस, बॉक्सिंग, बुलफाइटिंग) आदि से अधिक नाटकीय और निरर्थक दृश्य और क्या हो सकते हैं ? चरम वास्तविकता ऐबसर्ड के रूप में ही व्यक्त हो सकती है। एक चलते-फिरते, हँसते आदमी-औरत या बच्चे का अचानक किसी दुर्घटना में मर जाना या अचानक कत्ल कर दिया जाना इससे अधिक ऐबसर्ड क्या हो सकता है ? भारत के सबसे विराट 'नाटक' 'महाभारत' के अन्त से बड़ा 'ऐबसर्ड' सत्य शायद और कुछ नहीं हो सकता।

वस्तुतः नाटक में 'ऐबसर्ड' की अवधारणा 'ट्रेजडी' की अवधारणा से आगे की चीज है। 'ऐबसर्ड की अवधारणा' ध्वंस की अवधारणा है 'अन्त की नहीं।' ट्रेजडी दुखान्तक है क्योंकि वहाँ दुःख का बोध शेष है। जो महज ऊल-जुलूल और मूलतः निरर्थक है वह दुःख-सुख की अवधारणाओं से परे है। वहाँ ध्वंस है—कार्य-कारण सम्बन्ध, जो भी परम्परागत, महिमामय या गौरवपूर्ण है उन सबका। क्या अर्थ हो सकता है ऐसे विश्व में जीने का जहाँ सबकुछ अनिश्चित हो, जहाँ आकस्मिक रूप से कभी कुछ भी घटित हो सकता है—कोई भी विध्वंस ?

भुवनेश्वर के नाटक इस विध्वंस के सम्वाहक हैं। उनके 'स्ट्राइक' नाटक की शुरुआत एक सवाल से होती है जो स्त्री पुरुष से करती है 'तो सरदार साहब बहुत चौंके ?' वहाँ बैठा पुरुष (स्त्री का पति) इस सवाल का जवाब दूसरे सवाल से देता है

'तो आज नौकर दोनों छुट्टी पर चले गए हैं ?'

...यानी यहाँ प्रश्न और उत्तर के बीच कोई सीधा सम्बन्ध नहीं है। भाषा के भीतर का कार्य-कारण सम्बन्ध 'ध्वस्त' हो चुका है। यहाँ इस सम्बन्धहीनता से हम चौंकते हैं, जबकि वास्तविक जीवन में हम ऐसे 'संवाद' अक्सर सुना करते हैं। भाषा संप्रेषण का माध्यम नहीं रह गई है, शायद अभिव्यक्ति की भी नहीं। इन नाटकों में जितने भी सम्वाद हैं वे मूलतः एकालाप हैं। वे कुछ भी अभिव्यक्त नहीं करना चाहते। वे महज खोखली ध्वनियाँ हैं। एक 'शून्य' को भरने के लिए एक दूसरे शून्य की सृष्टि। 'स्ट्राइक' कभी हो भी हो सकती हैं कहीं भी। मनुष्य चाहकर कुछ भी नहीं कर सकता। वह 'जीवन' को 'मशीन' नहीं बना सकता। पूर्व नियोजित कुछ भी नहीं है।

'स्ट्राइक' की संरचना अधिक सरल है। एक हद तक सपाट भी। इसलिए उसका व्यंग्य आसानी से समझ में आ जाता है किन्तु 'ऊसर' अधिक जटिल तथा सूक्ष्म संवेदना वाला नाटक है। 'ऊसर' अपने प्रतीकार्थ में बहुत दूर तक ध्वनित होता है (निर्मल वर्मा की कहानी 'सूखा' की तरह !) यहाँ भी नाटक के पात्रों के बीच जो बातचीत होती है उसका आपस में कोई सीधा सम्बन्ध नहीं है। जैसा सब कुछ 'शुष्क' हो गया हो—खासतौर पर समय ! पात्रों को पता नहीं कि उन्हें क्या करना है—केवल एक वक्त है, वकफा है समय, एक रिक्ति या शून्य है जिसे भरना है और जो नामुमकिन है। कुछ बहाने हो सकते हैं जैसे पार्क में जाना या रेस्ट्राँ में खाना, ताश खेलना, मौसम या सेहत के बारे में बात करना। वे सबकुछ आजमाते हैं। मगर व्यर्थ ! शब्दों से कुछ भी व्यक्त नहीं होता। वे शब्दों का 'खेल' खेलते हैं। कई सारे शब्द बोले जाते हैं। उनके सारे अर्थ केवल एक ऊसर की ओर ले जाते हैं। शब्द महज खेल है—ध्वनिहीन, अर्थहीन ! वे अधिक-से-अधिक एक खाली स्पेस को भरने का माध्यम है। जीवन एक अन्तहीन 'ऊसर' है।

'ऊसर' भुवनेश्वर का ऐबसर्ड को सबसे अधिक व्यक्त करनेवाला नाटक है। 1937 में प्रकाशित इस नाटक के समय तक तो शायद 'ऐबसर्ड' शब्द पश्चिम में भी प्रचलित नहीं हुआ था। भुवनेश्वर हिन्दी नाटक के विकास में सबसे अधिक खलबली मचानेवाले नाटककार हैं। भुवनेश्वर का सम्बन्ध बाद में लिखे जानेवाले नाटकों से सीधा जुड़ता है किन्तु जोड़ा नहीं गया क्योंकि बाद के हिन्दी नाटकों में यह विकास नहीं दीखता जो भुवनेश्वर के बाद होना चाहिए था।

वैसे हिन्दी नाटकों में आधुनिकता की लहर आजादी के बाद ही आई। यह 'नई लहर' हिन्दी में ही नहीं लगभग सारी भारतीय भाषाओं में एक साथ आई—मुख्यतः बांग्ला, मराठा और कन्नड़ में। यह लहर इतनी जबर्दस्त और व्यापक थी कि प्रायः दो दशकों तक भारतीय रंगमंच और नाटक समस्त साहित्य का केन्द्र बन गए। कई दिशाओं से आनेवाली इस लहर ने रंगमंच के क्षेत्र में एक अपूर्व आलोड़न उत्पन्न कर दिया था। किन्तु इसमें 'स्वतन्त्रता' की भूमिका क्या थी ?

स्वतन्त्रता के पूर्व तक नाटक तो नहीं किन्तु हिन्दी रंगमंच सबसे अवरुद्ध और

अविकसित क्षेत्र था। स्वतन्त्रता के बाद कई चीजें एक साथ घटित हुई। एक तो 1959 में 'राष्ट्रीय नाट्य विद्यालय' की स्थापना हुई तथा प्रादेशिक स्तरों पर भी रंगमंच के विकास के लिए नई राजकीय योजनाएँ बनीं। दूसरी ओर भारत का एक नए विश्व से अबाध और खुला साक्षात्कार हुआ। अन्तर्राष्ट्रीय स्तर पर सांस्कृतिक आदान-प्रदान बहुत बढ़ गया।

यही दौर था जब पूरे विश्व में नाटक और रंगमंच का सक्रिय तथा सोद्देश्य अभियान के रूप में फैल रहा था। जैसा कि पहले जिक्र किया गया जर्मन आक्युपेशन के दिनों में ही फ्रेंच बुद्धिजीवियों ने नाटक और रंगमंच को एक विशेष भूमिका प्रदान कर दी थी जिसका निर्वाह वह युद्धोत्तर विश्व में भी कर रहा था। फ्रांस के देगॉल सरकार के विरुद्ध नाटक ने अपनी प्रतिपक्ष की भूमिका बरकरार रखी थी। इन नाटकों में एक ओर तो राजनैतिक स्वर प्रधान था और दूसरी ओर उनकी चिन्ताएँ मानव नियति के प्रश्नों से संयुक्त हो गई थीं। इंग्लैण्ड में भी इन्हीं दिनों 'एंग्री यंग मैन' पीढ़ी के नाटककार 'लुक बैक इन ऐंगर' (जॉन ऑसबर्न) जैसे नाटक लिख रहे थे और हैराल्ड पिंटर जॉन आसबर्न, एलवी ज्यां जेने, आइनेस्को के नाटकों ने धूम मचा रखी थी। नाटक ने औद्योगिक तथा वैज्ञानिक बुर्जुआ समाज के विरुद्ध एक नया आन्दोलन छेड़ दिया था जिसमें उनके द्वारा उत्पन्न द्वितीय महायुद्ध के विनाशकारी कृत्यों के प्रति भीषण आक्रोश था।

अमेरिका में यद्यपि नाटकों का व्यावसायिक पक्ष प्रमुख था किन्तु आर्थर मिलर जैसे प्रगतिशील नाटककार वहाँ भी अमरीकी पूँजीवादी समाज के विरुद्ध यही अभियान चला रहे थे। टेनिसी विलियम्स के नाटक व्यावसायिक सफलता की दौड़ में सबसे आगे थे।

आजादी के बाद भारत और शेष विश्व के बीच सांस्कृतिक सम्बन्धों का यह सिंहद्वार अब पूरी तरह खुल चुका था। इस सिंहद्वार से जो अग्रिम दस्ता प्रवेश करके आया वह नाटकों का था। चूँकि भारत में इसके आवाहन का मार्ग पहले ही प्रशस्त हो चुका था इसलिए इसके आरोहियों को अधिक त्वरा से पहुँचने में सुगमता हुई। भारतीय नाटककारों ने केवल 'खुले हृदय' से उसका स्वागत ही नहीं किया बल्कि उसे हाथों-हाथ अपनाया भी।

'अपनाया' शब्द यहाँ सोद्देश्य प्रयुक्त किया गया है, क्योंकि अनेक नाटककारों ने उसे प्रायः यथावत ग्रहण करके अपने नाटकों में उपयोग किया। इस ग्रहणशीलता को 'आलिंगन' तो नहीं कहा जा सकता क्योंकि उसके अलग-अलग अंगों को ही आगोश में लिया जा सका। मसलन कुछ नाटकों में अस्तित्ववादी स्वर प्रधान होकर उभरे (मसलन बादल सरकार के 'बाक़ी इतिहास' में)। कुछ में उसके 'कैलिगुला पक्ष' को व्यक्त किया गया (तुगलक में) और कुछ में उससे प्रेरित मिथकीय तथा पौराणिक तत्त्वों का नए सिरे से संयोजन कर भरसक एक नई संरचना में ढाल कर उपस्थित किया गया ('अन्धा युग में')। कुछ में युद्धोत्तर फ्रेंच नाटकों से प्रेरित होकर राज्य सत्ता और साहित्य के सम्बन्धों की पुनर्व्याख्या की गई ('आषाढ़ का एक दिन') इसके अतिरिक्त इब्सन के समस्यामूलक नाटकों को आधुनिक आवरण देकर अस्तित्ववादी छौंक के साथ

उपस्थित किया गया (आधे अधूरे)।

स्वतन्त्रता के बाद के नाटकों का परिवर्तित परिदृश्य सामान्यतः यही था। कुछ विशेष नाटकों का निकट से परीक्षण करके इस परिदृश्य का विश्लेषण किया जा सकता है। इस अनोखे ऐतिहासिक अवसर का हिन्दी में सबसे पहले तथा सबसे सार्थक ढंग से लाभ उठाते हुए धर्मवीर भारती ने 'अन्धा युग' लिखा। 'अन्धा युग' एक अत्यन्त सुनियोजित मिश्रित संवेदनाओं, शिल्प और संरचना का सर्वोत्तम उदाहरण है जो बीसवीं सदी के आधुनिक हिन्दी नाटक में प्रस्तुत किया गया।

'अन्धा युग' की अनेक लोगों द्वारा अनेक प्रकार की व्याख्याएँ की गई हैं। किन्तु उसमें जो अलग-अलग नाट्य पद्धतियों, शिल्प तथा जीवन दृष्टि का रचनात्मक रसायन उपस्थित किया गया है उसे विश्लेषित किए बिना उसके तन्त्र को (और मन्त्र को भी) पूरी तरह समझा नहीं जा सकता। 'अन्धा युग' एक अत्यन्त चतुर और कौशलपूर्ण नाट्य संयोजन का परिणाम है।

नेहरू ने आजादी से पूर्व ही भारत की जो खोज यात्रा (डिस्कवरी ऑफ इण्डिया) प्रारम्भ की थी वह आजादी के बाद भी जारी रही विशेष रूप से साहित्य और कला क्षेत्रों में। निश्चित रूप से नेहरू की 'खोज' पुनर्जागरण काल के रहनुमाओं से बिलकुल अलग थी। वह उन्नीसवीं शताब्दी के भारत के अतीत की व्याख्या करनेवाले उन गौरांग महाप्रभुओं से भी अलग थी जिसका अनुगमन बाद के पौर्वात्य विशेषज्ञों (ओरिएंटिलिस्ट) ने किया। नेहरू की खोज में एक सपाट सरलता तथा जल्दबाजी जरूर है किन्तु उसमें जो एक जीवन दृष्टि या विश्व दृष्टि है वह 'एज ऑफ रीजन' की रेशनेलिटी पर आधारित थी।

आजादी के बाद ऐसे खोजों की बाढ़ आ गई। संस्कृति तथा कला के क्षेत्रों में ऐसा विशेष रूप से हुआ और उसे 'नेहरू युग' के शासन तन्त्र का पूर्ण संरक्षण प्राप्त था। नेहरू की ही प्रेरणा से दिनकर ने 'संस्कृति के चार अध्याय' लिखकर ऐसी ही कोशिश की थी। इसी खोज अभियान के अन्तर्गत इतिहास, पुराण, दन्तकथाओं, नृतत्वशास्त्र आदि क्षेत्रों में पुनर्विश्लेषण की पुनर्व्याख्याएँ होने लगीं।

'अन्धा युग' भी इसी अभियान की रचनात्मक परिणति थी। उसमें यह कार्य अनोखे ढंग से सम्पन्न किया गया। उसकी दृष्टि केवल भारत के अतीत की ओर नहीं थी बल्कि पूरे विश्व की ओर थी। विशेष रूप से महायुद्धोत्तर विश्व की ओर। वह अतीत में वर्तमान और वर्तमान में अतीत की टोह लेनेवाली दृष्टि थी। उसमें जितना 'महाभारत' और 'भागवतपुराण' है उतना ही 'बाइबिल' भी है और इस सबके ऊपर पल्लवग्राही अस्तित्ववादी जुमलों का मुलम्मा।

...सबसे पहले तो भारती ने नाटक की यथार्थवादी परम्परा को 'अण्डे की छिलके' की तरह उतारकर फेंक दिया। उन्होंने नाट्य लेखन की एक ऐसी 'रेसिपी' ईजाद की जिसमें 'षडरस' का आस्वाद था।

वस्तुतः भारती ने संरचना के स्तर पर 'स्थापना', अन्तराल और समापन जैसे

शीर्षक देकर दृश्यों का इस रूप में विभाजन किया जिसमें कथा में घटित होनेवाली घटनाओं के बारे में भविष्यवाणियाँ तो हैं ही उनकी पूर्ववर्ती या परवर्ती व्याख्याएँ भी हैं। गद्य का समावेश होने के बावजूद 'अन्धा युग' मूलतः एक पद्य नाटक है जिसमें गीतों तथा गायन पद्धति का भी प्रचुर उपयोग किया गया है। कवि होने के कारण भारती ने उसमें नई कविता के उपकरणों–रूपकों, प्रतीकों, बिम्बों आदि का पर्याप्त उपयोग किया है। कथा को वाचक–श्रोता शैली में प्रस्तुत कर प्राचीन लोक गायन पद्धति को भी बरकरार रखा गया है। एक पात्र जिज्ञासा करता है तो काई दूसरा अपनी टीकाओं द्वारा उसका समाधान प्रस्तुत कर देता है। ये टीकाएँ, टिप्पणियाँ और व्याख्याएँ नाटक में इतनी अधिक हैं कि पाठक या दर्शक को कुछ भी अनुमान लगाने या कल्पना करने की जरूरत नहीं पड़ती। इससे हर स्थिति का तत्काल सम्प्रेक्षण और साधारणीकरण तो हो जाता है किन्तु नाटक के पूरे रूप विधान में सरलीकृत सपाटता भी आ जाती है। अपने तमाम दार्शनिक ऊहापोह और विचारधारात्मक संशयों के बावजूद नाटक में न तो कोई रचनात्मक जटिलता उत्पन्न हो पाती है और न कोई वास्तविक दार्शनिक गहराई आ सकी है। जनसाधारण के प्रतिनिधि बनाए गए उसके प्रहरी कठपुतलियों की तरह स्वगत कथनों में अस्तित्व की निरर्थकता बयान करते रहते हैं। किन्तु अस्तित्व की निरर्थकता का यह बोध नाटक के महत्त्वपूर्ण और केन्द्रीय पात्रों को नहीं होता। वे या तो 'मर्यादा' में बँधे दिखाई देते हैं अथवा मर्यादा तोड़ने की अनैतिकतापूर्ण क्रियाओं में संलग्न। नाटक को इस बात की चिन्ता अधिक है कि किस पक्ष ने कम 'मर्यादा' तोड़ी और किस पक्ष ने अधिक। गोया 'मर्यादा' तोड़ने या उसे सुरक्षित रखने में ही सारी समस्याओं का हल निहित है। 'अन्धा युग' मूलतः मर्यादावादी नाटक है जो उसकी विचारधारा या विचारपक्ष को लुंज-पुंज बनाए रखता है। नाटक में मर्यादा को ऐसे निरपेक्ष मूल्य के रूप में स्थापित किया गया है कि उसके सन्दर्भ में सारी शंकाएँ और सारे प्रश्न व्यर्थ और कृत्रिम लगते हैं। पात्रों में शंका तो बहुत व्यापती है किन्तु वह प्रायः नकली और कृत्रिम होती है और उसका समाधान भी शीघ्र ही हो जाता है। मसलन गान्धारी द्वारा कृष्ण को दिया गया शाप, उनके बीच का परोक्ष संवाद और फिर तत्काल उसका समाहार।

दरअसल 'अन्धा युग' की 'मर्यादा' खुद अन्धी है वरना महाभारत के उस हिस्से की कथा में इतनी विडम्बनात्मक स्थितियाँ तथा त्रासदियाँ हैं कि उनसे और अधिक महत्त्वपूर्ण कृति निर्माण सम्भव था। यह इसलिए भी अधिक खलता है क्योंकि 'अन्धा युग' बार-बार उन स्थितियों की देहरी पर जाकर लौट आता है। भारती में उनसे रचनात्मक साक्षात्कार करने की वह जटिल बौद्धिक ऊर्जा नहीं है जिससे कोई 'कालसिद्ध' कृति रची जाती है।

नाटक की व्याख्याएँ मूलतः हिन्दू तथा ब्राह्मणवादी मान्यताओं से बँधी रहती हैं। उसकी मर्यादा की अवधारणा उसी चौखटे में कसी हुई है। गान्धारी कृष्ण को शाप देने के बाद स्वयं अभिशापग्रस्त होकर विलाप करती है और अन्त में वहाँ केवल करुणा

और स्नेह बच जाता है स्वयं कृष्ण जिस प्रकार इस शाप को ग्रहण करते हैं वह सामान्य भावविह्लता के स्तर से ऊपर नहीं उठ पाता। 'अन्धा युग' एक भावुकताग्रस्त भावविह्ल 'नाटक' बनकर ही रह जाता है।

भाषा की सहजता और रवानगी इस सरलीकृत संरचना को जितना बोधगम्य बनाती है उतना ही पाठक तथा दर्शक के मस्तिष्क को अधिक सोचने के भार से भी मुक्त रखती है। नाटक में न तो कहीं विशेष तनाव है और न उद्विग्नता है जो होती तो यह नाटक सचमुच ट्रेजिक चरित्रों की सृष्टि करनेवाला अधिक प्रभावपूर्ण तथा अर्थगर्भित नाटक बन सकता था। नाटक का अपेक्षाकृत अधिक जटिल और जीवन्त चरित्र अश्वस्थामा है किन्तु उसे भी अन्त में 'परात्पर' के चरणों में जिस प्रकार विसर्जित कर दिया गया है वह एक दूसरे ही प्रकार की 'ट्रेजडी' है।

अतः समय-समय पर कहे जानेवाले अस्तित्ववादी जुमलों और 'नित्सेलियन' उद्धरणों के बावजूद 'अन्धा युग' वैष्णव भावनाओं का भावुकताग्रस्त पाठ ही बना रहता है। वह न तो झकझोरता है और न आन्दोलित करता है। वह किसी 'इडिपस' की भी रचना नहीं कर सकता क्योंकि उसमें इतना साहस नहीं है कि रूढ़िगत नैतिकता की सीमा से बाहर जाकर किसी 'अवैध सम्बन्ध' को चित्रित कर सके। क्या 'कुन्ती' के चरित्र में इस प्रकार की सम्भावनाएँ नहीं थी ? कर्ण अन्त तक 'सूतपुत्र' ही क्यों बना रहता है।

अतः इस नाटक में न तो कथा के स्तर किसी यथास्थिति को तोड़ा गया है और न शिल्प तथा संरंचना के स्तर पर किसी संश्लिष्ट कृति की रचना की जा सकी है। पात्रों में जीवन्तता का अभाव है क्योंकि वे पूर्व नियोजित तथा नियन्त्रित बने रहते हैं। उनसे हम किसी अप्रत्याशित कृत्य की कल्पना नहीं कर सकते जो एक महत्त्वपूर्ण नाटक के लिए आवश्यक है। अप्रत्याशित ही 'नाटकीय' हो सकता है। द्वितीय महायुद्ध को पृष्ठभूमि में रखकर और महाभारत से उसकी समानान्तरता दिखाकर नाटककार अपनी आधुनिक ऐतिहासिक दृष्टि की खानापूर्ति जरूर कर लेता है किन्तु वह इतना सामान्यीकृत है कि हमें महज यह बताया जाता है कि प्रिय पाठकों, प्रत्येक युग में एक महाभारत होता आया है और उसकी परिणति हमेशा 'सर्वनाश' में होती है तथा उसका सबसे बड़ा शिकार मर्यादा, विवेक और सत्य होता है। 'प्रभु' (चाहें तो इसे ईसा मसीह मान लें) हमेशा किसी व्याध के तीरों से विद्ध होकर (या सूली पर चढ़कर) मरता है और 'प्रभु' के मरते ही 'कलियुग' आ जाता है।

अतः यदि हम विकास क्रम की दृष्टि से भुवनेश्वर के बाद के हिन्दी नाटकों को देखें तो वे अक्सर 'आधे अधूरे' ही प्रतीत होते हैं। बल्कि भावबोध के स्तर पर तथाकथित 'क्लैसिकी परम्परा' के निर्वाह के नाम पर वह पीछे की ओर लौटता हुआ ही दिखाई देता है। यदि प्रभु की मृत्यु या हत्या से कलियुग का आर्विभाव होता है तो किसी नए ईश्वर की खोज सतयुग का पुनरागमन भी करा सकती है। भारती की 'भारत की खोज' यहीं तक पहुँचती है। यदि 'अन्धा युग' को उस युग का प्रतिनिधि नाटक

मान लें ('अन्धा युग' का प्रकाशन 1954 में हुआ था तो कम-से-कम छठे दशक तक हिन्दी नाटक इसी स्थिति में रहता है।)

हिन्दी नाटक के 'बाकी इतिहास' को तत्कालीन भारतीय नाटकों के सन्दर्भ में देखना चाहिए जिसमें बादल सरकार और गिरीश कार्नाड जैसे नाटककारों की प्रमुख भूमिका थी। (ये नाटक हिन्दी में मूल भाषा से अनुवाद के रूप में ही आए)

मोहन राकेश ने यद्यपि हिन्दी नाटक में प्रसाद की तरह इतिहास की दिशा से प्रवेश किया किन्तु यह 'प्रवेश पद्धति'या इतिहास दृष्टि 'तुगलक' या 'हयवदन' आदि से भिन्न थी। हिन्दी की 'नई कहानी' के प्रमुख कहानीकार के रूप में उन्होंने मध्यवर्ग के परिवेश का पर्याप्त तथा प्रामाणिक चित्रण अपनी कहानियों में किया था। इस बदले हुए परिवेश में मानवीय सम्बन्धों में जो परिवर्तन आया था उसे व्यक्त करने की क्षमता भी मोहन राकेश में अपने अधिकांश समकालीनों से अधिक थी। किन्तु अपनी इस 'अनुभव सम्पदा' के वे कहानियों और उपन्यासों में प्रायः 'एग्जास्ट' या निःशेष कर चुके थे। दूसरी ओर संस्कृत के विद्यार्थी तथा अध्येता होने के कारण उनके पास प्राचीन आख्यानों का अच्छा भण्डार था। अन्तः उनके मस्तिष्क में आधुनिकता तथा परम्परा दोनों का समावेश था। किन्तु उनके लिए ये दोनों धाराएँ परस्पर संयुक्त न होकर समानान्तर रूप में स्थित थीं। इसीलिए उनके नाटक 'भावबोध' की दो सीमाओं पर अवस्थित है।

1959 में उनका पहला नाटक 'आषाढ़ का एक दिन' जब प्रकाशित हुआ तो एक साहित्यिक कृति के रूप में उसे तत्काल स्वीकृति मिली। साहित्यिक कृति के रूप में अब तक 'अन्धा युग' को उतनी प्रतिष्ठा प्राप्त नहीं हुई थी। वह मूलतः प्रसारण के लिए ही लिखा गया था। उसके 'दृश्य बन्ध' ध्वनि, संरचनाओं तथा उद्घोषों पर ही अधिक आधारित हैं। उसमें मंच पर स्थित उपकरणों या वस्तुओं का उल्लेख शायद ही कहीं किया गया हो। सम्भवतः इसीलिए अल्काजी ने उसे प्राचीन ध्वंसावशेषों के बीच ही मंचित किया था। वह 'वातावरण प्रधान' नाटक के रूप में ही दर्शकों के सम्मुख आया था। यह निर्देशक की अपनी परिकल्पना थी।

किन्तु 'आषाढ़ का एक दिन' मुख्यतः रंगमंच को ध्यान में रखकर ही लिखा गया था। उसका रूप और दृश्यबन्ध परम्परागत पद्धति का ही उदाहरण है जहाँ नाटक का आरम्भ अधिकतर किसी कक्ष विशेष या बैठकखाने से होता है। पश्चिम में यह परम्परा इब्सन से ही चली आ रही थी। महाभारत जैसे महाआख्यान पर आधारित होने के कारण 'अन्धा युग' पाठकों या दर्शकों को पहले से ही एक कण्डीशण्ड मनःस्थिति में डाल देता है जबकि 'आषाढ़ का एक दिन' ऐसा नहीं करता।

यद्यपि 'आषाढ़ का एक दिन' भी अर्ध ऐतिहासिक कथानक पर आधारित है। उसके पात्र पौराणिक तो नहीं हैं किन्तु उनका ऐतिहासिक काल आज भी संदिग्ध है। मोहन राकेश ने अपना 'क्यू' या संकेत अन्धा युग से न लेकर आचार्य हजारी प्रसाद द्विवेदी के उपन्यास 'बाणभट्ट की आत्मकथा' से लिया। बाणभट्ट भी किंवदंतियों से घिरा हुआ चरित्र है जिसे द्विवेदी जी ने अपनी परिकल्पना से रचनात्मक रूप दिया था। मोहन

राकेश ने भी आगे बढ़कर उसे 'राज्यसत्ता' और कलाकार के सम्बन्धों का आख्यान बना दिया है। जिसके मूल में 'प्रेमकथा' अन्तर्धारा के रूप में प्रवाहित होती रहती है। बाणभट्ट ने जिस दिन हर्षवर्धन के हाथों से पान का बीड़ा ग्रहण किया उस दिन उसी के हाथों बिक गया। यद्यपि उसका यह संकल्प उपन्यास में बार-बार उभरकर आया है कि 'किसी से न डरना, वेद से भी नहीं, ईश्वर से भी नहीं, राजा से भी नहीं। किन्तु सत्ता की सेवा के साथ-साथ उनका यह आत्ममंथन और अन्तर्द्वन्द्व निरन्तर चलता रहता है और उसका चरम उन्मेष तब होता है जब वह महावाराह की मूर्ति जल में फेंककर भट्टिनी को डूबने से बचाता है।

'आषाढ़ का एक दिन' में कालिदास के चरित्र में कोई अन्तर्द्वन्द्व या संघर्ष नहीं दिखाया गया है, जबकि यदि वह होता तो कालिदास का चरित्र जीवन्त तथा प्रखर होकर सामने आता। उसके अभाव में कालिदास ढुलमुल और निरीह-सा चरित्र ही बना रहता है। नाटक की कथा मल्लिका पर ही अधिक केन्द्रित रहती है। सम्भवतः यही उसका उद्देश्य भी है। वह मूलतः मल्लिका की कथा है, कालिदास की नहीं। मल्लिका के चरित्र में भी रोमांस अधिक है। यथार्थ कम। कालिदास की प्रतीक्षा, उसकी पोथियों का पाठ और अन्ततः एक 'दूसरे जीवन' का वरण। इन सबमें एक रोमैंटिक विषाद (रौमैंटिक एगोनी) ही अधिक है, वास्तविकता का दंश कम। इस रोमानियत की अभिव्यक्ति नाटक के आरम्भ में ही हो जाती है जब मल्लिका 'आषाढ़ की पहली बारिश' में भीगकर उल्लसित घर लौटती है और दूसरी ओर कालिदास बाणविद्ध मृगशावक को दुलारता हुआ प्रवेश करता है। इन दृश्यों की एकालाप के रूप में जो अभिव्यक्तियाँ हैं वे 'भाव विह्वल' ही बनानेवाली है। रंगमंच पर ये दृश्य बहुत 'खिलते' भी हैं। किन्तु मूलतः रोमानी ही हैं। स्वयं कालिदास एक रोमैंटिक चरित्र है। ऐसा होना कोई दुर्गण नहीं है। लेकिन दिक्कत तब होती है जब नाटक यथार्थपूर्ण होने का दम भरता है। मसलन मल्लिका, कालिदास और विलोम का जो त्रिकोण है उसे बहुत वास्तविक ढंग से रचने की कोशिश की गई है। विलोम का यह कहना कि 'कालिदास एक सफल विलोम और विलोम एक असफल कालिदास है' एक यथार्थपूर्ण उक्ति है। विलोम को रूढ़िपरक 'खलनायक' न बनाकर मोहन राकेश ने 'खलनायक' की रूढ़िवादी छवि तोड़ी है। बाद में मल्लिका तथा विलोम के बीच सम्बन्धों का जो विकास होता है वह भी वास्तविकता के अधिक निकट है। किन्तु अन्त में कालिदास का आना और यह कहते हुए लौट जाना कि 'समय किसी की प्रतीक्षा नहीं करता' एक रोमैंटिक निष्कर्ष ही है। दरअसल 'आषाढ़ का एक दिन' दो भावबोधों के द्वन्द्व में उलझा रह जाता है। नाटक की अनेक उक्तियाँ और सूक्तियाँ आषाढ़ की बारिश से ही नहीं भावुकता से भी सराबोर हैं। मल्लिका के 'यथार्थ' के पक्ष में कहा जा सकता है कि दरिद्रता उसे 'दूसरा जीवन' जीने के लिए विवश कर देती है। वह एक अभिशप्त चरित्र है। नाटक का भी यही पक्ष तथाकथित सहृदय के मन में रसोद्रेक उत्पन्न करता है। रंगमंच पर 'आषाढ़ का एक दिन' की तात्कालिक सफलता का रहस्य भी यही है किन्तु एक साहित्यिक कृति के रूप में उसका मूल्यांकन उसे

भावुकता विगलित नाटक ही सिद्ध कर पाता है। मेरा मकसद भी हिन्दी नाटकों की एक साहित्यिक कृति के रूप में मूल्यांकन करना ही है, रंगमंच पर उसकी सफलता-असफलता का आकलन नहीं।

मोहन राकेश ने अपने दूसरे नाटक 'लहरों के राजहंस' का कथानक भी अश्वघोष के विख्यात नाटक 'सौन्दरान्द' से लिया। इस नाटक के केन्द्र में भी प्रेम ही है किन्तु मोहन राकेश ने इसे भी एक यथार्थपरक द्वन्द्व से जोड़ने की कोशिश की है जो घनघोर सौन्दर्यवादी रुझानों का शिकार हो गई है। प्रश्न है कि एक 'गृहस्थ' को 'संन्यासी' क्यों होना चाहिए ? यह कायरता ही नहीं घोर अमानवीय कृत्य है। नाटक की 'कथावस्तु' यही है। इसके माध्यम से बुद्ध और बौद्ध दर्शन को एक मद्धिम-सी चुनौती उपस्थित की गई है। यह चुनौती अधिक गहरे स्तरों पर तथा अधिक जटिल ढंग से दी जा सकती थी। 'सुन्दरी' के चरित्र में इसकी अपार सम्भावनाएँ हैं। यह एक तात्विक तथा नैतिक प्रश्न ही नहीं है बल्कि बेहद मानवीय और बुनियादी प्रश्न है। इसके साथ ही सामानान्तर 'दर्शन' खड़ा किया जा सकता था। 'सुन्दरी' एक तेजस्वी विद्रोहिणी के रूप में सामने आ सकती थी। किन्तु नाटक इस रूप में पूरी तरह असफल रहा है।

पौराणिक या ऐतिहासिक आख्यानों को अक्सर यथार्थ के धरातल पर लाने या उन्हें समकालीन सन्दर्भ देने की प्रक्रिया में हम भावविह्वल होकर रह जाते हैं। 'अन्धा युग' से 'लहरों के राजहंस' तक यही होता आया है। सुन्दरी भारती की 'कनुप्रिया' बन गई है।

यदि हम भुवनेश्वर से हिन्दी के नए नाटक की शुरुआत मानें तो ऊपर उल्लिखित नाटक उसके विडम्बनात्मक अर्थ में 'एण्टीडोट' हैं। बाद में मोहन राकेश ने भुवनेश्वर की परम्परा में 'नया नाटक' लिखने की कोशिश 'आधे अधूरे' से की। भुवनेश्वर की तरह ही उन्होंने नाटकों में प्रतीकों का प्रयोग किया जो 'अन्धा युग' की प्रतीकात्मकता से बहुत भिन्न नहीं थी लेकिन राकेश ने उन्हें सामाजिक यथार्थ के स्तर पर प्रस्तुत किया। एक स्तर पर देखें तो दोनों की प्रतीक प्रणाली में थोड़ी समानता भी मिलेगी। मसलन *अन्धा युग* में यदि युग 'अन्धा' है तो 'आधे अधूरे' में 'मनुष्य अधूरे' (और इसी यथार्थ में पंगु का विकलांग) हैं।

भुवनेश्वर ने अपने नाटकों में जब प्रतीकों का प्रयोग किया था ('ताँबे के कीड़े, ऊसर' आदि) तब तक पश्चिम के नाटकों में वह एक प्रायः अनिवार्य नाटकीय 'डिवाइस' के रूप में प्रचलित हो चुका था। बहुत-सी आधुनिक नाटकीय विधियों की तरह प्रतीकों का उपयोग भी सम्भवतः इब्सन से ही शुरु होता है। इब्सन ने अपने नाटक *वाइल्ड डक* में *डक* या बत्तक को प्रतीक के रूप में इस्तेमाल किया था। इसी का अधिक विकसित तथा सटीक प्रयोग चेखव ने अपने नाटक 'सीगल' में किया। 'सीगल' के बाद नाटकों में प्रतीकों के उपयोग की बाढ़-सी आ गई।

'सीगल' नाटक की पूरी संरचना उस 'मृत सीगल' से जुड़ी रहती है जिसकी हत्या उसके एक प्रमुख पात्र ने गोली से कर दी है और उसकी तुलना वह स्वयं से करता

हुआ अन्त में खुद को गोली मार लेता है। चेखव ने 'सीगल' का अनेक स्तरों पर प्रतीकात्मक उपयोग किया है। मसलन वही पात्र अपनी प्रेमिका को भी मानसिक स्तर पर निरपराध और निरीह सीगल की भाँति ही नष्ट कर डालता है। एक अन्य दृश्य में मेज पर भुस भरा हुआ सीगल (स्टफ्ड) भिन्न प्रकार की प्रतीकात्मक व्यंजना करता है।

'आषाढ़ का एक दिन' के आरम्भ में कालिदास एक घायल मृग शावक को लेकर आता है और कहता है कि 'हम मरेंगे नहीं हम जिएँगे।' यदि इस दृश्य को प्रतीकात्मक अर्थ में देखा जाए तो मल्लिका को भी उस शावक के प्रतीक के रूप में देखा जा सकता है जो जीवित तो रहती है किन्तु कौन-सा कैसा जीवन ? कालिदास की महत्त्वाकांक्षा 'निष्ठुरता की जिस सीपी' में बन्द होकर उसे दूर ले जाती है वह अन्ततः मल्लिका को नष्ट ही करती है।

'लहरों के राजहंस' को भी एक प्रतीकात्मक शीर्षक के रूप में देखा जा सकता है किन्तु जैसा कि पहले कहा गया वह बौद्धिक तथा दार्शनिक स्टैण्ड लेने के बावजूद भावुकता से लथपथ ही रहता है। चेखव का 'सीगल' पूरी रूसी संस्कृति का 'भुसभरा हॉलोमेन है जबकि 'लहरों के राजहंस' राजभवन में सुन्दरियों के सरोवर का मोती चुगनेवाला लुभावना पक्षी।

राकेश का 'आधे अधूरे' अपनी मंचीय सफलता के बावजूद एक अधकचरा मीडियॉकर नाटक है। आधुनिक नाटकों की सनातन परम्परा का निर्वाह करते हुए उसकी शुरुआत भी एक बैठकखाने से होती है और वहीं उसका अन्त भी होता है। 'आधे अधूरे' मंच और अभिनेताओं को ध्यान में रखकर लिखा गया नाटक है। इसीलिए वह अभिनेताओं की एक टोली का भी प्रिय नाटक रहा है। उसके पात्र अलग-अलग वर्गों के तो नहीं किन्तु एक ही वर्ग की कई श्रेणियों के प्रतिनिधि हैं। यानी सबके सब 'टाइप्ड' हैं। एक ही पुरुष को कई भूमिकाओं में ले आने से एक तो कई पात्रों की बचत हो जाती है और दूसरे नाटककार की यह थीसिस भी प्रमाणित हो जाती है कि सारे-के-सारे पुरुष एक जैसे होते हैं। नाटक में यह थीसिस एक स्त्री चरित्र (सावित्री) द्वारा स्थापित की जाती है जो स्वयं एक अभिशप्त स्त्री है। सारे पुरुष एक जैसे ही नहीं हैं बल्कि 'आधे अधूरे' भी हैं। इसकी स्थापना के लिए एक अपेक्षाकृत लम्बे वक्तव्य का सहारा लिया है। किसी भी नाटक में जब भी ऐसे रेटॉरिकल वक्तव्य आते हैं तो वे अधिकतर सेल्फजस्टीफिकेशन या आत्मऔचित्य प्रमाणित करने के लिए ही प्रयुक्त होते हैं। यानी नाटककार तब यह चाहता है कि उस पात्र विशेष का सत्य 'दर्शक' या पाठक का भी सत्य बन जाए। ऐसी स्थितियों के सम्बन्ध में टी.एस. एलियट ने ठीक ही लिखा है कि 'When a character in a play makes a direct appeal to us we are eather victim of our own sentiments or we are in presence of a vicious rehetoric...when we evidently intend to accept the character's sentimented interpretation of himself.'

'आधे अधूरे' की इस थीसिस में यही होता है। नाटकीय वक्तव्य के भावुकतापूर्ण

प्रवाह से अभिभूत दर्शक उस थीसिस की स्थापना को स्वीकार कर लेता है। 'आधे अधूरे' में यथार्थ या वास्तविकता का यह प्रदर्शन कई स्तरों पर है। 'सावित्री' नाम भी प्रतीकात्मक है किन्तु उसकी प्रतीकात्मकता उसकी विडम्बनात्मकता में है। वह अपने 'सत्यवान' (महेन्द्रनाथ) के प्रति एकनिष्ठ नहीं है। नाटक में इस एकनिष्ठ न होने पर जरूरत से ज्यादा जोर दिया गया है और परपुरुषों के प्रति (जो महेन्द्रनाथ के मित्र ही हैं) उसके आकर्षण को उसकी चंचलावृत्ति के रूप में प्रदर्शित किया गया है। सावित्री का 'सावित्रीपन' अपने नाकार पति को निरन्तर ढोते रहने में है। जब वह इस स्थिति से विद्रोह करती है तो उसे पुंश्चती के रूप में पेश किया जाता है। किन्तु सावित्री की यह विडम्बनात्मक स्थिति उसे अपेक्षाकृत जीवन्त जरूर बनाती है।

जैसा कि पहले कहा गया नाटक के सभी चरित्र टाइप्ड हैं, किसी-न-किसी प्रवृत्ति विशेष के प्रतिनिधि। इस प्रतिनिधित्व के माध्यम से ही उनमें विविधता लाने की चेष्टा की गई है किन्तु यह विविधता चुस्त और स्मार्ट किस्म की विविधता है जिसके साक्षात प्रतिनिधि सावित्री के बॉस हैं जिन्हें विशुद्ध 'क्लाडन' के रूप में पेश किया गया है जो नाटकीय कम है फिल्मी अधिक।

'आधे अधूरे' की विशेषता यह है कि उसने पहली बार मध्यमवर्गीय पारिवारिक 'नरक' को मंच पर उपस्थित किया है (यद्यपि इसका स्रोत भी भुवनेश्वर के 'ताँबे के कीड़े' में देखा जा सकता है।) मोहन राकेश का यह प्रिय विषय रहा है। उनके उपन्यास 'अँधेरे बन्द कमरे' में भी हम इसी 'नरक' को देखते हैं। 'अँधेरे बन्द कमरे' का यह शीर्षक भी सार्त्र के प्रसिद्ध नाटक 'जो एग्जिट' का अनुवाद है जिसकी एक विख्यात पंक्ति है 'हेल इज अदर पिपुल' दूसरे लोग ही नरक हैं। 'आधे अधूरे' में भी हम इसी नरक को पाते हैं जहाँ से निकलने का कोई रास्ता नहीं है : सब घूम-फिर कर फिर वहीं लौट आते हैं।

'आधे अधूरे' से अधिक अपेक्षा भी नहीं की जा सकती। यदि तत्कालीन हिन्दी साहित्य में उसकी समानान्तरता ढूँढ़े तो वह स्वयं राकेश की अन्य रचनाओं में मिलती है। नैतिक प्रश्न उसके मूल में है। स्त्री चरित्र का निकष उसका नैतिक आचरण है : नाटक इस रूप में परम्परागत नैतिकता से बहुत दूर नहीं जा सका है। स्त्री यदि स्वीकृत नैतिक आचरण से विद्रोह करती है या परिस्थितियाँ उसके विरुद्ध आचरण कराती हैं तो यह स्वाभाविक हो सकता है किन्तु वरेण्य नहीं। इसीलिए सावित्री से सहानुभूति तो की जा सकती है लेकिन उसके नैतिक स्खलन को स्वीकार नहीं किया जा सकता। यहाँ भी सब कुछ आधा अधूरा है। यहाँ भी अस्तित्ववादी जुमलों के बावजूद मध्यवर्गीय नैतिकता ही केन्द्र में रहती है। शायद यह ठीक भी है क्योंकि भारतीय मध्यमवर्गीय परिवेश तथा प्रश्नों की अस्तित्ववादी व्याख्या नहीं की जा सकती क्योंकि उनका उस सीमा तक अमूर्तन नहीं किया जा सकता। श्रीकान्त वर्मा ने राकेश के उपन्यास 'अँधेरे बन्द कमरे' की समीक्षा करते हुए ठीक ही लिखा था कि...उनके चरित्र 'स्टॉक चरित्र हैं...' अन्तर्स्थितियों को जगह-जगह सिप्लीफाई कर दिया गया है। अभिनेता का अपना

अकेलापन है...उसके नेपथ्य में घटपटानी झुँझलाती, खीजती आकृतियाँ हैं जो एक-दूसरे के लिए अर्थहीन हैं। इस अर्थहीनता तथा विफलता को इतनी भंगिमाओं के साथ प्रस्तुत करने का 'अँधेरे बन्द कमरे' पहला प्रयास है...किन्तु लेखक ने अनजाने ही इस खोखलेपन पर मसखरेपन का नकाब चढ़ा दिया है...यह उपन्यास के इष्ट की असफलता है।

'आधे अधूरे' तथा 'अँधेरे बन्द कमरे' में उसी प्रकार की अनेक रचनात्मक समानताएँ हैं इसलिए दोनों की सफलताएँ और असफलताएँ भी समान हैं। श्रीकान्त वर्मा ने 'अँधेरे बन्द कमरे' की जिन विशेषताओं तथा दुर्बलताओं की ओर ऊपर के उद्धरण में संकेत किया है प्रायः वे सभी 'आधे अधूरे' में भी उपस्थित हैं।

देखने की जरूरत है कि 'आधे अधूरे' के बाद बीसवीं शताब्दी के बाकी तीन दशकों में हिन्दी नाटकों के क्षेत्र में क्या कुछ घटित हुआ ? हिन्दी नाटक की बात करते हुए भारत की अन्य भाषाओं में नाटकों की जो स्थिति थी उसे भी ध्यान में रखना आवश्यक है। उस समय विजय तेन्दुलकर, गिरीश कार्नाड, बादल सरकार तथा सतीश आलेकर आदि अनेक नाटककार एक 'नए नाटक' का स्वरूप गढ़ने में संलग्न थे। तेन्दुलकर 'आधे अधूरे' की सावित्री को 'अदालत' ('खामोश अदालत जारी है') तक ले गए और वहाँ भी 'अदालत' उसके बारे में 'खामोश' ही बनी रहती है। उसका 'बयान' अनसुना ही रह जाता है। उससे अधिक तात्कालिक स्थितियों को लेकर गढ़ी हुई 'कमला' का हश्र और भी बुरा होता है। गिरीश कार्नाड इन सामाजिक स्थितियों के बरक्श मनुष्य की नियति तथा उसके अस्तित्व से जुड़े बुनियादी प्रश्नों में अधिक दिलचस्पी लेते हैं यद्यपि उनका 'तुगलक हू-ब-हू', 'कैलिगुला' (कैमू) नहीं है किन्तु वे भी वहाँ स्वप्नों की क्रूरता तथा नृशंसता के मनोविज्ञान की ही तलाश करते हैं। गिरीश कार्नाड, मोहन राकेश के विपरीत पौराणिक परिवेश में जाकर भी स्त्री-पुरुष के सम्बन्धों की अनेकार्थी और बुनियादी व्याख्याएँ प्रस्तुत करते हैं। उनके नाटक मनोविज्ञान तथा दर्शन के अधिक निकट है। उन्होंने मिथकों तथा पौराणिक आख्यानों की भी अधिक गहरी तथा जटिल व्याख्याएँ की हैं जो कभी-कभी बौद्धिकता से बोझिल भी हो जाते हैं। शताब्दी के अन्त तक वे इस दिशा में सबसे अधिक सक्रिय भारतीय नाटककार रहे हैं।

इसके विपरीत देखा जाए तो इस बीच हिन्दी में महत्त्वपूर्ण नाट्य निर्देशक अधिक दिखाई देते हैं, महत्त्वपूर्ण नाटककार कम। शायद यह महत्त्वपूर्ण नाटकों का अभाव ही हो कि इस बीच कहानियों के अनेक सफल नाट्य रूपान्तर प्रस्तुत किए गए। यह इस बात का प्रमाण है कि नाट्यलेखन की गति कितनी धीमी तथा चमकविहीन रही।

वस्तुतः हिन्दी में रंगमंच है लेकिन नाटक प्रायः नहीं है। 'नाट्योत्सव' अनुष्ठानिक ढंग से प्रतिवर्ष और प्रायः होते रहते हैं किन्तु उनमें प्रस्तुत किए गए नाटकों की सूची देखें तो उनमें पुनरावृत्तियाँ ही अधिक परिलक्षित होंगी। यद्यपि हिन्दी में मोहन राकेश के बाद कथाकारों की एक अच्छी जमात इस दिशा में उन्मुख हुई थी। भीष्म साहनी, सर्वेश्वर दयाल सक्सेना, सुरेन्द्र वर्मा, त्रिपुरारी शर्मा, रामेश्वर प्रेम और असगर वज़ाहत

समेत अनेक लेखकों ने कुछ अच्छे नाटक भी लिखे जिनकी सफल प्रस्तुतियाँ भी देखने को मिली किन्तु जैसा कि कहा गया यह परिदृश्य आभाहीन तथा चमकविहीन ही है। इनमें सुरेन्द्र वर्मा में ही नाट्य लेखन की सर्वाधिक क्षमता है। एक तो नाट्य भाषा पर उनका अद्भुत अधिकार है और उनकी परिधि भी अधिक व्यापक है। मोहन राकेश की भाँति उन्होंने ऐतिहासिक-पौराणिक कथानकों पर आधारित नाटक भी लिखे जिनमें 'शकुन्तला की अँगूठी' उल्लेखनीय है। सुरेन्द्र वर्मा की विशेषता है कि वे जिस सहजता से आम बोलचाल की भाषा का उपयोग कर लेते हैं उतने ही अधिकार के साथ संस्कृत और उर्दू का भी। 'सूर्य की अन्तिम किरण से पहली किरण तक' तथा 'छोटे सैयद बड़े सैयद' जैसे नाटक इसके उदाहरण हैं। उनके नाटकों के दृश्यबन्ध भी अधिक चुस्त तथा अभिनियोजित होते हैं। रामेश्वर प्रेम के नाटकों में भी यह बात देखी जा सकती है। एक विशेष विधा के रूप में नाटक की संरचना को वे अधिक समझते हैं। उनके नाटक समकालीन विषयों पर अधिक आधारित हैं। भोपाल गैस त्रासदी पर उन्होंने एक उल्लेखनीय नाट्य रचना की थी।

किन्तु इन सभी नाटककारों की सीमा यह है कि इनके पास ऐसा कोई 'विजन' नहीं है जिसके द्वारा नाट्य कृति महाकाव्यात्मक रूप धारण कर लेती है। इनके नाटकों में ऐसा कोई तनाव या उद्वेलन भी नहीं है जो पश्चिम के आधुनिक अस्तित्ववादी या 'ऐबसर्ड' नाटकों में दिखाई पड़ता है (जिनकी चर्चा ऊपर की जा चुकी है)।

आज भी हबीब तनवीर जैसे पितामह पुरुष नाट्य लेखन तथा निर्देशन दोनों क्षेत्रों में शीर्षस्थ दिखाई देते हैं। हबीब तनवीर की इस निरन्तर सफलता के पीछे उनके नाटक का लोक परम्परा से जुड़ा होना है। 'आगरा बाजार' और 'चरनदास चोर' जैसे नाटकों के नित नवीन बने रहने की क्षमता का रहस्य यही है। हबीब तनवीर के नाटकों में हम एक साथ उत्सव, प्रहसन तथा चहल-पहल भरी जिन्दगी का स्पन्दन सभी कुछ देख लेते हैं। देवेन्द्र राज अंकुर जैसे निर्देशकों को कथाकृतियों में ही अधिक नाट्यतत्त्व दीखते रहे हैं। उनके नाट्य रूपान्तरों को उन्होंने एक स्वतन्त्र विधा के रूप में विकसित किया है।

ब.व. कारन्त जैसे नाट्य निर्देशक भी—जिन्हें आधुनिक रंगमंच का सबसे एकाग्र तथा बहुदर्शी शिखर पुरुष माना जाता है—'अनामदास का पोथा' जैसी कालसिद्ध औपन्यासिक कृतियों को नाट्य प्रस्तुति के लिए अधिक अनुकूल तथा प्रासंगिक पा रहे हैं।

अतः वर्तमान परिदृश्य यह है कि नाट्यलेखन के क्षेत्र में प्रायः सन्नाटा है। इस सन्नाटे पर रुदन या विलाप इसलिए निरर्थक है कि संचार माध्यमों के विकासक्रम में यह प्रायः स्वाभाविक (भले ही अभिशप्त) नियति है। रंगमंच के अधिकांश प्रतिष्ठित अर्धप्रतिष्ठित यहाँ तक कि असफल अभिनेता और अभिनेत्रियाँ 'हम लोग' और 'बुनियाद' के रास्ते छोटे पर्दे पर जाकर सास-बहू, ननद-भौजाई और 'कभी सौतन कभी सहेली' का खेल खेल रही है। ऐसे धारावाहिकों की अपार लोकप्रियता ने यह साबित

कर दिया है कि तमाम 'चाक्षुष माध्यम' अन्ततः और मूलतः मध्यमवर्गीय जन-रुचि की ही तृप्ति के साधन हैं। अपने विश्वव्यापी वितान के बावजूद यदि नाट्यलेखन रचना के क्षेत्र में कोई उल्लेखनीय योगदान नहीं कर पा रहा है तो इसका सीधा तात्पर्य है कि 'लोकरुचि' अधिक तात्कालिक प्रभाववाले मनोरंजन माध्यमों की ओर उन्मुख हो रही है।

यह विडम्बना भी है और विकास की प्रक्रिया भी कि नाटक जिसका प्रारम्भ अभिजात वर्ग के आस्वाद के लिए हुआ था और उसके गुणीजनों के लिए 'रसज्ञ' और 'सहृदय' होना अनिवार्य था वह धीरोदात्त तथा धीरललित नायकों से होता हुआ अब अज्ञातवय कुलशील व्यक्तियों और मध्यमवर्गीय रुचि की तृप्ति का माध्यम बन गया है।

वस्तुतः जनतन्त्र और लोकतन्त्रवाली सामाजिक संरचना के मूल में कला की लोकतान्त्रिकता के बीज भी निहित होते हैं और जब हम लोक रुचि की बात करते हैं तो भूल जाते हैं कि आज 'लोक रुचि' का भी व्यावसायीकरण तथा बाजारीकरण हो चुका है जो केवल तत्काल तथा तात्कालिक से तृप्त होती है।

अतः क्या आज रंगमंच के लिए और केवल रंगमंच के लिए नाटक लिखना सम्भव रह गया है ? लगता ऐसा है कि यदि उसे अब भी एक विकासशील 'कला माध्यम' के रूप में अस्तित्व में रहना है तो वह बहुत कुछ 'नुक्कड़ नाटकों' जैसे माध्यमों से ही हो सकता है। 'नुक्कड़ नाटक' से तात्पर्य उनकी संकल्पना से है। ऐसा इसलिए कहा जा रहा है कि आज विश्वव्यापी समाज जिस दौर से गुजर रहा है उसमें लगतार उग्र अभियानों की सामूहिक सक्रियता और प्रत्यक्ष क्रियाशीलता बढ़ती जाएगी। ऐसे में नाटक की भूमिका या तो लौटकर 'भूमिगत' हो जानेवाली होगी या फिर खुले में आकर किसी सामूहिक अभियान का अंग बन जानेवाली होगी। ऐसा 'नुक्कड़ नाटक' (भले ही यह शब्द अपर्याप्त अथवा अनुपयुक्त प्रतीत होता हो) किसी विशेष प्रकार की संकल्पना के द्वारा ही सम्भव हो सकता है।

समीक्षा

अपने विख्यात निबन्ध 'कविता क्या है ?' में शुक्ल जी ने जो मानदण्ड निर्मित किए थे, उनसे साहित्य के विषय में उनकी अधिकांश अवधारणाएँ तथा मान्यताएँ स्पष्ट हो जाती हैं। किन्तु हिन्दी साहित्य का इतिहास में ही उनकी समीक्षा सम्बन्धी दृष्टि को हम व्यापक सन्दर्भ में समझ पाते हैं।

शुक्ल जी की समीक्षा में समकालीन रचनात्मकता से एक हद तक सरोकार तो है किन्तु उसे उचित सन्दर्भ में समझने अथवा विश्लेषित करने की विधेयात्मक जिज्ञासा या चेष्टा नहीं है : इसे विडम्बना ही कहेंगे कि कविता के 'शेष सृष्टि' मुख्यतः 'प्रकृति' के साथ एकात्म होने की रचनात्मक प्रक्रिया माननेवाले शुक्ल जी को छायावाद में ये विशेषताएँ बहुत नहीं मिली। पग-पग पर रोमैंटिक कवियों शेली, वर्ड्सवर्थ आदि के उदाहरण देनेवाले शुक्ल जी छायावादी कविताओं को उस सन्दर्भ में नहीं समझ सके। बल्कि उनको निराला में 'एक कवि' वॉल्ट व्हिटमैन की कविता 'लीव्स ऑफ ग्रास' का प्रभाव दीखा। यह सर्वविदित है कि व्हिटमैन रोमैंटिक नहीं बल्कि पश्चिमी कविता में आधुनिकता का उद्घोष करनेवाला प्रथम कवि था! शुक्ल जी के ऐसे फतवे आश्चर्यचकित कर देते हैं। इसी प्रकार 'तुलसीदास की भावुकता' दिखलाने के लिए वे रामचरितमानस के 'मार्मिक प्रसंगों' की तलाश में कहाँ-कहाँ नहीं जाते और 'नागमती के विरह वर्णन' से कम विगलित नहीं होते। सूरदास की कृष्ण लीला का 'अवगाहन' करके वे उसका रस धारा में भी खूब डूबते हैं। यही नहीं 'भ्रमरगीत' में जब गोपियाँ उद्धव की 'ज्ञान की गठरी' खुलवाकर बिखेर देती हैं तो वह उन्हें कोरे ज्ञान पर भाव या हृदय की जीत लगता है किन्तु वही शुक्ल जी जब 'कामायनी' पढ़ते हैं और वहाँ 'इड़ा' के प्रति लिखा हुआ पाते हैं 'सर चढ़ी रही, पाया न हृदय'...तो वे कहते हैं कि "क्या श्रद्धा के सम्बन्ध में नहीं कहा जा सकता था कि 'रस पगी रही, पाई न बुद्धि' ?" इस सम्बन्ध में उन्होंने बुद्धि के विरोध में जो अनातोले फ्रांस का कथन उद्धृत किया है और कहा है कि उस "आधुनिक आन्दोलन का आभास भी कवि को जान पड़ता है।" वह उतना ही 'दूर की कौड़ी' वाला कथन लगता है जितना निराला पर व्हिटमैन का प्रभाव—वह भी एक रोमैंटिक कवि के रूप में।

...दरअसल शुक्ल जी की समीक्षा के लिए यह 'पिच्छल भूमि' है, जिससे उनके विश्लेषणों में 'विरोधाभास' ही नहीं 'अन्तर्विरोध' भी आ गए हैं। वरना मूलतः

'भाववादी' और तुलसी, सूर और जायसी की भावुकता तथा भावोद्‌गार के परम प्रशंसक शुक्ल जी को अचानक कामायनी के भावना प्रधान उद्‌गार अरुचिकर क्यों प्रतीत होते ? वस्तुतः इस कथन के पीछे शुक्ल जी का मंतव्य कुछ और है : वे 'कामायनी' को वल्लभाचार्य के 'आनन्दवाद' का वाहक न मानकर 'तान्त्रिकों और योगियों की अन्तर्भूमि' पर आधारित मानते हैं और उसके प्रति अपना विरोध व्यक्त करने के लिए वे अपनी पूर्व मान्यताओं को छोड़कर अन्तर्विरोधी बयान दे डालते हैं। इस प्रकार के अन्तर्विरोध शुक्ल जी में कई स्थलों पर देखे जा सकते हैं। कविता को वे 'ज्ञानधारा' और 'भावधारा' का समन्वय मानते हैं यानी उनकी दृष्टि में एक पूर्ण कविता तभी बन सकती है जब वह 'हृदय' और 'बुद्धि' के सम्यक समन्वय पर आधारित हो। ऐसा प्रतीत होता है कि 'ज्ञान' और 'भाव' शब्द भले ही उन्हें भारतीय चिन्तन प्रणाली से प्राप्त हुए हों किन्तु मूलतः वे आई.ए. रिचर्ड्स के मशहूर कथन 'फ्यूज़न ऑफ थॉट ऐंड इमोशन' से लिए गए हैं। रिचर्ड्स से वे काफी प्रभावित भी रहे हैं और उनका विख्यात 'विरुद्धों का सामंजस्य' वाला कथन भी रिचर्ड्स के 'साइन्थेसिस ऑफ अपोजिट इम्पलसेज' वाले सिद्धान्त का ही भारतीय रूपान्तरण है। शुक्ल जी ने अपनी अत्यन्त समृद्ध-समीक्षात्मक शब्दावली पश्चिमी तथा भारतीय साहित्यशास्त्रों दोनों से बहुत सटीक ढंग से चयन कर निर्मित की है।

शुक्ल जी के अन्तर्विरोधों की ओर डॉ. नामवर सिंह ने भी अपनी पुस्तक 'छायावाद' में संकेत किया है। उनके अनुसार शुक्ल जी की जीवन दृष्टि तो छायावादी जीवन दृष्टि के ही अनुरूप थी : वही हृदय के प्रसार और शेष सृष्टि—यानी प्रकृति के साथ स्वाभाविक सम्बन्ध को कविता का मूलतत्त्व माननेवाली।

शुक्ल जी का सबसे बड़ा योगदान 'कलावाद' का विरोध है। 'रीतिकालीन कविता' के प्रति उनकी विरक्ति इसी कारण है और अभिव्यंजनावाद तथा क्रोचे के भी आलोचक वे इसीलिए हैं। भारतीय साहित्यशास्त्र में वे उसकी समानान्तरता 'वक्रोक्ति' में देखते हैं। यद्यपि दोनों में इतनी अनुरूपता देखना विवाद का विषय हो सकता है। 'वक्रोक्ति' उक्तियों की वक्रता पर ध्यान केन्द्रित करता है। किन्तु 'अभिव्यंजनावाद' तो अभिव्यक्ति का वह 'पहला क्षण' है जो शब्द रूप में व्यक्त होने से पहले ही अन्तर्मन में घटित होता है और जिसे शायद मुक्तिबोध ने बेहतर तरीके से पहचाना था।

'कलावाद' के विरोध में ही शुक्ल जी ने अपने 'लोक मंगल' वाले सिद्धान्त की स्थापना की जिसने आगे चलकर हिन्दी समीक्षा को सामाजिक आधार दिया और जिसने मार्क्सवाद से प्रभावित प्रगतिशील समीक्षा को वैधता प्रदान की। शुक्ल जी की समीक्षा दृष्टि की कड़ियाँ इतनी सघन रूप से जुड़ी हुई हैं कि उन्हें विच्छिन्न करके देखने से भली-भाँति समझना मुश्किल है। 'काव्य में रहस्यवाद' का विरोध उन्होंने इसलिए नहीं किया कि वे उसे अभारतीय प्रवृत्ति समझते थे बल्कि इसलिए कि वे कविता को इस लोक में और इस लोक की वस्तु के रूप में ही देखना चाहते थे। 'भावप्रवण' होने के बावजूद उनकी समीक्षा में एक कठोर बौद्धिक अनुशासन था और अपने आदर्श रूप में

वे उन्हीं उपकरणों या औजारों को साहित्य पर लागू करना चाहते थे। किन्तु अपने आंतरिक गठन में स्वयं उस द्वैत या द्वन्द्व के शिकार थे जो उन्हें एक ओर बुद्धि तथा तर्क परिचालित कर्मक्षेत्र की ओर खींचता था और दूसरी ओर रससिक्त, भावप्रवण मनोहर जीवन स्थितियों की तरफ। इसीलिए तुलसी उन्हें हर तरह से सांत्वना देते हैं पर सूर और कबीर पूरी तरह आश्वस्त नहीं कर पाते। इसका कारण इन कवियों की कविताओं में उतना नहीं जितना स्वयं शुक्ल जी की स्वयं अपनी दुविधाग्रस्त दृष्टि में है।

इन सबके अतिरिक्त शुक्ल जी के सामने समकालीन का कोई व्यवस्थित प्रतिपक्ष नहीं था : तब तक न तो मार्क्सवादी साहित्यशास्त्र या विचारधारा का प्रवेश हो पाया था और न 'नई समीक्षा' की नई पद्धतियों का। अतः वे परम्परागत समीक्षा पद्धतियों के सन्दर्भ में ही अपनी समीक्षा दृष्टि विकसित कर सकते थे। पश्चिम की कुछ समीक्षा पद्धतियों के सम्पर्क में वे अवश्य आए थे और उनके आलोक में अपने विवेक से ही उन्होंने अपनी विश्लेषण पद्धति निर्मित की थी।

शुक्ल जी के तत्काल बाद आनेवाले अधिकांश हिन्दी आलोचकों ने या तो उन्हीं का अनुगमन किया अथवा उनकी मान्यताओं के आगे 'भी' के जगह 'ही' रखकर अपनी मान्यताएँ निर्मित की। मसलन यदि शुक्ल जी ने लिखा कि रीतिकाल को 'शृंगार' काल भी कहा जा सकता है तो किसी आलोचक ने लिख दिया कि उसका नाम शृंगार काल ही होना चाहिए।

उनके इतिहास के काल विभाजन तथा काल निर्माण को लेकर ऐसी ही स्थापनाएँ की गईं : 'वीरगाथा काल', 'आदिकाल' या 'चारण काल' हो गया। अतः शुक्ल जी में अन्तर्विरोध ढूँढ़ना तो आसान है किन्तु उनकी अधिकांश मान्यताओं को चुनौती देकर नई मान्यताएँ स्थापित करना आज भी कठिन है। उनमें इतिहास लेखन, सिद्धान्त स्थापन तथा व्यावहारिक समीक्षा इन सबकी जैसी अद्भुत क्षमता थी, वैसी किसी भी परवर्ती हिन्दी आलोचक में नहीं है। टी.एस. एलियट जिसे 'परफेक्ट क्रिटिक' कहता है, शुक्ल जी उसके साक्षात उदाहरण थे। जहाँ तक उनके इतिहास लेखन तथा इतिहास दृष्टि का प्रश्न है, उनके समय में जितनी सामग्री उपलब्ध थी, उसी के आधार पर उन्होंने विवेचन विश्लेषण किया था। बाद में राहुल सांकृत्यायन आदि विद्वानों की खोजों तथा गवेषणाओं से जो अनुपलब्ध सामग्री तथा दस्तावेज उपलब्ध हुए उनके आधार पर हिन्दी साहित्य के इतिहास में बहुत कुछ जोड़ा-धटाया गया पर उससे शुक्ल जी की मान्यताओं पर कोई प्रभाव नहीं पड़ा। उनके काव्य सम्बन्धी निकष आज भी उतने ही प्रासंगिक तथा प्रामाणिक हैं जितने तब थे। मसलन आगे चलकर आचार्य हजारी प्रसाद द्विवेदी ने सिद्धों और नाथों के साहित्य पर विशेष विचार कर उनका महत्त्व बतलाया, लेकिन शुक्ल जी उन्हें 'साहित्य की कोटि' में मानते ही नहीं थे (हिन्दी साहित्य के इतिहास की भूमिका—परिवर्तित तथा प्रदर्शित संस्करण) इसलिए उन्होंने उस पर अलग से विचार नहीं किया। इसी प्रकार हजारी प्रसाद द्विवेदी की दृष्टि में अपभ्रंश और अवहट्ट भाषा

का साहित्य अत्यन्त महत्त्वपूर्ण था, इसीलिए उन्होंने उस काल के साहित्य में कीर्तिलता, सन्देश रासक और बेलिकृष्ण रुक्मिणी...आदि कृतियों को विशेष महत्त्व दिया, जबकि शुक्ल जी की दृष्टि में वे अधिक महत्त्व की नहीं थी। द्विवेदी जी ने कबीर की यह महत्ता को भी तुलसी, सूर आदि के समकक्ष ही माना, जबकि शुक्ल जी के कबीर में उस कोटि का काव्य तत्त्व नहीं दीखता। उनके सम्बन्ध में वे केवल इतना कहकर रह जाते हैं कि "प्रतिभा उनमें प्रखर थी इसमें सन्देह नहीं।" अतः जहाँ तक शुक्ल जी के इतिहास लेखन का प्रश्न है द्विवेदी जी ने ही उसमें कुछ मौलिक परिवर्धन किया।

आधुनिक काल की 'छायावाद' आदि की शुक्ल जी की व्यावहारिक समीक्षाओं में विकास करते हुए शान्तिप्रिय द्विवेदी, नन्द दुलारे वाजपेयी, डॉ. नगेन्द्र आदि ने अलग-अलग कवियों पर विस्तार से लिखा। शान्ति प्रिय द्विवेदी तथा डॉ. नगेन्द्र ने पन्त पर, नन्द दुलारे वाजपेयी ने प्रसाद पर और आगे चलकर डॉ. राम विलास शर्मा ने निराला पर लिखा। इनमें व्यावहारिक समीक्षा की सबसे अधिक प्रतिभा नन्द दुलारे वाजपेयी में थी और उन्होंने तत्कालीन कवियों पर लिखने के अलावा प्रेमचन्द, जैनेन्द्र और अज्ञेय आदि के कथा साहित्य पर भी अत्यन्त महत्त्वपूर्ण निबन्ध लिखे। स्वयं शुक्ल जी की समीक्षा का भी उन्होंने बहुत विवेकपूर्ण आकलन किया था। मार्क्सवादी साहित्य दृष्टि के विकास के साथ ही हिन्दी समीक्षा स्पष्ट रूप से दो धाराओं में विभाजित हो गई : मार्क्सवादी साहित्यशास्त्र का जबर्दस्त प्रभाव लेकर आनेवाली प्रगतिशील समीक्षा ने साहित्य के आकलन सम्बन्धी मूल्यों, मान्यताओं और पद्धतियों में भारी उलट-फेर कर दिया और हिन्दी की परवर्ती समीक्षा की मुख्य धारा बन गई। इस समीक्षा पद्धति के प्रमुख समीक्षक राम विलास शर्मा, मुक्तिबोध तथा नामवर सिंह हैं।

जहाँ तक डॉ. राम विलास शर्मा की समीक्षा का प्रश्न है उन्होंने न तो कोई महत्त्वपूर्ण सिद्धान्त स्थापित किए और न कोई विश्लेषणात्मक व्यावहारिक समीक्षा ही लिखी। निराला पर उनकी जीवनीपरक पुस्तक का केवल जीवनीवाला खण्ड ही महत्त्वपूर्ण है और हिन्दी में साहित्यकारों के जीवन पर लिखी गई वह सर्वोत्तम पुस्तक है। लेकिन निराला की कविताओं का विश्लेषण करने में वे पूरी तरह समर्थ नहीं हैं। यही हाल उनकी मुक्तिबोध और नई कविता पर लिखी गई समीक्षाओं का है। उन्होंने मुक्तिबोध की कविताओं को अस्तित्ववाद और सुरियलिज्म के सन्दर्भ में विश्लेषित करने की कोशिश की है जो बहुत तर्क संगत नहीं है। मुक्तिबोध की अधिकांश कविताएँ तत्कालीन राजनैतिक सन्दर्भ में लिखी गई है और चूँकि वे मार्क्सवादी विचारधारा से प्रतिबद्ध थे, इसलिए उनकी कविताओं की व्याख्या उसी सन्दर्भ में की जा सकती है। राम विलास शर्मा ने उस पक्ष की ओर कम ध्यान दिया है। मुक्तिबोध की कविताओं की संरचना में 'सुरियलिज्म' के तत्त्व ढूँढ़े जा सकते हैं किन्तु उसके लिए पहले जानना जरूरी है कि 'सुरियलिज्म' के मुख्य तत्त्व क्या हैं ?...'सुरियलिज्म' इस रूप में एक क्रान्तिकारी संरचना जरूर लेकर आया कि वह 'स्व' (सेल्फ) और 'चेतना' की बोर्जुआ धारणाओं को ध्वस्त करना चाहता था। इसके लिए आवश्यक था कि 'चेतन' और

'अचेतन' तथा स्वप्न और जागृति के रूढ़िबद्ध अन्तर या अन्तराल को मिटा दिया जाए। इसने एक प्रकार की स्वचालित (ऑटोमैटिक) लेखन को जन्म दिया। यह कहना कि सुरियलिज्म 'वस्तुतत्त्व' का विनाश करना चाहता है—वह भ्रामक है। इसलिए वह 'चम्मच' को 'चाय के प्याले में' गलता हुआ दिखा सकता है क्योंकि चम्मच वस्तु है। डॉली की विख्यात कलाकृति 'पिघलती हुई घड़ियाँ'—इसी अर्थ में सुरियलिस्ट पेंटिग है (सिलवरटो डॉली)। इस तरह प्रत्यक्षत तो 'सुरियलिज्म' यथार्थ विरोधी है। वह 'मस्तिष्क के यथार्थ' में विश्वास करता है। जाहिर है ये बातें पूरी तरह मुक्तिबोध के काव्य पर लागू नहीं होतीं। हिन्दी में यदि किसी कवि की कविताएँ सुरियलिस्टिक कही जा सकती हैं तो वे शमशेर हैं। उनकी विख्यात कविता 'टूटी हुई बिखरी हुई' हिन्दी की सर्वोत्तम सुरियलिस्टिक कविता है। पहले भी कहा गया था कि शुक्ल जी के तत्काल बाद के समीक्षकों में नन्द दुलारे वाजपेयी का विशेष स्थान है। यद्यपि उन्होंने किसी स्वतन्त्र साहित्य सिद्धान्त की स्थापना नहीं की। शुक्ल जी की तरह सिद्धान्त के रूप में वे 'रसवाद' के ही समर्थक थे, लेकिन तत्कालीन सन्दर्भ में उनका सबसे महत्त्वपूर्ण योगदान यह था कि उन्होंने साहित्य में किसी भी प्रकार की अलौकिकता को स्वीकार करने से इन्कार कर दिया। उनका मानना था कि "अलौकिकता से साहित्य का बड़ा अनिष्ट हुआ है।" इसी प्रकार उन्होंने 'आदर्श' से भी बढ़कर 'यथार्थ' को साहित्य वे लिए उपयोगी माना। तत्कालीन सन्दर्भ में यह एक विकासशील मान्यता थी, जिस पर परवर्ती साहित्य को आधारित होना था (ऐसा निश्चित रूप से वाजपेयी जी के कारण नहीं हुआ, पर उन्होंने उसकी दिशा पहचानी और उसका अनुमोदन किया)। वाजपेयी जी ने छायावादी काव्य के 'विद्रोह स्वर' को भी पहली बार पहचाना और उसे 'राष्ट्रीय जागरण' की 'प्रभाती' कहा। इस प्रकार छायावादी काव्य की राष्ट्रीय चेतना को पहचाननेवाले भी पहले समीक्षक थे। दूसरे शुक्लोत्तर समीक्षक डॉ. राम विलास शर्मा भी अपनी समीक्षा छायावाद से ही शुरू करते हैं किन्तु 'छायावाद' के सम्बन्ध में उनकी मान्यताएँ मिली जुली थी। वे 'छायावाद' के विद्रोही स्वर को तो स्वीकार करते हैं किन्तु कई मामले में उसे द्विवेदी युगीन काव्य का 'अनुवर्ती' ही मानते हैं। छायावाद के 'प्रकृति प्रेम' को भी वे बहुत बड़ी विशेषता नहीं मानते और छायावादी कवि के बारे में उनकी सामान्य धारणा है कि "जीवन संघर्ष से पलायन करके वह प्रकृति की गोद में सुख की नींद सोना चाहता है।" (संस्कृति और साहित्य)

वाजपेयी जी ने छायावाद के बाद 'नई कविता' पर भी अपने विचार व्यक्त किए और अधिकांश छायावादी आलोचकों की भाँति वे न तो 'नई कविता' को समझ सके और न उसके साथ न्याय कर सके। 'नई कविता' के सन्दर्भ में सबसे अधिक विरोध वे साहित्य में किसी 'वाद' की उपस्थिति के प्रति करते हैं। स्पष्टतः यहाँ उनका आशय प्रगतिवाद और मार्क्सवाद से है जो तब तक हिन्दी साहित्य की मुख्यधारा के रूप में स्थापित हो चला था। वे कविता में 'अनुभूति की प्रामाणिकता' पर जोर देनेवाले पहले आलोचक भी थे। किन्तु 'अनुभूति की प्रामाणिकता' कितनी भ्रामक और भरमानेवाली

धारणा है इसे न तो वाजपेयी जी समझ सके और न इसके दूसरे समर्थक और प्रचारक। ऐसा प्रतीत होता है कि आधुनिकता और 'नई कविता' पर ज्यादातर विचार वाजपेयी जी ने अपने को 'अपडेट' रखने के लिए व्यक्त किए हैं। किन्तु 'नई कविता' पर इस सरसरी दृष्टि में भी उन्होंने उसके कुछ कवियों पर सटीक टिप्पणियाँ की है। मसलन अज्ञेय का प्रयोगशीलता पर अतिरिक्त आग्रह उन्हें अखरता है और वे मानते हैं कि इससे काव्यात्मकता में कोई विशेष वृद्धि नहीं होती। इसी प्रकार उन्होंने धर्मवीर भारती के 'अन्धायुग' की 'रोमांस प्रधान रहस्यात्मक वृत्ति' को भी ठीक ही पहचाना है।

शुक्लोत्तर समीक्षकों में डॉ. हजारी प्रसाद द्विवेदी, डॉ. नगेन्द्र, नन्द दुलारे वाजपेयी तथा शान्ति प्रिय द्विवेदी आदि को मुख्यतः छायावादी समीक्षक ही कहा जा सकता है क्योंकि इनकी समीक्षा मुख्यतः घूम-फिरकर छायावादी युगीन साहित्यकारों पर ही केन्द्रित रही। नन्द दुलारे वाजपेयी तथा डॉ. राम विलास शर्मा जैसे समीक्षकों ने 'नई कविता' आदि के बारे में लिखा भी तो वहाँ उनकी पैठ और परख की सीमा का ही पता चलता है, समझ का नहीं। राम विलास शर्मा ने समीक्षा में मुख्यतः पोलोमिकल (विवादी) पद्धति को अपनाया जिससे उनकी समीक्षा दृष्टि 'नकारवादी' ही अधिक रही—भले ही वे पन्त पर लिख रहे हों या अज्ञेय पर। मुक्तिबोध पर उनकी समीक्षा दृष्टि की सीमा हम पहले ही देख चुके हैं। दरअसल राम विलास शर्मा भाषा, समाज और संस्कृति के चिन्तक ही अधिक थे—साहित्य समीक्षक कम। सम्भवतः इसीलिए वे अपने परवर्ती लेखन में साहित्य समीक्षा से पूर्णतः विरत भी हो गए थे। उनमें व्यावहारिक साहित्य—मुख्यतः काव्य विश्लेषण की दृष्टि का भी अभाव था। विजयदेव नारायण साही का एक अन्य प्रसंग में यह कथन शायद ठीक ही है कि "...कविता की समझ इन 'महानुभावों' के पास आज के आलोचक डॉ. राम विलास शर्मा से अधिक नहीं थी।" (जायसी पृ. 66)।

वस्तुतः शुक्लोत्तर समीक्षकों में मुक्तिबोध ही अकेले हिन्दी समीक्षक हैं जिन्होंने काव्य के सिद्धान्त और व्यावहारिक पक्ष दोनों पर गम्भीरतापूर्वक विचार किया। उन्होंने नए साहित्य (काव्य) का विधिवत सौन्दर्यशास्त्र भी रचना प्रारम्भ किया था जो आगे चलकर और भी विकसित हो पाता यदि उनका अकाल और अपेक्षाकृत अल्पआयु में ही निधन न हो गया होता। वे पहले हिन्दी समीक्षक थे जिन्होंने काव्य की 'रचना प्रक्रिया' का भी 'सघन बौद्धिक' विश्लेषण भी किया था। सामान्यतः मार्क्सवादी समीक्षक कविता की रचना प्रक्रिया का विश्लेषण अनिवार्य नहीं मानते क्योंकि वे इसे नितान्त वैयक्तिकता केन्द्रित प्रक्रिया समझते हैं और रचना प्रक्रिया समझने के लिए वे सामाजिक प्रक्रिया का विश्लेषण पर्याप्त समझते हैं क्योंकि उनकी दृष्टि में रचना प्रक्रिया, सामाजिक प्रक्रिया का ही प्रतिफलन होती है।

वे शुक्ल जी के बाद सम्भवतः पहले हिन्दी समीक्षक हैं जो कविता के सन्दर्भ में सिद्धान्तों का प्रतिपादन करते हैं। वे हिन्दी के अकेले समीक्षक हैं जो रचना प्रक्रिया या

सृजन प्रक्रिया का इतने विस्तार से विश्लेषण करते हैं और जो मूलतः मनोवैज्ञानिक पद्धति और प्रक्रिया पर आधारित है। पर वह एक विशेष विचारधारा पर भी आधारित है जिसका पल्ला यद्यपि मुक्तिबोध कभी नहीं छोड़ते किन्तु उनकी समीक्षा उस विचारधारा के कठमुल्लेपन और रूढ़ियों से पूरी तरह मुक्त है। इस अर्थ में वे हिन्दी के 'प्रतिबद्ध' समीक्षकों से बिलकुल अलग किस्म के समीक्षक तो हैं ही, इन्हीं कारणों से उनकी समीक्षा पद्धति अत्यन्त जटिल हो गई है। किन्तु यह 'जटिलता' दुर्बोध नहीं है और पूरी तरह बौद्धिक विश्लेषण पर आधारित है। किन्तु जैसा कि कहा गया यह बौद्धिकता मनोवैज्ञानिक विश्लेषण पद्धति पर आधारित होने के कारण चेतन, अवचेतन सभी धरातलों पर एक साथ चलती है जिसमें किसी भी प्रकार की रहस्यात्मकता की गुंजाइश न होने पर भी फैंटेसी, स्वप्न की कल्पना के इतने स्तर उद्घाटित होते हैं कि अत्यन्त गहरी रचनात्मक संसक्ति के बिना उसे पूरी तरह समझना कठिन है।

मूलतः मुक्तिबोध के विश्लेषण के क्षेत्र हैं, कवि, कवि कर्म, कविता रचना प्रक्रिया और काव्य का लक्ष्य। मुक्तिबोध की समीक्षा दृष्टि उनकी स्वयं की रचना प्रक्रिया के सम्बन्ध में चिन्तन से निर्मित होती है। अपनी रचना प्रक्रिया में स्वयं जिन प्रश्नों, समस्याओं और बाधाओं से जूझते हैं वे ही उनकी समीक्षा दृष्टि का आधार बनती हैं। उनकी समीक्षा की भी एक रचना प्रक्रिया है जो एक साथ उनकी रचना भी निर्मित करती है और रचना को समझनेवाली दृष्टि को भी। यह भी जाना जा सकता है कि यह उनका निजी संघर्ष हो और उससे समीक्षा के कोई मानदण्ड न बनते हों। किन्तु उनका यह चिन्तन इतना पारदर्शी है कि लगातार अपने विशेष को इतना सामान्य बनाता चलता है कि यह विश्वास बना रहता है कि रचना मात्र के विश्लेषण के लिए मूल्य और मानदण्ड निर्मित हो रहे हैं।

मुक्तिबोध की समीक्षा में कुछ पारिभाषिक शब्द बार-बार आते हैं जिन्हें वे प्रायः निकष के रूप में प्रयुक्त करते हैं। इनमें से सबसे प्रमुख शब्द-युग्म हैं : ज्ञानात्मक संवेदना और संवेदनात्मक ज्ञान तथा वाह्य का अभ्यन्तरीकरण और आभ्यन्तर का वाह्यीकरण। उनके अनुसार कविता संवेदनात्मक ज्ञान और ज्ञानात्मक संवेदनों के तीव्र मानसिक प्रतिघातों को प्रकट करना चाहती है।

'ज्ञान' को 'संवेदना' के स्तर पर लाया जाए और उसे सम्प्रेषणीयता के स्तर पर प्रभावशाली ढंग से व्यक्त किया जाए। शायद 'वस्तु' और 'रूप' का प्रश्न यहीं उठता है जिसे मुक्तिबोध इस तरह कहते हैं...'मानव जगत के मार्मिक पक्षों के वेदनात्मक चित्रण के लिए अभिव्यक्ति सम्पदा भी चाहिए।' स्पष्टतः मुक्तिबोध यहाँ 'वस्तु' को 'रूप' से अधिक महत्त्व दे रहे हैं, इसीलिए वे अभिव्यक्ति प्रणाली (रूप) के लिए 'भी' शब्द का इस्तेमाल कर रहे हैं जो अन्तर्वस्तु से गौण है। यहाँ यह भी लग सकता है कि मुक्तिबोध अन्तर्वस्तु को छायावादी अर्थ में ग्रहण कर रहे हैं क्योंकि उनका जोर मार्मिक पक्षों और वेदनात्मक चित्रण पर है जो छायावादी 'वेदना' या 'पीड़ा' की ओर संकेत है और जो घनीभूत पीड़ा थी...की ओर भी। लेकिन शायद मुक्तिबोध का अभिप्राय यह

नहीं है जो आगे चलकर स्पष्ट होगा। मुक्तिबोध यह भी मानते हैं कि अभिव्यक्त होते ही भाव का सामान्यीकरण हो जाता है यानी वह विशेष से सामान्य हो जाता है। वे कविता को 'एक सांस्कृतिक प्रक्रिया' मानते हैं जिसमें जीवन मूल्य और जीवन दृष्टि अन्तर्निहित होती है या होनी चाहिए। यह प्रश्न हमें समाजशास्त्रीय आलोचना की ओर ले जाता है। निश्चित रूप से मुक्तिबोध की समीक्षा पद्धति मार्क्सवादी विश्लेषण पद्धति पर आधारित है जो मानती है कि कवि का सौन्दर्य बोध वर्ग रुचि द्वारा निर्मित होता है यानी कवि का सौन्दर्यबोध विशेष वर्ग के सौन्दर्यबोध से ही परिचालित होता है। यानी कोई सामान्य या सर्वस्वीकृत सौन्दर्यबोध नहीं होता।

कविता की पूर्णता के लिए मुक्तिबोध 'तटस्थता' को आवश्यक मानते हैं जो उन्हें 'निर्वैयक्तिकता' के सिद्धान्त की ओर ले जाता है लेकिन 'तटस्थता' से मुक्तिबोध का आशय ठीक वही नहीं है जो टी.एस. एलियट का 'निर्वैयक्तिकता' से है जहाँ रचनाकार महज माध्यम भर होता है।

मुक्तिबोध कविता में 'द्वन्द्व' की भी विशेष भूमिका स्वीकार करते हैं क्योंकि 'अभ्यन्तर' और 'वाह्य' में हमेशा सामंजस्य नहीं होता, 'द्वन्द्व' भी होता है। शायद यही द्वन्द्व इस तनाव का कारण भी होता है जिससे कविता में एक विशेष सौन्दर्य या रमणीयता उत्पन्न होती है। मुक्तिबोध जिस तरह द्वन्द्व को स्थान देते हैं, उसी तरह यह भी मानते हैं कि 'जड़ीभूत सौन्दर्याभिरूचि' से बचने के लिए कवि को वर्गीय सौन्दर्य रुचि के दायरे से बाहर जाना पड़ता है। यानी मुक्तिबोध वर्गीय सौन्दर्यबोध पर एक सीमा के बाद ज्यादा जोर नहीं देते। वे अन्तर्वस्तु को महत्त्वपूर्ण मानते हुए भी विवेक की भूमिका पर जोर देते हैं। अन्तर्मन की भावनाओं के संशोधन के लिए निरन्तर विकसित विवेक की आवश्यकता है। किन्तु निरा विवेक रचनात्मकता का अंग तब तक नहीं बनता जब तक संवेदनात्मक अनुभव का अंग न बन जाए। लेकिन यह प्रयासहीन या बेमालूम ढंग से होना चाहिए।

मुक्तिबोध अनुभव की विशिष्टता में भी विश्वास करते हैं इसकी व्याख्या वे अपने ढंग से करते हैं जो रचना प्रक्रिया के अन्तरंग से सम्बन्ध रखती है। विशिष्ट अनुभव अपने से इतर अनुभवों को प्रायः महत्त्वहीन मानकर चलते हैं। किन्तु सच्चा कलाकार इन इतर-अनुभवों के लिए अपने को खुला छोड़ पाने में समर्थ होता है। उसके अपने अनुभवों की विशिष्टता वाह्य के विशाल अनुभवों से मिलकर एक हो जाती है। इस सहज प्रक्रिया में वाह्य उसके अन्तर में बहता हुआ प्रवेश कर जाता है और रचनाकार चुपचाप उसे पीता हुआ अपनी संवेदना का अंग बना लेता है। इसके बावजूद उस अन्तर्मुक्त वाह्य की अभिव्यक्ति में बाधा आ सकती है। यदि अभिव्यक्ति का अभ्यास न हो तो। अतः मुक्तिबोध निरन्तर उस अभिव्यक्ति के अभ्यास को बहुत महत्त्वपूर्ण मानते रहते हैं।

...क्या रचनाकार की कोई निजी दृष्टि भी होती है ? मुक्तिबोध मानते हैं कि जिसे निजी दृष्टि कहते हैं वह रचनाकार के संस्कारगत, पारिवारिक तथा वर्गीय प्रभावों का योग होती है। इसलिए अन्ततः वह वर्गीय दृष्टि ही होगी। क्या रचनाकार के लिए इस

वर्गीयता के दायरे से मुक्त होना सम्भव है ? मुक्तिबोध के अनुसार यह तब सम्भव होता है जब रचनाकार अपने को किसी व्यापक विचारधारा या दर्शन से जोड़ने का यत्न करता है। यह अपने विवेक को प्रामाणिक रूप देने के लिए भी जरूरी है। मुक्तिबोध विचारधारा विशेष या दर्शन को अंगीकर करना आवश्यक मानते हैं। यहाँ प्रश्न उठ सकता है कि अंगीकार किए गए दर्शन की प्रामाणिकता कैसे सिद्ध होगी ? शायद इस अंगीकार की प्रक्रिया बड़ी जटिल होती होगी क्योंकि मुक्तिबोध इसे 'आत्मविस्तार' का ही अंग मानते हैं। ऐसा प्रतीत होता है कि रचनाकार किसी दर्शन को तब तक अंगीकार नहीं पर पाता (यदि वह ईमानदार है तो), जब तक वह अपने अन्तर में पहले से निहित कुछ अर्धसुप्त विश्वासों को जगाकर उसकी ओर उन्मुख नहीं कर लेता। इस तरह वह अपने ही विश्वासों की पुष्टि या औचित्य उसमें पा लेता है। इस तरह रचनाकार को एक व्यापक धरातल प्राप्त हो जाता है जहाँ वह अपने ही 'विश्वासों' को विकसित करता हुआ सार्वजनीन बना लेता है। यानी अंगीकार की यह प्रक्रिया 'प्रीकंडीसंड' होती है। यानी एक घेरा रचनाकार के आस-पास तब भी बना रहता है, भले ही वह वृहत्तर घेरा हो। तब तक रचना की मानवतावादी भूमिका प्रायः असम्भव बनी रहती है क्योंकि तब वह मानवता से अधिक आत्म औचित्य की ही क्रिया बनी रहती है। मुक्तिबोध की समीक्षा दृष्टि इसका कोई स्पष्ट उत्तर नहीं देती या उस दिशा में सोचती नहीं। वे मानते हैं कि दार्शनिक विचारधारा लेखक की निजी आवश्यकता होती है और वह उसे ज्यों-का-त्यों स्वीकार नहीं करता, उसे लचीला बनाकर उसमें नए अर्थ भरता हुआ उसका विकास करता है जो अन्ततः इसका 'निजी जीवन दर्शन' बनता है।

नई काव्य प्रवृत्ति में विभिन्न विचारधाराओं और दर्शनों से प्राप्त किए गए उपकरण प्राप्त होते हैं क्योंकि कवि को आत्मतुष्टि, आत्मऔचित्य और आत्मविस्तार का आधार चाहिए। वही उसकी जीवन दृष्टि होती है। किन्तु दिक्कत तब आती है जब ग्रहण की गई विचारधारा का विकास स्वयं रुक गया हो और उसमें सृजनशील उद्वेग उत्पन्न करने की क्षमता का अभाव हो। ऐसी स्थिति में वह केवल दर्प या अहंकार की तुष्टि मात्र ही कर सकती है।

इसी सन्दर्भ में मुक्तिबोध अपनी समीक्षा दृष्टि में एक प्रकार की 'द्वन्द्वात्मकता' विकसित करते हैं और कहते हैं कि 'कला चाहे यथार्थवादी ही क्यों न हो, एक आत्मपरक प्रयास है।' 'वह व्यक्ति सापेक्ष है, युग सापेक्ष है, वर्ग सापेक्ष है, जीवन सापेक्ष है।'...वह स्वतन्त्र भी है किन्तु उसकी स्वतन्त्रता सापेक्ष है...कला की स्वतन्त्रता का अर्थ है कला-तत्त्वों की अन्तः संगठनशील, गतिशील संगति का अर्थात् कला की स्वाभाविकता का निर्वाह।

'...कला की स्वतन्त्रता और कलाकार की स्वतन्त्रता ये दोनों समानार्थी या समीपार्थी शब्द नहीं हैं। कला अपनी संघटना में ऐसे तार्किक पैट्रन पर निर्भर करती है जो उसकी रचनात्मक संगति और सामंजस्य के लिए आवश्यक है किन्तु कलाकार कभी-कभी एंस्कोटिक पैटर्न, शैली मोह आदर्श, निष्कर्ष आदि के निर्वाह के लिए उस

दिशा या गति की उपेक्षा करता है तो रचना बाधित हो जाती है।'

'...कला जीवन सापेक्ष है इसका तात्पर्य यह है कि जीवन जो भावरूप में उसके अन्तकरण में स्थित है, वह उस पर निर्भर है।' 'लेखक की स्वतन्त्रता भी समाज सापेक्ष है।'

यही मुक्तिबोध की द्वन्द्वात्मक समीक्षा दृष्टि है जो व्यक्ति और समाज के बीच एक द्वन्द्वात्मक सम्बन्ध कायम करती और जो एक प्रकार के सापेक्षतावाद पर आधारित है। लेखक मूलतः अपने विवेक से ही नियन्त्रित होता है। किसी समाज या समाज व्यवस्था (सिस्टम) से नहीं। इसे मुक्तिबोध के चिन्तन का केन्द्र माना जा सकता है जो स्पष्टतः प्रचलित प्रगतिशील समीक्षा दृष्टि के कठमुल्लेपन से बहुत दूर है।

इसी सन्दर्भ में वे प्रगतिवाद की कमजोरियों और सीमाओं पर भी विचार करते हैं। स्वयं प्रगतिवादी कहे जानेवाले मुक्तिबोध के प्रगतिवाद सम्बन्धी विचार महत्त्वपूर्ण हैं। 'प्रगतिवाद के प्रवक्ताओं के पास मध्यवर्गीय अन्धसिद्धान्तवादी अहंकार तो था किन्तु कला की सृजनशील प्रक्रिया में, कला सम्बन्धी समस्याओं में वह सूक्ष्मगति नहीं थी जो एक जीवन मर्मज्ञ और कला मर्मज्ञ के लिए आवश्यक होती है। यही नहीं वे लेखकों से विशेषकर नए लेखकों से तनकर अलग रहते थे। सिद्धान्तों के आईवरी टावर में रहकर (अपनी ठाटदार रोजी-रोटी का सवाल वे पहले ही हलकर चुके थे) वहाँ के बुर्जों से नए लेखकों के यूथ पर अपने तीर कमान का प्रयोग करते थे खूँखार होकर...प्रगतिवाद की असफलता में उसके प्रवक्ताओं की निसंज्ञ अक्षमता और जड़ बधिर-अंध-पंगु प्रतिभा का विलक्षण योग था।'

सामान्यतः अत्यन्त संयत तथा गम्भीर रहनेवाले मुक्तिबोध की प्रतिक्रियाएँ यहाँ तीखी तथा व्यंग्यात्मक हैं। यहाँ उन्होंने इन 'जड़-बधिर-अन्ध-पंगु' प्रतिभाओं के नाम नहीं बताए हैं। किन्तु स्वर है कि उनमें ज्यादातर 'ठाटदार रोजी-रोटी' वाले विश्व विद्यालय प्रोफेसर तथा विभागाध्यक्ष आदि ही हैं। कह सकते हैं कि प्रगतिवादी समीक्षा के सम्बन्ध में मुक्तिबोध की यह टिप्पणी उसके ताबूत में आखिरी कील की तरह है। 'प्रगतिवादी समीक्षा' नाम की कोई गम्भीर समीक्षा प्रणाली हिन्दी में कभी विकसित हो सकी यह कह सकना सचमुच मुश्किल है। बल्कि आज प्रगतिवादी समीक्षा दृष्टि बहुत कुछ हास्य का उपादान बनकर रह गई है। आज कुछ तथाकथित संगोष्ठियों के मंचों से फेचकुर फेंकते वक्ताओं के मुँह से ही हम ऐसी 'प्रगतिशील सूक्तियाँ' सुन सकते हैं जो क्रान्ति का 'ढपोरशंख' बजाती रहती हैं।

अतः स्वयं मुक्तिबोध को प्रगतिशील समीक्षक कहने से पहले उनकी इस टिप्पणी को ध्यान में रखना जरूरी है। किन्तु इसका तात्पर्य यह नहीं है कि मुक्तिबोध मार्क्सवादी दृष्टि के समीक्षक नहीं हैं, आगे हम उनके 'कामायनी' विश्लेषण में देखेंगे कि वहाँ उन्होंने विधिवत मार्क्सवादी औजारों का ही उपयोग किया है। वस्तुतः मनोवैज्ञानिक तथा मार्क्सवादी विश्लेषण पद्धतियों का सम्मिलित तथा संयुक्त उपयोग मुक्तिबोध की समीक्षा पद्धति में मिलता है, भले ही यह संयोग कुछ प्रगतिवादियों के गले न उतरे।

प्रगतिवादियों की तरह ही हिन्दी के लघुमानववादियों के सम्बन्ध में भी मुक्तिबोध के विचार महत्त्वपूर्ण हैं : अद्यतन मानवतावादी आज यह मानते हैं कि (1) मानव निरन्तर लघु है (2) इसलिए उसका दुःख स्थायी है (3) वह इस दुःख से मुक्ति के प्रयत्न में एक प्रकार की वीरता प्रदर्शित करता है जो उसके लघुत्व का ही विक्षेप है। (4) उसको लघुत्व के कारण आत्मदया, आत्मघृणा होती है जिसके निषेध के लिए वह शौर्य प्रदर्शित करने का प्रयास करता है। (5) मानव मुक्ति के लिए प्रयत्न वृथा है। मुक्ति जैसी कोई चीज नहीं है। हम केवल एक दुःख से दूसरे दुःख की ओर जाते हैं।

यह दरअसल दूसरे महायुद्ध के बाद पश्चिम की मुख्य धारा का चिन्तन है जो अस्तित्ववादी चिन्तन के रूप में तब प्रचलित थी और हिन्दी के आधुनिकतावादी चिन्तक उसे ही अपनाकर चल रहे थे। मुक्तिबोध ने उसे ही यहाँ संक्षेप से प्रस्तुत किया है। इसे उन्होंने नकारवादी मानवता कहा है। पश्चिम का तत्कालीन साहित्य भी इसी का प्रतिरूप है। वह मुख्यतः मानव मुक्तिकामी विचारधाराओं के विरुद्ध है यानी वह साम्यवादी विचारधाराओं के विरुद्ध है। मुक्तिबोध इसे व्यक्तिवादी दृष्टि की उपज मानते हैं। इस मामले में मुक्तिबोध अमेरिका और रूस यानी पूँजीवादी और समाजवादी देशों को एकदम पृथक नहीं मानते ? बल्कि यह मानते हैं कि 'दोनों औद्योगिक देश हैं और औद्योगिकता व्यक्तित्व का विनाश करती है।' केवल फर्क है कि व्यक्तित्व विभाजन के बावजूद स्वतन्त्र देश (अमेरिका) में मनुष्य निर्णय के लिए स्वतन्त्र है—अपने विनाश के 'निर्णय' के लिए।

यहाँ मुक्तिबोध 'लघुमानव' वाली अवधारणा का विरोध तो करते ही हैं जिसे वे पश्चिमी नकारवादी मानवतावाद का प्रतिरूप मानते हैं। वे मनुष्य की उस 'अद्वितीयता' वाली अवधारणा का भी विरोध करते हैं जिसमें मनुष्य 'नदी के द्वीप' हैं। मुक्तिबोध इस नकारवादी भावधारा को नितान्त प्रतिक्रियावादी मानते हैं।

मुक्तिबोध इन दोनों अतिवादी विचारधाराओं से पृथक अपनी स्वतन्त्र चिन्तन पद्धति विकसित करने के लिए संघर्ष करते हैं यही उनकी 'नई कविता का आत्मसंघर्ष' है जो मूलतः उनका 'आत्ममंथन' है। प्रगतिवादी चिन्तन से वे निराश हैं। प्रगतिवादियों की विडम्बना है कि 'ये लोग मानवता, संघर्षशील मानवता, मुक्तिसंघर्ष-जनवाद, किसान, मजदूर क्रान्ति आदि शब्दों का प्रयोग करते हैं और विभोर होकर उन तत्त्वों का प्रतिपादन भी करते हैं' किन्तु यह 'प्रतिपादन अतिसरलीकरण' पर आधारित है। उनका प्रगतिशील मानव निष्ठावान क्रान्तिकारी मानव है उसमें कोई शंका, घबराहट नहीं है, जबकि वास्तविक मानव कहीं अधिक उलझाव भरा, कमजोर और विविध-पक्षी रुझान रखनेवाला मनुष्य है ! प्रगतिवादी शुरू से ही 'नई कविता' का विरोध करते रहे हैं किन्तु मुक्तिबोध 'नई कविता' में न तो लघुमानव का बिम्ब देखना चाहते हैं न तथाकथित सरलीकृत क्रान्तिकारी मानव का। उनके चिन्तन और काव्य दोनों के मनुष्य में चिन्ता, द्वन्द्व, शंका और बेचैनी है। वह अपना रास्ता 'अँधेरे में' तलाशता है। चिन्तन तथा रचना दोनों के लिए यह जरूरी है। मुक्तिबोध की समीक्षा पद्धति सरलीकरण से बचनेवाली

है साथ ही वे मानव विरोधी घोर नकारवादी प्रतिक्रियावाद के भी विरुद्ध है। इससे यह भी निष्कर्ष निकल सकता है कि मुक्तिबोध की 'प्रगतिशीलता' की अपनी अवधारणा है जो हिन्दी में प्रचलित 'प्रगतिशील विचारों' से बिल्कुल मेल नहीं खाती।

मुक्तिबोध हिन्दी के पहले समीक्षक हैं जिन्होंने रचना-प्रक्रिया तथा सृजन प्रक्रिया पर बहुत विस्तार से विचार किया है लेकिन वे कहीं गृह्य या रहस्यवादी नहीं होते वरना सृजन प्रक्रिया पर विचार करने में सबसे अधिक खतरा यही होता है कि प्रायः चिन्तक उसे रहस्य की सीमा तक खींच ले जाते हैं। जैसा कि पहले कहा गया मुक्तिबोध का चिन्तन अँधेरे में तलाश है, स्वयं उन्हीं के द्वारा उदाहरण की तरह जिसमें 'लेखक के हाथ में एक मशाल होती है और आगे का रास्ता उतना ही दिखाई पड़ता है जहाँ तक रोशनी पहुँचती है, बाकी अँधेरे में ही डूबा रहता है और चलते-चलते क्रमशः आलोकित होता रहता है।' मुक्तिबोध कठोर तथा सघन रूप से तार्किक हैं। इस रूप में वे मूलतः बुद्धिवादी हैं। उनकी समीक्षा दृष्टि दार्शनिकता के नाम पर अबूझ आध्यात्मिकता में अथवा भाषायी विश्लेषण के नाम पर अमूर्तताओं के बीहड़ में नहीं भटकती।

मुक्तिबोध ने व्यावहारिक समीक्षाएँ भी लिखी हैं, जिसका सर्वोत्तम उदाहरण 'कामायनी एक पुनर्विचार' है। किन्तु 'कामायनी...' केवल एक व्यावहारिक समीक्षा नहीं है। वस्तुतः वह रचना, जीवन और दर्शन या विचारधारा में अन्तःसम्बन्ध ढूँढ़ने की प्रक्रिया है जिसकी स्वयं मुक्तिबोध की अपनी रचना के लिए तलाश थी। मुक्तिबोध का काव्य निकष इतना अटूट और प्रखर है कि त्रिलोचन के काव्य संग्रह 'धरती' पर विचार करते हुए वे लिखते हैं 'धरती पढ़ जाने पर मालूम होता है कि उसके संघर्ष भाग को निकाल देने पर जो भी काव्य बचता है, वह लंगड़ा है। यानी यदि मस्तिष्क और हृदय को नहीं काट डाला गया है तो चरण और भुजाओं को अवश्य उच्छिन्न कर डाला गया है।' त्रिलोचन की कविताओं के बारे में यह निष्कर्ष कुछ लोगों को निर्मम लग सकता है। और कुछ विह्वल जनों को अप्रिय भी। किन्तु समीक्षा का यह खरा निकष कितनां आश्वस्तकारी हैं कहीं कोई छूट नहीं, ठकुर सुहाती या मुँह देखी नहीं। निश्चित रूप से त्रिलोचन की कविता का एक दबा ढँका, अत्यन्त काट-छाँट से निर्मित ठण्डे शिल्पवाला जो रूप है, वह 'बाथटब' के पानी के साथ कभी-कभी बेबी को भी फेंक देनेवाला बन जाता है। मुक्तिबोध ने उनकी कविता के इस स्पन्दनहीन टोर्सो या कबन्ध को बहुत सही जगह रेखांकित किया है।

शायद 'साहित्य में जनवादी मोर्चे की आवश्यकता' पर सबसे पहले मुक्तिबोध ने ही लिखा था। वे स्वयं कई स्थलों पर 'जनवाद-जनवाद' चिल्लानेवालों पर कटाक्ष कर चुके हैं। दरअसल उन्हें 'जनवाद' के नाम पर लिखनेवाले अधिकांश लोग पाखण्डी ही प्रतीत हो रहे थे...इस 'नए जनवाद' का आह्वान इस पाखण्ड पुराण का अन्त कर देने के लिए ही था ? 'वह नौजवान है और अपने अखबार में जनता की आवाज को बुलन्द करता है, भ्रष्टाचारियों और सत्ताधारियों का पर्दाफाश करता रहता है। किन्तु यदि आप उनके साहित्य को देखें तो पता चलेगा कि उसको तथा उसके विरोधी साहित्यिकों के

साहित्य में कोई फर्क नहीं है।'

इस पाखण्ड से झल्लाए हुए मुक्तिबोध के आक्रोश का पता इसी से चलता है कि उन्होंने ऐसे कवियों और आलोचकों को 'रखैल', 'अवसरवादी' और 'प्रतिभाहीन' कहा था।

मुक्तिबोध ने कई अन्य कवियों के अतिरिक्त सुमित्रानन्दन पन्त पर एक निबन्ध लिखा था जो 1960 की 'कृति' में प्रकाशित हुआ था। अनेक दृष्टियों से यह निबन्ध बहुत महत्त्वपूर्ण है क्योंकि इसमें मुक्तिबोध ने पन्त जी के काव्य का ही नहीं बल्कि छायावादी काव्य तत्त्वों का बहुत सूक्ष्म विश्लेषण किया है। उन्होंने पन्त जी को छायावादियों में सबसे मुक्त तथा यथार्थ अथवा वास्तव को बहुत सहज ढंग से व्यक्त करनेवाला कवि माना है जो प्रकृति का कुण्ठाहीन रूप से स्वतन्त्र चित्रण करते हैं। वे विचार के कवि हैं किन्तु उनके विचार भावना से इतने भीगे हुए हैं कि उनमें विश्लेषणात्मक क्षमता का अभाव है। वे प्रसाद जी की तरह दार्शनिक नहीं हैं। प्रसाद अन्तर्मुखी हैं। उनकी अन्तर्मुखता में भावों का स्पष्ट दर्शन, उनमें जटिलता और समग्रता का आकलन उनकी विश्लेषित-संश्लेषित अभिव्यक्ति की सामर्थ्य है। यह क्षमता पन्त जी में नहीं है। उनका काव्य अधिकतर निवेदनात्मक है। किन्तु पन्त जी में अपनी मनःस्थिति, मनोदशा को दूसरों में संक्रमित करने की अद्भुत क्षमता है। प्रसाद जी को समझने के लिए साहित्यिक विशेषज्ञता चाहिए। पन्त जी इसीलिए अधिक लोकप्रिय हैं। पन्त जी निरन्तर विकासमान तथा परिवर्तनशील हैं किन्तु नए भावों की अभिव्यक्ति के अनुकूल वे नए शिल्प का विकास नहीं कर सके। फलतः उनकी कविताओं में बासीपन आता गया। उनकी विचारात्मकता काव्य तत्त्व पर भारी पड़ गई। इसीलिए उनका बाद का काव्य छूंछा नजर आता है। इसीलिए उनका काव्य 'झुकाव का काव्य' बनकर रह गया, मर्म का काव्य नहीं है। प्रसाद जी में जो गहरा द्वन्द्व दिखाई पड़ता है और उस द्वन्द्व से जो काव्यदीप्ति उत्पन्न होती है, वह पन्त जी के पास नहीं है। प्रसाद जी का द्वन्द्व उनके जीवन संघर्ष का द्वन्द्व है एक गहरा अन्तर्मुखी व्यक्तित्व जिसमें एक ओर काव्य की विलासपूर्ण शृंगारिक परम्परा है और दूसरी ओर आर्ष संस्कृति, अद्वैतवादी दर्शन और उससे अनुप्राणित सत्य ! इसके अतिरिक्त बाहर से आती संवेदनाओं के तीव्र घात-प्रतिघात। चिन्तन के द्वारा प्रसाद जी इन संवेदनाओं को समस्यात्मक रूप देते हैं। पन्त के पास ऐसी कोई समस्या नहीं है क्योंकि उनके पास ऐसा कोई द्वन्द्व नहीं है। इसीलिए ऐसा कोई दर्शन भी नहीं है जो उस द्वन्द्व और चिन्तन से उत्पन्न होता। इसीलिए पन्त पर अपनी 'निजता का कोई बोझ' नहीं रहा। वे सरल सीधी प्रतिक्रियाओं के कवि हैं। 'वे बुनियादी तौर पर एस्थीट हैं।' अपने गहरे अथाह निज में खोए रहने की जो गम्भीर सामर्थ्य प्रसाद जी में है वह पन्त में नहीं। प्रसाद जी की दार्शनिक व्यवस्था इतनी दृढ़ और कठोर हो गई की उसमें परिवर्तनशील नए विचारों तथा दर्शनों से गुहार करने की क्षमता कम थी। इसी कारण 'कामायनी' में शोषितों के प्रति बहुत गहरी सहानुभूति नहीं है। उनके लिए अपने भीतरी ज्ञान का तकाजा अधिक महत्त्वपूर्ण

तथा निर्णायक था। वरना तब तक रूसी क्रान्ति हो चुकी थी। वामपंथ भारत आ पहुँचा था। कामगरों के संघर्ष वृहत्तर और तीव्रतर हो चले थे। किन्तु प्रसाद का काव्यचिन्तन इन सबसे अछूता ही रहा। उनके बरक्स पन्त ने परिवर्तन को खुले हृदय से ग्रहण किया। वे स्वयं पल-पल परिवर्तनशील रहे। किन्तु वैचारिक परिवर्तन का काव्यानुवाद नहीं कर पाए। इसी कारण इस वैचारिक परिवर्तन के बावजूद उनकी काव्यकृतियाँ निष्प्राण रहीं। 'काव्य के रूप में थीसिस लिखना एक बहुत बड़ी कला है।' जो ज्ञानेश्वर की ज्ञानेश्वरी में है। एक हद तक प्रसाद की कामायनी में भी। किन्तु पन्त अपने काव्य में ऐसी कोई थीसिस नहीं लिख पाते। पन्त के यहाँ विचार बहुत हैं, बौद्धिक विश्लेषण बहुत कम। मुक्तिबोध के अनुसार 'विचार जब तक स्वानुभूति के अंगार में कुन्दनवत न चमके तब तक उनमें वह शक्ति नहीं उत्पन्न हो सकती। उसके बिना वे (विचार) न केवल श्रीहीन हो जाते हैं, बल्कि पंगु भी।'

यहाँ मुक्तिबोध पन्त जी का ही नहीं बल्कि पूरे छायावादी काव्य का संक्षिप्त किन्तु अत्यन्त महत्त्वपूर्ण 'क्रिटीक' प्रस्तुत करते हैं। प्रसाद जी का काव्य हमेशा मुक्तिबोध के लिए एक चुनौती रहा है। ऐसी चुनौती वे किसी अन्य कवि से महसूस नहीं करते। 'कामायनी' में प्रसाद जी ने एक ऐसे पूर्ण दर्शन के निर्माण का प्रयास किया है जिसे मुक्तिबोध रचना का 'चरम उद्देश्य' मानते हैं। मुक्तिबोध का आदर्श वही है। प्रसाद की थीसिस मुक्तिबोध को स्वीकार नहीं है। वे उसमें असंगतियाँ देखते हैं। भावनात्मक आधिक्य देखते हैं। वह ऐसे स्वप्नों और आदर्शों पर आधारित है जो वैज्ञानिक और बौद्धिक नहीं है। वह आर्य-दर्शन पर आधारित है जिसका आनन्दवाद मुक्तिबोध को एक सरलीकृत स्वप्न लगता है।

मुक्तिबोध कलाकृति को 'स्वानुभूत जीवन की कल्पना द्वारा पुनर्रचना' मानते हैं। वे 'कामायनी' को फैंटेसी मानते हैं (वे रचना मात्र को मूलतः एक फैंटेसी ही मानते हैं)। प्रसाद जी ने इसमें 'स्वानुभूत जीवन' की समस्या को ही फैंटसी के रूप में प्रस्तुत किया है। उनकी विधायक कल्पना इस समस्या के समाधान के लिए ही जीवन की पुनर्रचना करती है। कामायनी की फैटेंसी का ढाँचा आध्यात्मिक रहस्यवादी है किन्तु उसका मूल कथ्य प्रणय है। इस कथ्य में फैंटसी ने रंग भरे हैं। इस फैटेंसी की कथा में जो चरित्र हैं वे प्रतीक रूप हैं। अतः उन्हें सामान्य या यथार्थ चरित्रों के अनुरूप में नहीं देखा जा सकता। मसलन श्रद्धा अपने को 'लोक अग्नि में तपा हुआ' कहती है। किन्तु वास्तविक जीवन में लोक की अग्नि के लिए कोई आहुति नहीं देती। किन्तु ये असंगतियाँ फैंटेसी की हैं इन्हें तार्किक रूप में नहीं देखा जा सकता क्योंकि 'वह फैंटेसी ही क्या जिसमें असंगतियाँ न हों।' 'कामायनी' में प्रसाद जी का आत्मरूप ही व्यक्त हुआ है किन्तु उसमें एक विश्वरूप समाहित है जो आधुनिक जीवन की वास्तविकताओं पर आधारित है। 'कामायनी' इस तरह का काव्य नहीं है जिस तरह के काव्य 'प्रियप्रवास' या 'साकेत' है। उसकी कथावस्तु, पात्र, घटनाएँ आदि 'माध्यम' हैं। प्रसाद जी की जीवन दृष्टि राष्ट्रीय सांस्कृतिक अभ्युदय अभियान से प्रेरित थी, वह वैज्ञानिक न थी। वे राष्ट्रवाद

और पूँजीवाद का विरोध वैसे ही कर रहे थे जैसे पश्चिम के आदर्शवादी विचार। जैसे रवीन्द्रनाथ ठाकुर अपनी पुस्तक नेशनलिज्म में कर रहे थे। यानी प्रसाद जी पर मार्क्सवादी वैज्ञानिक दृष्टि का प्रभाव न था। 'कामायनी' के सम्बन्ध में मुक्तिबोध की मूल आपत्ति यही है। मार्क्सवादी जीवन दृष्टि का अभाव वे पात्र उसे ही वैज्ञानिक जीवन दृष्टि मानते हैं। इसीलिए वे 'कामायनी' की काव्यात्मकता की उतनी विवेचना नहीं करते, बल्कि वहाँ भी उन्हें जो असंगतियाँ दिखाई पड़ती हैं वे सभी सुसंगत मार्क्सवादी विचारधारा के अभाव के कारण ही। वे प्रसाद जी की दृष्टि को एक ऐतिहासिक दृष्टि मानते हैं जो अतीत की वर्तमान में देखी गई फैंटेसी है। शायद शुक्ल जी का यह कहना सही है कि 'कामायनी' का आस्वाद टुकड़ों-टुकड़ों में अथवा अलग-अलग चित्रों में ही लिया जा सकता है। समग्र रूप में न तो प्रसाद जी के निष्कर्षों से सहमत हुआ जा सकता है और न क्रमशः सपाट होते गए इतवृत्तात्मक विचार सूत्रों से !

...रहस्यात्मक आनन्दवाद की स्थापना के रूप में 'कामायनी' के निष्कर्ष से सब सहमत हो सकते हैं या नहीं , यह विवाद का विषय हो सकता है क्योंकि जरूरी नहीं है कि किसी कृति का पर्यावसान संघर्ष के रूप में ही हो। एक अन्तिम 'निस्सारता' की अनुभूति के रूप में भी किसी कृति का पर्यावसान हो सकता है। मुक्तिबोध भी यह नहीं मानते कि कामायनी का आध्यात्मिक पर्यावसान ही गलत है, उनका मानना है कि मनु के चरित्र का आन्तरिक विकास ऐसा नहीं हुआ है कि उसकी तार्किक परिणति आध्यात्मिक रूप में होती। अतः वह एक पलायन या थकान की परिणति बन गई है।

मुक्तिबोध मनु को एक दुर्बल चरित्र मानते हैं किन्तु इस दुर्बल चरित्र का रूपान्तरण या हृदय परिवर्तन उन दुर्बलताओं को दर्शाते हुए सामाजिक कार्यों के लिए हुआ होता तो वे उसे 'मानवतावादी' मानते किन्तु कामायनी में केवल एक उदार-पूँजीवादी दर्शन है जो विषमता का तिरस्कार नहीं करता बल्कि समाज से पलायन कर आध्यात्मिक आनन्दवाद की शरण में चला जाता है जो निश्चित रूप से व्यक्तिवादी निराकरण है जो मानवता विरोधी है। अतः प्रसाद जी दुनिया के लिए कोई उपयोगी सन्देश नहीं देते।

यह मुक्तिबोध द्वारा प्रसाद जी के दर्शन का विश्लेषण है, काव्य का नहीं। इस विश्लेषण के भी औचित्य पर विचार किया जा सकता है! पहली बात तो यह कि क्या काव्य का साहित्य के लिए सामाजिक हित में किसी 'दर्शन' का निर्माण करना आवश्यक है ? शायद हाँ, तब कि जब काव्य उस दर्शन के जरिए ही कोई 'सन्देश' देना चाहता हो तो ! कामायनी में प्रसाद जी जिस दर्शन के द्वारा अपना सन्देश देना चाहते हैं वह मुक्तिबोध को स्वीकार नहीं है क्योंकि वह 'वैज्ञानिक' नहीं है और 'वैज्ञानिक' से उनका तात्पर्य मार्क्सवादी दर्शन है। इस प्रकार मुक्तिबोध प्रसाद जी के लिए या किसी भी कवि कि लिए वह विकल्पहीनता की स्थिति उत्पन्न कर देते हैं जो एक तरह की हठवादिता है और हठवादिता को क्या 'वैज्ञानिक' कहेंगे ?

....दरअसल मुक्तिबोध को 'कामायनी' को इस पूरे सामाजिक सन्दर्भ में देखना चाहिए था जो जीवन के दो चरम रूपों में से किसी एक के ही अंगीकार को देख रहा

था—'स्याह और सफेद के रूप में।' इस चरम रूप में निकृष्टतम छोर पर जीवन का जो रूप देखा है भोग, वासना, विलास ! और दूसरे छोर पर उसका उत्कृष्टतम रूप है। वह है : सबका त्याग, और अध्यात्म में शरण ! महाभारत का चरम आदर्श उसी सामाजिक सन्दर्भ में चला आ रहा था। प्रसाद जी भी उससे बाहर नहीं जा सके ! किन्तु मार्क्सवादी दर्शन का अंगीकार उनके लिए अनिवार्य होना चाहिए था, यह एक अन्यायपूर्ण माँग है जो मुक्तिबोध यहाँ प्रसाद जी से कर रहे हैं। कामायनी से किसी द्वन्द्वात्मक भौतिकवादी निष्कर्ष की अपेक्षा नहीं करनी चाहिए।

कामायनी का सौन्दर्य और उसकी महत्ता उसकी काव्य प्रक्रिया में है, उसके निष्कर्ष या सन्देश में नहीं। मनु को प्रसाद जी के निजी और व्यक्तिगत सन्दर्भ में देखना चाहिए न कि 'देव संस्कृति' के अवशेष रूप में। मुक्तिबोध कवि का व्यक्तित्व-विश्लेषण आवश्यक मानते हैं उसके समस्त सामाजिक और वर्गीय सन्दर्भों के साथ। अतः उन्हें मनु के विश्लेषण में प्रसाद जी के व्यक्तित्व का भी विश्लेषण करना चाहिए। यद्यपि मनु की केन्द्रीय चारित्रिक विशेषता को मुक्तिबोध ने बहुत ठीक ढंग से रेखांकित किया है 'वह सच्चे हृदय से प्रेम नहीं कर सकता। वह प्रेम करता है रूप-रस, गन्ध से।...वह प्रेम करने में नितान्त असमर्थ व्यक्ति है। वह प्रेम पात्र की छाया पकड़ता है, उसका शरीर भी ग्रहण कर सकता है। किन्तु उसका अन्तःकरण, उसका मन, उसका जीवन नहीं ग्रहण कर सकता। न स्वयं अपना मन और अन्तःकरण उसे दे सकता है।' यही मनु का वास्तविक व्यक्तित्व है और प्रसाद जी का अपना द्वन्द्व भी।

...इस अर्थ में 'मनु' हिन्दी कविता का पहला आधुनिक चरित्र है। खण्डित, आत्मविभाजित और 'एलियेनेटेड'। मनु का विश्लेषण इसी रूप में होना चाहिए था। तब शायद मुक्तिबोध उसे अधिक सहानुभूति दे पाते।

शुक्लोत्तर समीक्षकों में अग्रणी डॉ. नामवर सिंह मुक्तिबोध द्वारा उठाए गए गूढ़ और जटिल प्रश्नों को एक 'संश्लिष्ट समसामयिक बोध' के रूप में देखते हैं। 'आत्मबोध' जिसे मुक्तिबोध कवि के लिए आवश्यक मानते हैं, नामवर सिंह के अनुसार वह केवल अपने भीतर ही नहीं होना चाहिए बल्कि दूसरों के भीतर भी होना चाहिए। और यह काम आलोचना का है। वे मानते हैं कि वास्तविक आलोचनात्मक दृष्टि समकालीन रचनात्मकता की पहचान से ही बनती है। जाहिर है इसमें शुक्ल जी की समीक्षा दृष्टि की सीमा की ओर भी संकेत है। समकालीनता पर यह आग्रह समकालीन परिवेश के निरन्तर परिवर्तित होते हुए परिदृश्य को भी ध्यान में रखता है। यानी समीक्षा दृष्टि को इस परिवर्तन के साथ स्वयं को भी परिवर्तित करना होता है।

सामान्यतः नामवर जी की समीक्षा व्यावहारिक समीक्षा के रूप में ही विकसित हुई है और उसका सबसे महत्त्वपूर्ण उदाहरण है, उनकी पुस्तक 'छायावाद'। 'छायावाद' पुस्तक मूलतः छायावादी काव्य में अन्तर्निहित 'सामाजिक सत्य' का उद्‌घाटन करने के लिए लिखी गई थी। इसके पूर्व छायावादी काव्य का विश्लेषण उसकी स्वानुभूति, कल्पना, प्रकृति का मानवीकरण, आध्यात्मिक छाया, मूर्तिमत्ता और लाक्षणिक

विचित्रताओं के आधार पर किया जाता था, किन्तु पहली बार इस पुस्तक में छायावादी काव्य के सामाजिक सत्य, राष्ट्रीय स्वतन्त्रता की भावना, नारीमुक्ति का प्रयास तथा आत्म प्रसार आदि पक्षों पर विस्तार से विचार किया गया और इस क्रम में मध्ययुगीन काव्य से उसके अन्तर को स्पष्ट किया गया। छायावाद के केन्द्र में स्थित स्वतन्त्रता की भावना को विश्लेषित करते हुए बताया गया कि "स्वतन्त्रता बड़ी व्यापक भावना है जिसमें मनुष्य की आर्थिक, सामाजिक, नैतिक, धार्मिक सभी प्रकार की मुक्ति का भाव निहित है। समष्टि में स्वतन्त्रता का अर्थ है मनुष्य के समूचे व्यक्तित्व के विकास के लिए पूर्ण सुविधाओं की प्राप्ति और व्यक्तित्वरोधी समस्त बाधाओं की समाप्ति।" (छायावाद, पृ. 79) स्वतन्त्रता की यह अवधारणा छायावादी काव्य के सौन्दर्य पक्ष से आगे बढ़कर उसके सामाजिक पक्ष पर प्रकाश तो डालती ही है साथ ही यह धारणा पश्चिम के रूसो, हॉब्स, लॉक और जान स्कुर्ट मिल आदि के स्वतन्त्रता सम्बन्धी विचारों का ही प्रतिनिधित्व करती है जो तब तक पूरे विश्व की स्वतन्त्रता सम्बन्धी अवधारणाओं का आधार बन गई थी। किन्तु यह अवधारणा मार्क्सवाद आधारित प्रगतिशील विचारों का वहन नहीं करती। स्पष्टतः हम छायावादी काव्य को मार्क्सवादी विचारों का वाहक नहीं बना सकते। अतः यह विश्लेषण अपनी जगह सटीक था। बाद की कुछ हिन्दी समीक्षाओं में निराला आदि की यत्र-तत्र से छिटपुट पंक्तियाँ लेकर उन पर जो मार्क्सवादी मुहर लगाने की चेष्टा की गई वह हास्यास्पद ही सिद्ध हुई। नामवर जी की समीक्षा ऐसा नहीं करती। वे उसे अधिक-से-अधिक (छायावादी काव्य को) 'बहुजीवन की छवि' ही मानते हैं।

कविता में 'संवेदनशीलता' की बहुत बड़ी भूमिका होती है जो हमारे 'ऐन्द्रिय बोध' को प्रभावित करती है और ऐन्द्रिय बोध के लिए 'भावावेग' आवश्यक है और "जब एक ही प्रकार के ऐन्द्रिय बोध जगानेवाली अनेक वस्तुएँ हमारे अनुभव में आती जाती है तो हम उन विशिष्ट अनुभवों के आधार पर एक सामान्य मत बनाते हैं, वही विचार होता है। तात्पर्य यह है कि "भावावेग ही वह पहली मनःस्थिति है—जिससे किसी वस्तु का ज्ञान होता है।" (छायावाद, पृ. 83)

उपरोक्त पंक्तियाँ कई दृष्टियों से महत्त्वपूर्ण है क्योंकि यद्यपि ये 'छायावादी काव्य' के सन्दर्भ में लिखी गई हैं किन्तु इससे नामवर जी की 'काव्यदृष्टि' का पता भी चलता है। वे भी शुक्ल जी और मुक्तिबोध की भाँति काव्य निर्माण में 'भाव' और 'विचार' (थॉट ऐंड इमोशन) दोनों की संयुक्त भूमिका को स्वीकार करते हैं इसीलिए 'विचार' की अपनी 'विशिष्ट' अवधारणा में 'भावावेग' की भूमिका को इतना महत्त्व देते हैं। छायावादी कवियों ने कविता में उस भाषा का प्रयोग किया जिसे आई.ए. रिचर्डस 'भाषा का भावनात्मक प्रयोग' (इमोटिव यूज ऑफ लैंग्वेज) कहता है। कविता में प्राणवत्ता इसी प्रकार के भाषा प्रयोग से आती है। नामवर जी अपनी इस समीक्षा में सिद्धान्तों का आरोपण नहीं करते और न उनका पृथक से निर्धारण करते हैं, बल्कि उनकी व्यावसायिक समीक्षाओं के भीतर से ही हम कुछ विशेष सिद्धान्तों को ढूँढ़ सकते हैं।

इसी तरह कविता में फॉर्म की बात करते हुए वे कहते हैं कि "जिसे हम फॉर्म कहते हैं उसका सटीक अर्थ 'संगति' है अर्थात् फॉर्म वह है जिसमें 'भाव' के साथ 'रूप' की पूर्ण संगति हो।...आचार्यों ने रूप-विन्यास की इस आन्तरिक संगति को ही 'सौन्दर्य' का नाम दिया है।" (वही, पृ. 95) यहाँ भी हम एक सिद्धान्त-स्थापन को प्रत्यक्ष देख सकते हैं। नामवर जी 'फॉर्म' का तिरस्कार नहीं करते बल्कि 'भाव' के साथ 'रूप' की पूर्ण संगति को ही 'फॉर्म' मानते हैं, और उसी में 'वास्तविक काव्य सौन्दर्य' देखते हैं। यहाँ भी उनकी धारणा रूढ़िवादी स्थूल मार्क्सवादी विचारों से भिन्न है जहाँ 'रूप' का निर्धारण 'भाव' या 'वस्तु' (कन्टेंट) के द्वारा होता है। साथ ही यह उस रूपवादी धारणा के भी विरुद्ध पड़ता है जिसके अनुसार फॉर्म ही कंटेंट को निर्धारित करता है। ?' (रोमन जैकोब्सन)। 'रूप' तथा 'वस्तु' के सम्बन्धों के बारे में कोई धारणा वस्तुतः हमारी कविता या कला पात्र के प्रति दृष्टि को निर्धारित करती है। नामवर जी की समीक्षा दृष्टि में यह 'सन्तुलन' हमेशा बना रहता है। शायद यही उनकी समीक्षा का 'आत्म संघर्ष' भी रहा है जिसके कारण कुछ लोग उन्हें कलावादी रुझानों का समीक्षक मानते रहे हैं। निर्मल वर्मा की कहानियों की समीक्षा में लोगों को ऐसा ही कुछ दिखाई पड़ा था। इसी प्रकार जब वे कला या कविता में 'विशेष' पर बल देते हैं तो उनका तात्पर्य उसकी चित्रात्मकता या 'बिम्बात्मकता' से होता है क्योंकि "चित्र किसी 'विशेष' का ही होता है 'सामान्य' का नहीं।" 'सामान्य' सूक्ष्म (ऐब्सट्रैक्ट) चीज है इसलिए वह चित्र रचना के मूल सिद्धान्त के विरुद्ध है। चित्र का आधार तो विशेष होता है परन्तु उसका प्रभाव 'सामान्य होता है।' यद्यपि यहाँ भी वे उसी सन्तुलन पर बल दे रहे हैं जिसका जिक्र ऊपर किया गया है किन्तु इससे एक ओर चित्रकला में 'अमूर्तीकरण' (ऐब्सट्रैक्शन) के हिमायतियों को आपत्ति होगी और दूसरी ओर लोगों को इसमें व्यक्ति केन्द्रीयता या वैयक्तिकता दिखाई देगी, 'प्रगतिशील' समीक्षा दृष्टि जिसके विरुद्ध है। लेकिन स्वयं नामवर जी "सामाजिक चेतना का सैद्धान्तिक आधार ही वैयक्तिकता" में देखते हैं। चित्रात्मकता या बिम्बात्मकता के प्रति उनका आग्रह केवल छायावादी कविता तक सीमित नहीं है। ऊपर उद्धृत की गई पंक्तियों से स्पष्ट है कि उसे वे कविता का एक 'विशेष गुण' मानते हैं। कविता की बिम्बात्मकता पर शुक्ल जी का आग्रह भी था। वे लिखते हैं कि जब हम 'गाय' कहते हैं तो किसी 'विशेष' गाय का चित्र ही सामने आता है—सामान्य का नहीं। 'सामान्य' का बिम्बग्रहण हो ही नहीं सकता।

'वस्तु' और 'रूप' के बाद 'शब्द' और 'रूप' के सम्बन्ध पर भी नामवर जी ने इसी सन्दर्भ में विचार किया है : "शब्द समूह रूप-विन्यास का मूलधन है।" (वही, पृ. 107) किन्तु "भाषा शब्दों की संख्या से धनी नहीं होती, धनी होती है उनकी भाव व्यंजनात्मकता से।" (वही पृ. 109) यानी शब्दों में यदि भावव्यंजनात्मकता न हो तो वह द्विवेदी युग की कविता की तरह 'सपाट' और अनुगूँजहीन हो जाएगी।

'छायावाद' के सम्बन्ध में नामवर जी का अन्तिम आकलन है "जिस काव्य धारा का आरम्भ व्यक्तित्व के विकास की आकांक्षा से हुआ था, उसका पर्यावसान **समाज**

निरपेक्ष वैयक्तिकता में हुआ।" (वही, पृ. 149) 'कविता के नए प्रतिमान' में नामवर सिंह ने बहुत खुलकर तथा व्यापक स्तर पर अपने समीक्षात्मक सिद्धान्तों का प्रतिपादन किया है। 'छायावाद' में मूलतः उसकी समीक्षा पद्धति व्याख्यात्मक और विवेचनात्मक है। उनके निष्कर्ष भी सरलीकृत हैं तथा वे प्रायः सामान्यीकरण भी करते चलते हैं। किन्तु 'इतिहास और आलोचना' के साथ वे आलोचना की एक वाद-विवाद पद्धति (पोलेमिकल) अपनाते हैं जिसमें हमेशा कोई व्यक्ति विशेष या सिद्धान्त सूत्र उनका लक्ष्य होता है और उसको धराशायी करते हुए ही वे अपने सिद्धान्तों की स्थापना करते हैं।

'कविता के नए प्रतिमान' में भी उन्होंने इसी पद्धति का विकास किया है। अतः उनके तार्किक परीक्षण से ही उन्हें परखा और पहचाना जा सकता है। 'छायावाद' के बाद यहाँ उनका लक्ष्य 'नई कविता' तथा 'प्रयोगवाद' है। 'छायावाद' के बाद की कविता के गुणों तथा विशेषताओं को समझने के लिए नामवर जी बतलाते हैं कि हास्यबोध व्यंग्य और विडम्बना इस समय की कविता के महत्त्वपूर्ण गुण हैं। यह छायावाद की अतिरोमानी, अतिगम्भीरता तथा अश्रुविगलित भावोद्‌गारों की प्रतिक्रिया थी और इस कविता का मूल्यांकन इसी आधार पर होना चाहिए "कविता के प्रतिमान में अब तक इस क्रीड़ा भाव से उत्पन्न होनेवाली विडम्बना को उचित स्थान नहीं मिला तो साहित्यिक कारणों के अतिरिक्त एक साहित्येत्तर कारण भी है और वह है इन कविताओं की आक्रमण क्षमता का भय। आकस्मिक नहीं है कि अफलातून और अरस्तु दोनों ने कामदी को राजनैतिक रूप से खतरनाक घोषित किया था।" (कविता के नए प्रतिमान, पृ. 174)

कविता का कोई प्रतिमान इस आधार पर बन सकता है या नहीं यह अलग विषय है किन्तु आश्चर्य है कि नामवर जी ने 'विसंगति' और 'विडम्बना' को यहाँ इस रूप में देखा और रघुवीर सहाय, श्रीकान्त वर्मा, अज्ञेय, धूमिल आदि की छिटपुट कविताओं में पाकर इन्हें कविता का प्रतिमान बनाने की माँग कर दी। पश्चिमी समीक्षा में विसंगति और विडम्बना (आइरनी और पैराडॉक्स) का पर्याप्त उपयोग मिलता है। किन्तु विसंगति और विडम्बना 'कामदी' से नितान्त भिन्न है और उनकी समान्तरता भारतीय लीला बोध तथा 'क्रीड़ाभाव' में नहीं ढूँढ़ी जा सकती। पश्चिमी समीक्षा में विसंगति और 'विडम्बना' पर बहुत विचार किया गया है और उसे मूल्यांकन का आधार माननेवाला एक पूरा सम्प्रदाय है। किन्तु यहाँ उनके द्वारा उद्‌धृत कविताओं की संगति इस विसंगति या विडम्बना से बिलकुल नहीं बैठती। 'यूलिसिस' और 'लव सांग ऑफ जे प्रूफोक' आदि विसंगत और विडम्बना का बोध करानेवाली कृतियाँ हैं किन्तु क्या वे कामदी हैं ? दरअसल 'कामदी' से पृथक करने के लिए ही विसंगति और विडम्बना की धारणाओं की स्थापना करनी पड़ी थी।

पश्चिम की 'नई समीक्षा' में 'विसंगति' और 'विडम्बना' के साथ 'तनाव' (टेंशन) शब्द भी आता है। 'नई कविता' के सन्दर्भ में नामवर जी ने उस पर भी विचार किया है : जटिल अनुभूति वह होती है जो विसंवादी भावों या स्वरों को भी समाविष्ट करके चलती है—मसलन प्रेम की सघनता में कोई बाधक तत्त्व न हो इसलिए सरल

अनुभूतियोंवाली प्रेम कविता उन बाधक तत्त्वों को प्रसंग में आने ही नहीं देती। किन्तु जटिल अनुभूतियों वाली प्रेम कविता समावेशी (इंक्ल्यूसिव) होती है, वह अनेक विसंवादी स्वरों को भी समाविष्ट करती चलती है। नामवर जी इसे रिचर्ड्स के सिद्धान्तों के सहारे प्रतिपादित किया है जिसे राबर्ट पेन वारेन ने विकसित किया था। नामवर जी साहित्य में 'द्वन्द्व' को भी अनिवार्य मानते हुए उसे कहीं 'तनाव' के पर्याय के रूप में भी देखते हैं और यह भी मानते हैं कि "द्वन्द्वहीन साहित्य में जटिल अनुभूतियों के लिए स्थान नहीं होता।"...इस दृष्टि से अधिकांश प्रगतिशील साहित्य जटिल अनुभूतियों से शून्य माना जाएगा और उसकी स्वीकृति 'सरलता के मानदण्ड' पर ही हो सकती है। 'जटिल अनुभूतियों' के समर्थक नामवर सिंह के लिए यह भी द्वन्द्व की ही स्थिति है कि उसे मान्यता देने के लिए वे कौन सा 'मानदण्ड' गढ़े ? या अगर उसे स्वीकृति न दें तो क्या करें ?

'सरलता' से समझौते के कारण द्वन्द्वों के दबाव की जो कृत्रिम स्थिति आई उससे नामवर जी के अनुसार '36 में भारतीय मानस या चेतना में दरार पैदा हो गई। यह वही दरार या विभाजन है जिसकी व्याख्या, विजयदेव नारायण साही अपने 'लघु मानव' वाले निबन्ध में कर चुके थे और जो टी.एस. एलियट के मिल्टन के सन्दर्भ में कहे गए 'डिसोशिएसन ऑफ सेंसीबिलिटी' के अनुकरण के रूप में खूब चला। नामवर जी उसे उत्तर छायावादी साहित्य पर लागू करते हैं जैसा कि विजयदेव नारायण साही ने भी किया था।

इस प्रश्न को यहीं छोड़कर नामवर जी श्रेष्ठ काव्य के प्रतिमान की बात करते हैं और अन्त में इस निष्कर्ष पर पहुँचते हैं कि नई कविता में द्वन्द्व और तनाव की उपस्थिति ही उसकी श्रेष्ठता का प्रतिमान है "नई कविता यदि आज द्वन्द्व और तनाव को काव्य के प्रतिमान के रूप में प्रतिष्ठित करना चाहती है तो वह हिन्दी आलोचना की गौरवमयी परम्परा को ही आगे बढ़ा रही है।" (न.के.प्र : पृ. 192)

'कविता के नए प्रतिमान' के दूसरे खण्ड के अध्यायों के सभी शीर्षक 'नई समीक्षा' (न्यू क्रिटिसिज्म) के पारिभाषिक शब्दों से लिए गए है : विसंगति, विडम्बना, तनाव, ईमानदारी और प्रामाणिक अनुभूति (सिंसियेरिटी ऐंड आथेंटिसिटी) आदि। किन्तु नामवर जी ने प्रायः उनकी व्याख्या उस रूप में नहीं की है जिस रूप में 'नए समीक्षकों' ने उन्हें बरता है बल्कि कभी भारतीय साहित्यशास्त्र और कभी समकालीन चिन्तन के सन्दर्भ में उनकी व्याख्या की है। लेकिन 'नई समीक्षा' वाला सन्दर्भ नामवर जी के मन में इतना स्पष्ट है कि अन्य रूपों में उनका उपयोग और व्याख्याएँ लड़खड़ा जाती हैं। जब बिलकुल सम्भव नहीं रह जाता तो उन्हें रिचर्डस, ईम्पसन ब्लैकयर, रैन्सम, एलेन टेट आदि नए समीक्षकों को उद्धृत करना ही पड़ता है।

...क्या अनुभूति की प्रामाणिकता मूल्यांकन का कोई आधार बन सकती है ? शायद। "किन्तु अनुभूति की प्रामाणिकता की पहचान या परख केवल इस बात से नहीं हो सकती कि कवि पूरी ईमानदारी से अपनी भावनाओं को व्यक्त कर रहा है—वह महज

भावोच्छास भी हो सकता है, यदि उसका कोई **वस्तुनिष्ठ आधार** न हो। निष्ठा पूरी ईमानदारी के बावजूद फ्रॉड या प्रवंचना हो सकती है।" नामवर जी मुक्तिबोध की इस धारणा को मूल्यांकन का मुख्य निर्धारक मानते हैं।

अतः नामवर जी कविता में ईमानदारी को प्रर्याप्त नहीं मानते। "पूरी ईमानदारी के बावजूद कविता लचर या कमजोर हो सकती है—अन्य कारणों से। इन कारणों को स्पष्ट करते हुए वे एरिस मर्डोक को उद्‌धृत करते हैं कि "हमलोगों ने सत्य की कठोर साधना के स्थान पर ईमानदारी की सरल धारणा अपना ली है।"

लेकिन इस उद्धरण के तत्काल बाद नामवर जी रघुवीर सहाय और श्रीकान्त वर्मा की दो कविताएँ उद्धृत कर उनकी 'बेबाक ईमानदारी' के लिए दाद देते हैं। जाहिर है कविताओं के बारे में ऐसा 'द्वैत' ठोस प्रतिमान बनाने में बाधक होता है। नावमर जी इस कथन को भी ईमानदारी के साथ व्यक्त किया गया 'कड़वा सत्य' मानते हैं कि "(आज का कवि) आज की दुनिया में फैलते हुए व्यक्ति-व्यक्ति के बीच अलगाव (एलियेनेशन) और इस अलगाव से पैदा होनेवाली संवेदनहीनता का सत्य व्यक्त कर रहा है।" 'एलियेनेशन' की यह स्वीकृति अस्तित्ववादी कलामूल्यों की ओर ले जा रही है और इसे ही 'आज का सत्य' भी माना जा रहा है। प्रश्न है कि फिर इससे पृथक वह कौन सी वस्तु सत्य है जिसकी माँग की जा रही है ? प्रतिमान निर्मिति में उलझन का यह दूसरा मुद्दा है।

नामवर जी ईमानदारी का ही एक रूप 'अस्मिता की खोज' या 'अस्मिता का संकट' (क्राइसिस ऑफ आईडेंटिटी) भी मानते हैं। किन्तु भारतीय परिवेश में कवि यह संकट क्यों महसूस करता है या क्यों महसूस करे ? यानी यह बनावटी या कृत्रिम भी हो सकता है। यदि ऐसा है तो यह 'ईमानदारी' नहीं हुई ! नामवर जी इसकी अधिक छानबीन कर पश्चिम के सन्दर्भ में प्रथम महायुद्ध के बाद इस स्थिति पर मनोवैज्ञानिक एरिक एरक्सन की एक उक्ति उद्धृत कर यह प्रसंग समाप्त कर देते हैं।

नामवर जी 'कुरुक्षेत्र' को 'प्रगतिशील' और 'उर्वशी' को नई कविता की रचनाएँ मानते हैं। (यद्यपि दिनकर उत्तर छायावादी कवि हैं और डॉ. नगेन्द्र नई कविता के बजाय उत्तर छायावादी कविता को अधिक महत्त्व देते हैं जो नामवर जी को स्वीकार नहीं है)। यहाँ भी उत्तर छायावादी कविता को लेकर हिन्दी समीक्षकों का द्वैत या अन्तर्विरोध लक्षित किया जा सकता है : नामवर जी उत्तर छायावादी कविता की अपने द्वारा सम्भव की गई उपलब्धियों को भी 'नई कविता' में अन्तर्मुक्त कर लेते हैं "छायावादोत्तर कविता की प्रमुख उपलब्धियाँ 'नई कविता' के अन्तर्गत ही सुलभ हो सकती है।" (...प्रतिमान, पृ. 66) दरअसल उत्तर छायावादी कविता, प्रगतिशील कविता और नई कविता की सीमाएँ एक दूसरे से इतनी उलझी हुई है कि प्रत्येक समीक्षक सुविधानुसार उनमें से कुछ छाँटकर कभी 'प्रगतिशील कविता' और कभी 'नई कविता' के खाते में डाल लेता है। '36 और उसके बाद की कविता को देखें तो ये सारी प्रवृत्तियाँ प्रायः समानान्तर रूप से साथ चलती हुई दिखाई देती है। जैसे बच्चन और शमशेर प्रायः समकालीन कवि हैं

किन्तु शमशेर को कभी उत्तर छायावादी खाते में नहीं डाला गया बल्कि 'नई कविता' के 'क्षयशील' तत्त्वों से पृथक करने के लिए शमशेर और मुक्तिबोध दोनों को प्रगतिशील खाते में रखा गया। स्पष्ट रूप से ये हिन्दी समीक्षा के अन्तर्विरोध हैं जो विचारधारा के अतिरिक्त हस्तक्षेप के कारण समीक्षा के प्रतिमानों को धुँधला करते रहे हैं। ऐसे अवसरों पर प्रतिमानों की बात आने पर नामवर जी कहते हैं "पुडिंग का प्रमाण उसे खाना है और प्रतिमान की सत्ता का प्रमाण ठेठ मूल्यांकन की प्रक्रिया में है।" (प्रतिमान पृ. 67) लेकिन कहीं स्पष्ट नहीं हो पाता कि यह 'मूल्यांकन की ठेठ प्रक्रिया' क्या है ? यद्यपि नामवर जी यह भी मानते हैं कि "समीक्षा में व्यवहार पक्ष के लिए आवश्यक है कि वह सिद्धान्तपक्ष की पुष्टि करे।" लेकिन जब 'सिद्धान्तपक्ष' ही स्पष्ट न हो तो ? कम-से-कम...प्रतिमान में ऐसा कोई स्पष्ट 'प्रतिमान' सामने नहीं आता।

...पुरानी समीक्षा पद्धति में किसी रचना को खण्ड-खण्ड रूप में देखने का आग्रह था, या वह उसे उसी रूप में देख पाती थी। नई समीक्षा दृष्टि 'रचना' को समग्रता में देखना चाहती है। हिन्दी के समीक्षक, कृति के मूल्यांकन में समग्र प्रभाव की बात करते हैं किन्तु सबसे पहले रामचन्द्र शुक्ल ने ही कामायनी के सन्दर्भ में 'समन्वित प्रभाव' की बात की थी।

शुक्ल जी की भाँति ही नामवर जी भी 'समग्र प्रभाव' की बात करते हैं। 'समग्र प्रभाव' के अतिरिक्त वे रचना के मूल्यांकन में जिस बात पर अधिक जोर देते हैं वह 'तनाव' ही है जिसे वे कई रूपों में देखते हैं। कामायनी के सन्दर्भ में वे कहते हैं कि 'तनाव' असंगति नहीं है (वही, पृ. 8) बल्कि शब्द और अर्थ के बीच स्पर्धा है जिससे शास्त्रों के अनुसार काव्य में रमणीयता उत्पन्न होती है।

...काव्य के मूल्यांकन में 'संरचना' के महत्त्व की बात करनेवाले नामवर जी शायद पहले हिन्दी आलोचक हैं। किन्तु यह देखने की जरूरत है कि 'संरचना' से उनका तात्पर्य क्या है ? वे कहते हैं कला या काव्य को खण्ड-खण्ड में नहीं समग्र रूप में देखने की जरूरत है—यह काम आलोचना उसके **संरचनात्मक विश्लेषण** द्वारा कर सकती है और वह **आवयविक सिद्धान्त** (आरगैनिक थियरी) के द्वारा सम्भव होता है। किसी एक दोहे, बिम्ब या प्रतीक पर दाद देना महत्त्वपूर्ण आलोचना नहीं है और न रचना के फुटकल स्थलों की ओर आकृष्ट होकर उसकी महत्ता स्थापित करना। दरअसल रचना में 'अन्विति' अथवा अन्तग्रन्थन का महत्त्व होता है। इस सन्दर्भ में वे निराला की 'वह तोड़ती पत्थर' की जटिल संरचना की ओर ध्यान दिलाते हैं जिसे समीक्षकों ने कम समझा और उसकी प्रगतिशीलता के नाम पर ले उड़े। किन्तु नामवर जी जहाँ एक ओर 'संरचना' में जटिलता को आवश्यक मानते हैं वहीं एक प्रकार की 'सपाट-बयानी' को भी कविता का प्रमुख गुण समझते हैं। सम्भवतः वे प्रत्यक्षतः 'सपाट' दीखनेवाली कुछ कविताओं में भी जटिलता ढूँढ़ना चाहते हैं। 'संरचना' के समीक्षात्मक महत्त्व को स्वीकार करते हुए नामवर जी लिखते हैं : "निराला ने आधुनिक हिन्दी कविता में काव्य संरचना का जो पथ प्रशस्त किया है वह आलोचना क्षेत्र में मूल्यांकन की पद्धति के लिए भी

आवश्यक औजार है।" (वही पृ. 143) किन्तु वे यह भी मानते हैं कि "कविता की 'वर्तुल संरचना' भावबोध को सीमित करती है।" यानी कविता के सही प्रतिमान की तलाश में 'वर्तुल संरचना' वाली (छोटी कविताएँ) कविताओं से बाहर जाना जरूरी है। नामवर जी की एक स्थापना यह भी है कि 'नई कविता' की जड़ीभूत अभिजात्यवादी सौन्दर्याभिरुचि, मध्यवर्ग का अवसरवाद, पश्चिम की प्रतिक्रियावादी शीतयुगीन प्रवृत्तियों का प्रभाव–इन सभी तत्त्वों ने नई कविता के **काव्य सिद्धान्तों** को जन्म दिया।

अपनी इस स्थापना को वे नेहरू युग से जोड़कर देखते हैं "देश में कांग्रेस शासन का वह दौर शुरू हुआ (51-59) जिसे नेहरू युग कहते हैं। नामवर जी 'नेहरू युग' और उस समय की कविता में एक प्रकार का सम्बन्ध देखते हैं : उस समय की 'बौद्धिक कशमश' यदि नेहरू से सम्बद्ध थी तो कविता का 'आत्मान्वेषण' भी उससे असम्बद्ध न था। अज्ञेय ने अपनी अंग्रेजी कविताओं की भूमिका नेहरू से लिखवाई और 1951 में नेहरू की साठवीं वर्षगाँठ के अवसर पर नेहरू अभिनन्दन ग्रन्थ का सम्पादन भी किया...1951-59 के बीच 'नई कविता' में सर्जनात्मक सम्भावनाओं का जो अमूर्त आवेश दिखाई पड़ता है, उसका श्रेय समकालीन परिवेश के साथ कवि की इस रागात्मक संगति को देना अनुचित न होगा।" (...प्रतिमान पृ. 96)

प्रश्न है कि नेहरू युग से प्रभावित 'नई कविता' में वे पतनशील प्रवृत्तियाँ कहाँ से आ गई जिसका सम्बन्ध शीतयुगकालीन अन्तर्राष्ट्रीय परिवेश से तथा वामपंथ के विरुद्ध पूँजीवादी देशों के अभियान से जुड़ा था ? या फिर यह मानकर चलना चाहिए कि नेहरू युग में ही पतनशील प्रवृत्तियाँ अन्तर्निहित थीं और उसका प्रभाव वैसा ही होना था।...प्रतिमान में इसका कोई उत्तर नहीं मिलता !

...प्रतिमान के उत्तरार्द्ध में नामवर जी यह मानने लगते हैं कि काव्य भाषा या भाषा विश्लेषण के आधार पर भी मूल्यांकन का निकष निर्मित किया जा सकता है और नई काव्य भाषा की सृजनशीलता की पहचान वहाँ होती है जहाँ वह **परिपाटीबद्ध भाषा** और **बाजारू भाषा** के बीच कोई राह तलाशती हुई **नई भाषा** रचती है। नई वास्तविकता की अभिव्यक्ति के लिए नई भाषा की आवश्यकता होती है किन्तु यह **नई भाषा** इसी तरह दो अतिवादों के बीच संघर्ष करने के बाद ही निर्मित हो सकती है।

...यहाँ नामवर जी मानने लगे हैं कि केवल **भाषा विश्लेषण** से सम्पूर्ण कृति का विश्लेषण सम्भव है : कथ्य, कथन अविभाज्य है। सम्पूर्ण काव्य के कथन मात्र के रूप में स्वीकार कर उसकी आलोचना या विश्लेषण किया जा सकता है। कथ्य और कथन के बाद सेंध लगाकर आलोचक काव्य विवेचन करता है। "कथ्य और कथन के बीच अन्तर्निहित 'तनाव' की तलाश करना ही आलोचक की सृजनशीलता है।" इस स्थापना के साथ नामवर जी 'नई समीक्षा' पद्धति के निकट आ जाते हैं। 'कथ्य' और 'कथन' के बीच द्वन्द्वात्मक सम्बन्ध है जिसे विरोधपूर्ण एकता की संज्ञा दी जा सकती है। यही स्थिति मूल्यांकन का आधार बनती है। "कविता में भाषा के स्तर पर इस विरोधपूर्ण एकता को तनाव चरमबिन्दु की दिशा में जिस सीमा तक व्यक्त होता है, उस सीमा तक

कविता मूल्यवान होती है।" (वही पृ. 119)

...शायद स्वयं कविता के नए प्रतिमान का मूल्यांकन भी इसी आधार पर किया जा सकता है। सम्भवतः भाषा का सम्बन्ध उस मानसिकता से भी है जिसके अन्तर्गत हम लिख रहे होते हैं। वहाँ भी तनाव, उत्तेजना, शान्ति, उग्रता या उतावलेपन की मानसिकता काम कर रही होती है।

...कविता के प्रतिमान में नामवर जी अकसर पुष्टि के लिए अभिनवगुप्त के पास जाते हैं और उनकी उक्तियों को 'प्रतिमान' के रूप में इस्तेमाल करते हैं। इस तरह वे 'नई समीक्षा' तथा भारतीय शास्त्रीय समीक्षा के बीच एक सम्बन्ध स्थापित करने की कोशिश करते हैं यानी उसकी वैधता यहाँ से प्रमाणित करने की चेष्टा करते हैं।

'जटिलता' तथा 'सपाटबयानी' के बीच सन्तुलन स्थापित कर अपने मूल्यांकन का आधार निर्मित करने में नामवर जी के सामने कई दिक्कतें आती हैं : वे कविता में सुसंगत वाक्य विन्यास, तर्क सम्मत विकास तथा खण्डित और भटकनेवाली प्रणाली दोनों का विरोध करते हैं। इम्पसन की बी.बी.सी. पर प्रसारित एक वार्ता को उद्धृत कर वे यही कहते हैं। किन्तु उन्हें भटकानेवाली भाषा में लिखी गई रघुवीर सहाय की 'शराब के बाद का सवेरा' और श्रीकान्त वर्मा की 'जीवन बीमा' जैसी कविताएँ भी प्रिय हैं। 'रचना की अनिवार्य जटिलता' तथा 'सपाट बयानी' के बीच नामवर जी को अन्ततः 'जटिलता' की ओर ही लौटना पड़ता है। वे अन्विति के समर्थक हैं किन्तु तार्किक अन्विति के नहीं। इससे क्या सिद्ध होता है ? "कविता का कथ्य उसकी संरचना से अनिवार्य रूप से जुड़ा होता है।" (वही, पृ. 147)

यहाँ नामवर जी 'तार्किक अन्विति' को भी पूरी तरह छोड़ना नहीं चाहते।

...'सपाटबयानी' का वे समर्थन करने और उसे जरूरी मानने के बाद इस स्थापना का निर्वाह उनके लिए उत्तरोत्तर कठिन होता जाता है, खासतौर पर छायावाद में 'चित्रात्मकता' को और नई कविता में मूर्तिमत्ता और बिम्बधर्मिता को कविता में आवश्यक मानने के बाद। इसीलिए जब वे तथाकथित तार्किक संगति का विरोध करते हैं तो सहसा लगता है कि यह विरोध 'बिम्बधर्मिता' की ओर पुनः ले जा रहा है तो वे बिम्बवादी रिचर्ड एल्डिंगटन को उद्धृत करते हुए बेहद 'सख्त कविता' की हिमायत करते हैं और शमशेर की 'शिला का खून पीती' कविता को उदाहरण के रूप में रखते हैं। यानी उन्हें लौटकर 'बिम्बों' और 'प्रतीकों' की ओर आना पड़ता है। 'संरचना' को 'क्रिस्टल' या 'स्फटिक' की तरह सख्त बनाने क बाद 'बुद्धि' और 'हृदय' का द्वैत समाप्त हो जाता है और यह काम 'बिम्ब' बखूबी करता है।

सर्वेश्वर की कविता 'अपनी पत्नी की मृत्यु पर' का विश्लेषण करते हुए उन्हें लगता है कि 'संरचनागत दोष मूलतः काव्य अनुभूति के दोष का सूचक है।' यानी संरचनात्मक विश्लेषण अनुभूति विश्लेषण के लिए भी प्रामाणित माध्यम है (!)। संरचनात्मक विश्लेषण को प्रामाणिक मानने के बाद वे यह बताने की जरूरत भी समझते हैं कि "कविता के प्रतिमान स्थिर करते वक्त लम्बी और छोटी कविताओं के संरचनात्मक

अन्तर को ध्यान में रखना जरूरी है।" इस प्रसंग में आइवर विंटर्स को उद्धृत करते हुए वे बतलाते हैं कि यह अन्तर मूलतः 'दो काव्य सिद्धान्तों' का अन्तर है। यानी लम्बी कविता के विश्लेषण में एक सिद्धान्त लागू होगा और छोटी कविता के विश्लेषण के लिए दूसरा (!)।

अन्ततः 'कविता के नए प्रतिमान' में इन नए प्रतिमानों की तलाश में हम जहाँ पहुँचते हैं वहाँ कुछ मूल्यांकन परक पारिभाषिक शब्द हमें मिलते हैं जिन्हें नामवर जी के अनुसार हम श्रेष्ठ कविता के निकष के रूप में इस्तेमाल कर सकते हैं। ऐसे कतिपय शब्द हैं : व्यंग्य, विसंगति, विडम्बना, द्वन्द्व, तनाव, जटिलता, वस्तुनिष्ठता, प्रामाणिक अनुभूति आदि।

कविता के नए प्रतिमान में नए प्रतिमान तो शायद निर्मित नहीं हो पाते किन्तु प्राचीन और समकालीन साहित्यिक और समीक्षा के प्रायः सभी देशी-विदेशी सरणियों का ऐसा व्यापक अवगाहन इसमें है जिससे हमारी साहित्य की समझं और चेतना समग्र रूप से सम्पन्न होती है।

जिस प्रकार नामवर सिंह ने 'छायावाद' के माध्यम से कविता सम्बन्धी अपने अधिकांश समीक्षा सिद्धान्तों का प्रतिपादन किया उसी प्रकार आगे चलकर विजयदेव नारायण साही ने अपनी पुस्तक 'जायसी' के माध्यम से हिन्दी को न केवल व्यावहारिक समीक्षा की अत्यन्त प्रौढ़ कृति दी, बल्कि काव्य मूल्यांकन सम्बन्धी अनेक नए प्रतिमान भी स्थापित किए।

'जायसी' पुस्तक की सबसे बड़ी महत्ता इस बात में है कि उसमें हिन्दी में पहली बार 'क्लासिकी काव्य' का नए आलोक में आकलन करके उसकी प्रासंगिकता प्रमाणित की गई। यह 'क्लासिकी काव्य' को देखने की सर्वथा नई दृष्टि थी जिसने काव्य मात्र की असली भूमिका और महत्ता को स्थापित किया। यह दृष्टि चौंकानेवाली थी : चौंकानेवाली इस अर्थ में कि साही जी ने प्राचीन धार्मिक, आध्यात्मिक तथा अलौकिकता से आप्लवित काव्यों (यहाँ एक काव्य विशेष—'पद्मावत') के ऊपर से सारे मुलम्मे उतारकर उनके भीतर से एक वास्तविक काव्य और विशुद्ध रचना का जिस तरह उद्‌घाटन किया है वह एक ऐसी समीक्षा दृष्टि से दीप्त है कि हम महज एक काव्य नहीं, पूरी क्लासिकी परम्परा के काव्यों को एक नए आलोक में पहचान और परख सकते हैं। पहली बार किसी हिन्दी समीक्षक ने किसी क्लासिकी काव्य की प्रासंगिकता को इस तरह प्रमाणित किया है कि वह समकालीन प्रतीत हो। टी.एस. एलियट इसी को 'परम्परा की समकालीनता' अथवा 'अतीत की वर्तमानता' कहता है। साही जी ने इसी क्रम में अनेक निकष तथा मानदण्ड निर्मित किए हैं जिन्हें हम संक्षेप में समझने की कोशिश करेंगे।

विजयदेव साही ने जायसी को "हिन्दी का पहला विधिवत कवि" कहा है : "कबीर में प्रयास के चिह्न हैं। जायसी में प्रयास कहीं दिखाई नहीं देता।" यहाँ **'विधिवत'** शब्द महत्त्वपूर्ण है। पूरी पुस्तक इसी 'विधिवत' की व्याख्या है। प्राचीन कवियों के

पुनर्विश्लेषण की यह प्रक्रिया शुक्ल जी से ही शुरू हो जाती है। अतः इसे भी हमें उसी क्रम में देखना होगा। शुक्ल जी ने जिस तरह 'देव-बिहारी' सम्बन्धी बातूनी बहसों के धुँधलके से हिन्दी समीक्षा को निकालकर जायसी, सूर तथा तुलसी के काव्यों की एक नई व्याख्या प्रस्तुत की थी और उन्हें सन्त, महात्मा और अलौकिक महापुरुषों की कोटि से अलग कर कवि के रूप में प्रतिष्ठित किया था तथा प्रमाणित किया था कि वास्तविक कविता सूर, तुलसी और जायसी में, देव, बिहारी और केशवनाथ आदि से न केवल अधिक है बल्कि सच्चा कवित्व उन्हीं में है, बाकी में वाग्विलास और वाक् वैचित्र्य ही अधिक है। समीक्षा की इसी परम्परा को आगे बढ़ाते हुए विजयदेव साही ने जायसी के पद्मावत के सन्दर्भ में अनेक ऐसी क्रान्तिकारी स्थापनाएँ कर डाली हैं जो न केवल शुक्ल जी से बहुत आगे ही नहीं निकल जाती बल्कि प्राचीन काव्यों के समीक्षा सम्बन्धी निकषों में भारी उलट-फेर भी कर डालती हैं।

कबीर के बारे में साही जी की धारणा शुक्ल जी से बहुत भिन्न नहीं है "शायद कबीरदास 'कवि' नहीं थे। सन्त ही अधिक थे...इसके विपरीत, जायसी मूलतः कवि हैं. ..उसी तरह जिस तरह कालिदास कवि हैं, जायसी के पूर्ववर्ती अमीर खुसरों कवि हैं या फारसी के निजामी कवि हैं।" (जायसी, पृ. 2)

किन्तु जायसी इन कवियों से भी भिन्न प्रकार के कवि हैं। उनकी इस भिन्नता या अनन्यता को ही पुस्तक प्रमाणित करती है। साही जी जायसी को न तो सूफी, सन्त, आध्यात्मिक कवि मानते हैं और न 'पद्मावत' को कोई ऐतिहासिक गाथा। इस मामले में उनकी मान्यता शुक्ल जी तथा वासुदेव शरण अग्रवाल, माताप्रसाद गुप्त आदि सभी हिन्दी समीक्षकों से भिन्न है। 'पद्मावत' में जायसी ने जिस प्रकार अपने आस-पास बिखरी हुई लोक कथाओं, दन्त कथाओं, धार्मिक, आध्यात्मिक कुछ हद तक ऐतिहासिक कथाओं को समेट कर एक विराट काव्य ग्रन्थ का रूप दिया है, उसके लिए साही जी ने फिरदौसी के 'शाहनामा' से एक कथन उद्धृत किया है जो जायसी के काव्य कर्म को समझने के लिए तो महत्त्वपूर्ण है ही कवि कर्म मात्र को रेखांकित करता है "मैंने रुस्तम को पहलवान बना दिया, वरना वह सीस्तान का एक मामूली कुस्तीबाज ही तो था।" प्रत्येक बड़ा कवि यही करता है, जायसी ने भी यही किया। वह बने बनाए महानायकों को अपने काव्य का केन्द्र नहीं बनाता, बल्कि अपने काव्य के द्वारा सामान्य व्यक्तियों को भी **महानायक** बना देता है। कविता यही करती है। यही 'सामान्य' को 'विशेष' बनानेवाला कवि कर्म है। 'पद्मावत' के केन्द्र में है जायसी की अद्भुत रचनात्मक प्रतिभा और उसके द्वारा निर्मित एक अपूर्व 'काव्य लोक'। यह 'लोक' सिंघल, चित्तौड़ या दिल्ली नहीं है और न उसके नायक-नायिका में रतनसेन, अल्लाउद्दीन, पद्मिनी, नागमती आदि। वे सब जिस चमत्कारिक क्षमता से उदीप्त होकर एकसूत्र में बँध जाते हैं—वह है जायसी की सर्जनात्मकता। साही जी ने काव्य के इतिहास में अत्यन्त विरल इसी 'सर्जनात्मकता' का विश्लेषण किया है।

इसके लिए सबसे पहले उन्होंने इस धारणा या स्थापना को छिन्न-भिन्न किया है

कि जायसी मूलतः सूफी सन्त थे और पद्मावत सूफी सम्प्रदाय से प्रभावित काव्य है। साही जी इस साम्प्रदायिकता की जड़ ही खोद डालते हैं क्योंकि एक तो उनकी मान्यता है कि किसी भी प्रकार की साम्प्रदायिकता 'मूलतः' काव्य और रचना विरोधी होती है और दूसरे यह कि जायसी किसी भी 'सम्प्रदाय विशेष' के कवि नहीं थे। इस सारे मायाजाल से जायसी तथा पद्मावत को मुक्त करके शुद्ध कवित्व का उद्घाटन ही साही जी का उद्देश्य है। इस क्रम में उन्होंने जो प्रमाण, तथ्य तथा तर्क दिए हैं वे शोधार्थियों के लिए तो उपादेय हैं ही, कविता या रचना की निहित स्वार्थों द्वारा किस प्रकार जकड़बंदी की जाती है और उसे उस मकड़जाल से मुक्त करना कितना जरूरी है यह भी इस विश्लेषण से पता चलता है।

साही जी की यह 'थीसिस' या खोज केवल जायसी या पद्मावत के 'सिंघल लोक' की खोज नहीं है, अपितु उस 'काव्यलोक' की खोज है जिसे कवि की अकृत्रिम सर्जनात्मकता निर्मित करती है और सामाजिक तथा साम्प्रदायिक शक्तियाँ किस तरह उसे विकृत करती हैं। इस प्रकार यह 'खोज' एक साथ सही पथ का अन्वेषण, काव्य प्रतिमानों का निर्माण तथा उसके इर्द-गिर्द जमा झाड़-झंखाड का उन्मूलन दोनों है। वे लिखते हैं : "जायसी के व्यक्तित्व और उनकी कृति पद्मावत के चारों ओर सूफी मतवाद का इतना मलवा इकट्ठा हो गया है कि कवि और उसकी कविता का साक्षातकार करने के लिए इस लगभग बद्धमूल धारणा का विस्तार से उधेड़-बुन करना जरूरी है।" (जायसी पृ. 52)

इस **उधेड़-बुन** के बाद साही जी जिस रूप में जायसी और 'पद्मावत' को देखते हैं वह यह है "जायसी ने अपनी संवेदना को सर्जनात्मक रूप प्रदान करने के लिए इस युग में परम्परा अथवा रूढ़ि, लोकमानस अथवा काव्यशास्त्र, दर्शन अथवा योग, संस्कृत अथवा फारसी के बहुत सारे उपलब्ध उपादानों का उपयोग किया है। इन विविध और कभी-कभी असंगत उपादानों को उन्होंने अपनी जिस **भावनात्मक भट्ठी में गलाकर** एक किया है, वह उनकी निजी सम्पत्ति है।" (जायसी, पृ. 51)

यहाँ भी हम देखते हैं कि साही जी मूलतः कवि कर्म और रचना प्रक्रिया की ही व्याख्या कर रहे हैं। दर्शन, योग, इतिहास, परम्परा, लोकमानस आदि सभी वैचारिक सरणियों से सामग्री अथवा उपादान ग्रहण कर कवि उन्हें अपनी भावनात्मकता में पिघलाकर उसके रसायन से ही काव्य सृष्टि करता है। हिन्दी समीक्षा के विकास में कुछ सामान्य तत्त्वों की एकसूत्रता देखते हुए हम पाते हैं कि साही जी भी काव्य सृष्टि के लिए वैचारिकता तथा 'भावनात्मकता' का तादात्म्य आवश्यक समझते हैं।

पद्मावत के आस-पास जमा सारे मलवे और झाड़-झंखाड़ आदि को साफ करने के बाद साही जी उसे एक 'विषाद गाथा' या 'त्रासदी' के रूप में देखते हैं "अपनी मूल प्रकृति में पद्मावत एक त्रासदी है...शायद हिन्दुस्तान या सम्भवतः एशिया की धरती पर लिखा हुआ एक मात्र ग्रन्थ है जो यूनानियों की ट्रेजेडी के काफी निकट है।" (जायसी, पृ. 62)

पद्मावत की व्याख्या इस 'त्रासदी' की ही व्याख्या है। सामान्यतः माना जाता है कि भारतीय काव्य दृष्टि में 'त्रासदी' की अवधारणा ही नहीं है। साही जी इस बद्धमूल धारणा को भी निराधार सिद्ध करते हैं। 'पद्मावत' की पूरी कथा का अवगाहन और गहन विश्लेषण के बाद ही वे इस निष्कर्ष पर पहुँचते हैं : रतनसेन, पद्मावती के सौन्दर्य के बखान से अभिभूत होकर सिंघल द्वीप पहुँचता है। पद्मावती को अथक श्रम के बाद प्राप्त कर चित्तौड़ ले आता है। किन्तु उस पर दिल्ली के सुलतान अल्लाउद्दीन की कुदृष्टि पड़ती है। उसे प्राप्त करने के लिए चित्तौड़गढ़ धेरा जाता है और अन्ततः उसका पतन होता है। किन्तु अन्त में पद्मावती रतनसेन के शव के साथ जलकर भस्म हो जाती है। **पद्मावत की अन्तिम पंक्तियाँ** इस पूरे ताम-झाम, रतनसेन-पद्मावती, नागमती की विरहगाथा, समृद्धि, शौर्य, प्रेम और इन सबके पीछे छिपी दुराशा तथा निरर्थकता को जितनी तीव्रता तथा मार्मिकता से व्यक्त करती है, वह सचमुच पूरे हिन्दी काव्य साहित्य में दुर्लभ है : गढ़ पर विजय करने के बाद अल्लाउद्दीन गर्वोन्नत उत्साह और उत्कण्ठा से भरा हुआ जब पद्मावती को प्राप्त करने जाता है तो उसे मिलती है केवल चिता की राख जिसमें सबकुछ भस्म हो चुका है। हत्भाग्य और हताश सुलतान चिता से एक मुट्ठी राख उठाता है और उसे हवा में उड़ा देता है "छार उठाइ लीन्हि एक मूठी/दीन्हि उड़ाई पिरिथिमी झूठी।" इस एक मुट्ठी राख को हवा में उड़ाकर उसे प्रतीत होता है 'सारी पृथ्वी झूठी है।'

...जग-जीवन, समृद्धि, वैभव, शौर्य, पराक्रम, प्रेम, सौन्दर्य—सब कुछ अन्ततः झूठ है, निस्सार है, व्यर्थ है, रह जाता है केवल एक विराट शून्य मात्र।

मनुष्य के जीवन की इससे बड़ी 'त्रासदी' और क्या हो सकती है ! 'पद्मावत' इसी 'मायालोक' के निस्सारता की गाथा है जिसका मूलधन केवल एक मुट्ठी धूल है।

...जायसी ने जिस तरह ईंट-दर-ईंट, परत-दर-परत सूक्ष्मता तथा तन्मयता से इस 'मायालोक' की रचना की है उतनी ही निर्ममता से उसे एक झटके में ढहा भी दिया है। और इस विराट 'विषाद गाथा' को विजयदेव साही ने अपनी जिस अनोखी समीक्षा दृष्टि से उद्घाटित कर हमारे सामने प्रस्तुत किया है वह आधुनिक हिन्दी समीक्षा में अन्यतम उदाहरण है।

साही जी ने अपने इस अन्वेषण को सम्भव बनाने की प्रक्रिया में साहित्य सम्बन्धी जो प्रतिपादन किए हैं, संक्षेप में उन्हें भी जानना जरूरी है, तभी हम उनकी समीक्षात्मक उपलब्धियों को समझ सकेंगे : किसी भी प्रकार के सम्प्रदाय का रचना पर आरोपण को साही जी रचनात्मकता की क्षति या विकृति समझते हैं। यह सम्प्रदाय कोई राजनैतिक विचारधारा भी हो सकती है। यानी रचना किसी सम्प्रदाय या विचारधारा का वाहक बनती है तो वह जीवन के अर्थ को पूर्ण विवेक के साथ व्यक्त नहीं कर सकती। इसी प्रकार वे 'मात्र मनोरंजन' को भी साहित्य का कर्म नहीं मानते। यहाँ साही जी एक अत्यन्त महत्त्वपूर्ण सिद्धान्त की स्थापना करते हैं जिसके आलोक में आज तक के साहित्य का विश्लेषण किया जा सकता है। वे लिखते हैं : "वस्तुतः मात्र **मनोरंजक**

साहित्य और मात्र **सन्देशवाहक साहित्य** दोनों अक्सर एक सिक्के के दो पहलू ही साबित होते हैं। मनोरंजक साहित्य यह देखने के लिए तैयार ही नहीं होता कि जिन्दगी को अर्थ से आलोकित करनेवाले तत्त्व क्या हैं और कहाँ हैं...मात्र सन्देशवाहक साहित्य यह मानकर चलता है कि मूलभूत प्रश्न और मूलभूत उत्तर सब प्राप्त हो चुके हैं...वे सारे प्रश्न जो इस बने बनाए ढाँचे से बाहर पड़ते हैं, न केवल अप्रासंगिक और अनावश्यक हैं, बल्कि प्रश्नकर्ता की कुटिल बृद्धि से ही उपजे हैं...जितना असंदिग्ध सन्देश होता है, उतनी ही जल्दी वह पुराना और बासी पड़ जाता है।।" (जायसी : पृ. 65)

इस कथन से साही जी एक सर्वकालिक साहित्य निकष का निर्माण करते हैं जिसके आधार पर प्राचीन, मध्यकालीन और आधुनिक, प्रायः सर्वकालिक साहित्य की महत्ता को परखा जा सकता है। यहाँ "बने बनाए ढाँचे" शब्द का प्रयोग अत्यन्त सटीक तथा प्रासंगिक है : इस 'बने बनाए ढाँचे' के कारण बीसवीं शताब्दी के साहित्य का कितना मूल्यवान और बड़ा हिस्सा उपेक्षित तथा अन्धकार में रखा गया है, यह बताने की बात नहीं है। साही जी की अत्यन्त दृढ़ और विवेक सम्पन्न समीक्षा दृष्टि इसको जानती थी और इसीलिए उनकी लड़ाई बराबर दो-दो मोर्चों पर होती रही और इसीलिए स्वयं उनका साहित्य भी इन 'ढाँचों' का शिकार होता रहा।

...'जायसी' साहित्य के इन दोनों अतिवादी छोरों को भेदकर एक विरल सन्तुलन स्थापित करते हुए 'किस तरह अनुभूति को अर्थवान बनाते हैं यही उनकी सृजनात्मक क्षमता का रहस्य है।'

...अपनी इसी स्थापना को आगे बढ़ाते हुए साही जी **सृजनात्मकता के इस रहस्य की** विस्तृत व्याख्या करते हैं "साहित्य में किसी विचारधारा या दार्शनिक सिद्धान्त का वहन करना एक बात है और अपने युग की सम्पूर्ण चिन्तनशीलता में उलझी हुई अनुभूति को आत्मसात करना दूसरी बात है। यही आत्मस्थ चिन्तनशीलता गम्भीर साहित्य को एक बौद्धिक सघनता प्रदान करती है।" (जायसी, पृ. 67)

यहाँ साही जी का मन्तव्य खुलकर सामने आ जाता है। वे साहित्य पर किसी भी विचारधारा के आरोपण पर सीधे-सीधे आक्रमण करते हैं। यहाँ उनके तर्कों की अवज्ञा या उपेक्षा नहीं की जा सकती। किसी भी 'बने बनाए ढाँचोंवाली विचारधारा' साहित्य में इसलिए वर्जित या गर्हित नहीं है कि हम उस 'विचारधारा' के विरुद्ध हैं अथवा उसके बरक्स किसी प्रतिपक्ष की विचारधारा की हिमायत कर रहे हैं (यह भी उतना ही गर्हित है) बल्कि युग की उलझी हुई जटिल चिन्तनशीलता हमेशा इस ढाँचे के बाहर छूट आती है और गम्भीर साहित्य के निर्माण के लिए जिस **'बौद्धिक सघनता'** की आवश्यकता होती है, उसे हम उपलब्ध या 'आत्मसात' नहीं कर पाते।

'जायसी' पुस्तक में 'बौद्धिक सघनता' शब्द का व्यवहार बार-बार हुआ है और साही जी सम्भवतः उसे रचना और समीक्षा दोनों के लिए अनिवार्य मानते हैं। इस बौद्धिक सघनता अथवा 'इंटेलेक्युअल टफनेस' से उनका तात्पर्य क्या है ?

पुस्तक में आगे चलकर साही जी अपनी इस बौद्धिक सघनतावाली स्थापना को

तनिक विस्तार से स्पष्ट करते हैं क्योंकि वही उनकी समीक्षा दृष्टि की रीढ़ है : पहले वे 'बौद्धिक सघनता और किसी विचारधारा की प्रतिबद्धता के अन्तर' को पद्मावत के सन्दर्भ में ही स्पष्ट करते हैं : "बौद्धिक सघनता और मात्र विचारधारा की प्रतिबद्धता के अन्तर को स्पष्ट करने के लिए हम कुछ उदाहरण जायसी से लें।" (जायसी पृ. 68)

इस अन्तर को स्प्ष्ट करने के लिए वे पद्मावत में वर्णित 'तोते' और 'पिंजरे' का उदाहरण लेते हैं और बतलाते हैं कि साम्प्रदायिक तथा आध्यात्मिक दृष्टि से आसानी से 'पिंजरे को शरीर' और 'तोते' को आत्मा का प्रतीक माना जा सकता है (माना भी गया है)। किन्तु वे इस प्रसंग के 'वाच्यार्थ' और 'व्यंग्यार्थ' दोनों के संश्लिष्ट अर्थ को महत्त्व देते हुए कहते हैं कि इससे अर्थ में तीव्रता, वैचारिक तरंगाकुलता और भावों का समायोजन हो जाता है और इससे एक अर्थ का विस्तार करती हुई झंकार उत्पन्न होती है जिसे 'बौद्धिक सघनता' कहा जा सकता है। इसी व्याख्या को आगे बढ़ाते हुए वे कहते हैं कि 'पिंजरे' से 'तोते' के उड़ जाने के बाद पद्मावती तथा सखियों के बीच का जो कथोपकथन है उसके संकेत, प्रतिध्वनियाँ और उनसे उत्पन्न सर्जनात्मक तरंगें जो संकुल प्रभाव उत्पन्न करती हैं, वह अर्थ के इकहरेपन को तोड़कर अनेक स्तरों पर झंकृत करता है। यह केवल चित्रात्मक या भावात्मक न होकर उसका सम्मिलित उद्रेक है जिसमें 'विचार' और 'भाव' दोनों संयुक्त हैं—यही 'बौद्धिक सघनता' है। यहाँ आकर कोई सन्देह नहीं रह जाता है कि 'बौद्धिक सघनता' से साही जी का तात्पर्य 'विचारों' और 'भावों' का रचनात्मक संयोजन ही है। आई.ए. रिचर्डस, शुक्ल जी, नामवर जी और मुक्तिबोध की समीक्षा दृष्टि में भी हम इसी 'संयोजन' की केन्द्रीयता देख चुके हैं। साही जी तक आते-आते यह हिन्दी समीक्षा की एक प्रधान एकसूत्रता का प्रमाण बन जाता है।

...बौद्धिक सघनता और वैचारिक प्रतिबद्धता के अन्तर को रेखांकित करते हुए वे आगे लिखते हैं कि "यदि हम आन्तरिक अखण्डता और भावात्मक उत्कर्ष से अधिक किसी तरह का मतवाद देखेंगे तो वही गलती करेंगे जिस तरह चेतन-अवचेतन की शब्दावली देखकर लोगों ने इलाचन्द्र जोशी को फ्रायडवादी, अज्ञेय को मनोविश्लेषणवादी और गरीब-अमीर की खाई का जिक्र देखकर प्रेमचन्द को मार्क्सवादी चौखटे में कस देने का प्रयास किया।" (वही, पृ. 78)

साही जी 'बौद्धिक सघनता' को 'वैचारिक प्रतिबद्धता' से क्यों पृथक करना चाहते हैं, यहाँ यह पूरी तरह साफ हो जाता है। किन्तु जैसा कि वे पहले कह चुके हैं ऐसा वे किसी 'कुटिल बुद्धि' के कारण नहीं मानते हैं बल्कि इसे वे 'रचनात्मकता की अनिवार्य शर्त' के रूप में देखते हैं।

वे 'रचना' में 'ऐतिहासिकता की खोज' को भी बहुत महत्त्वपूर्ण नहीं मानते हैं। यह भी वैसा ही आरोपण है जैसा वैचारिक प्रतिबद्धता। कम-से-कम 'पद्मावत' के सन्दर्भ में वे ऐसा ही सोचते हैं। वे कहते हैं कि 'पद्मावत' को या 'सिंघल द्वीप' को हम यदि 'इतिहास लोक' के रूप में देखते हैं तो एक तो यही नहीं सिद्ध कर सकते कि उसकी

कथा ऐतिहासिक तथ्यों पर आधारित है और दूसरे कि 'इतिहास लोक' में उस 'आन्तरिकता के लिए स्थान' नहीं होता जो रचना के लिए अनिवार्य होती है। हाँ, वे पद्मावतकालीन समाज को एक 'सामन्ती समाज' के रूप में जरूर देखते हैं और उसी सन्दर्भ में उसका विश्लेषण भी करते हैं। सामन्ती समाज 'अपरिचय, अजनबीपन और अलगाव पैदा करता है।' वहाँ 'सत्ता की निरंकुशता' ही प्रधान होती है। "प्रचण्डता और कोमलता, पाशविकता और प्रदीप्त सौन्दर्य, घोर आत्मलीनता और परकाया प्रवेश—इन सभी द्वन्द्वों की सीमा रेखा मिट जाती है...इस आधारभूत आन्तरिकहीनता से शेष सभी गुणों का निस्सरण होता है।" (वही, पृ. 90)

'पद्मावत' सामन्ती समाज में नैतिकता, मानवता, मूल्यों और सभी प्रकार की कोमलताओं के निस्सरण और विनाश की ही अवसाद या 'विषाद की गाथा' है। कथा के अन्त में रतनसेन के साथ पद्मावती और नागमती दोनों का 'सती' जो जाना कोई 'गौरवगान' नहीं है, बल्कि इसी विषाद की चरम परिणति है। 'सामन्ती समाज' अन्त में एक **मुट्ठी राख** के रूप में ही अवशिष्ट रह जाता है।

साही जी के अनुसार इस 'विषाद गाथा' के चित्रण और 'ट्रैजिक विजन या विषाद दृष्टि' के स्रष्टा के रूप में "जायसी अकेले हैं, उनका न कोई **पूर्ववर्ती** है, न **परवर्ती** है।" (वही पृ. 92)

'पद्मावत' में एक दुनिया भीतर है और एक दुनिया बाहर है "स्वप्नों, आकांक्षाओं, मूल्यवत्ता की एक दुनिया भीतर है। रौंदती हुई सत्ता की एक आतंककारी दुनिया बाहर है।...जब ये दोनों दुनियाएँ एक-दूसरे के निकट आ जाती हैं तो क्या होता है ?...जवाब है—उन्होंने देखा चिता से उड़ती हुई राख और एक वीरान सन्नाटा!...उस चिता की राख में एक धड़कता हुआ हृदय था उसका क्या हुआ ?...ग़ालिब के शब्दों में :

"जला है जिस्म जहाँ दिल भी जल गया होगा।
कुरेदते हो ये क्यों ख़ाक जुस्तज़ू क्या है।"

...यह 'जुस्तजू' है उस दुनिया को देखने और समझने की कोशिश जिसे जायसी की 'विषाद दृष्टि' (ट्रेजिक विजन) ने रचा है। इस दुनिया को "तुमने भीतर से देखा, अब बाहर से देखो, अब फिर भीतर से देखो—यही पूरा सच है।"

...और रचना के 'सच' को जानने के लिए यही दृष्टि जरूरी है : 'भीतर से बाहर बाहर, से भीतर और फिर बाहर ! यही श्री विजयदेव नायण साही की समीक्षा दृष्टि भी है जो किसी और रास्ते से आकर मुक्तिबोध के 'अभ्यान्तरीकरण' और 'वाह्यीकरण' के साथ मिल जाती है।

लघु मानव के बहाने : श्री विजयदेव नारायण साही नई कविता के भी सबसे बड़े व्याख्याताओं में से एक हैं। भले ही श्री लक्ष्मीकान्त वर्मा ने 'नई कविता के प्रतिमान' बनाने का दावा किया हो किन्तु उसके नाम पर उन्होंने 'नई कविताओं' की उलझी हुई असंगत व्याख्याएँ ही प्रस्तुत की थीं। साही जी ने न केवल 'लघु मानव' के बहाने 'नई कविता' की विधिवत व्याख्या की और उसकी विशेषताओं को रेखांकित किया बल्कि

इसी बहाने हिन्दी की सम्पूर्ण आधुनिक कविता पर सम्भवतः सबसे पहले महत्त्वपूर्ण विचार उन्होंने ही व्यक्त किए। इसके अतिरिक्त साही जी पहले हिन्दी समीक्षक थे जिन्होंने कविता या साहित्य को समझने के लिए सामाजिक राजनैतिक अनुसंगो को अत्यन्त प्रासंगिक तथा प्रमाणित ढंग से प्रस्तुत किया।

'नई कविता' के विकास तथा स्वरूप को समझने के लिए साही जी 'छायावादी' और उत्तर छायावादी कविता के स्वरूप को भी समझना जरूरी मानते हैं। इसके लिए वे कविता के भावबोध की केन्द्रीय विशेषताओं को रेखांकित करते हैं। मसलन वे 'छायावादी कविता' को 'संकल्प का स्वप्न' मानते हैं जो उस समय की अविभाजित मानसिकता की उत्पत्ति (विभाजित मानसिकता कोई स्वप्न नहीं देख सकती) जिसमें क्रमशः एक 'रिक्ति का स्वर' शामिल हो जाता है। जिस 'कामायनी' में छायावादी कविता का हम चरमोत्कर्ष देखते हैं उसके 'मनु' बार-बार हताशा का शिकार होते दिखाई देते हैं : "कहूँ क्या मैं हूँ निरुपाय/गगन के नील विवर में आज, वायु की भटकी एक तरंग/ शून्यता का उजड़ा सा राज..." किन्तु स्वप्नद्रष्टा प्रसाद फिर भी मनु को पराजित नहीं देखना चाहते और अन्त में 'शाक्त सामरस्य' ढूँढ़ लेते हैं।

किन्तु साही जी के अनुसार उत्तर छायावादी कवि बच्चन, दिनकर, नवीन, भगवती चरण वर्मा आदि 'स्वप्न' के नहीं 'अरमानों' के कवि हैं। जवानी और फक्कड़ता के कवि। रिक्ति वहाँ भी है किन्तु वे उसे 'मधुशाला' में डुबोकर भरमाने की कोशिश करते हैं। कविता में छायावाद **गुणात्मक** परिवर्तन उपस्थित करता है लेकिन उत्तर छायावादी कविता महज **मात्रात्मक** परिवर्तन कर पाती है।

साही जी के 'ऑब्जरवेशन' इतने सूक्ष्म और सटीक हैं कि उनसे सहज सहमति हो जाती है किन्तु जब वे सामान्य निष्कर्ष निकालने की चेष्टा में समानताएँ ढूँढ़ने लगते हैं तो असुविधा होती है। मसलन वे बच्चन की पंक्ति 'तीर पर कैसे रुकूँ मैं/आज लहरों में निमन्त्रण।' और कामायनी की प्रारम्भिक पंक्ति 'एक पुरुष भीगे नयनों से देख रहा था प्रलय प्रवाह' में जब समानता देखने लगते हैं तो आश्चर्य होता है 'भीगे नयनों' से 'प्रलय प्रवाह' देखने के पीछे एक विशाल सन्दर्भ है और वह है देव संस्कृति का विध्वंस। 'देव संस्कृति' जिसका वर्णन कामायनी में आगे चलकर विस्तार से किया गया है। अतः वह पुरुष अर्थात् 'मनु' वस्तुतः भीगे नयनों से देव संस्कृति के विध्वंस का प्रवाह देख रहा है। उस प्रलय प्रवाह में केवल वही बचा रह गया है इसलिए उसकी लहरें उसे 'निमन्त्रण' नहीं दे रही है और चूँकि वह 'हिमगिरि के उत्तुंग शिखर' पर है (इसीलिए बचा भी रह गया है) इसलिए पुनः उसमें कूदने का प्रश्न ही नहीं उठता। जबकि बच्चन के यहाँ वह 'प्रवाह' प्रलय का न होकर 'जीवन प्रवाह' है जिससे बचकर वह 'तीर पर बैठे रहना नहीं चाहते।' अतः प्रत्यक्षतः ये दोनों विरोधी पंक्तियाँ हैं। साही जी का उनमें समानता देखता असंगत है। बहरहाल !

वैसे साही जी 'छायावादी कविता' और उत्तर छायावादी कविता में बहुत अन्तर देखते हैं : छायावादी कविता में एक 'सम्पूर्ण जीवन दृष्टि' है जबकि उत्तर छायावादी

दृष्टि एक 'सीमित दृष्टि' है। उत्तर छायावाद के स्वप्न में संकल्प नहीं है—लक्ष्य या गन्तव्य नहीं है। 'मस्ती का आलम' है जो धूल उड़ाता हुआ कहीं भी जा सकता है।

साही जी कविता के माध्यम से बीसवीं सदी के मनुष्य की नियति तथा समस्याओं का भी विश्लेषण करते हैं। इस रूप में उन्होंने साहित्य समीक्षा को एक व्यापक सन्दर्भ देते हुए एक नई समीक्षा पद्धति विकसित की थी जो मुक्तिबोध की समीक्षा दृष्टि से इस अर्थ में भिन्न थी कि वह किसी विचारधारा विशेष से प्रतिबद्ध नहीं थी। विचारधारा से प्रतिबद्धता के सम्बन्ध में उनके विचारों का उल्लेख हम ऊपर कर आए हैं।

...बीसवीं सदी के मनुष्य की समस्या के जड़ में वह विभाजन है जो व्यापारिक सत्य (Functional Truth) और उद्देश्य परक सत्य (Purposeful Moral Truth) के बीच हो गया है। विज्ञान ने अभी तक जो अपराजित सम्राट था उसे सिंहासन से हटा दिया है। अतः आज का मनुष्य इस द्वन्द्व से घिरा हुआ है कि जो कुछ वह कर रहा है या जो Functional है उसका कोई उद्देश्य भी है या नहीं ? यही 'द्वन्द्व' उसकी यातना (Anguish) का कारण है। पहले का मनुष्य इस संशय से ग्रस्त नहीं था। उसके सामने उसका स्पष्ट लक्ष्य और उद्देश्य था और उसे पाने के लिए वह 'कृतसंकल्प' था।

इस विश्लेषण में साही जी कामायनी के उत्तर पक्ष को सामने रखते हैं और कहते हैं कि आज का मनुष्य कामायनी और मनु का पुत्र है जो निहत्था, असुर-पुरोहितों से घिरा हुआ है। कामायनी के इसी पक्ष को वे 'नई कविता' के 'लघु मानव' से जोड़ते हैं जिसके हाथों में 'टूटी तलवारों की मूठ' या 'रथ का टूटा हुआ पहिया' है और वह 'चक्रव्यूह' में घिरा हुआ है। "आज के जीवन की अभिव्यंजना का मार्ग उसे सूझ नहीं रहा है।"

किन्तु 'नई कविता' और 'छायावाद' के बीच उत्तर छायावादी कविता की स्थिति विचित्र है, वह इस घिराव, दबाव और उससे उत्पन्न अभिशप्त स्थिति को अनुभव नहीं करती। इससे विमुख होकर वह 'खुमारी' और 'जवानी' का सहारा लेती है। उत्तर छायावादी कवि इस 'संकट' या 'क्राइसिस' को नहीं समझता केवल दीवानगी, आवेश, उबाल और रेटारिक (दिनकर) से उसे दबा देता है। साही जी कहते हैं कि जैसे 'बायरन' के पचास टुकड़े करके उत्तर छायावादी कवियों में बिखरा दिए गए हो। यद्यपि साही जी की ऐसी उक्तियाँ 'नई कविता' की पूर्वपीठिका प्रस्तुत करती हुई प्रतीत होती है लेकिन वे 'नई कविता' को भी इस 'बीमारी' से बरी नहीं मानते—खासतौर पर धर्मवीर भारती की कविता को।

यहाँ साही जी इस प्रवृत्ति को एक भावबोध के रूप में ग्रहण करके यह दिखलाते हैं कि तत्कालीन गद्य तथा काव्यकृतियों—दोनों में इस प्रवृत्ति की अभिव्यक्ति मिलती है : "यह **बायरनी उद्धत मेधावी निपुणता**—चित्रलेखा और मधुशाला दोनों में है।"

उत्तर छायावाद का 'यथार्थ' अपनी घोषणा बहुत नाटकीय ढंग से करता है। इसमें चोट, तिलमिलाहट की यातना नहीं है बल्कि एक मस्ती और नशीलापन है। वह हमारे दिमाग पर बहुत जोर नहीं डालता। यह 'खतराहीन काव्य' है, बिना जोखिमवाला। नई

कविता का लघुमानव इसी से बनता है। वह अज्ञातवयकुलशील, नामहीन, संख्यातीत रूपों में याद किया जानेवाला मनुष्य है। कथा साहित्य में वह 'त्यागपत्र' की मृणाल की भाँति 'नशा' नहीं उत्पन्न करता ("उस पर मेरे रूप का नशा हो गया था"—त्यागपत्र में मृणाल)। बल्कि शेखर की 'शशि' की तरह छोड़ जाता है एक अमिट छाप, एक दुर्भाग्य भरा दर्द और एक क्यों?

साही जी के लिए काव्य में यह **'क्यों'** बहुत महत्त्वपूर्ण है, 'जायसी' के विश्लेषण में भी वे अन्त में गालिब को उद्धृत करते हुए कहते हैं "कुरेदते हो **क्यों** राख जुस्तज़ू क्या है?"

...'क्यों' और 'क्या'—कविता प्रायः इन्हीं प्रश्नों में जूझती है।

साहित्य और राजनीति में एक रिश्ता कायम करते हुए साही जी अपनी समीक्षा दृष्टि निर्मित करते हैं। उनके अनुसार छायावाद के सामरस्य और सामंजस्य के बाद जो द्वन्द्वात्मक स्थिति बनी जो उस समय के साहित्य की वास्तविकता थी जिसके एक ओर गांधीवाद था और दूसरी ओर उभरता हुआ वामपंथ। इन दोनों के बीच अपनी स्थिति तय करने में साही जी स्वयं एक 'द्वन्द्व' में पड़े दिखाई देते हैं। उनके समीक्षात्मक चिन्तन में सर्वत्र यह द्वन्द्व विद्यमान है। लेकिन साही जी इस 'तनाव' या द्वन्द्व को युगीन मानसिकता के रूप में देखते हैं : गांधीवाद और साम्यवाद के बीच का द्वन्द्व ही तब के हिन्दुस्तान की **तनावपूर्ण आन्तरिक लय** है। साहित्य के विश्लेषण में भी साही जी पृष्ठभूमि के इस राजनैतिक पैटर्न को ध्यान में रखते हैं। गांधी जी तब चुम्बक की तरह थे जिनके चारों ओर तमाम विरोधों के बावजूद तमाम पार्टियाँ एकत्र थीं किन्तु उसके बाद 'बिखराव' आना शुरू हुआ और उसका प्रभाव जीवन के सभी क्षेत्रों पर पड़ा। मार्क्सवादी पार्टी 'क्रान्ति' के बजाय 'डिमौक्रैटिक पार्टी' बन गई। यह 'संघर्ष' तथा 'समझौते' का दौर था। दोनों साथ-साथ चल रहे थे।

तत्कालीन साहित्य में भी साही जी संघर्ष और समझौता दोनों को देख रहे थे। 'छायावाद' के बाद उन्हें साहित्य में भी यह बिखराव दीखने लगा था। लेकिन इस परिवर्तन के बावजूद वे छायावाद, उत्तर छायावाद और नई कविता को विकास की एक निरन्तरता में देखते हैं। 'नई कविता' छायावाद से इस अर्थ में भी भिन्न थी कि उसमें वह 'आध्यात्मिकता' नहीं है जो 'छायावाद' में थी। उनके अनुसार इस आध्यात्मिकता का विनाश उत्तर छायावादियों ने किया। साही जी यहाँ यह नहीं बताते कि छायावादी कविताएँ किस अर्थ में आध्यात्मिक थी। सम्भवतः उनका तात्पर्य यह है कि छायावादी कविताएँ मूल प्रश्नों से जिस तरह दार्शनिक स्तर पर जूझती थी और एक समग्र दृष्टि की तलाश करती थीं। (जैसे प्रसाद ने 'कामायनी' में किया, निराला ने 'राम की शक्तिपूजा' में और पन्त ने अपने परवर्ती काव्य में—यद्यपि बेहद आरोपित ढंग से) वैसी तलाश उत्तर छायावादियों और नई कविता में नहीं मिलती।

साही जी की यह बात एक सामान्य प्रवृत्ति के रूप में तो ठीक लगती है लेकिन उत्तर छायावादी कविता में दिनकर की उर्वशी इसका अपवाद है। वह आध्यात्मिक प्रयास

है। इसी तरह 'नई कविता' में 'अन्धायुग' में यह दार्शनिक प्रश्नाकुलता मिलती है। नरेश मेहता के 'संशय की एक रात' और कुँवर नारायण के 'नचिकेता' में भी दार्शनिक प्रश्नाकुलता है। नरेश मेहता के 'समय देवता' और बाद में अज्ञेय की 'असाध्यवीणा' में भी यह आध्यात्मिक मुद्रा है। किन्तु सम्भवतः साही जी की यह मान्यता इस मायने में सच है कि यहाँ दार्शनिक तथा आध्यात्मिक मुद्राएँ तो हैं किन्तु कैसा तत्त्वदर्शी चिन्तन नहीं है जो 'कामायनी' जैसे काव्य में उपलब्ध होता है।

वस्तुतः साही जी की 'थीसिस' या मान्यता यह है (जिसका रमेशचन्द्र शाह जैसे आलोचकों ने पर्याप्त वर्णन और दोहन किया) कि गांधी युग के बाद **भारतीय मानसिकता में** विभाजन हो गया। साही जी ने यह मान्यता टी.एस. एलियट से उधार ली है जिसने मिल्टन के सन्दर्भ में कहा था कि उसके बाद अंग्रेजी साहित्य में **'डिसोशिएसन ऑफ सेंसीबिलिटी'** आ गई थी। साही जी इस विभाजन को साहित्य में संकल्प के विनाश के रूप में देखते हैं अर्थात किसी लक्ष्य की ओर एकोन्मुख होकर क्रियाशील होने की शक्ति का अभाव हो गया। सम्भवतः वे इसी मानसिकता से उपजे मनुष्यों को **'लघुमानव'** मानते हैं। किन्तु इस थीसिस के द्वारा असाधारण से साधारण मानववाली बात की पुष्टि तो हो जाती है, 'लघुमानव' वाली धारणा की नहीं। 'विराट' से 'लघुता' की ओर स्थानान्तरण एक बात है और स्वयं 'लघु' हो जाना दूसरी बात है।

स्वातन्त्रोत्तर मनुष्य, छायावादोत्तर मनुष्य या गांधी के बाद के मनुष्य ने बड़े संकल्प करना, महान लक्ष्य रखकर उसकी ओर एकोन्मुख होकर बढ़ना और बड़े स्वप्न देखना बन्द कर दिया। वह 'साधारण' या 'सामान्य' हो गया किन्तु वह 'लघु' कैसे हुआ ? 'लघुता' में ध्वनि दूसरी है। इस ध्वनि के अनुसार वह 'लघु' तब होता जब काफ्कास्क ढंग से अपने को 'भुनगा' समझने लगता। वह यूरोप के फासीवादी दौर की मानसिकता की बात थी। किन्तु भारतीय मानसिकता में इतना बड़ा दुःस्वप्न कब और कैसे घटित हुआ, यह साही जी नहीं बताते।

इस विभाजित मानसिकता से पूर्व की जिस मनोभूमि की बात वे करते हैं उसमें विराट नाटकीयता, दार्शनिक मुद्रा और नैतिक तथा कल्पनात्मक स्वप्नलोकों का विशिष्ट अनुपात में 'समिश्रण' था। बाद की कविता में यह 'समिश्रण' नहीं मिलता।

साही जी छायावादी दौर को एक और सन्दर्भ में देखते हैं। उनके अनुसार तब हिन्दी के अगल-बगल दो सांस्कृतिक संसार थे—उर्दू और अंग्रेजी के। हिन्दी को इन दोनों से 'विद्रोह' करके 'अपना संसार' रचना था। यह 'विद्रोह का स्वर' ही उसे अंग्रेजी की रोमैंटिक कविता के निकट ले गया। किन्तु अंग्रेजी के सांस्कृतिक संसार से विद्रोह करके अंग्रेजी की ही रोमैंटिक कविता के निकट जाना—यह एक विरोधाभासी स्थापना लगती है। वस्तुतः छायावाद ने अंग्रेजी के प्रति ऐसा कोई विद्रोह नहीं किया बल्कि उससे बहुत कुछ ग्रहण ही किया। उर्दू के प्रति भी उसमें कोई मुखर विद्रोह नहीं झलकता सिवा इसके कि उसने अपना शब्द संसार संस्कृत की साहित्यिक तथा दार्शनिक चिन्तन परम्परा से ग्रहण कर निर्मित किया। 'छायावाद' का असली विरोध हिन्दी की ही **रीतिकालीन**

कविता और **ब्रज भाषा** से था। 'पल्लव' की भूमिका में पन्त जी ने इसे बहुत विस्तार से व्यक्त किया है।

साही जी की यह बात ठीक है कि "छायावाद और 'नई कविता' के बीच दुर्लंघ्य खाई के बजाय एक क्रमशः विकसित होती हुई परम्परा दिखाई पड़ेगी।" वस्तुतः आधुनिक हिन्दी कविता का विवेचन इसी सन्दर्भ में होना चाहिए।

वैसे साही जी को तीसरे दशक के बाद के मानव का पारिभाषिक नामकरण साधारण या जनसाधारण के रूप में स्वीकार्य है और कविता को साधारण परिवेश में साधारण आदमी की कविता कहना भी पसन्द करते हैं।

अतः इस पूरे निबन्ध की लघु मानववाली स्थापना स्वयं निबन्ध लेखन की प्रक्रिया में ही तिरोहित हो जाती है।

लेकिन साही जी अपनी इस प्रिय अवधारणा को छोड़ना नहीं चाहते और इसके लिए वे एक मनचाहा वर्गीकरण कर ड़ालते हैं और छायावादी मनुष्य को 'महामानव', उत्तर छायावादी मनुष्य को साधारण मानव तथा नई कविता के मनुष्य को लघुमानव संज्ञा देना चाहते हैं। चूँकि साही जी गद्य और काव्य दोनों में एक ही भावबोध की अभिव्यक्ति देखते हैं तथा अपने विश्लेषण में हर जगह यह समानान्तरता ढूँढ़ते चलते हैं–जैसे 'मधुशाला' और 'चित्रलेखा' के बीच, इसलिए उन्हीं की दृष्टि से देखें तो पाँचवें दशक के साहित्य की शुरुआत घनघोर असाधारणत्व से होती है : नई कविता के प्रवर्तक अज्ञेय का 'शेखर' हिन्दी साहित्य का सबसे 'असाधारण' मनुष्य है। साही जी ने इलाचन्द्र जोशी का अनेक स्थलों पर जिक्र किया है। क्या जोशी जी के उपन्यासों के मनुष्य साधारण हैं ? संन्यासी, पर्दे की रानी या प्रेत और छाया के ? यहाँ तक कि छठे दशक में 'मैला आँचल' का 'वामन' भी साधारण मनुष्य नहीं है। **क्या 'वामन के लघु आकार के साथ ही 'लघु मानव' की अवधारणा विकसित की गई है ?'** नई कविता के प्रतिनिधि कवि अज्ञेय की कविताओं के सारे मनुष्य असाधारण हैं। अज्ञेय को असाधारणत्व से प्रेम था। उनके मनुष्य 'नदी के द्वीप' बनकर ही रहना चाहते हैं–कविता तथा कथा साहित्य दोनों में। 'असाध्य वीणा' का प्रियंवद केशकम्बली गुफागेहवाला मनुष्य तो देवत्व को प्राप्त मनुष्य है।

अतः साही जी की 'लघुमानव' वाली अवधारणा वस्तुस्थितियों द्वारा पुष्ट नहीं होती। कविता में जो साधारणत्व की प्रतिष्ठा भी सौमित्र मोहन के 'लुकमान अली' से पहले नहीं होती। वस्तुतः जिस साधारण आदमी की बात की जाती है वह धूमिल के 'मोचीराम' रघुवीर सहाय के 'रामदास' और केदारनाथ सिंह की 'नूर मियाँ' जैसी कविताओं में ही मिलता है। या फिर उसे नागार्जुन और त्रिलोचन की कविताओं में देखा जा सकता है। कथा साहित्य में 'राग दरबारी' का मनुष्य साधारण है लेकिन 'अँधेरे बन्द कमरे' का नहीं। 'नौकर की कमीज' तथा 'दीवार में खिड़की रहती थी' का मनुष्य साधारण है लेकिन 'कुरु-कुरु स्वाहा' या 'हरिया हरिकुलिस की हैरानी' का नहीं।

कहने का तात्पर्य यह कि साधारणत्व एक अवधारणा के रूप में किसी भी दौर में

सर्वत्र व्याप्त कहीं नहीं दीखता। मुक्तिबोध का 'ब्रह्मराक्षस' तो अभिशप्त रूप से असाधारण है।

अतः साही जी 'गांधी-इरविन पैक्ट' के बाद उत्पन्न हुई 'रिक्ति' से अपनी जिस थीसिस की शुरुआत करते हैं और नेहरू को उद्धृत करते हुए बतलाते हैं कि इस 'रिक्ति' की अनुभूति नेहरू को ही सर्वाधिक हुई थी उसे ज्यों-का-त्यों साहित्य पर प्रतिफलित होते हुए नहीं दिखा पाते। शायद ऐसा होता भी नहीं है। राजनैतिक परिवर्तनों तथा साहित्यिक परिवर्तनों में सम्बन्ध ढूँढ़ना एक बात है—और वह उचित तथा आवश्यक भी है, किन्तु उसका यथावत प्रतिफलन साहित्यिक कृतियों में नहीं तलाशना चाहिए क्योंकि वैसा होता नहीं है।

साही जी के थीसिस के अनुसार यह 'रिक्ति' ही आगे चलकर 'विभाजित मानसिकता' को जन्म देती है क्योंकि वह एकोन्मुख एकाग्रता को भंग कर देती है। 'हृदय' और 'बुद्धि' के बीच 'दरार' भी इसी विभाजित मानसिकता का लक्षण है जिसकी ओर प्रसाद 'कामायनी' में ही बहुत पहले संकेत कर चुके थे। विभाजित मानसिकतावाले मनुष्य की 'नीयत' का पता चलता है किन्तु उसका 'उद्देश्य' क्या है, इसे वह स्वयं भी नहीं जानता। लेकिन यहाँ स्वयं साही जी को भी शंका होती है और वे पूछते हैं 'नीयत' और 'उद्देश्य' एक वस्तु है या दो ? इसी प्रश्न को वे बाद के साहित्य पर मँडराता हुआ देखते हैं। इस 'नीयत' ने साहित्य में कई रास्ते तलाशे और अपनाए : कभी हृदयवाद, कभी मनोविश्लेषणवाद और कभी ऐतिहासिक भौतिककवाद! हिन्दी साहित्य का विकास इन्हीं के घुले-मिले रूपों का विकास है। जब 'अरमान' खण्डित होते हैं तो पराजित पीढ़ी जन्म लेती है लेकिन वह भी 'अपराजेय विवशता' के अग्निपथ पर चलनेवाले आदमी को जन्म देती है। दरअसल साही जी ने चूँकि यह सारी 'एनेलॉजी' अंग्रेजी साहित्य से ली है जहाँ 'बीट जेनरेशन' भी है और एबसर्ड करेज भी, इसलिए उसे ज्यों-का-त्यों हिन्दी साहित्य पर लागू करने में उन्हें तो दिक्क्त होती ही है, हिन्दी पाठक या अध्येता के लिए भी वह बहुत उपयोगी नहीं रह जाती।

साही जी की भाँति ही मलयज ने अपनी अधूरी पुस्तक 'रामचन्द्र शुक्ल' में अपनी साहित्यिक मान्यताओं का प्रतिपादन किया है। चूँकि उनके जीवनकाल में यह पुस्तक पूरी नहीं हो सकी (उनके मरणोपरान्त डॉ. नामवर सिंह के सम्पादन में यह अधूरी पुस्तक उनकी टिप्पणियों, नोट्स तथा एक महत्त्वपूर्ण भूमिका के साथ प्रकाशित हुई है) इसलिए इस पुस्तक में मलयज की साहित्यिक मान्यताओं, मूल्यों और दृष्टि को उस तरह विधिवत स्थापित नहीं किया जा सका है जैसा विजयदेव नारायण साही अपनी पुस्तक 'जायसी' में कर सके हैं। लेकिन उस अधूरी पुस्तक को पढ़ने से यह स्पष्ट हो जाता है कि मलयज इसमें केवल शुक्ल जी की समीक्षा दृष्टि का विश्लेषण ही नहीं कर रहे हैं बल्कि उनके माध्यम से अपनी समीक्षा दृष्टि का भी निर्माण कर रहे हैं। मुख्यतः पुस्तक में सम्पादक ने उनके डायरीनुमा नोट्स का जो अंश जोड़ दिया है उससे उनकी समीक्षा दृष्टि को समझने में पर्याप्त सहायता मिलती है। मलयज के समीक्षात्मक चिन्तन

की यह विशेषता है कि वह एक 'लाउड थिंकिंग' (मुखर चिन्तन) के रूप में हमारे सामने आता है। दूसरी बात यह है कि जब वे रामचन्द्र शुक्ल के बारे में लिख रहे होते हैं तो यह साफ पकड़ में आ जाता है कि वे अपने समय के साहित्यिक परिवेश पर भी टिप्पणी कर रहे हैं और अपनी मान्यताएँ भी व्यक्त करते जा रहे हैं। मसलन शुक्ल जी के बारे में उनका यह कथन महत्त्वपूर्ण है : "शुक्ल जी के प्रयत्नपक्ष में एक टकराहट है, एक गति है, एक द्वन्द्व है,...उसमें एक शान्त समवाय नहीं, **क्रुद्ध सामंजस्य** है...कविता का केन्द्र सिर्फ व्यक्ति मन की एक तान, एकात्म स्थिति नहीं है, बल्कि उसके बाहर के सम-विषम ताने-बाने से बुने हुए संघर्षमय भाव जाल में है। उसमें भाव व्यापार की विविधता है, असमानता है, ऊबड़-खाबड़पन है, एक वाह्योन्मुख चेतना है, एक उदग्र बेचैनी, एक कशममश...।" (रामचन्द्र शुक्ल, पृ 112)

यह दिलचस्प है कि इन पंक्तियों को पढ़ते हुए शुक्ल जी का चिन्तन उतना सामने नहीं आता बल्कि लगता है मलयज मुक्तिबोध के चिन्तन और काव्य प्रक्रिया का विश्लेषण कर रहे हों। दोनों में ऐसी कोई एकसूत्रता हो भी सकती है किन्तु मलयज के चिन्तन पर समकालीनता हमेशा हावी रहती है। साथ ही यह स्वयं उनकी अपनी बेचैनी और व्यग्रता भी है जिसके साथ अपने युग के ज्वलन्त, जीवन्त, मूलभूत प्रश्नों से जूझते हैं। मलयज की चिन्ता प्रक्रिया कहीं सरलता या सहजता से पहुँचना नहीं जानती और न चाहती है। वे उस तल या उस अन्तिम छोर तक पहुँचना चाहते हैं जहाँ उनकी अपनी 'सघन बौद्धिकता' एक सीमा तक सन्तुष्ट और तृप्त हो सके। यह मलयज की समीक्षा पद्धति की बहुत बड़ी विशेषता है जो उन्हें उनके समकालीनों, पूर्ववर्तियों तथा परवर्ती समीक्षकों से पृथक करती है।

बहुत से शुक्लोत्तर समीक्षकों के विपरीत—जो शुरू से ही शुक्ल जी के प्रति एक निषेधात्मक रूख अपनाकर लिखना आरम्भ करते हैं (यहाँ मैं शुक्ल जी पर लिखे गए शोध प्रबन्धों की बात नहीं कर रहा हूँ)—मलयज शुक्ल जी को अपना समकालीन सहभागी बनाकर उनकी प्रासंगिकता सिद्ध करते हैं और इस क्रम में अपनी समीक्षात्मक मान्यताओं की प्रामाणिकता भी उन्हीं निकषों पर परखते रहते हैं। मलयज के इस दुहरे समीक्षात्मक कर्म को हम उनके द्वारा शुक्ल जी की समीक्षा दृष्टि के इन विश्लेषणों में देख सकते हैं। मसलन वे शुक्ल जी की दृष्टि की प्रगतिशीलता तथा सामाजिकता उनके 'व्यक्तिवाद' विरोधी रूख में देखते हैं "इन बहुत सी वाद-व्याधियों का प्रवर्तक है 'व्यक्तिवाद', जो बहुत पुराना रोग है। पुराने रोग जल्दी पीछा नहीं छोड़ते...व्यक्तिवाद की नींव भेदवाद पर है (भेदवाद मूलतः पूँजीवाद से उत्पन्न होता है)।" मलयज की दृष्टि में शुक्ल जी में उस समय भी इतनी प्रगतिशीलता थी कि वे व्यक्तिवाद को एक 'रोग' के रूप में देख सके और उसे उन्होंने पूँजीवाद की देन माना। मलयज आगे चलकर शुक्ल जी के 'छायावाद' के विरोध के मूल में भी उसकी 'व्यक्तिवादी' मनोवृत्ति को देखते हैं। 'छायावादी' व्यक्तिकेन्द्रित काव्य था, इसमें कोई दो राय नहीं हो सकती किन्तु यह 'व्यक्तिवाद' पूँजीवादी व्यक्तिवाद से किस प्रकार भिन्न था इसे शुक्ल जी समझ नहीं

सके थे। भाव को केन्द्र में माननेवाले शुक्ल जी अपने विश्लेषण में मूलतः बौद्धिक और 'रेशनल' थे। 'इररेशनालिटी' (अबौद्धिक, तर्क विरोधी या भावोच्छास मात्र) से उन्हें चिढ़ थी। इसी आधार पर मलयज ने उनके 'चिढ़ों' की एक सूची बनाई : काव्य में अमूर्तता, अगोचरता, अज्ञेयता, अतार्किकता, रहस्योन्मुखता, कलावाद आदि।

चूँकि शुक्ल जी की चिन्तन प्रणाली 'क्लासिकी' थी इसलिए वे 'काव्य' को 'कला' की कोटि में नहीं मानते थे। भारतीय काव्य दृष्टि काव्य को 'कला' नहीं मानती। उसे चौंसठ कलाओं में स्थान नहीं दिया गया है। वहाँ 'कला' को काव्य से इतर कुछ 'अधम' स्थान ही दिया गया है। शायद इसी से 'कलाबाजी' शब्द चल निकला होगा। शुक्ल जी का यह कलावादी विरोध इतना दृढ़ और प्रखर है कि इसी के चलते वे 'सौन्दर्यवाद' के भी विरोधी हो जाते हैं और 'कला अनुभव' तथा जीवनानुभव को अविभाज्य मानते हुए लिखते हैं "काव्य को हम जीवन से अलग नहीं कर सकते। उसे हम जीवन पर प्रभाव डालनेवाली मार्मिक वस्तु मानते हैं। 'कला, कला के लिए' वाली बात को जीर्ण होकर मरे हुए बहुत दिन हो गए। एक क्या कई क्रोचे उसे फिर जिला नहीं सकते।"

शुक्ल जी के इस कथन पर मलयज की जो टिप्पणी है, वह उनकी अपनी काव्य दृष्टि को बहुत साफ कर देती है "पर यहाँ शुक्ल जी की भविष्यवाणी सत्य न हुई। कलावाद को पुनर्जीवित किया गया—उनकी नाक के नीचे छायावाद में ही और आगे चलकर प्रयोगवाद—नई कविता में भी कलानुभूति पर अतिरिक्त जोर उसी कलावाद से ही रस ग्रहण करता है। 'नई समीक्षा' में भी काव्यलोक, कलासंसार आदि प्रत्यय स्पष्ट सूचित करते हैं कि कलानुभूति को एक स्वायत्तता का दर्जा दिया गया। और जिन्होंने नहीं दिया उन्हें सीधे-सीधे प्रचारवादी (यानी प्रतिबद्धतावादी) कहने की राजनैतिक मुहिम चलाई गई।" (रामचन्द्र शुक्ल, पृ. 75)

जैसा कि कहा गया, इस एक पैराग्राफ में मलयज की अपनी काव्य सम्बन्धी मान्यताएँ बड़ी स्पष्ट हो जाती है। वे बड़े विषाद से लिखते हैं कि शुक्ल जी की भविष्यवाणी सच नहीं उतरी और छायावाद से होते हुए कलावाद का प्रेत, प्रयोगवाद-नई कविता के रूप में पुनर्जीवित हुआ। यही नहीं 'नई समीक्षा' (न्यू क्रिटिसिज्म) में भी मलयज उसकी कलावाद के भूत को देखते हैं। इस तरह स्वयं मलयज 'कलावाद' और कलावाद के विस्तार के रूप में 'कलानुभूति', 'कलासंसार', कला की स्वायत्तता आदि के विरोधी हैं और इसी कारण बिम्ब-प्रतिबिम्ब भाव से प्रयोगवाद, नई कविता और 'नई समीक्षा' के भी।

मलयज के इन विचारों को तत्कालीन अन्य महत्त्व समीक्षकों-मुक्तिबोध, नामवर सिंह तथा विजयदेव नारायण साही आदि के विचारों के समानान्तर तथा सन्दर्भ में देखने की जरूरत है और यह भी कि स्वयं मलयज उनके प्रति कितने दृढ़ हैं और क्या उनकी धारणा उपरोक्त साहित्य प्रवृत्तियों के प्रति निरपेक्ष रूप से वही है जैसा कि ऊपर की पंक्तियों से प्रतीत हो रहा है ?

...शायद इसका उत्तर हमें उनके द्वारा किए गए शुक्ल जी के विचारों के विश्लेषण

में ही कहीं मिल जाए।

...कुछ ही आगे बढ़ने पर हम पाते हैं कि नई समीक्षा के प्रति मलयज के रूख में नरमी और ढील आ गई और वे स्वीकार करते हैं कि "नई समीक्षा में 'कविता' और 'जीवन' को बिलकुल अलग या स्वायत्त मान लेने पर ज्यादा जोर नहीं है" बल्कि "**वाह्यतत्त्व** और **अन्तःतत्त्व** को एक नए समीकरण Synthesis में बाँधने की है। शुक्ल जी की समीक्षा में भी बाह्य और अन्तःतत्त्व को बराबर वजन मिला है।" यहाँ मलयज अनायास ही 'नई समीक्षा' और शुक्ल जी के समीक्षात्मक समीकरणों में एक समानता देखने लगते हैं। फिर तो यह समानता मुक्तिबोध, विजयदेव नारायण साही आदि में भी देखी जा सकती है। यानी 'नई समीक्षा' उतनी अग्राह्य और अछूत नहीं है जितनी मार्क्सवादी प्रगतिशील खेमों में मानी जाती है। यहाँ बहुत सारे कृत्रिम तथा पूर्वग्रहग्रस्त विभाजन तथा कटघरे स्वयं टूटने लगते हैं।

हिन्दी समीक्षा के विकास का पर्यवेक्षण हमें ऐसे अनेक दिलचस्प निष्कर्षों तक पहुँचाता है। फिलहाल यहाँ मलयज द्वारा शुक्ल जी के विश्लेषण की ओर लौटें और देखें कि कौन से तथ्य सामने आते हैं।

मलयज शुक्ल को प्रासंगिक बनाने के लिए उनके कुछ और पूर्वाभासों तथा पूर्वानुमानों की ओर संकेत करते हैं। काव्य में 'रहस्यवाद' से शुक्ल जी की विरक्ति विख्यात है। इसीलिए वे छायावाद की रहस्यानुभूति को भी नहीं स्वीकार कर पाते। इसके स्रोत को ढूँढ़ते हुए मलयज उसके दार्शनिक मूल तक पहुँचते हैं। शुक्ल जी इस 'रहस्यवाद' को यूरोप की उस 'विभाजित मानसिकता' में देखते हैं जो यूनानी तर्काश्रित चिन्तन पद्धति और मौलिक पाप की ईसाई धारणा के बीच कहीं भटक रही है। इस विभाजित द्वन्द्व में उसकी चिन्तन दृष्टि की कुहाच्छन्न है। इसी कारण नीत्से ने यीसू को यूरोप का सबसे बड़ा शत्रु माना था और 'एंटी क्राइस्ट' लिखा था। इसी कुहाच्छन्न दृष्टि ने यूरोप के साहित्य की रहस्य दृष्टि को जन्म दिया था और शुक्ल जी का मानना है कि इसी ईसाई मत से प्रभावित भारतीय 'ब्रह्मसमाज' ने उपनिषदों में रहस्यवाद ढूँढ़ निकाला और जिसका प्रभाव बँगला साहित्य और छायावाद पर पड़ा। स्वाभाविक रूप से यह दृष्टि-पाश्चात्य लेखकों को भी खूब सूट करती थी और मैक्समूलर आदि विद्वानों ने इस रहस्यवाद को ही भारतीय चिन्तन का मुख्यधारा बनाकर विश्लेषित किया। यही एक तरह का प्रारम्भिक पौर्वात्यवाद (ओरियटिलिज्म) था। भारत के भौतिकवादी तत्त्वचिन्तन की अवहेलना कर उसके रहस्यवादी आदर्श रूप को उभारने की चेष्टा एक प्रकार की साजिश थी, जिसे शुक्ल जी ने प्रारम्भ में ही लक्ष्य कर लिया था। उन्होंने लिखा था "बात यह है कि उस कोटि (रहस्यवादी कोटि) में आ जाने से उनका (उपनिषदों का) तात्त्विक मूल्य घट जाता है और प्राचीन आर्यों की तत्त्वज्ञान सम्पन्नता कुछ ओट में पड़ जाती है जबकि यूनानियों की ही सामने दिखाई पड़ती है।" (हिन्दी साहित्य का इतिहास) कोई चाहे तो ऐसी पंक्तियों में शुक्ल जी की आर्यवादी मानसिकता देख सकता है। लेकिन मलयज उसमें कुछ और ही देखते हैं। उनका कहना है कि

"छायावाद के साथ हिन्दी कविता में जो अतर्क्य शुद्ध अनुभूति तत्त्व आ गया वह नई कविता में भी खूब फला-फूला और यह नहीं कहा जा सकता कि **'आज की क्रान्तिकारी कविता'** पूर्णतः उससे मुक्त हो चुकी है।" (रामचन्द्र शुक्ल पृ. 77)

इस प्रकार मलयज 'छायावाद' ही नहीं हिन्दी की 'नई कविता' और आज की क्रान्तिकारी कविता पर भी एक प्रश्न-चिह्न लगा देते हैं जिसमें एक अतर्क्य अनुभूतिवाद आज भी उपस्थित है। सन्दर्भ शुक्ल जी का होते हुए भी आज की कविता पर मलयज की ये टिप्पणियाँ बहुत महत्त्वपूर्ण हैं और जैसा कि कहा गया वे स्वयं उनकी समीक्षा दृष्टि को स्पष्ट रूप से रेखांकित करती है। 'नई कविता' में अनुभूतिवाद और 'नवरोमांसवाद' अलग से बहस का विषय हो सकता है, इस पर कुछ बातें कहीं भी गई हैं किन्तु क्या आज की कविता भी कहीं प्रच्छन्न रूप से 'अनुभूतिवाद' का ही वहन करती है जैसे कि हिन्दी की नई कहानी 'अनुभववाद' की ? यह निश्चित रूप से एक विचारणीय प्रश्न है और स्वयं मलयज इस पर आगे विचार सके होते तो कुछ प्रकाश पड़ता। कविता प्रकरण में इस पर पृथक से विचार किया जाएगा।

जिस तरह शुक्ल जी 'रहस्यवाद' को कविता की विषय नहीं मानते, उसी प्रकार अध्यात्म को भी। वे लिखते हैं : "अध्यात्म शब्द की मेरी समझ में काव्य या कला के क्षेत्र में कोई जरूरत नहीं है।" वे पहले ही उपनिषदों में अनिर्वचनीय रहस्यमयता ढूँढ़नेवाले पश्चिमी विचारकों की खबर ले चुके हैं। उनका कहना है कि "उपनिषद तत्वचिन्तन (रैशनल थिंकिंग) का परिणाम है, किसी 'मूर्छा' का नहीं।" 'मूर्छा' से उनका संकेत सूफियों की 'हाल' की अवस्था की ओर है, जहाँ मूर्छा की अवस्था में ही 'इलहाम' होता है।

शुक्ल जी अपने चिन्तन में शुद्ध बुद्धिवादी प्रतीत होते हैं : अस्पष्टता, अमूर्तता, रहस्य, अध्यात्म आदि उनके अनुसार कविता के विषय नहीं हैं। किन्तु इसका मतलब यह नहीं है कि वे 'ज्ञानमार्गी हैं, वे सिर्फ संवेदन या हृदयवादी भी नहीं हैं जो उन्हें 'छायावाद' में दीखता है। वे दोनों के सामंजस्य या 'समंवय' में ही 'कविता' देखते हैं। उनकी ज्ञानात्मक संवेदना और संवेदनात्मक ज्ञान का तात्पर्य यही है।

लेकिन मलयज यहीं नहीं रुकते। वे शुक्ल जी को 'सामान्य जन' तक ले जाते हैं। वे 'सामान्य' और 'साधारण के समर्थक हैं', 'असाधारण' और असामान्य के नहीं। शुक्ल जी के 'लोक मंगल' वाले सिद्धान्त को भी मलयज इसी रूप में देखते हैं : "शुक्ल की मनीषा-चिन्ता के मूल में है **मनुष्य की सामान्य स्थिति की रक्षा।** शुक्ल जी की दृष्टि में मनुष्य का आधार-रूप यह मनुष्य की सामान्य स्थिति ही है, कोई विलक्षणता नहीं। शुक्ल जी मनुष्य की इस सामान्य स्थिति को कभी धर्म, कभी शील के रूप में तो कभी 'लोक मंगल' के रूप में विवेचित/व्याख्यायित/स्थापित करते हैं।" (वही, पृ. 116)

मलयज शुक्ल जी की समीक्षा दृष्टि को आधुनिक समीक्षा दृष्टि मानते हैं। यहाँ 'आधुनिकता' से मलयज का तात्पर्य उस आधुनिकता से है जो वस्तु (मैटर) और व्यापार (ऐक्शन) के संश्लिष्ट रूप पर आधारित है। कविता का काम कौतुक खड़ा करना, रंजन

करना, उद्दीपन की सामग्री जुटाना या साज-सजावट नहीं है (इसीलिए वे रीतिकालीन कविता के विरोधी हैं)। कविता का काम वस्तुओं का सटीक चित्रण करना, उनको सही और सटीक नाम देना है। उनका 'विभावन व्यापार' वाला सिद्धान्त तो टी.एस. एलियट के 'ऑब्जेक्टिव को-रिलेटिव' वाले सिद्धान्त से मिलता-जुलता है जो केवल भावोद्रेक नहीं करना बल्कि भावों के अनुरूप वाह्य जगत की घटनाओं—क्रिया व्यापार में वस्तुगत सह सम्बन्ध भी स्थापित करता चलता है वरना 'भाव' एकतरफा और महज खामखयाली बनकर रह जाते हैं। शुक्ल जी कविता में इस 'खाली' के घोर शत्रु हैं।

यहाँ भी मलयज शुक्ल जी से उठकर आज की कविता, कला और समीक्षा के बारे में महत्त्वपूर्ण विचार व्यक्त करते हैं "शुक्ल जी ने जिस दृष्टि से अपने समय में छायावाद, रहस्यवाद को देखा था (वह दृष्टि देशी दृष्टि थीं, पर किसानी नहीं, एक सामान्य आदमी की दृष्टि) उसी दृष्टि से आज के कुछ लोग आधुनिकता और नई कविता को देख रहे हैं (उनकी दृष्टि में **भावात्मक रूप से किसान पर जोर** है पर **विचारात्मक रूप से मार्क्सवाद पर जोर है**)। शुक्ल जी से भी कहीं भूल हो गई थी और आज के लोग भी जल्दबाजी कर रहे हैं। मुक्तिबोध भी मार्क्सवादी थे पर उन्होंने आधुनिकता के वैचारिक, वैज्ञानिक और नई कविता के भावात्मक पक्ष का बहिष्कार नहीं किया। **आज के लोग मुक्तिबोध पर जोर नहीं दे रहे हैं, नागार्जुन, केदार, त्रिलोचन पर दे रहे हैं,** उन्हें अपने पक्ष में ला रहे हैं। यदि अपने समय को समझने में शुक्ल जी की दृष्टि अपर्याप्त थी तो इनकी भी है।" (वही, पृ. 109)

मलयज की ये पंक्तियाँ शुक्ल जी के बारे में तो निष्कर्षात्मक है ही, आज की समीक्षा के सम्बन्ध में भी महत्त्वपूर्ण टिप्पणी है। यहाँ मलयज की अपनी काव्य दृष्टि भी स्पष्ट हो जाती है जो शुक्ल जी की 'अपर्याप्तता' को तो देखती ही है, 'जनवाद' के नाम पर आज के समीक्षकों के द्वैत को भी सामने लाती है—जो 'भावात्मक' रूप से कहीं और है और विचारात्मक रूप से कहीं और। वे 'देशीपन' के नाम पर जहाँ जा रहे हैं वहाँ कविता की भूमि छूट जाती है। यहाँ मुक्तिबोध अप्रासंगिक नहीं होते, लेकिन इस 'समीक्षा दृष्टि' का खोखलापन और कविता की नासमझी जरूर उजागर हो जाती है। यह भी स्पष्ट हो जाता है कि समीक्षा की जिस भूमि पर मलयज खड़े हैं वह मुक्तिबोध के अधिक निकट तो है ही आज के सन्दर्भ में अधिकांश समीक्षकों की अपेक्षा प्रासंगिक और अर्थवान है। यह बात भी बिलकुल सच है कि कविता में (और कथा साहित्य में भी) "**देशीपन का नारा एक नए रोमैंटिक आदर्शवाद का नारा है।**"

अब हम यदि अति संक्षेप में शुक्ल जी से लेकर आज तक की समीक्षा के कुछ महत्त्वपूर्ण बिन्दुओं को एक क्रम में देखें तो वे कुछ इस प्रकार होंगे : शुक्ल जी की समीक्षा अपने मूल रूप में भारतीय चिन्तन परम्परा का ही विकास है और उसके स्रोत प्राचीन भारतीय दर्शन में निहित है। इस प्रकार भारतीय दर्शन और चिन्तन के साथ साहित्य समीक्षा के सम्बन्धों की निरन्तरता बनी रहती है : वे उपनिषदों को 'रहस्यमय' मानने से इनकार करते हैं और उनमें तत्त्वचिन्तन (रैशनल) की ही केन्द्रीयता देखते हैं।

शुक्ल जी इसी बुद्धिवादी तत्त्वचिन्तन पर अपनी समीक्षा की नींव रखते हैं। गीता के 'सगुण' और 'निर्गुण' के सन्तुलन को वे अपनी समीक्षा में 'ज्ञानपक्ष' और 'भावपक्ष' के समंवय के रूप में विकसित करते हैं; यद्यपि अपनी विश्लेषण पद्धति वे पश्चिम से ही ग्रहण करते हैं। ऐसा प्रतीत होता कि सिद्धान्त रूप में हिन्दी के अधिकांश समीक्षक अकसर सहमत दीखते हैं किन्तु व्यवस्था में उनको फलित करने में तो उनकी दृष्टि या तो धुँधली हो जाती है या पूर्वग्रस्त। वे मनमाने ढंग से रचनाकारों और रचनाओं का चुनाव करते हैं तथा उनका विश्लेषण करते हुए मनमाने निष्कर्ष निकालते हैं। इस क्रम में सिद्धान्त और मूल प्रतिज्ञाएँ अलग रह जाती हैं और निष्कर्ष अलग। समीक्षित रचनाओं से उसका सम्पर्क दूर-दूर तक नहीं हो पाता।

...साहित्य में विचारधारा का हस्तक्षेप या उसकी भूमिका क्या हो इसको लेकर अधिकांश शुक्लोत्तर समीक्षकों में एक द्वन्द्व या हिचक है। केवल मुक्तिबोध उसके अपवाद हैं जिन्होंने विचारधारा को रचनाकार की दृष्टि या संवेदना से जोड़ने पर बल दिया और उसकी आन्तरिक रचनात्मक भूमिका को पहचाना। ऐसा न हो पाने पर वे विचारधारा और उससे जुड़े साहित्य को भी अपर्याप्त मानते हैं। मुक्तिबोध ने इस पर सबसे अधिक गम्भीरता तथा विस्तार से विचार किया है।

पश्चिमी चिन्तन का एक बहुत बड़ा हिस्सा आज 'रेशनल' से 'इररेशनल' की ओर बढ़ रहा है। हिन्दी समीक्षा के एक हिस्से पर भी उसका गहरा प्रभाव है। संरचनावाद तथा उत्तर आधुनिकतावाद को भी समझने में इन समीक्षकों में भारी गलतफहमी है। प्रायः उसके 'इररेशनल' और अन्ध बिन्दुओं को ही इन समीक्षकों ने अपनी समीक्षा का आधार बनाया है। मसलन 'शब्द' पर अतिरिक्त बल देकर 'अर्थ' को प्रायः बहिष्कृत कर देना। इसी प्रकार 'पाठ प्रक्रिया' के बदलते हुए स्वरूप को लेकर रचनाओं की मनमानी तथा प्रायः बेसिर पैर की व्याख्याएँ। ऐसे ही एक समीक्षक (?) द्वारा निराला की 'राम की शक्तिपूजा' की एक अद्‌भुत व्याख्या इधर सामने आई है। उत्तर आधुनिकतावाद ने 'अर्थ' को इतना स्वतन्त्र कर दिया और इस सीमा तक 'पाठ' में निहित कर दिया कि 'पाठ' 'कुपाठ' हो गया, 'रचना' 'रीडिंग' हो गई और 'रीडिंग' कुछ भी हो सकती है। कुछ लोगों ने इसे मार्क्सवादी चिन्तन से जोड़ने की चेष्टा भी की है किन्तु वे भूल जाते हैं कि संरचनावाद का पुरखा 'रूपवाद' है—जिसके वे घोर विरोधी हैं। इस पाठ प्रक्रिया में 'चिह्नों' (साइन) की स्वायत्तता इतनी हो गई कि लेखक भी गैर जरूरी हो गया। भाषा 'अनुपस्थित' की चर्चा का विषय हो गई और 'मूर्त' या 'उपस्थित' को विलीन कर दिया गया।

अतः अब कोई उत्तर आधुनिकतावादी समीक्षा पद्धति हो सकती है तो वह इन सबसे 'मुक्ति' है। एक प्रकार का पूर्ण नकार। किन्तु इन सबकी सबसे दिलचस्प परिणति यह है कि इस प्रक्रिया में हिन्दी समीक्षा एक बार फिर 'परम पुरातन' होने लगी है : दरिदा, फुको, सास्युर, जैमिसन आदि के बावजूद—उत्तर आधुनिकतावादी समीक्षा औजारों और पद्धति के लिए पाणिनी, भतृहरि, अश्वघोष, नागार्जुन और दिङ्‌गनाग

आदि की ओर मुड़कर देख रही है : "पश्चिम में अन्तर्दृष्टियाँ अब संरचनावादी और विचलन चिन्तन के द्वारा सामने आ रही हैं उनसे मिलती-जुलती अन्तर्दृष्टियाँ भारतीय चिन्तन और दर्शन, विशेष रूप से बौद्ध दर्शन में शताब्दियों पूर्व से विमर्श का विषय रही है।" (पृ. 260 गोपीचन्द नारंग : संरचनावाद, उत्तर-संरचनावाद एवं प्राच्य काव्यशास्त्र)

...इस परम पुरातन की आराधना के सन्दर्भ में यह पंक्ति याद आती है कि "पुरुष पुरातन की वधू, क्यों न चंचला होय।" उत्तर आधुनिक समीक्षा साहित्य की इसी 'चंचला' प्रवृति (इसी पल-पल पर परिवर्तित) रूप की ओर भाग रही है।

बीसवीं सदी की हिन्दी समीक्षा पर केन्द्रित इस निबन्ध में शताब्दी के कुछ अत्यन्त विशिष्ट-समीक्षकों तथा उनकी समीक्षा दृष्टि का विश्लेषण किया गया है : विशेष रूप से हिन्दी समीक्षा की मुख्यधारा को समझने के लिए। किन्तु ऐसा नहीं है कि इन विशिष्ट समीक्षकों के अतिरिक्त अन्य समीक्षकों ने साहित्य विश्लेषण की दिशा में महत्त्वपूर्ण कार्य नहीं किया : नई कविता के समीक्षकों में श्री अशोक वाजपेयी ने 'फिलहाल' नाम की एक विचारोत्तेनर पुस्तक लिखी थी जो तब पर्याप्त चर्चित भी हुई थी। किन्तु नई कहानी तथा कथा साहित्य के समीक्षकों में स्व. देवीशंकर अवस्थी का नाम अत्यन्त उल्लेखनीय है। कहानीवाले प्रकरण में उनकी समीक्षाओं पर पहले ही लिखा जा चुका है, इसलिए यहाँ पुनः उनका उल्लेख आवश्यक नहीं लगा। इसी प्रकार सुरेन्द्र चौधरी, मधुरेश, मार्कण्डेय, राजेन्द्र यादव आदि ने भी कथा साहित्य पर पर्याप्त महत्त्वपूर्ण समीक्षाएँ लिखी थीं। कविता पर श्री रमेशचन्द्र शाह ने 'छायावाद' की प्रासंगिकता तथा जयशंकर प्रसाद की कविताओं पर केन्द्रित पुस्तकें लिखी थी जिनसे आधुनिक साहित्य के सन्दर्भ में 'छायावाद' को समझने में पर्याप्त मदद मिलती है। इसी प्रकार कवि श्री विष्णु खरे ने अपनी समीक्षा पुस्तक 'समीक्षा की पहली किताब' में कविता तथा कवियों पर बहुत खरी-खरी टिप्पणी की हैं।

अपेक्षाकृत पुराने साहित्यकारों में अज्ञेय के समीक्षात्मक निबन्ध अत्यन्त महत्त्वपूर्ण माने जाएँगे। अज्ञेय के पास अपनी निजी समीक्षा दृष्टि थी और यद्यपि उन्होंने मुक्तिबोध की भाँति कोई सौन्दर्य शास्त्र या साहित्य शास्त्र रचने का प्रयास नहीं किया किन्तु अज्ञेय की समीक्षा दृष्टि पर विस्तार से विचार किया जाना चाहिए जो मैं सम्भवतः समयाभाव के कारण यहाँ नहीं कर सका। इसी प्रकार दार्शनिक डॉ. देवराज एक अत्यन्त महत्त्वपूर्ण साहित्य समीक्षक भी थे और उन्होंने छायावाद का पतन, साहित्य चिन्ता तथा प्रतिक्रियाएँ आदि अनेक समीक्षा ग्रन्थ लिखे थे। जिनमें कविता तथा कथा साहित्य पर भी बड़ी विशद तथा अनूठी टिप्पणियाँ मिलती हैं। डॉ. देवराज की समीक्षा दृष्टि पर भी पृथक से विचार किया जाना चाहिए।

क्रान्तिकारी कवि निराला शीर्षक से सम्भवतः निराला पर पहली पुस्तक लिखनेवाले समीक्षक डॉ. बच्चन सिंह की समीक्षा दृष्टि का फलक भी बहुत व्यापक है और उन्होंने रीतिकालीन कवियों से लेकर अद्यतन् हिन्दी कवियों तथा कथाकारों पर अनेक पुस्तकें

लिखी हैं। उन्होंने आधुनिक हिन्दी साहित्य का इतिहास तथा हिन्दी साहित्य का दूसरा इतिहास जैसे इतिहास ग्रन्थ भी लिखे हैं और पश्चिमी समीक्षा सरणियों पर भी अनेक महत्त्वपूर्ण निबन्ध लिखे हैं।

इन लोगों के अतिरिक्त डॉ. रमेशकुन्तल मेघ तथा डॉ. इन्द्रनाथ मदान आदि ने भी अनेक श्रमसाध्य समीक्षा ग्रन्थ लिखे हैं। किन्तु यदि डॉ. रमेशकुन्तल मेघ की समीक्षा दृष्टि अति जटिल तथा दुर्बोध है तो डॉ. इन्द्रनाथ मदान सरलीकरण के आचार्य हैं। कहा जाता है कि प्रेमचन्द पर आलोचना की पहली किताब इन्होंने ही लिखी थी।

अपेक्षाकृत नए साहित्य-संस्कृति तथा सिद्धान्त-व्याख्याताओं में डॉ. मैनेजर पाण्डे, वीरभारत तलवार, डॉ. विश्वनाथ त्रिपाठी, परमानन्द श्रीवास्तव, सुधीश पचौरी, ललित कार्तिकेय, वीरेन्द्र यादव, विजय कुमार आदि प्रमुख हैं।

इसके अतिरिक्त दर्जनों ऐसे सक्रिय समीक्षक हैं जो या तो ज्यादातर प्रायोजित समीक्षाएँ लिख रहे हैं या समीक्षा लिखकर अपनी दृष्टिहीनता को ही उजागर कर रहे हैं।

●●●